浦东论坛·社会学

2017

论坛组委会◎编

上海人民出版社

指导单位：

　　全国哲学社会科学话语体系建设协调会议办公室

　　中共上海市委宣传部

主办单位：

　　中国浦东干部学院

　　上海市社会科学界联合会

　　中国社会科学院-上海市人民政府上海研究院

协办单位：

　　中国社会学会

　　上海市社会学学会

论坛组委会：

　　李培林　马　援　燕　爽　李友梅　解　超　刘靖北

本册主编：

　　李友梅　中国社会学会会长、上海市社会学学会会长、中国社会
　　　　　　科学院-上海市人民政府上海研究院第一副院长

目　录

1

引　言

　　加强中国特色哲学社会科学话语体系建设,关乎我国哲学社会科学长远发展,关乎中国特色社会主义事业发展全局,关乎实现中华民族伟大复兴的中国梦,是中国特色社会主义实践创新的需要,是繁荣发展中国哲学社会科学的必然要求。党的十八大以来,党中央高度重视哲学社会科学工作。2016 年 5 月 17 日,习近平总书记亲自主持召开哲学社会科学工作座谈会并发表重要讲话,明确指出,当代中国正经历着我国历史上最为广泛而深刻的社会变革,也正在进行着人类历史上最为宏大而独特的实践创新,这种前无古人的伟大实践,必将给理论创造、学术发明提供强大动力和广阔空间。这是一个需要理论,而且一定能够产生理论的时代;也是一个需要思想,而且一定能够产生思想的时代。习近平总书记的重要讲话提出了构建中国特色哲学社会科学的战略任务,为新形势下繁荣我国哲学社会科学指明了正确方向,提供了基本遵循。

　　2017 年 3 月,党中央印发《关于加快构建中国特色哲学社会科学的意见》。《意见》强调,坚持和发展中国特色社会主义,必须加快构建中国特色哲学社会科学。要高举中国特色社会主义伟大旗帜,深入贯彻习近平总书记系列重要讲话精神和治国理政新理念新思想新战略,坚持为人民服务、为社会主义服务,坚持百花齐放、百家争鸣,立足中国、借鉴国外,挖掘历史、把握当代,关怀人类、面向未来,充分体现继承性、民族性、原创性、时代性、系统性、专业性,创新发展哲学社会科学,为实现

"两个一百年"奋斗目标、实现中华民族伟大复兴的中国梦提供强大思想理论支撑。当前,我国哲学社会科学事业发展正站在新的历史起点,构建中国特色哲学社会科学的使命,历史性地落在了当代中国哲学社会科学工作者身上。一切有理想、有抱负的哲学社会科学工作者都应该珍视和把握这一重大历史机遇,用大气魄大手笔来书写中华民族历史上哲学社会科学繁荣发展的新篇章。

"中国哲学社会科学话语体系建设·浦东论坛"的设立正是在这一背景下提出的。2016年10月,第三届全国哲学社会科学话语体系建设理论研讨会在中国浦东干部学院召开。时任中国社会科学院院长、全国哲学社会科学话语体系建设协调会议总召集人王伟光同志提议,在中国浦东干部学院设立"中国哲学社会科学话语体系建设·浦东论坛",作为全国哲学社会科学话语体系建设理论研讨会相配套的常设论坛,目的是为了贯彻落实习近平总书记关于哲学社会科学话语体系建设的重要论述,推动哲学社会科学各个学科的中国特色话语体系建设。作为中国改革开放最前沿,浦东新区聚集大量鲜活的改革实践案例和经验,为理论创新、学术繁荣提供强大动力和广阔空间,为中国特色话语体系建设提供深厚土壤和丰富营养。中国浦东干部学院、上海市社会科学界联合会(以下简称"上海市社联")和中国社会科学院——上海市人民政府上海研究院(以下简称"上海研究院")通力合作,发挥协同优势,构建全国哲学社会科学界的交流平台,推动学界与政界互动,中国与外国对话,努力打造一个具有中国特色、中国风格、中国气派的一流话语体系建设的品牌论坛。这对推进中国哲学社会科学话语体系建设,加快构建中国特色哲学社会科学,增强我国国际学术话语权和影响力,推进中国特色社会主义伟大实践具有十分重要的意义。

2017年7月17日至18日,首场"中国哲学社会科学话语体系建设·浦东论坛"在中国浦东干部学院召开,由全国哲学社会科学话语体系建设协调会议办公室与中共上海市委宣传部指导,中国浦东干部学院、上海市社联、上海研究院共同主办。本次论坛的主题确定为"中国社会学话语体系建设",总共分为开幕式、主旨报告、分组交流与闭幕式四个环节。

开幕式环节由中国社会科学院科研局局长马援主持,他指出,本次论坛聚焦中国特色的社会学话语体系建设,向世界解读中国社会的变化,构建中国特色的社会学的理论体系。其目的是从哲学社会科学学科话语体系建设做起,提炼各学科的标志性概念,打造为社会广泛理解和接受的新概念、新范畴、新表述,建设具有中国特色、中国风格、中国气派的哲学社会科学话语体系。他还对中国社会学会对论坛的大力支持表示感谢。

时任中国浦东干部学院常务副院长周仲飞在致辞中指出,推进中国哲学社会科学话语体系建设,应以中国实践为基础,注意充分总结中国道路和中国经验,不断深化对中国特色社会主义实践成果的理性认识。应以重大问题为导向,深化对改革发展进程中的一系列重大理论和现实问题的学理阐释。应以国际影响为目标,通过对世界问题的研究,形成中国解释,提出中国方案,逐步确立中国哲学社会科学的国际话语权。总之,就是要建设中国特色的哲学社会科学话语体系。本次论坛作为浦东论坛的首届论坛,主题确定为中国社会学话语体系建设,从具体学科角度研讨话语体系建设,更容易聚焦,研讨也会更加深入。这种高水平的研讨,能为中国社会学话语体系建设贡献智慧。

时任中国社会科学院副院长、全国哲学社会科学话语体系建设协调会议办公室主任、上海研究院院长、著名社会学家李培林指出,社会学是哲学社会科学的重要组成部分,当代中国的社会学是变革时代和开放时代的产物。如果说过去 30 多年是中国社会学发展的快速成长期,那么在新发展理念的指引下,在中国社会已经进入全面建成小康社会的决胜阶段,在实现中华民族伟大复兴中国梦的历史征程中,当代中国社会学将迎来新的更高水平的黄金时期。中国社会学者要通过实际行动,把中国社会发展的成功经验上升到科学理论高度和规律性认识层面,为当代中国社会发展实践提供智力支撑,推进中国社会学走向世界,不断增强社会学学科在国际舞台上的话语权和影响力。

李培林强调,积极构建中国社会学的学科话语体系,是中国社会学发展到一定阶段的必然要求,其特色和优势的形成离不开中国的发展道路、本土文化和社会实践,也需要吸收外来,融通国外各种有益资源和思想精华,同时还要面向未来,以更广阔视野在更大的范围内进行创新性的探索。中国社会学的发展离不开我国经济社会改革发展的伟大实践,而问题导向是中国特色社会学最鲜明的风格。当前,中国经济社会发展进入一个新的历史阶段,我们所面对的问题和挑战也已经发生了极其深刻的变化。社会学的理论创新和话语体系建设要聚焦中国社会发展重大议题,加强对中国经验的深入探索和研究,创造提炼形成能够反映中国经验和中国实践的概念、理论和学术话语体系。

时任中共上海市委常委、宣传部部长董云虎在致辞中指出,社会学是哲学社会科学的重要组成部分,推动社会学理论创新发展,是构建中国特色哲学社会科学的应有之义,立足当代中国,从传统社会向现代社会,从农业社会向工业社会,从封闭性社会向开放性社会的发展,着眼当代中国人的生产、生活、行为、思维方式和价值观念的变化,总结我国社会管理和发展的经验,探索创新社会治理、社会发展理论。建立中国特色哲学社会科学,是全国社会学界承担的一项历史使命。这次论坛以中国社会学话语体系建设为主题,着力构建中国特色哲学社会科学理论,符合推进国家治理体系、治理能力现代化和社会和谐发展的时代要求,契合中国社会学繁荣发展的现实需求。

董云虎指出,上海市委高度重视哲学社会科学工作,于2016年制定出台了《关于上海推进哲学社会科学学科体系、学术话语体系建设的实施意见》,并将中国转型社会学建设作为首批重点学科。希望通过集聚优势资源,加大扶持力度,取得有益的学术研究成果。理论界要深入贯彻落实习近平总书记在哲学社会科学工作座谈会上的重要讲话精神,始终保持文化自信、学术自信,坚持不忘本来,吸收外来,面向未来。坚持用中国理论阐释中国实践,用中国实践升华中国理论,博采众长,注重原创,不断推进知识创新、理论创新、方法创新,为打造与我国综合国力和国际地位相适应的原版、新版、中国版的哲学社会科学作出应有贡献。

主旨报告环节由中国社会学会会长、上海研究院第一副院长李友梅主持。时任中国人民大学副校长洪大用教授作了题为《论构建中国特色社会学话语体系》的报告，上海大学顾骏教授作了题为《借鉴马克思主义中国化　建设中国社会学话语体系》的报告，北京大学渠敬东教授作了题为《重返经典研究　塑造中国社会科学话语》的报告，南京大学翟学伟教授作了题为《中国社会学话语体系建设的意义》的报告，中山大学王宁教授作了题为《社会学本土化问题中的症结》的报告，中国社会科学院张翼研究员作了题为《中国特色社会学"发展"话语体系的形成》的报告，中国浦东干部学院刘靖北教授作了题为《马克思主义话语体系的历史转变及其内在逻辑》的报告。与会专家学者围绕构建中国特色社会学话语体系作了精彩的演讲，提出了很多对构建中国特色社会学学科话语体系有益的观点和建议。

分组交流环节分为4组。来自中国社会科学院、北京大学、中国人民大学、浙江大学、复旦大学、南京大学、中山大学、武汉大学、南开大学、吉林大学、山东大学、中央财经大学、中央民族大学、中国传媒大学、上海社会科学院、华东师范大学、上海大学、上海交通大学、华东理工大学等高校和科研院所近三十位知名社会学学者围绕中国社会学话语体系、知识体系、社会工作理论体系、社会学本土化、理论范式转型、理论自觉、文化自觉等重要课题作了精彩发言，并展开热烈研讨。吉林大学邴正教授、中山大学蔡禾教授、江苏省参事室宋林飞教授、华东理工大学徐永祥教授分别担任主持。

闭幕式环节由时任上海研究院常务副院长文学国主持。时任中共上海市委宣传部副部长、上海市社会科学界联合会党组书记、专职副主席燕爽作总结发言。他指出，学术的创新只有和实践结合起来，才能够寻找到学术本身的规律，社会学话语体系构建不是"一刀切"、"齐步走"，而是立足中国本土实践，形成具有独特性和开创性的中国学派。文明的活力来源于解决好社会发展动力和发展平衡的问题，这一重要问题需要学者予以深刻的学理性思考。他特别提到，学术界应当特别关注科技变革所带来的社会变迁，为社会发展作出具有前瞻性视野的学术贡献。

本次论坛是哲学社会科学工作座谈会以来，国内学术界首次围绕某一个具体学科的话语体系集中研讨。与会专家学者的精彩发言，不仅有助于推动中国特色社会学学科话语体系的构建，对其他学科探索构建中国特色哲学社会科学体系具有重要的借鉴作用和启发意义。正如李培林所指出的，中国社会学已日益成为一门显学，一门为党和人民重视的学科，这离不开几代学人的艰苦努力和奋斗。新时期的社会学家要秉承我国老一辈学者将学术追求定位为志在富民的优良传统，坚持为人民做学问，立时代之潮头，通古今之变化，发思想之先声，努力推进当代中国社会学繁荣发展。

为此，上海研究院决定把此次论坛的专家学者发言集中出版，以此为构建中国特色社会学学科话语体系提供新鲜的学术观点和研究思路，为构建中国特色哲学社会科学体系发挥智库的应有作用。特别感谢为本次论坛的成功举办与宣传报道作出重要贡献的与会领导、专家学者、媒体朋友、会务人员和志愿者，也向为本书的编辑出版投注心血的编委会与出版社同仁致以最真挚的谢意！

第一部分　主旨发言

构建中国特色社会学话语体系

洪大用

摘　要:话语体系作为一个学科的表征乃至组成部分,其成熟程度在很大程度上取决于学科发展程度。构建中国特色社会学话语体系需要认清其与社会学中国化或者本土化的区别与联系,要超越西方化与本土化,在科学思想指导下以推动和引领世界社会学发展为目标,增强回应当代世界与中国实践重大议题的能力,提升话语影响力。构建中国特色社会学话语体系是一项长期的系统工程,至少涉及指导思想、学科体系、学术体系、人才培养体系、国际交流和学者素质等方面。

关键词:中国特色社会学,话语体系,本土化,马克思主义

话语体系作为一个学科的表征乃至组成部分,其成熟程度在很大程度上取决于学科发展程度。作为现代哲学社会科学体系的重要组成部分,社会学引入中国已经有一百多年历史。在 20 世纪 50 年代初期,由于多方面的原因,社会学作为一门学科和专业被取消,影响了其发展进程。1979 年 3 月 30 日,邓小平在《坚持四项基本原则》的讲话中提出对社会学进行补课,由此启动了改革开放以来中国社会学的恢复重建进程。从那时以来的将近 40 年里,中国社会学在学科体系、学术体系、话语体系和人才培养、国际交流等方面取得显著成绩。但是,与党和国家事业发展的需要相比,与发达国家社会学研究状况相比,与世界社会学对我们的期待相比,与中国特色社会学的建设目标相比,我们还有不小的差距,需要加快发展和完善中国特色社会学,促进社会学话语的体系化,提升中国特色社会学话语体系的解释力、传播力和影响力,扩大中国社会学的话语权。

一、 中国特色社会学话语体系的基本内涵

中国特色社会学话语体系建设问题往往被一些学者解读为社会学中国化或

者本土化问题。实际上,这是两个问题,彼此之间有联系,有重叠,但是并不简单等同。社会学中国化或者本土化问题,可以说从社会学被翻译为"群学"就开始了,一直伴随着中国社会学的发展。在20世纪80年代,中国大陆和港台地区的学者曾对这一话题有广泛讨论,并引起了国际关注①。而关于中国特色社会学话语体系建设的讨论主要是新世纪以来的现象。继费孝通先生提出"文化自觉"之后,郑杭生先生提出了"理论自觉"②,并从理论自觉的角度讨论了社会学的学术话语权问题。郑杭生先生指出:"学术话语权是中国社会学'理论自觉'深层要求之一。探讨学术话语权及其在中国社会学百余年发展历程中的体现,对进一步提高学术话语权意识,构建中国气派的社会学理论和方法,推动中国社会学从世界学术格局的边陲稳步走向中心,具有重要的理论意义和实践意义"③,"学术话语权是话语体系建设最关键的所在,没有学术话语权的话语体系是苍白无力的。"④

大体上,社会学中国化或者本土化议题关注的主要是源于西方的社会学如何在中国发展、如何对中国社会现象更有解释力以及如何建设中国社会学的问题,针对的是全盘照搬西方社会学的局限性,强调的是中国社会与文化的特殊性,反对的主要是"食洋不化",代表性主张可以说是"将中国社会文化特征及民族性融纳到社会学里"⑤。如此,"中国社会学"的真正含义,既不是"社会学在中国"(Sociology in China),也不是"关于中国的社会学"(Sociology of China),而是"来自中国的社会学"(Sociology from China)。而中国特色社会学话语体系议题主要是在中国社会学取得显著进展、世界社会学发展进入新阶段的背景下提出的议题,针对的是社会学话语体系现状的局限性,强调的是社会学话语的影响力,反对的是丧失学术主体性,倡导的是积极的创造和建构。如果说,社会学中

---

① 林南:《社会学中国化的下一步》,《社会学研究》1986年第1期。

② 参见费孝通:《反思·对话·文化自觉》,《北京大学学报》(哲学社会科学版)1997年第3期;费孝通:《关于"文化自觉"的一些自白》,《学术研究》2003年第7期;郑杭生:《促进中国社会学的"理论自觉"——我们需要什么样的中国社会学?》,《江苏社会科学》2009年第5期。

③ 郑杭生:《学术话语权与中国社会学发展》,《中国社会科学》2011年第2期。

④ 郑杭生:《把握学术话语权是学术话语体系建设的关键》,《中国社会科学报》2014年1月17日。

⑤ 林南:《社会学中国化的下一步》,《社会学研究》1986年第1期。

国化或者本土化议题带有某种居于守势的自我辩护色彩,那么,中国特色社会学话语体系议题则是有着更为积极的、开放的进取姿态。

　　说到"中国特色社会学话语体系",其基本内涵至少有以下一些方面。第一,承认一门关于社会的科学(即社会学)的客观存在。社会现象的存在具有普遍性、客观性、可认知性。社会现象的背后是有规律可循的,科学的世界观方法论可以指导对其规律的探究。在此意义上,存在一个可以建构和发展的具有普遍意义的学科——社会学。但是,社会现象的存在又是历史的、具体的并有特定空间特征的,所以社会学一定要随着对社会现象研究的拓展而不断发展。不断创新社会学话语是学科发展的内在要求。第二,成熟的社会学应有自成体系的并与其他学科区别开来的话语。所谓话语体系,至少应该是建立在一定知识、概念、命题和理论基础上的,包含有研究范式、方法论和具体方法的话语组合,这些话语内容丰富但又有共享的问题意识和研究方法,是逻辑自洽的但是又具有开放性和延展性。能否形成具有自身特色的完整的话语体系是社会学学科是否成熟的重要标志。第三,社会学的话语体系需要有影响力,不仅是说中国社会学需要对世界社会学有影响力,而且是指社会学要对其他学科和社会实践有影响力。在此意义上,前面提到的郑杭生先生的观点"学术话语权是话语体系建设最关键的所在,没有学术话语权的话语体系是苍白无力的",非常有针对性。可以说,没有影响力的话语体系实际上也是不成熟的,难以立足的。第四,"中国特色"是社会学话语体系的重要定语。这里的"中国特色"不是强调中国独有,不是过分强调中国社会文化的特殊性,而是强调在世界社会学的建构和发展中、在对人类社会运行和发展规律的研究中,要有科学的思想指导,表达中国智慧、中国视角、中国声音,体现中国学者的立场、观点和方法。这样一种"中国特色"当然是反对全盘西化、依附于外来学术的,但是也并不简单地等同于社会学的中国化、本土化,其实质是在扎根中国大地、突出时代特色、树立国际视野的基础上,不断推进知识创新、理论创新、方法创新的自觉努力,是超越本土化、西方化,以推动和引领世界社会学发展为目标的一种不懈追求。事实上,正是世界各地区、各国家、各民族在文化自觉、理论自觉的基础上,彼此沟通与对话,共同参与作为一门科学的社会学的建构与发展,社会学的科学性才能得到拓展和强化,社会学研究才能更加接近对人类社会运行和发展规律的科学把握。

当下之所以要强调构建中国特色社会学话语体系,主要就是因为在中国社会学快速发展的基础上,社会学的话语体系还存在着一些突出问题。第一,社会学话语的解释力问题。虽然我们在学习西方的基础上初步恢复重建了社会学的学科体系,开展了大量的社会学研究,但是,面对着当今世界和中国发生的深刻社会变迁,中国社会学尚未给出一些充分的、有力的、前瞻性的和广为接受的理论解释。事实上,这不仅仅是中国社会学的局限,也是整个世界社会学的短板。在重大社会议题方面的集体失语,不仅仅是中国社会学界的现象。第二,与第一点密切相关,中国社会学话语的影响力还十分有限。就国内情况而言,在整体上自然科学话语比社会科学话语具有强势。在社会科学内部,社会学与其他学科(比如说经济学、法学等)相比,也居于弱势。这种弱势不仅体现在学科点的布局、从业者的规模、人才培养的数量、科学研究的资源和发表平台等方面,而且体现在公众的认知与评价、对实际社会进程的影响等方面。若从国际比较看,中国社会学的国际对话能力还很弱,在世界社会学社区中参与的程度还很低,至于引领世界社会学发展的作用,则更为有限。第三,部分地作为前两点的一个主要原因,就是社会学学科内部的整合程度还有不足,不仅学科的边界与范围不甚清晰,而且学术社区内部还在一定程度上缺乏共享的问题意识、规范意识、共同体意识以及共同认可的话语体系。社会学话语表现出过分拼盘化、多元化乃至碎片化、孤立化的倾向,社会学社区内部存在着明显的分离、分立乃至分裂的张力。仅就学科体制而言,社会学一级学科下面的若干二级学科,往往就是彼此独立、各行其是的。第四,最为根本的,是中国当下的社会学状况离一门科学的社会学还有很远距离,指导思想、学科体系、学术体系、人才培养体系、国际交流以及学者自身素质等方面的不足,影响着社会学学科的健康发展,影响着其针对社会实践的高水准的概念化、理论化能力,不利于打造出体现中国智慧、接续国情地气同时又易于为国际社会所理解和接受的新概念、新范畴、新表述,从而影响着社会学话语体系的建设和完善进程,不能适应学科发展与社会建设良性互动的实践要求。

二、 构建中国特色社会学话语体系是一项系统工程

一个学科的话语体系不是说说就能建成的,需要有学科共同体的长期实践,

需要有学科制度的有效支撑,更需要学者自身的学术自觉、学术自信和矢志不渝的学术努力。构建中国特色社会学话语体系是一项长期的系统工程。从工作角度看,至少涉及指导思想、学科体系、学术体系、人才培养体系、国际交流和学者素质等方面。

任何一个学科,不管学者是否明确意识到,实际上都有其指导思想。指导思想对于学科发展而言具有重要意义。科学的指导思想会促进学科健康发展,强化其话语体系的影响力;不科学的指导思想会限制学科的想象力,限制学科发展的成就和社会作用,甚至会导致错误的范式、理论、命题、概念和知识。就此而言,如同其他一些社会科学一样,中国社会学在一个时期内、一定程度上确实存在着缺失指导思想自觉的现象,对西方社会学的指导思想和方法论反思不足,对作为科学指导思想的马克思主义重视不足、坚持不足、发扬不足。仅从公开发表的科研成果引文和社会学专业教学内容而言,对马克思主义学习、重视不足的现象是客观存在的。历史和现实都证明,马克思主义深刻揭示了自然界、人类社会、人类思维发展的普遍规律,为人类社会发展进步指明了方向,是人们观察世界、分析问题的有力思想武器,迄今依然有着强大生命力。坚持以马克思主义为指导,继续推进马克思主义中国化、时代化、大众化,是当代中国社会学区别于其他社会学的根本标志,是提升中国社会学话语权的思想保证。

习近平总书记在哲学社会科学工作座谈会上的讲话中,谈到话语体系建设时指出:"这项工作要从学科建设做起,每个学科都要构建成体系的学科理论和概念"。①很明显,一个学科的话语体系建设离不开学科体系建设,种什么样的果树结什么果。中国社会学作为一门引进来的学科,其学科建设受到西方社会学的明显影响。西方社会学在发展过程中出现了持续的、过度的分化现象,学科领域的细分和体制化,确实保障了研究的专业性和一个个具体学科的利益,但是对于学科回应重大理论和实践问题的能力是有损害的。在当今世界巨变的背景下,我们更应该重视以实践为取向促进学科沟通、合作和整合。笔者在2010年发表的一篇文章中指出:"要更好地理解中国社会变迁,我们需要发展出整合的

---

① 习近平:《在哲学社会科学工作座谈会上的讲话(2016年5月17日)》,《人民日报》2016年5月19日。

社会学。在过去的几十年中，社会学学科内部的分化过快，社会学与其他学科的联系也不够紧密，而其与自然科学的联系则更为肤浅。这样一种状况严重限制了社会学的视野，限制了社会学对社会现象复杂性的认识，限制了社会学对于当代快速社会变迁的理论回应能力。当下的中国社会学，不仅需要重视社会学、人口学、文化人类学、社会心理学、社会政策学、社会工作学等学科的整合，而且要与其他社会科学开展有效的对话和交流，也包括建立与自然科学的必要联系"①。现在看来，这个观点还是适用的。不仅如此，我们在学科建设上，对于社会学基础理论、社会学方法论、社会学史（包括社会思想史和社会史）的重视还不够。即使是移植西方社会学，我们也没有直触根基、连根拔起，只是表层嫁接、简单模仿，这样无疑会损害中国社会学的厚重性、前瞻性和持续发展的潜力。

一个学科流行什么话语，也是与其学术体系密切相关的。所谓学术体系，包括学术支持、学术发表、知识产权、学术讨论、学术评价、学术激励、学者联系等方面的制度安排。什么样的研究能够得到支持，什么样的成果能够发表，如何说话能够赢得听众，什么样的研究成果能够获得奖励并带来学者和学术单位自身的利益，都直接影响着社会学的话语生产。在此方面，中国社会学的学术体系建设还存在诸多不足，不能为有影响力、有生命力的话语生产提供有效支撑。特别是，社会学研究获得的支持，在总体有限的同时，存在着大量的低水平重复以及复杂的资源使用管制；社会学学术发表的平台有所扩大，但是依然有限且质量仍需继续提高，发表制度的不完善不利于激励原创性；学术研究对中国和世界重大实践议题的学理化阐释、建构和创新不足，不能有效满足社会实践的迫切需要，跟不上时代前进和理论创新的步伐；社会学者之间有效的学术对话、讨论和合作还非常不足；社会学学术成果的评价机制不健全，评价标准、评价导向更是存在比较突出的问题，不利于保障学术方向、引导学术发展、提升学术质量、扩大学术影响；学术成就考核简单化、功利化、短期化，不利于涵养学术之心、引导潜心治学；学术组织联系学者不紧密，对学术促进的作用还有待加强。因此，要构建中国特色社会学话语体系，需要同时优化其学术体系。

---

① 洪大用：《理解中国社会的可持续性》，《江苏社会科学》2010 年第 5 期。

　　人才培养体系的健全程度直接关系到社会学话语再生产的机制。社会学话语体系建设是一个长期的实践过程,需要一代又一代人的接续努力。如同教什么语言说什么话一样,我们社会学的教学科研单位怎么培养学生,就直接影响了其话语的生产和使用,并通过他们传播了社会学的话语。在此方面,我们的不足主要表现在:一是社会学类专业的人才培养数量还很有限,整体规模并不大;二是人才培养标准还不够细化明确,共识不足;三是人才培养质量还有待于继续提高;四是对其他专业人才培养的渗透还有不足,社会学课程的通识教育作用发挥不够充分。就社会学类专业人才培养过程而言,我们在课程体系建设上还有不足,课程安排与讲授内容畸轻畸重、交叉重复的现象比较普遍、比较严重;在实验实践教学方面还有不足,学生理论联系实际能力的训练相对不足;在拓展学生国际视野,促进学生的文化自觉和对多元文化的理解方面还有不足。特别是,在人才培养方面,重经师轻人师、重智育轻德育、重知识轻能力、重传承轻反思、重教书轻育人等等现象,还在不同程度上存在,有些方面表现还很突出,不仅对当下的话语生产不利,而且对将来的话语生产有着负面影响。因此,我们需要下大力气改进社会学类专业的人才培养工作。

　　在世界社会学的发展中构建中国特色社会学话语体系,就必然涉及拓展国际交流与合作。习近平总书记在哲学社会科学工作座谈会上的讲话中,谈到话语体系建设时指出:"要鼓励哲学社会科学机构参与和设立国际性学术组织,支持和鼓励建立海外中国学术研究中心,支持国外学会、基金会研究中国问题,加强国内外智库交流,推动海外中国学研究。要聚焦国际社会共同关注的问题,推出并牵头组织研究项目,增强我国哲学社会科学研究的国际影响力。要加强优秀外文学术网站和学术期刊建设,扶持面向国外推介高水平研究成果。对学者参加国际学术会议、发表学术文章,要给予支持。"[1]这里提到了多项有力措施。相比而言,中国社会学在以上各方面都还很薄弱。整体上看,中国社会学国际交流与合作的频率不高、人员有限、层次较浅、机制不全、内容不实、效果不彰,仍然居于被动、辅助和配合的地位,需要着力改进和加强。

---

　　[1]　习近平:《在哲学社会科学工作座谈会上的讲话(2016年5月17日)》,《人民日报》2016年5月19日。

最终，人的因素是最为重要的因素。"学术是要通过学人来传袭和开拓的"①，社会学话语体系建设需要人才，特别是需要高水平的人才。这样的人才不仅要具有扎实的学术基础、宽阔的国际视野、积极开放进取的学术心态和良好的合作意识与能力，而且要有使命感和献身精神，要将社会学研究作为一项伟大事业，而不只是个人谋生的手段。更为重要的是，这样的人才需要有明确的主体性，要有坚定的理想信念和高尚的道德情操，要有建设性反思批判精神，需要扎根于中国大地，汲取中华优秀文化的营养，关怀人类共同体的未来命运，始终保持清醒的文化自觉、理论自觉。实际上，这些素质与能力，不仅仅是对社会学者的要求，也是对哲学社会科学管理者和政策设计者的要求。我们拥有越来越多这样的人才，我们社会学的话语体系建设就有望取得重大进展。

三、 新时代加速发展中国特色社会学的关键要求

以上分析了社会学话语体系建设工作的系统性。在新时代加速发展中国特色社会学，加强社会学话语体系建设，我们尤其需要遵循若干关键要求。整体而言，我们仍然需要关注两个重建进程的交织与互动。一方面是社会学作为一门学科的恢复和重建进程，另一方面是中国社会改革开放和现代化的重建进程。作为一门学科，社会学提供观察、研究社会的一种视角，并且为社会重建提供各种参考的路径；作为一种社会实践，中国以改革开放和现代化为标志的社会重建，不仅成为社会学的研究对象，也成为社会学重建的客观环境。实践证明，当上述两个重建进程结合得越紧密，互动越是良性时，中国社会学的发展就越顺利，成就就越明显。反过来，当两个重建进程出现张力之时，中国社会学的发展就会遭遇困境。此外，我们也应深入关注全球社会变化与世界社会学发展之间的互动，着眼于全球变化的新实践对世界社会学的挑战，致力于创新、引领世界社会学的发展。

将中国社会学发展深深植根于中国社会重建进程和全球社会变化进程，是中国特色社会学成长壮大和争取社会学话语权的必经之途，这就要求我们更加

---

① 费孝通：《重建社会学与人类学的回顾和体会》，《中国社会科学》2000 年第 1 期。

注重广泛的理论联系实际,更加坚定为人民服务的立场,更加努力地推动创新与创造。

一是始终坚持从变化着的社会实践出发,更加注重理论联系中国社会实际。社会学是一门实践性很强的学科。对于中国社会而言,社会学又是外来学科,社会学的中国化还远远没有完成。从本本出发,移植国外的社会学,固然有其重要意义,但不能等同于创建中国社会学。以国外社会学的理论、概念乃至方法论,分析中国社会实践,往往有隔靴搔痒的感觉;而简单地以西方工业化、现代化的经验指导乃至规训中国社会现代化进程,往往也会走弯路,甚至走错路。的确,中国正在经历着现代化的巨大社会变迁,但是这种现代化是几乎没有先例的。习近平总书记指出:"当代中国的伟大社会变革,不是简单延续我国历史文化的母版,不是简单套用马克思主义经典作家设想的模板,不是其他国家社会主义实践的再版,也不是国外现代化发展的翻版,不可能找到现成的教科书。"①因此,中国社会学者应当以我们正在做的事情为中心,深入我国改革发展的实践,直面信息化的社会冲击和新时代社会主要矛盾的变化,加强对中国特色社会主义事业"五位一体"总体布局、基本实现社会主义现代化、社会主义现代化强国等的研究,特别是要加强对人民美好生活需要、社会建设、社会治理和全球变化等重大实践议题的分析研究,探索如何更好满足人民需要、更好保障和改善民生、促进社会公平正义,不断挖掘新材料、发现新问题、提出新观点、构建新理论。正如中国社会学恢复重建的引路人费孝通先生所言,我们要"在中国泥土里培植中国的社会学"②。当然,我们应该认识到,当代中国正经历着的我国历史上最为广泛而深刻的社会变革,也是人类历史上最为宏大而独特的实践创新,并对全球社会变化有着巨大影响。这种前无古人的伟大实践,是中国社会学发展的沃土和热土,必将给中国特色社会学的构建提供强大动力和广阔空间。

二是始终坚持以人民为中心,更加坚定为人民服务的学术立场。1980 年,费孝通先生赴美国丹佛接受应用人类学会颁发马林诺夫斯基纪念奖时,曾经发表感言指出:"为了人民的利益,为了人类中绝大多数人乃至全人类的共同安全和

---

① 习近平:《在哲学社会科学工作座谈会上的讲话》(2016 年 5 月 17 日),载《人民日报》2016 年 5 月 19 日。

② 费孝通:《重建社会学的又一阶段》,《社会》1986 年第 2 期。

繁荣,为了满足他们不断增长的物质和精神生活的需要,科学才会在人类的历史上发挥它应有的作用。"①费孝通先生主张建设"迈向人民的人类学"和"人民社会学"。事实上,为什么人的问题是社会学的一个根本性、原则性问题,也是社会学能否有所成就的重要导向。社会学脱离了人民,人民也将远离社会学,这门学科就不会有吸引力、感染力、影响力和生命力。在当今社会分化日益加剧的时代,各种利益群体或者利益集团都在形成并且日渐显著,而社会学学科自身的发展,也使得社会学从业者大可以谋得一个不错的位子,安身立命。所以,当下的社会学是有可能为某些利益群体,或者为社会学从业人员自身服务的,这样无疑会局限社会学者的视野和担当,会影响中国特色社会学的成长和壮大。只有坚持人民是历史创造者的观点,树立为人民做学问的理想,尊重人民主体地位,聚焦人民实践创造,自觉把个人学术追求同国家富强、民族发展和社会进步紧紧联系在一起,着眼于实现好、维护好、发展好最广大人民根本利益,"不是以学科来为自己个人利益服务,而是以自己的一生能贡献给学科的创建和发展为旨趣"②,中国社会学才能多出优秀成果,社会学的话语才能赢得最为广大的受众。

三是始终坚持以创新为驱动力,更加努力地贡献既有普遍意义又有中国特色的原创性社会学成果。发展中国家的发展实践表明,单纯模仿式、赶超式的发展是没有前途的。作为一门学科的发展,单纯的移植与照搬也是不可能成功的。费孝通先生曾经指出:"社会生活中的许多概念,是不容易在不同性质和不同文化的社会之间传来传去的","我们要赋予我国的社会学以新的内容,这内容必须得之于我国自己的社会,不能向外国去现货现购的"③。也就是说,我们要理解发生在中国的社会现象,需要有一种文化自觉、理论自觉和方法自觉,需要坚持科学的世界观、方法论,充分发掘中国智慧,创造出既有中国特色又有普遍意义的概念体系、理论体系、方法体系、话语体系和学科体系。质而言之,建设性的批判创新是社会学发展的本质要求,是马克思主义社会学最可贵的精神品质,是社

---

① 费孝通:《迈向人民的人类学》,《社会科学战线》1980 年第 3 期。费老也提到"人民社会学"的概念,见《建立面向中国实际的人民社会学——费孝通教授 1981 年 10 月 6 日在省委礼堂作的学术演讲》,《江苏社联通讯》1981 年第 17 期。

② 费孝通:《重建社会学与人类学的回顾和体会》,《中国社会科学》2000 年第 1 期。

③ 费孝通:《关于社会学的几个问题》,《社会科学研究》1982 年第 5 期。

会学能不能真正体现中国特色的重要标志。与此同时,坚持从中国社会实际出发,坚持以人民为中心,坚持问题导向,也必然要求我们努力创新,而且也一定会催生创新。唯有持续不断地创新与创造,才会有中国社会学发展的源头活水,才会有中国特色社会学的形成,才能使中国社会学更好地服务于中国人民的福祉,才能真正提升中国社会学的国际影响力、引领世界社会学发展的新潮流,实现新时代构建中国特色社会学的新目标。

最终,以上三个方面都体现了坚持以马克思主义为指导,这是当代中国社会学区别于其他社会学的根本标志,我们必须持之以恒地把马克思主义贯穿于中国特色社会学构建的全过程和各方面。我们分析研究社会现象,首要的是掌握科学的世界观、方法论,而马克思主义正是这种"伟大的认识工具"。实践证明,无论时代如何变迁、科学如何进步,马克思主义依然显示出科学思想的伟力,依然占据着真理和道义的制高点①,依然是通向真理道路上的指明灯。我们在构建中国特色社会学的过程中,最为要紧的是将坚持和发展马克思主义结合起来。在运用马克思主义基本原理和贯穿其中的立场、观点、方法的基础上,结合中国与世界的实践不断发展马克思主义,这是坚持马克思主义的客观要求,也是推进中国特色社会学理论创新和世界社会学发展的必由之路。只要我们始终走在正确的道路上,中国特色社会学就一定会有更加辉煌的明天,其话语体系也必将日趋完善并产生日益广泛的影响力。

(作者单位:中国人民大学)

---

① 习近平:《在哲学社会科学工作座谈会上的讲话》(2016 年 5 月 17 日),《人民日报》2016 年
5 月 19 日。

借鉴马克思主义中国化,
建设中国社会学话语体系

顾　骏

摘　要:马克思主义中国化的历程,可以为中国社会学话语体系建设提供借鉴,其中关键点在于:着眼立场、观点和方法,保持价值论和方法论自觉;遵循实事求是原则,立足中国实践,确保中华民族历史选择的主体性;主动对接中国传统文化,实现双向融合和转化。在建设中国社会学话语体系的过程中,要注重解决五个问题,第一,如何着眼方法,超越具体理论和结论,让中国社会学话语体系管用;第二,中国社会学话语体系建设,能否形成不同于西方的"平行体系";第三,中国社会学能否提出有自己特色的研究主题;第四,中国社会学能否从传统文化中提炼学科思想的材料,形成独有的理论和概念;第五,如何基于中国社会学研究的现实取径,将已有成果升格为话语体系。

关键词:话语体系,平行体系,研究主题,思想材料

一、 问题的提出

话语体系建设是当下学界的研究热点,重要性自不待言,但目前存在一些问题需要重视。

一是以关于话语体系建设之重要性阐发代替实际方案,满足于对文件用语作简单重复,重要性、必要性谈了又谈,"要什么"提了一大堆,但如何实现之,却未见可行的操作方案或具体成果。

二是尚未搞清楚什么叫话语体系,就生搬硬套,把各种工作语言"放进篮里都是菜",最后提出的话语不少,但对建设中国学科话语体系的贡献有限,容易陷入庸俗化。

三是对话语体系仅做字面理解,就话语说话语,缺乏关于话语体系的逻辑推

演和学理论证,而没有骨架和核心概念,话语体系不易达到学理自洽,经不起推敲,难免成为无源之水,陷于碎片状态。

四是关门谈话语体系建设,未能清晰认识到,在全球化环境中,话语体系存在于彼此对话之中,能影响对方的才能带来"话语权"。在中国日益走向世界的背景下,只能在国内使用的话语不是没有意义,但价值有限。中国学科话语体系建设,必须走出国门,成为世界性话语,确立中国在相关领域中的话语地位。

五是停留在话语自身的体系构建,不知道话语的价值在于解释力,"话语即定义",能对现实生活及其内在秩序加以合法化,才是国际舞台上有影响力的话语体系。

所有这些问题的存在实属正常,毕竟自 1840 年以来,中国在理论建构方面,向外部世界主要是西方,学习的多,自我创设的少,从马克思主义中国化到学科中国化是一个完整的历史演进过程,方兴未艾,短时间内难以一蹴而就。当年印度佛教传入中土,从西汉开始,历时 1 000 多年,才被消化吸收,"儒释道三家合一",融入宋明理学之中,达成中国化的成熟形态。相比之下,西学东渐以来,社会科学理论的本土化过程明显要快许多。现在需要在意的不只是速度,而是如何在尽快实现学科话语体系中国化的过程中,不要在学术常识上出现太大问题,因为找不到方向而陷入无产出的重复之中。有鉴于此,本文拟从马克思主义中国化的成功经验入手,探讨中国社会学学科话语体系建设的方向,重点聚焦作为话语体系之基础的若干理论构造。

二、 关于马克思主义中国化的事实认定

马克思主义中国化本身需要详细论证,限于本文的主题和篇幅,仅稍作铺垫,以能为后续讨论提供逻辑起点为限。

马克思主义中国化首先不是一个学术转化过程,而是一个实践验证过程。站在这一角度,可以归纳出马克思主义中国化的四方面事实。

第一,对马克思主义的认同是真诚的。中国人民在传统文化遭遇重大危机,"亡国灭种"成为现实威胁的情况下,为实现国家独立、民族复兴,遍寻救世良方的过程中找到马克思主义,并经由中国共产党最终确立以马克思主义指导中国

实践的根本方向。

第二，在接受马克思主义指导上是认真的。无论在新民主主义革命、社会主义建设之中，还是改革开放以来，中国共产党坚持马克思主义的指导思想地位，始终没有动摇，尽管在当时的历史条件和认知水平下，对马克思主义的认识、把握和运用，有一个不断深化和提高的过程，但态度是认真的。

第三，实践马克思主义是成功的。在马克思主义的指导下，中国共产党不但成功完成带领中国人民实现国家独立、民族解放的历史使命，还在经济发展、社会进步、民族复兴的伟大进程中，实现巨大跨越，尽管在前进道路上，曾经走过弯路，至今仍有需要克服的障碍和瓶颈，但成就巨大，世所公认。

第四，对马克思主义中国化是自觉的。中国共产党坚持以马克思主义为指导，同时始终强调"将马克思主义的普遍真理同中国革命的具体实践相结合"，不断深化对马克思主义的认识，提高了马克思主义指导的有效性，并且通过对中国实践正反两方面的经验总结，完善和发展马克思主义，形成既符合马克思主义基本原理，又有着自己独特思想内容和理论形态的毛泽东思想和中国特色社会主义理论。

这些基本事实的认定，从逻辑上为展开关于中国共产党如何实现马克思主义中国化，以及中国社会学话语体系建设可以由此获得何种启示的讨论，打开了通道。

三、 马克思主义中国化的若干方法论启示

中国对马克思主义中国化的探索，是建立在明确的理论自觉之上的，择其要点，有以下几个方面。

1."立场、观点、方法"是马克思主义中国化的基点

无论在革命年代的严峻现实面前，还是社会主义制度建立后，甚至在社会生活不正常的年代，中国共产党在学习和运用马克思主义时，始终有着明确的选择，坚持把"立场、观点、方法"放在首位，而不是拘泥于理论或固守某些特定结论。在这方面，既有成功经验，也有深刻教训。

强调"立场、观点、方法"，其实质是强调思想方法，尤其是问题导向的思维取

径的重要性。"立场、观点、方法"各有其特定含义,分别针对"谁的问题""如何看待问题""何以解决问题"。

"谁的问题"体现价值论自觉,着眼于为什么做、为谁做的问题。无论在理论还是实践层面,人都是分群的,不同人群有不同理论或实践兴趣,所以各自选择的"问题"会有很大差别,甚至截然对立。把什么问题作为问题,代表着基于哪个群体的兴趣,以什么样的结果为目标。从方法论上说,强调"立场"就是表明,问题不是价值无涉,而是同利益有关的。"价值自觉"是中国共产党在吸收马克思主义并使之中国化过程中基本态度之一。

"如何看待问题"体现方法论自觉,从哪个角度看问题,就会看出什么。在中文里,"观点"既可指称看问题的角度,也可指称从特定角度所得到的关于问题的判断或结论。中国共产党坚持以马克思主义的观点,来分析和认识中国社会,从新的角度获得新的认知,进而找到改变中国社会的有效路径。强调"观点"在于表明,分析问题之前,必须对所用视角进行反思和论证,以保证关于手段和结果的预判是合理的、可行的。

"何以解决问题"体现对技术手段的自觉。科学的本质是改变事物,方法是科学核心成果之一,在严格的意义上,只有不同的研究者在给定条件下,采用同样的方法得到同样的结果,科学理论及其应用成果才算得到了证明。马克思主义用于指导中国革命和建设,在实践层面就是为中国共产党提供了一套科学的理论工具,在明确了什么问题、问题具有什么性质和特点之后,采用什么具体方法就成为最终解决问题的关键。从把握"中国革命的首要问题"到分析"中国社会的主要矛盾",从"农村包围城市"的革命道路到"社会主义市场经济"的发展道路,都有马克思主义方法的自觉运用。

2. 坚持实事求是是马克思主义中国化内在要求

在如何对待"马克思主义在中国"的问题上,中国共产党保持高度的理论清醒,作为中国传统文化的认识论精华,"实事求是"的思想方法得到长期贯彻。

在马克思主义中国化的语境中,一方面,"实事求是"意味着在接受马克思主义指导的同时,以实践成效为标准,对马克思主义特定的理论、结论和方法加以检验,从中找到适合中国国情的真理性内容,用于指导进一步实践。与有些民族接纳西方文化不一样,中华民族追随马克思主义,不是为了寻求安慰剂,没有顶礼膜拜"理想天国"，没有盲目接受"绝对真理"，而是以入世的精神和现世的追求，致力于以实际行动，实现民族复兴的伟大目标。因此，凡是被实践证明为可行且有效的路径和方法，得到坚持和发展，而仅仅符合理论逻辑或在他国有过成功案例，但在中国实践中被证明是有局限或不可行的，则予以扬弃。马克思主义中国化既是中华民族在实践中接受马克思主义整体指导，也是马克思主义特定内容在中华民族的实践中接受严格检验的过程。在这里，"实事求是"体现了中华民族在建设现代国家、实现民族复兴的伟大进程中强烈的历史主体性，这是中国道路取得巨大成果和马克思主义成功实现中国化的根本。

另一方面，"实事求是"又意味着，在用马克思主义的理论和方法指导中国实践的过程中，从中国社会之"实"，找到中国历史发展的道理，提炼出中国特色的道路和制度之"是"，发现和把握中国社会特性和历史性转型的内在道理。从"睁眼看世界"，意识到"三千年未有之大变局"开始，中华民族跳出传统视野，力图重新认识自我，寻求理论工具因此成为必要。中国社会是什么，中国道路在哪里，中国发展如何实现，立足中国现实，破解这些理论课题，形成学术性成果，既是中华民族走出历史困境的思想起点，也是实现伟大复兴的理论标志。在这个意义上，马克思主义中国化既是马克思主义调整自身，以适应中国社会历史性转变，也是中华民族自我认识、自我突破的成果获得理论形态的过程。

3. 中国化是马克思主义与中国文化传统相互选择、彼此融入的过程

马克思主义是在中国传统文化遭遇严重危机的背景下传入中国的。鸦片战争尤其甲午战争之后，中华民族深刻认识到"落后就要挨打"的道理，认识到这个落后不只是器物层面，还有文化层面的，反思乃至抛弃传统文化成为一时潮流。但中国共产党在以马克思主义指导中国革命的实践过程中，走出了一条把马克思主义科学理论与中国文化传统相互融合的新路。这一点在毛泽东思想中表现得尤为鲜明。

1939 年 12 月 21 日，毛泽东在延安各界庆祝斯大林六十寿辰大会上的讲话中指出："马克思主义的道理千条万绪，归根结底就是一句话：'造反有理。'几千年来总是说压迫有理，剥削有理，造反无理。自从马克思主义出来，就把这个旧案翻过来了，这是个大功劳，这个道理是无产阶级从斗争中得来的，而马克思作了结论。根据这个道理，于是就反抗，就斗争，就干社会主义。"（见 1949 年 12 月

20 日的《人民日报》）

将近 80 年前说的这段话，自然留有那个时代的气息，如果不拘泥于此，便不难从看似简单化的说法，发现其中的文化意涵。

首先，用一句话把马克思主义思想体系的丰富内涵加以概括，尽管未必准确，但不失为整体把握的一种方式。要做到"言简意赅"，不能少了理论思维能力。

其次，将马克思主义的道理归结为"造反有理"，明显是为新民主主义革命服务的。理论采取什么形式，突出什么内容，必须从实践的需要来考虑，而不是单纯追求理论自身完美，这既是实践的需要，也是推进马克思主义中国化的理论需要。

第三，为了把马克思主义理论更好地传播开去，必须采用中国的传统话语。无论"道理"，还是"造反有理"，都是中国传统文化流传千年的表达方式，不了解马克思主义的农民、战士和基层工作者可以由此缩短认知距离，直观感受马克思主义。后来中央编译局翻译马恩全集时，对其中一些哲学概念按照同样的原则，作了处理，因为翻译不是在母语中简单生造一个让人看不懂的词语，而是尽可能利用现有的语言材料，把所要表达的意思，恰当地传递出去，便于读者接受，这就是"达"的意思。

第四，充分利用传统文化的思想和话语材料，促进马克思主义渗透中华民族当下实践。毛泽东采用"马克思主义的道理"，而不是"马克思主义理论"，采用"造反"，而不是"革命"的词语，除了便于民众理解之外，还因为其中的含义更能与民众已有的观念基础共振。中国人是一个讲道理多于讲理论的民族。道理更多来自生活经验的体悟，而理论主要基于形式逻辑的关联。中国人对于道理，常能无师自通，而对于理论，至今学界外人士不无陌生之感。在传播马克思主义并动员民众投身革命或者"造反"的过程中，采用"道理"而不是"理论"的说法，更能收预期之效。无论就思维还是话语转换而言，能把西方理论转化为"中国道理"，这本身就是马克思主义中国化的进程中一个具有实质性意义的理论跨越。

诸如此类的例子还有许多。20 世纪 70 年代毛泽东提出"三个世界"理论，引起各国广泛反响，得到三个世界共同接受，为中国拓展在国际政治舞台上的话语权，争取到极大空间。而其来源则是中国传统文化固有的超越非此即彼"二分法"的"三分法"。

对马克思主义中国化加以系统整理，不是本文主旨，且待后文探讨。但仅从上述内容就可以获得对于中国社会学话语体系建设多方面的启示。

四、 中国社会学话语体系建设的基础构造

若把社会学仅仅视为学院内的学术性学科，共同致力于改造世界的马克思主义思想理论，在气质、风格和内容上，自然存在明显差异，社会学中国化的道路应该有所不同。但若把社会学不仅视为一种知识传统，同时视为一种解决现实问题的专业努力，那与马克思主义在中国的使命，就相对接近了。从中西文化交流和融合的角度，中国社会学话语体系建设在接受马克思主义指导的同时，也可由马克思主义中国化的过程和成果而获得借鉴，走出一条符合中国实践和理论要求的新路。

1. 方法为上：把握中国社会学话语体系的关键

同马克思主义中国化一样，中国社会学话语体系建设必须跳出在具体理论、概念或术语上的纠缠，明确而准确地回答根本性问题：为什么建？建什么？目标何在？如何达成？

现代意义上的社会科学具有双重性，一方面以自然科学为参照，通过理性手段，致力于解决生活领域中的现实问题，推动社会进步。在这个意义上，社会学如同医学，只是一种工具，包含着理论、方法和技术。社会学曾被称为"社会问题学""社会工程学"等，就是基于这个定位。所谓"话语体系建设"无非要求社会学更好地认识、反映和解读中国现实，提供理论和方法，发挥工具作用，服务社会生活。

另一方面，社会科学作为学术性学科，有自身的知识传统，按照学科内在规定性，以独特的研究视角和认知框架，获得对人类社会的抽象知识，形成逻辑自洽的理论和方法体系。在学科框架内，话语体系既是学科研究的成果，也是学科研究得以开展的工具，某种程度上，采用什么话语就会得出什么样的结论。因此，中国社会学话语体系建设理应以中国特有的方式，通过对中国社会的认识，提炼出带有中国文化标记的、能同国际平等交流的知识内容和技术方法。

社会科学的两种属性既是相对独立的,也是彼此依托的。离开学术,社会科学不成其为学科,而离开运用,则无所谓社会科学,充其量只是社会理论。社会学从诞生之日起,就作为一门实证科学存在,古典社会学家最为宝贵的学术遗产是自觉提出学科方法论并身体力行于研究现实社会。这个遗产理应为不分国界的社会学研究者共同继承。

2.“平行体系”:中国社会学话语体系建设的目标

相对来说,理论社会学因为专注于社会行为的抽象特性,强调知识系统的自洽,要比研究特定社会,特别是旨在解决具体问题的应用社会学,更带有普适性。建设中国社会学话语体系首先不能不盯住“解决中国的社会问题”,对认识和解决中国现实问题一时“帮不上忙”的学科,在急剧转型的当下中国,不是没有价值的,但确实只能排在次要位置。这不仅指社会学相对中国社会而言,也指在中国开展的社会学研究相对学科自身而言。错过古老国家整体转型这个千载难逢的“社会实验”窗口,在学者是失职,在学科是缺憾。

但反过来说,仅仅在应用性研究方面取得突破是不够的,中国社会学话语体系建设必须在更具学术性的社会学领域有同样的建树,努力实现从中国特色到世界意义的延展和跨越。这一研究策略的可行性来自针对人类社会,构建平行认知体系的可能性。

在社会学的视野中,今天人类面临的不是不同文化犹如不同的有色眼镜,让人把世界看作不同颜色,而是不同文化的有色眼镜竟然真能让世界呈现为某种特定颜色。“约定的实在”同“经验的实在”可以同样的实在。对于同一个人的同样的生理状况,中医和西医的诊断和治疗可以大异其趣,时常还同样有效,就是最好的证明。

这意味着,今日中国社会学研究者的任务不只是借助西方社会学的眼镜,看出中国社会存在哪些问题,以验证西方社会学理论及其内含社会观的科学或正确,而是重在借用西方社会学的学科视野与方法,通过自己的文化眼镜,看出一个“平行世界”,以用中国眼光发现的生活世界以及与之相关的知识,作为对人类社会认知的理论贡献。这犹如在实践层面,中国以独特方式走通的发展道路,已对人类社会的发展模式作出贡献,是一样的道理。

在这一点上,费孝通先生堪称先驱,他所提出的“差序格局”概念不应被简单理解为西方社会学理论运用的成果,而应被视为掌握了西方社会学方法之后,通过中国文化眼镜获得的新发现。为什么身为"中国通"的非本土人类学家看不出中国社会的结构性特征,而刚刚掌握西方社会人类学视野的中国学者,却看出了人类社会可以有另一种结构形态和关系原理? 西方社会学方法和中国文化眼镜的结合,带来了"差序格局"作为平行世界的发现和平行社会观的诞生。从这一角度来理解,国际人类学界关于《江村经济》学术地位的争议,可以获得另一种解读:本民族而不是异民族的研究者在观察自身文化时可能获得更深刻的认识,因为与生俱来的"文化眼镜"既是局限,也是优势。

中国社会学话语体系建设不是对西方体系的证明、补充或拷贝,也无意取代西方社会学话语体系,但确实可能是一个呈现人类社会不同面相的平行体系。

3. 动静之间:拓展中国社会学的研究主题

作为平行体系的中国社会学话语体系,不但需要有自己的理论、范畴和概念,更需要有奠基于中国思维方式和生活实践的研究主题。

在社会学史上,由孔德确立的"社会静力学"和"社会动力学"两大分支和"秩序与进步"两大主题,基本上框限了西方社会学理论的思考格局。中国社会学话语体系是在这个理论架构内展开,还是跳出这个架构,提出自己特有的社会学研究主题,这是一个重大理论问题。如果跳出去,又能提出什么新的主题作为创新和拓展?

区别于西方"二元对立"的思维模式,中国文化不但善于从对立双方的相互转化、彼此包容的角度思考问题,比如中国的八卦图,阴阳两极之间既存在此消彼长,也存在你中有我、我中有你;而且善于找到"第三维"来解决问题,如孙子兵法中"不战而屈人之兵"的策略,就是在战与不战两种状态中,找到一条不发动战争,却取得战胜效果的道路。

借助"第三维"思维模式,中国社会学可以在西方社会学"秩序与进步"之间,发现第三种可能的状态,即"秩序"已在动摇,"进步"尚未出现的中间状态,这个将变未变的"潜在"状态,正是中国传统文化的重要概念,"势"之所指。

"势"既可以指称先秦法家三大学派,"法、术、势"中一派所倚重的"势",即权力结构中的"位差",也可以是中国成语大量用到的"势",比如"势如破竹""势不可挡""乘势而动",以及"历史潮流浩浩荡荡,顺者昌,逆者亡"中的"趋势"。

这个无论在自然界还是人类社会中无处不在的"势",代表了某种潜在变化的可能性和方向性,属于似静非静、似动未动的状态,代表了从"秩序"向"进步"或"进步"向"秩序"的过渡,透显出"秩序"与"进步"相互演变的机理。

在社会生活中,中国人对"势"的感觉堪称不教而会、无师自通,从把握天下大势、打仗占据地形之利、风险投资判断"风口",到营业员以消费者付款为分界线的"前恭后倨",体现了对"势"的全方位运用。这个研究主题堪称"潜龙",足以贯穿宏观、中观与微观三个理论层面,富含学术潜力,如能深入研究,提炼出系列概念和完整理论,有望成为中国社会学话语体系建设的独创性成果。

4. 回归洞察力:向文化传统要学术材料

话语体系根本上是学科洞察力的语言表达,没有洞察力,再精美的话语不过辞藻堆积而已。中国社会常被人称为"关系社会",中华民族不会缺少对社会生活的洞察力,所缺者,话语也,而且还只是因为中国话语有自己独特的内容关照和表达风格,迥然不同于西方的学科话语,而不是真的没有话语。

中华民族是一个高度重视语言表达的民族,留存那么多文学作品且形成清晰的文学史轨迹,就是明证。问题是中国的形意文字本身留给人的想象空间过大。"道可道,非常道",语言文字的终极局限被发现后,用于文学描写、留有想象余地的模糊话语多了,而用于精确界定现象或事物的少了。"诗无达诂",语言一经诗化,精准性就差了。因为高度重视社会关联,中华民族即便没有采用抽象概念来表达有关社会关系及其机理的洞察,但确实借助独有的成语形态,来呈现自己对生活道理的把握。中国成语中积存了大量体现社会洞察的方法论成果,善加转化和提炼,完全可以为中国社会学话语体系提供思想材料。

中国成语"瓜田李下"和西方社会学符号互动论的核心概念"情境定义",涉及相同的社会过程。身处社会环境之中,个人行动的意义需要一个解读过程,置入不同框架,会得出不同解读,导致不同的应对方案。西方社会科学善于采用抽象概念和由概念组成的命题,借助形式逻辑的关联,建立理论,以描述现象,展现机理,并加以推演,精准、清晰而条理性强。中国古人习惯于采用成语这种"意象言"结构:"意"就是洞察生活所获得的对道理的感悟,"象"是用于传递道理的故事,"言"则是用于帮助读者从故事中检索出道理的字词结构,通常以四个字居多。就聚焦的内容而言,中国成语同西方概念没有多大区别,都包含了对社会生活的洞察,在表达形态上,西方概念对社会生活机理直接作了文字展开,而中国成语蕴含的道理很清晰,光从字面上看,确实语焉不详,依赖于意会。但这恰恰意味着,中国成语既有待于进一步学理阐发,同时也确实有很大开发空间。

在建设中国社会学话语体系时,迫切需要的不是按照西方社会学的理论取径和概念锻造,到中国传统文化中寻找类似成语,构建与西方概念一一对应的关系,如同到八卦中寻找二进制基因一样,而是如何直接从自古至今,中华民族长期的社会感悟中,发现可用于构建社会学理论、范畴和概念的思想材料,提出与西方社会学既不完全相同,又可以互通的话语体系。这要求中国社会学者在通晓世界社会学所面临理论难题的基础上,独具慧眼,从中国传统思想材料中看出当代社会学的新意,并锤炼出精到的表达形态,这才是真正意义上的中国社会学话语。

以此为目标,再回到"差序格局"概念,就不难发现,其学术价值不仅在于这是费孝通先生观察中国社会而获致的原创性学术发现和从中国传统"修齐治平"人生观中提炼出来的概念表达,还在于虽然他采用了与成语相似的字词结构,但在脱离文学性表达形态,趋近内涵式定义的方向上,迈出了实质性一步,所以,在内容和形式两个维度上,都足可视为学术领域中国话语的经典例证。

5. 实事求是:面向社会转型构建中国社会学话语体系

社会科学产生于社会需要,社会学话语体系来自实践经验的总结和概括。建设中国社会学话语体系不用过度强调有没有使用西方社会学概念和术语,或者使用了多少,而必须突出,是否借助了学科视角和方法论,立足中国的实践,实现了理论超越。

中国化既是政治选择,也是文化对策。在接触马克思主义之前,中华民族也曾遭遇外来文化的冲击,并成功地使之中国化。印度佛教传入中土,无论在观念还是实践层面,都对本土文化产生了巨大影响,至今中国人使用的大量词汇来自佛教,其中有不少通过音译方式,直接进入并极大扩充了中国人的话语系统。但在看似全盘接受佛教文化的表象下,本土文化进行了有重点的消化乃至同化。

佛教本质上是出世的,而中国文化是入世的,面对出世的佛教,保留入世的观念,是中国传统文化的防守底线。于是,中华民族接受了"轮回"概念,但与印度佛教主张"跳出轮回",往生极乐世界,不再做人,彻底脱离苦海不同,乐生的中国人希望借助轮回，投胎"好人家"，回到人世，安享太平富贵。同样出家为僧，印度佛教徒不事生产，托钵靠他人施舍为生，而唐朝百丈禅师坚守"一日不作，一日不食"，信奉"农禅"，身体力行"搬柴运水无非是禅"的理念，保留了"出家人"的入世心态。中华民族在融合外来文化过程中表现出来的敏感性、把握度和分寸感，值得珍惜。

从这个角度来观察，无论严复先生用"群学"作为社会学的译名、费孝通先生提出的"差序格局"概念，还是改革开放以来，中国学者系统研究"单位制"及其解体，不能仅仅理解为研究者的个人学术兴趣，而应该视为整体上构成了对西方社会学基本问题，即人与社会关系问题的中国式解读。

西方社会学基于现实个人和抽象社会这一理论假设及其张力，引发出一系列方法论思考，形成了丰富的理论成果。从迪尔凯姆（旧译涂尔干）的"社会学主义"、韦伯的"方法论个体主义"、齐美尔的"社会交往的纯粹形式"、帕累托的"对非逻辑行为的逻辑解释"，到吉登斯的"结构化理论"，西方社会学家致力于打通从个人到社会的"中间环节"，寻求破解"行动者影响社会运行和人类集体存在影响行动者决策"的"二律背反"。纵贯社会学史的这一思想脉络明显具有西方思维逻辑和知识传统的特性，有其学术价值，但中国社会学者的思维显然与之不同。

"群学"意义上的"群"、"差序格局"中"群"的逐级扩大和"单位制"意义上具有行政背景的"群"，都不是西方抽象意义上的社会概念，但同样具有人类共时性集体存在的属性。在建设中国社会学话语体系的语境下，重要的不仅是中国学者因为思维特性，愿意探讨具象的"群"，而不习惯思索抽象的"社会"，更在于中国学者关注"群"时采取的特殊视野和角度。中国社会学研究者不否认个体的存在，否则"修齐治平"就没有了逻辑起点。但中国的社会思想不是从霍布斯的自然状态或鲁滨孙的独处情境出发，借助抽象范畴，通过逻辑演绎，来论证发生学意义上的社会起源，而是从个人与群体不可分隔的关系出发，来论证发生学意义上的个人起源。如果说，"修齐治平"的顺序体现了个人通过将群体要求内化，而获得群体成员的资格，建立起同群体的良性关系，实现从个人到群体的过渡，那么，"差序格局"则暗含了先天的血缘纽带，个人从不可选择的出生家庭，由亲及疏，走向更大的群体，直至融入宏观社会，那个颇具抽象感的"天下"。

中国社会思想如此取径,有传统思维方式的影响,但更有现实社会组织形式的作用。相比西方社会,建立在灌溉农业基础上的中国传统社会是高度组织化的,"秦制"确立以后,尤其如此。先于且久于个人存在而存在的群体,造就中国研究者对个人与群体关系的学术敏感。社会学之被翻译成"群学"、"差序格局"得到广泛接受和"单位制"及其解体成为中国社会学研究者热衷的选题,背后都有现实生活的投射。自近代以来,中国社会转型根本上是社会组织方式和组织原理的转型,其总体方向不是高度组织化的结构解体,也不是"机械团结"被"有机团结"简单替代,而是组织化程度的不断提高和组织刚性水平的不断提高,从社会主义市场经济条件下的多种所有制共同发展、为应对单位制解体而推出行政主导下的"社区建设",还有互联网引发的网上结群、街头随处可见的大妈广场舞团队,乃至遍布世界各地并历久不衰的海外"唐人街",本质上都不是抽象社会的体现,而是具象的"群"即组织的运作。

因此,承认"群"作为组织形式在中国社会中的独特作用,确定"群学"作为中国社会学的基本研究视角,未必需要将"群学"等同于社会学本身,但面向当代中国社会转型的实际进程,踏实而坚定地推进相关研究,在把握"群"对中国人生活的意义、中国人处理"群"内关系和"群"际交往之机理的基础上,形成自己的范畴、概念和理论,有望另辟蹊径,为认知中国社会提供新的视野,为中国社会学打开新的空间,为世界社会学提供新的知识。

中国社会学话语体系建设方兴未艾,这里仅仅讨论了其中一隅,且主要涉及作为话语体系之支撑的学科视野和学理构架,关于具体话语创设和效能发挥的研究,有待后文再作展开。

(作者单位:上海大学)

重返经典研究　塑造中国社会科学话语

渠敬东

摘　要:从当下学术发展的状况看,整个世界进入一个常规范式时期。中国社会学存在几个方面的问题:迷信行为科学方法,研究数学模型化,而不探究其范式的原初理论设定;从本土化或在地化的即时现象入手,臆造概念,而忽视对于中国文明的本原性研究;从抽象意见出发,立场先行,研究中流行各种正确意见;从社会总量出发,做一般制度和政策分析,缺少纵向历史视角。中国社会变迁如此快速剧烈,更需要推动非常规的社会学研究,回到具体的人、人与人的关系的动态社会机制中。林耀华先生的《金翼》即是这样的范例,将中国家庭制度与人的生活方式和价值形态纳入一幅时间性的长卷中,通过特有的笔触,描绘了人情与事理、现实与历史相互交织的生活场景,特别呈现了中国人独有的生活态度和伦理关怀。这样的经典研究对于确立中国社会学话语体系有重要的启发意义。构建中国社会学话语体系,就是要通过重返经典研究的视野、方法和思想重建基础问题域,从社会构成的多重空间和时间出发,探索社会实在的多重维度,多元一体的文明格局,以及历史的多重面向和变迁中的文明记忆和创新。

关键词:社会科学话语,常规范式,多重实在,《金翼》,内省解释

中国社会科学话语体系的建设,必须考虑到今天的整个世界,无论是中国当下的新时代,还是世界范围的各个文明区域,都在发生深刻的变化。那些以往作为现代文明标准的地方,也都蕴含着深刻的危机,无论是时下社会结构急剧调整的美国社会,还是面临着多种族和宗教冲突的欧洲,以及其他历史问题尚未得到解决的各区域,都表明整个世界正在酝酿着一场极其广泛、深刻的变革。而如今广义上的社会科学研究,特别是社会学研究,还依然处于一种常规范式的状态,不断在常规的理论模型和范式下重复,拘泥于狭小的、片段的细碎研究中,项目化、课题化依然是学术研究的主要形式。

在这个意义上,我们可以说特别是由行为科学主导的社会科学研究,表面上每天都在创新,实际上却在退步,用固定不变的思维面对潜在变革的社会,无力作出具有实质意义的发现。这种国际学术体制,俨然一座学术资本主义的工厂,每天都生产出各种各样的文章,都依照一种平均价格来从事和组织生产或售卖。刚从事学术研究的年轻人,处在各种指标的要求中难以自拔,学术管理者们则每天都在运营资本,融资再投资,发包出各种门类的课题。中国学术界充斥着这样的乱象,国际学术也是如此。在这些年美国社会的裂解和巨变中,社会科学,或具体来说的社会学,在社会实质问题的发现和国家建设方面,贡献越来越小。美国广泛的中下层白人的生活境遇,以及在选举政治中凸显出来的力量,社会科学家并不敏感,他们常常固守在自己的政治正确的意见里,惯于根据中层理论的假设,只关心改良研究的技术,对现实世界的总体问题几乎丧失了敏感。当然,当一场剧变来临的时候,便会无所适从,只会控诉和抱怨。

这样的现象,也正在中国的学界发生。各种常规的范式,以及对国外常规范式的模仿,使我们的研究与现实社会脱离得越来越远,我们越来越缺少对于思想、理论和历史的关注,研究的主题越来越狭窄,越来越迷恋技术手段,如今年会提交的各类文章,甚至是刊物发表的各类文章,都说明一个学科学术研究的根本动力处于萎缩和匮乏状态,而不是一个繁荣状态。

也就是说,所谓的"无用之学"越匮乏,所谓的"有用之学"越没用。

究其原因,我想有四个方面存在着严重的问题:一是行为科学的思想方法蔓延,基于理性行为之假定的学说成了所有社会科学的基础话语系统,而从未作历史或经验的反思,进而研究仅采取模型化、数字化的模式,而对于此类方法之原初假定不作任何溯源性的考察。二是将本地或本土的即时社会现象迅速概念化,随意地臆想和臆造本土化的概念,缺少对于文明之本原性的构造及其复杂变化的深入理解。上述两种倾向虽看似相反,实则相成,拿来与拒斥不过是一体两面,均丧失了思考与发现的厚实的素养。三是以政治意见挂帅,以政治正确的原则来统摄研究,西方学术界的这种倾向亦愈演愈烈。四是理论和经验研究高度抽象化,无论是总量分析,还是制度分析,都以社会结构的简单设定为前提,或将单一视角结构化,或仅从单一视角之人性假设,如权力或利益等概念出发来理解社会。

　　社会科学的上述情形,无法回应时代的总体变迁,也无助于探寻切合于社会的话语体系。社会科学局限于主题式的、分支性的和技术化的研究,必然是片段的或碎片的,无法实现范式或话语的再造和革新。漠视经典,也必是这种趋势的一种反映。相反,只有在经典中,我们才能在时代变迁中观察、感悟、理解完整社会。因此,中国社会科学若构建自身的话语体系,必须重视四个方面的积累和传承工作:一是回归经典,重回学术的血脉,重塑学术生命的过程,只有对于原始性的论题的不断追溯和反思,才是新发现的起点。二是不断重返一种文明之延续过程中的各个节点,从整全的历史出发来理解当代,才能扩展视域,为社会科学提供更多的想象力。三是消除学科壁垒,消除一个学科内部甚至存在着的各个分支的壁垒,去除标准化的方法论原则,才能从各个角度、各个层面扩展发现的契机。四是返回人本身、人的具体的社会世界之中,特别是对于不同文明养育的人以及变迁时代的人来说,更需要从最具体的生活形态和人性遭遇出发来还原社会研究的初始问题。

　　从这个意义上说,探索中国社会科学的话语系统,首先要了解现代性话语系统的来龙去脉,思想史和学科史的研究,依然是所有研究的基础,只有有了这些基础的工作,我们才能知晓其中的得与失、轻与重。其次,当下中国与世界的关系,是当下世界构成的多重现实性的关系,中国的社会构造,经由不同历史时期的传统,到了现代形成后融合了世界的多种因素,多种可能性,需要细致加以辨析和理解。因此,从结构和机制的角度来理解新实在的生成和变化过程,需要进一步落实在从政治到文化的方方面面,寻求其中每一步演化的链条,不同要素之间的作用机制,以及时间性的多重展开和制度构成的多重面向。此外,我们还必须探讨,历史如何作为实在的生成性动力而具体发生,一切历史的当代史效应及当下的历史构成性效应,是社会科学研究必须借鉴和处理的问题。最后,也必须像马克思、涂尔干和韦伯那样,或者像王国维、陈寅恪、潘光旦、费孝通那样,从文明与起源中的历史出发来探讨社会问题,从诸文明的比较出发,来认识文明母体在一切历史之社会形态构成中的基础与转化。只有通过此,才能回溯与再造中国社会科学的话语系统,所有即时的感受、臆想和移植,都只能产生反面的效果。

　　这里举一个例子,来说明中国社会科学曾经做过的重要尝试,即林耀华先生写于中国抗战的作品《金翼》。《金翼》大概是博士论文的篇幅,通篇没有所谓的文献综述,也没有摆在那里的理论框架,没有核心概念的推演逻辑,也没有在方法上所规定的证明体系。我想,今天如果有一位学生提交了这样一篇论文的话,基本上是不会通过答辩的。所以,我大概的意思就是说,常规范式下的科学就是"千人一面",这种情况我想今天在整个社会科学界已经很明显了,大家只是在这个生产体系里活着。

《金翼》这本书,原来的副标题叫"一个家族的编年史",后来改成了"中国家族制度的社会学研究"。这就意味着,林先生认为"编年史"就是社会学研究,在方法上并没有一个所谓统一的规范标准。他说,社会学研究有两个角度,一种叫科学形相主义,一种则是心理体验主义,前者基于观察、统计、测量的方法原则,而后者则是基于直觉、同情和内省。我们今天的常规研究中,基于直觉、同情、内省的社会学研究几乎消失不见了,我们似乎越强调客观性,越距离真实的社会实在越远。为什么呢?林先生说,人们常说的科学,着重外部测量的材料,但是任何外部测量的材料,都必须基于内省的解释才能理解事件的真相,并且理解社会的价值,所以科学是专门化的,而艺术才是真正社会学的目的。科学属于前期,艺术属于后期,真正的社会学研究,就是有效地把两者结合在一起,简单地来说就是科学和人文结合在一起,这种才是他理解的真正的社会学。

《金翼》讲的是如何来理解中国人的社会生活,作者采用的是生命传记法,这是一种民族志的手法,但也颇类似于一种带有传统味道的白描法。显然,这种笔法不是循着归纳和演绎的逻辑进行的,而强调的是全景式的生活历程的绵延性,编年史强调的是时间的推展,而非逻辑的推演。不过,生活的肌理或机制即是时间性的构成,而非纯粹的因果关系或变量之间的相关。

中国人比较独特的生命历程,并非依照个体生命的原点而逐一开展的逻辑结构。这与基于个体主义的理性原则不同,也与从整体出发的制度主义原则不同。在林耀华的笔下,每个人都是社会关系结构中的一个位点,但用来界定这个位点的,却是它与周围具有不同强弱连带的诸多位点之间的关系,以及在各种不同的处境中彼此之间的动态关联。我们常把费孝通所说的差序格局作为一种差序性的人际结构来理解,但事实上,这种基于人伦之差等秩序的关系,在具体的社会生活中是动态的过程,即每个位点都以其他与之关联的位点来界定其结构中的位置,同时在现实生活的关联中亦调整其间的平衡。

　　在这个意义上,社会生活的时间性是首要的构成机制,人们始终处于平衡、失衡、再平衡的调适状态中,而非依照一种结构化的规定。如林耀华说的那样,人们的日常交往圈子就像橡皮筋连在一起的竹竿搭成的网架,抽掉其中的任何一根,便会一散全散。即在家庭网络中,每个成员都是必不可少的部分,但每个成员也都不是自成一体的。林耀华还说:"家庭就是这样一个圈子,围绕着习俗、责任、感情和欲望所精心平衡的人编织的网,抽掉家庭的一员,扯断他与其他人维系的纽带,家庭就会面临危机。"其实,人们超出家庭范围之外的生活,也大体贯彻着相似的概念,一个人若不将与之有所关联的他人作为自身生命的部分加以呵护,便无法维持自身的生命历程;换言之,社会生活并不是以自我保存作为逻辑起点而渐次构成的,因此也不是以一种基于自由选择的理性化路径来实现的,相反,任何人都必须首先依照伦常关系搭建彼此的社会关联,并在实际生活的情境变化中调整这种关联,而不断维持动态的平衡,才能真正把握社会的秩序。

　　基于同样的道理,生活际遇的概念就要比生活筹划的概念来得重要。换言之,一个人面对随时发生的偶然变故,所诉诸的就不全然是一种线性的因果逻辑,而更像是一种因果报应的观念。此书中有很多情节,超出了今天社会学的 $y = ax + b$ 这种惯常思维的形式。比如两个兄弟分家而产生无法调和的冲突,依靠各种现有的制度都难以解决,但恰在这个时候,老祖母突然离世,当全家人暂时搁置矛盾,而举一家之力投入并参与到老祖母的丧礼仪式中的时候,分家析产的冲突便慢慢消解掉了。不过,在林耀华的笔下,既呈现不以线性逻辑而达成的社会生活的轨迹,也始终强调,一个人对于生活的把握,却在他自己的手中。他必须不以个体为中心来扩展生活领域,而每时每刻将连带的他人作为自身的部分,才能真正构成自身社会生活的核心;他必须遵从所有习俗为他提供的生活轨迹,将自身扩展为纵向历史的家族生命的延续,以及横向人伦关系的结构,才是社会生活的底蕴;他必须适时地依据外部条件的变化和具体情境的转换来平衡上述各种关系结构,达成秩序。难怪弗思(Raymond Firth)在英文版导言中说:"以偶然事件的形式所表现出的机遇:如突然死亡,与旧时学友的重逢,幸运地发现一份文件从而赢得了一场官司等,虽说发挥了一定的作用,但真正的命运存在于各个人的心中……"

所以，我想这是林耀华所说的："我们今天可以将上苍理解为人类本身，把命运看成是人类社会"的意思，这种命运的讲法不是一个抽象的概念，而是中国人无时无刻不在他的人伦关系、社会习俗以及生命仪式中不断调整自己，通过自身的修养，通过对别人的同情理解，从而构建一个完整的包容世界的方式。这样的生命历程，就像《清明上河图》这样一幅卷轴画一样，是中国人内在社会生活的时间性过程，而不是依据行为科学的准则形成的一种行动筹划。这样的场景，在今天我们的单位生活里、家庭生活里都是常见的。

我想，林耀华先生告诉我们的，是由一种独特的文明养育成的中国人自身的社会生活形态，在这样的生活世界中，甚至一个大字不识的老奶奶，都有可能有能力、有智慧去调动家庭或人际意义上的网络关系，有着端平一碗水的生活技巧。相反，今天很多专家在处理家庭关系、师生关系、社会关系的时候能力之低，倒是令人吃惊的。所以，中国人究竟有怎样的生活，怎样的社会构造，对此怎样的理解，这是寻求社会科学话语的关键。

任何一种理论解释，任何一种研究策略，都需要根植于自身的内在生活，构建社会科学话语的钥匙深藏于这种内在的社会构造之中。单靠借来的办法或纯粹的技术，是无法得到真正的理论发现的。中国社会科学话语的建设，必须重回经典对于社会本身的切实体会和理解。经典的社会学研究，才是我们血脉传统中最重要的，因为它会告诉我们生活是总体的，也告诉我们社会的形成是有传统的，社会生活是有多重的面向的。

这里提及的《金翼》一书，只是我们总体生活的面向之一。社会学要扩展学科的视野，既要向内不断深入我们社会生活的每个细处，人的情理连带的每个机制，也要从历史的脉络出发探寻每一处的变化及可能，更要把眼光放到更大的视野之中，将社会实在构造的多重维度、多元一体民族整合的文明国家格局，乃至世界历史的演化路径及其困难之处都纳入社会学研究的视野，才会真正具有自身的学术话语意识，才不至于落入一种空谈。费孝通先生晚年说社会学要补课，确实我们需要学习的东西太多了。

（作者单位：北京大学）

试论社会学话语体系建设的正当性：
再谈地方性知识与普遍性模式的关系

翟学伟

摘　要：社会与行为科学本土化研究已经开展了 30 多年，其中积累了许多问题，也引发了各式各样的争论。本文通过对什么是本土性的研究，本土性研究同全球化是何种关系以及本土性研究应采取何种视角、理论和方法等进行了深入的反思。作者认为本土性研究应该从文化导入来建立地方性知识，尤其需要放弃国民性研究的窠臼，走向对社会运行法则与机制的关注。而其本土性所呈现的局限性则可以通过类型比较的方法来获得其一般性的知识建构。作为一种尝试，作者以自己建立的关系向度的理论为例，推演出了中国人的行为方式是如何发生的。

关键词：地方性知识，国民性研究，社会运行法则，类型比较

上　　篇

中国社会学的话语体系建设，不仅仅表现在中国经济的崛起、文化的自信，或者中国社会学人由此产生的越来越值得骄傲的民族自豪感，而且需要论证其背后的学理何在，也就是说，中国社会学话语体系建设的理由何在？为什么需要这样一套话语体系，它同目前的社会科学是什么关系，是什么研究上的必要性需要这样的体系，以及由此相关的问题是，这样的话语体系同传统文化，尤其是国学是什么关系？

在很长一段时期内，"本土性"阐释不容易被学界接受，主要源自它强调了地方性知识，凸显了文化类型以及人之社会行为的多样性。而以上这些基本观点与社会科学研究所倡导的普适性原则及理论解释上的普遍性要求等都有诸多相背之处。其隐含的价值立场或许还很容易被定义为无视当今社会文化的融合，

也看不到今日中国日新月异的发展,有我族中心主义之嫌。我以为,以上这类想法和判断都是对本土性研究的误读。实际情况是,如果没有全球一体化或者现代化,根本就没有本土性的问题,因为没有前者,每一个民族和地区的知识都是当地的,比如中国的所谓国学,便是地地道道的一套中国人自己的学术体系。只要你活在那个时代,你的知识结构就是如此,即使你排斥它,你也只能在儒道释中选择,而不知道天外有天。显然,本文所倡导的本土性之意不是希望拿国学来解释中国人与中国社会。如果这样看待本土性研究,那么无需倡导和努力,而且高峰期已过。比如一部《易经》或半部《论语》外加宋明理学、王阳明心学等已经足够了,我们现在还能做什么? 我看到现在有些自称本土化的研究者拿着国学说事,深感其中潜藏的危机。

本土性的意义何在呢? 我想,它首先是一个社会科学性的思考,不是人文性的思考。这样的思考方式需要使用社会科学的逻辑与规范来创立自己的视角、理论、概念与方法。它所反对的是套用或照搬外来的视角、理论和方法。本土性研究发生的最根本理由不是民族自尊心的或者情绪化的使然,而是因为现有学科的视角、理论和方法在运用于研究和解释本土社会现象时,的确没有有效地说清楚这样的社会运行及其成员的行为方式为何如此。当然,建立有效的解释性框架,并非只本土化一种,我们完全可以沿着现有的西方理论和方法前行,像西方学者那样永不满足地创立更好的理论和方法(许多在西方从事社会科学研究的华人学者,同西方学者合作,提出了一些非本土性的新的理论),却也可以从自己的社会文化问题出发,获得一种从自己的历史与文化生长出来的地方性知识。关于后者,我同意台湾大学黄光国教授的观点,即要想实现社会科学的本土化,我们必须对西方的科学哲学有所了解。但我一直认为他这句话只说了一半,我一直在等他的后半句,却始终等不到。也就是说,了解了西方的科学哲学后怎么就可以构建本土化了? 难道那些不赞同本土化的学者不了解西方科学哲学? 或许他们反对的理由恰恰是太了解西方科学哲学了。我想,本土化的研究要了解西方科学哲学的含义,是要让本土性研究符合社会科学的基本要求(比如遵循科学哲学,尽管其中也有争议,但总有其基础与共识),同时也让中国传统思想与知识有机会发生创造性的转化,而不再像国学自带的那种人文方式来对人与社会进行悟性式的阐述与教诲。显然,在社会科学范畴内所建立的本土性研究是在具备某种特定的逻辑推演与经验研究中来完成自己的体系建设的。其实,回看社会科学的发展,美国社会科学也是在此含义中不同于欧洲社会科学的。

本土性的思考与研究完全不影响一个国家和民族是否想现代化,或融入全球化。它的关注点在于,在这一历史过程中,由于本土性特征所持续发挥的作用,究竟会出现什么样的现象及其问题,比如我们已经明显地看到中国人在对外来文明及知识的运用中出现了阻碍、扭曲、误读、变异等。本土性研究可以探讨如何来求得一种看清楚这些现象及其问题的视角、理论和方法。我们不能想象一种制度或者管理模式在其他社会被认为是正确的,套入我们的社会就是正确的;在其他社会有效,拿到我们社会就一定有效;更不能想象其他社会成员认可,本地成员就会接受。这是一个需要研究的问题,而非一个理所当然的答案。如果有人非要坚守这样做就是正确有效,那这不是一个经验的或检验的问题,而是一个建立于某种假设上的信仰问题。他们不过是坚信全世界的社会及其成员的活动具有同质性,人的行为方式应该符合科学规律。

当然,这样的坚守之合理性在于人的问题如果回归到其基础部分,比如动物性、生理性或动物的群体性等方面,是相同的。由于人类心智由动物演化而来,除复杂化了一些,和动物又有多少差异呢? 本土性的很多思考一定是从文化开始的。所谓"一个心智,多种心态"的提法,①很多学者都表示赞同。可我却不以为然,因为其中的潜台词是人类具有相同的大脑,所以具有一样的认知能力,至于心态那自然是五花八门,各式各样的。显然,在前者的含义上没有什么文化问题,在后者意义上就有了文化问题。试想一下,在这一美妙的说辞中,心智其实是连猩猩、猿猴等高等动物都有的智力和感知,至于心态,谁又会否认不同时代,不同地方的人的价值观、看法与做法的差别? 否认了这一点,实证主义者自己也会没活干了。比如他们调查的那些不同地区的价值观、阶层意识、代际、代沟又有何意义? 因此,在我看来这句话没有什么重要的见解,也没有可争议的空间,属于一个所有不同立场的学者都倾向同意的正确的废话。或许这里可能引发的争论是,我们对"心智"和"心态"含义的理解各有不同,尤其是心态这个概念,它

① 黄光国:《儒家关系主义:哲学反思、理论建构与实证研究》,台湾心理出版社 2014 年版,第 12 页。

或许被任意使用了。它想扩张到指称文化类型、社会结构与运行以及行为方式等方面。而我的看法是这样的任意扩张是不允许的,而且观点还正好相反,文化类型、社会结构及其相应的自然环境条件在很大程度上既限定了心智,也限定了心态,而不受其限定的部分,只能指人的先天性。其实即便如此,至少先天性或遗传也受其自身与特定自然环境变化的影响而有所差异。如果说在各自的文化背后,真有所谓一致的文化深层结构,那么这本身不是文化的问题,而是脑神经系统的进化与构造问题。再者,回到本土性研究的文化视角上来看,每一个真心思考社会科学本土化问题的人都会经验地发现,有的文明不排斥外来的物质文明,但排斥其他民族的精神文明,甚至不太乐意接受其制度文明;例如中国新文化运动倡导科学与民主,科学没有人反对,民主就艰难了。为什么,因为科学伴随着物质文明的改观,几乎人人都坐享其优越性,可民主则要求制度文明的变更,它使得从当权者到知识分子再到普罗大众等都有自己的想法,也会引发社会向何处去的不确定性。也有企业家告诉我,引进设备、照搬其他企业的做法都不难,难的是存在其背后的企业文化学不了。人家这样做是因为他知道自己是个"葫芦",我们这样做是以为它不过是个"瓢"。

我深感,在社会科学研究中,对于那些持有全盘西化的人来说,一味地为其所欣赏的西方文化及其知识叫好是没有用的,因为它们在本国民众那里没市场或时常被篡改。其实中国在现代化的层面已经引进不少西方政治制度及社会制度,但很快地就出现了问题,金融、企业、慈善、保险、养老、教育、信用等许多制度的源头来自西方,但都出现了大量的不可思议的问题,然后就按照国情来修改,可是越改则离原有的理论与设计初衷越远,也越心中没底;我更惊讶地发现,那些为西方叫好的学者也就是在课堂、文章和饭桌上叫好,如果让他们自己来管理一所院校,或一个组织,其管理方式本土得让我这个研究本土性的人都看不下去,他们对权术、人情和面子的运用是何等的出神入化,而全然不顾他自己讲得头头是道的西方理论。由此而生的一个问题是,对这些理论上或建模上如此熟悉的学者为何自己运用这些知识?原来他也知道行不通。这样一来,我们就很容易意识到,什么是本土性的问题了。也明白了为什么我们即使对西方社会科学理论和模式心悦诚服,也还是需要研究本土性的问题。

可见,本土性研究的问题意识是:为什么一种被看好的东西不被接纳,或者表面上被接纳,但骨子里只用它来装点门面而不是玩真的,要玩还得思考一下中国人的游戏规则是什么。或者说,本土性的研究意义在于,究竟是什么在左右着本地人的思想与行动。如果我们找到了这样的答案,就等于找到了地方性的知识。而这样的地方性知识理应是社会科学体系中的一部分,也完全可以作为一种理论或者模式延伸于其他社会,即超越于本土性来获得更加普遍的认识。就如同我们所熟悉的外来理论被我们拿过来看看我们社会是否如此,是一个道理。请注意,我这里使用的概念是"思想与行动",而非心智或心态。为什么要强调这一点呢?因为社会科学的视角、理论和方法在很大程度上来自自然科学的启示,很多坚守社会科学中的实证主义或者实验主义立场的学者是从自然科学的发展看到建立普遍性的社会科学之可能的。可这其中的转换在于其研究对象已经变了:自然科学之自然这里已经成了社会科学之社会。坚持自然科学之法的人以为自然之法就是社会之法,而反对者认为社会之法不是自然之法。比如一个物理学原理拿到全世界任何地方都一样成立,但一个行为上的模式拿到很多地方会不成立,更不要说,社会很多方面还无法实验。行为与社会方面的研究几乎不能与物质研究相提并论,就在于社会科学的研究对象是人的思想与行动。你在研究物质,包括人的生物与生理机能时,它任你研究,不受意识所左右;但你在研究人时,他有他社会文化教给他如何反应、谋略或伪装,以及由此造成的各自在理解上和解释上的差异。所以我的看法是,自然科学与社会科学研究对象的分野在于意识觉醒与否。比如从生物学到医学与心理学的研究成就都在于他们解释了人的意识不觉醒的那部分,或者最终将意识觉醒还原为不觉醒,诸如大脑神经系统、条件反射等研究。但如果我们拿着相同的方法来研究意识觉醒部分,比如权力、正义、奖惩、分配、从众等等,虽然我们一样可以有所得,只可惜这样的结果含有文化特性,而不符合生物规律。心理学家目前的做法更多的是将人的社会与文化性还原为大脑的认知方式并在神经中枢中寻求到一个方位,这样就将一种觉醒的行为转化为先天的不受文化左右的大脑神经区域及其活动,进而声称这样的行为是有一般性规律可循的。

本土性不是从"一般规律"出发来寻求有关人与社会的知识的,而是启动另一种可能性,就是从文化的视角进入对人与社会的研究。可是我们知道,从文化角度进行知识的探讨,意味着我们需要重新寻求视角、理论及方法,我们还知道原有自然科学方法中那些还原性的、因果性的、精确的、程序性的做法都会因文化因素的引入而大打折扣。此时，理解性的、解释性的、比较性的、非实证的做法亦将得以浮现。尤其被一些实证主义者所诟病的是，文化是一个说不清楚的东西，甚至是一个挡箭牌，什么东西说不清楚，就可以拿文化来搪塞。这是很多人回避或拒绝本土视角，回归实证性、实验性之法或照搬其他现成理论方法的重要原因之一（其实许多人在实证结果出来后所给予的讨论和解释也是文化的，只是他们自己意识不到而已）。或者退一步说，在坚持西方理论的学者看来，即使本土性研究加入文化的维度，为什么不能仍然使用实证的或实验、测量的方法来研究其文化的差异呢？的确，有很多比较社会学和跨文化心理学的研究者是这么做的。

但是，实证的和实验的且持有文化取向的研究者此时此刻忘记了一个根本点：在进入诸如此类的研究之前，我们得先寻求到此社会文化的要点，然后才能提出一个地方性研究的假定及相关推论在哪里？没有这一步，我们实证什么？正是在这一点上，文化取向的实证主义者回归了他们原本的研究方式，因为他们不想假定一种特定文化有自己的运行方式，而是假定不同的文化运行方式背后还是有一个一般性的理论，比如许多跨文化的研究依然是从普遍性理论开始的。这点在心理学内部曾出现过许多心理学家去不同的文化中检验精神分析理论的正确性；在社会学内部有许多社会学家在不同的文化中检验社会分层理论是社会构成及其运行的最终根源等。这种看似文化取向的研究实际上是在拿着一般性理论来解释文化的独特性；还有一些更加精致一点的理论，会把文化划分为二元对立的关系，比如假定西方文化是个人主义，那么东方文化就是集体主义。带着这样的假设，他们试图测量与证明的就是先将东方文化看成其文化的反面，然后用调查和量表来证明了这样的假定确实成立。这类研究也被许多学者所推崇，因为它们还"真"能说明东西方文化确有差异。这样的研究思路看起来是在强调文化的不同，其实却大大干扰了我们对于地方性知识的建立。原本我们对于地方知识的社会假定，首先需要不带任何框框，没有任何成见地深入该文化中去感知、阅读、理解。可是二元对立的关系在我们没有进入一种文化前就已经给出了一种设定甚至是结论，进而导致我们所进行的经验性研究将自觉不自觉地向这一的设定靠拢或仅仅是检验这样的假设。

众所周知,真正不设框框研究文化的大本营是文化人类学,该学科强调的就是进入实地,从经验出发。例如有关文化与人性方面的差异性研究之缘起,应该归功于美国人类学家弗朗兹·博厄斯的想法,而其弟子露丝·本尼迪克特通过《文化模式》与《菊花与刀》等研究在一定程度上实现了他的宏愿。本尼迪克特虽然在这两部书中也免不了有二元对立之嫌,但她向我们展示了这样研究的可能性。尤其在后一本书中,她通过对日本文化的诸种模式研究,说明了启用社会调查与统计只能建立于我们所熟知的社会之基础上的,而对于一个未知的社会,我们先需要对该地的文化与人性方面有所了解,否则实证研究将无从下手。经过一段时间的发展,由于这一取向的研究倾向于将文化看作人格的典章性放大,最终演化成一种被称为国民性的研究。可厄运也从这里开始了,因为当文化特征是从人的性格中表现出来的时候,实证主义者的提问是,一种被称为国民性的概念应该是一个国度里大多数人的性格与行为方式,那么可否有数据支持?这一提问令国民性研究陷于尴尬的境地,因为我们不知道这样的调查需要多大规模,5 000份问卷够吗,增加到10 000份能否代表整体国民性(比如有的亚洲各国价值观调查也就6 000多份问卷,摊到中国部分是多少,这一点问卷是在哪里做的)?另外一个相关的关键问题是,所谓国民性研究不单是样本的数量及抽样方法的问题,而是需要考虑一国民特征的单一性,如果一个国家的民族和地区太多,存在着十里不同乡、百里不同俗的话,那么什么地方性格能够代表国民性?这些问题实际上明示了国民性研究在经验研究上是行不通的。显然,本尼迪克特的日本国民性研究并没有从事社会调查,但为何还是有其成功之处?或许是由于日本民族的单一性,可以在一些文化模式中取得一致性的看法。如果同样的研究放在中国会怎样?答案只能是白费功夫,因为从南到北,从内地到沿海,从平原到高原、草原、山地等,中国人是不一样的。为了解决研究中国人这一难题,又有学者提出了价值体系上的同一性,也就是虽然中国人生活的环境不同,但都在儒家文化圈内,其含义是只要我们专注于对儒家思想的研究,中国人乃至中国周边的文化性格便可以知晓。这样的设想,其实是先将国民性看成一种文化特征,再把这些特征提升为文化精神或者中华民族的价值核心,这样就可以心安理得地进行文化价值的研究了。由此思路出发,即使有学者提出反对,他们反对的也不是方法学的问题,只是认为中华民族的性格塑造未必单是儒家思想,还可以是道家乃至佛家思想或儒道释合一。最终，原本属于社会科学中的文化研究很容易滑向思想史或文史的研究中去。

正因为此，我们在社会科学领域研究出来的中国人的社会与文化及其行为之成果非常之少。大量的研究是片段式的、分割的，诸如思想片段、制度片段、法律片段、宗教片段、战争片段，人物片段、生活片段及市场与消费片段等；又由于西方历史和文化所发展出来的社会科学正好肯定这一研究方式，即他们把人与社会的诸多问题分别装在所谓哲学、伦理学、社会学、经济学、政治学、心理学等学科里，让受过不同专业训练的学者在其中从事一个小片段的探索，进而造成从一个专业领域看人或者看社会的方式。由于我们的人与社会的各个侧面已被塞入不同的学科专业，我们在很大程度上迷失了对自己的活生生的人与社会的总体性或方向性把握，却对很多细节了如指掌。这点正印证了盲人摸象的故事，每个人都自认为自己正确，却无法获得哪怕是粗犷的正确见解。当然，这里不是说，细节研究可以忽略，而是说细节一旦失去了整体的关照，便是孤立的细节。它无助于认识整体。

下　篇

通过上述讨论，我们可以大致整理出以下几个本土性研究需要解决的问题：首先本土性研究不是像自然科学所影响的社会科学那样去寻求一般性的、基础性的知识，而是从文化入手来优先建立一种对地方人的解释框架。但它不希望回归传统学问，而是按照社会科学的基本路数建立视角、理论、概念与方法。其次，本土性研究虽立足于一种地方性知识的建立，但也不全是，如果这样的知识在其他地方也一样实用，依然有推广的意义，甚至可以在文化性与普遍性中寻求到一种平衡点。第三，从文化入手所遭遇到的难题主要是我们无法在文化问题上呈现关于某一话题的数据，因为很多文化现象无法进行操作化、呈现统计上的正态分布或者进行实验设计。最后，本土性研究很容易演变成国民性研究，需要警惕。

面对以上问题，文化取向的社会科学所采取的研究策略是在经验性地描述和分析之际喜欢举例说明，也喜欢寻求一个本地词汇（包括引经据典）来表述其文化特征,前者被实证主义者挖苦为"实例主义",后者为"语言主义"。依照实证主义的要求,举例不能说明什么,因为它们是随意的,也不知道它有没有代表性;而寻求一些本土词汇的研究所暗含的问题是,即使其他社会没有这样的说法,但不意味着其他社会就没有类似的现象。受制于这样的批评,再加上我前面所说的中国幅员辽阔、历史悠久,即使采取文化的取向,建立一种本土的视角、理论与方法几乎是无望的。

我承认,实例和语言的研究确实存在着上面所批评的问题,但这是实证主义立场上的批评。如果我们接受这样的批评,回到实证道路上来,先罗列出中国人性格上的诸多特点,比如爱面子、客气、没有时间观念、缺乏精确习惯、好中庸等,然后按此设计问卷,进行大规模实地调查,最后统计出一个结果,就可以回避实例主义与语言主义的弊端吗? 我很遗憾地说,这样的套路是行不通的,即使整个这套做法符合实证研究的要求,又如何? 这样就能被学界所承认? 情况恰恰相反,这样的做法只能让它变得更不堪一击。在本土心理学的研究中,"人际和谐与冲突"曾被量化过,"中庸思维"也被测量过,但结果争议都很大,所得到的结论还是不是中国人意义上的和谐或中庸也因面目全非而说不清楚了。

而我自己提出的本土性研究是对一地方的社会运行法则的研究。这样的研究不是将中国人的文化心理设计成量表或将各被调查者对一些问题的看法和做法制成一系列统计表来呈现它们在个人身上存在或不存在,而是考察该社会运行的法则及其机制是什么。至于借助实例、历史、文学与影视等一些故事性的作品,它们不是作为个案研究使用的,是用来帮助人们更好地理解这些法则及其运行的。比如被大家熟知的一个词"潜规则",显然它不是指中国人性格上具有的特点,而是社会运行的方式,也就是说有一种社会里的成员往往不看重成文的规定,而看重不可言说的规矩。但如果要问,有多少人看重呢? 回答是不知道,可否调查一下? 调查不出来,但有大量事例与个人遭遇发生。又比如,"潜规则"一词其实包含着中国人运行社会规则时的阳面和阴面,这里的阴阳关注点属于中国哲学思想,通过规则运行发现其现实特征。再者,语言,作为思想和情感的载体,可以深入细微地反映出一个社会和民族的文化深层结构。一些词汇在其他国家之所以找不到准确的翻译,恰恰说明了其他社会里的人难得有这样的意识和感受。可一旦将它们粗暴地归结为现有社会科学概念体系,那么该词汇的文化深意就消失了。比如我们将中国语言中的"面子"归结到什么样的概念上去呢？尊严、荣耀、人格还是地位？如果这样做研究，面子的含义是清楚了，还是没有了？一个国度所使用的词语含义在其他社会中有没有类似的心理和行为，不是一个实证的问题，是一个解读和理解的问题，而解读和理解如果没了事例说明，也是难以完成的。可见，实例主义和语言主义的功用不在于实证主义者所批判的那些方面，而在于我们想用它们来做什么。

社会法则的研究重点在于寻求一个社会的基本预设、机制与规则，以此相应地可以实现对一个社会及其成员心理与行为的了解。尽管我们知道，这一社会文化孕育下的人群中亦有不少人也不喜欢甚至不顺从这样的规则，他们可能处处表现出厌恶或者发起挑衅。比如我们说中国人爱面子。这样的说法对吗？对，也不对，因为中国人也有不要脸的，但有多少人不要脸，回答是不知道，只能举例说明。但作为事例，说清楚了不要脸才能看出爱面子的有效性，或者说当"脸面"成为某一社会交往的法则而非人身上的性格时，其深刻的本土性才能够体现出来。社会法则的研究思路，粗俗地说，是研究屁股（社会位置）如何决定脑袋（性格与决断）的，而非脑袋（性格与决断）如何决定屁股（社会位置）的。回到许烺光的概念中，此即所谓"情境中心"想表达的含义，①它适合于解释中国人。

有了这样的思路，我们就可以发现，关系、人情、面子与权力（这里的权力不能简单地对应于英文 power）是中国人最常用的本土词汇，当我们不再将其视为中国人的性格后，便有机会看出它们是中国社会运行以及中国人所遵循的最重要法则。试想，在研究中国人与中国社会之际，抽掉这些本土概念，替换成西方社会科学的概念，会发生什么结果？它会让一种明明在中国社会发挥作用的关键要素，被所谓"普遍性理论"所遮蔽，同时也造成现有理论解释上的隔靴搔痒。

可见，本土性研究首先不是用什么理论来框定某些社会现象，而是问题导向性的。我们不要先把研究的问题归结到一个现成专业、一个学科理论、专业术语和一套方法程序来按部就班地实施研究，而是要寻求一些真问题，哪怕这些问题尚缺乏相关专业性或者相关理论。当然，我说这句话的另一层意思也是因为学会专业性地按部就班处理问题的学者太多了，不需要本土性研究的加入。

① 许烺光：《美国人与中国人：两种生活方式比较》，彭凯平、刘文静等译，华夏出版社 1989 年版。

可是，当人情、面子及关系等成为本土性研究的关键问题以及相关的研究逐渐展开后，我经常被质疑——一种无需任何学术训练，无需任何社会科学常识的质疑——的地方是：难道外国人就没有人情？难道不是中国人就不爱面子？哪个社会里的人不讲关系？这种质疑中带着几分得意表情，似乎是想告诉我，这些看似有文化内涵的概念其实在哪儿都一样。而诸如此类的单刀直入式的提问，瞬间就可以让本土性研究回归于一般性研究。面对上述质疑，我的回应是，既然哪个地方都有这样的现象，那么为何在诸位欣赏的社会科学各个学科中看不到相关理论？其次，由此引申出来的一个话题是，即使其他地区的人也有类似的现象，那么我研究了这个问题，近则在本土性上可以建立中国人的地方性社会科学知识，远则可以进一步推广，以贡献于社会科学的发展，何乐而不为？当然，这样带有辩论色彩的回答并不是我想要的结果。这类质疑促使我开始思考，一种从文化出发来建立一些本土性的理论模式也有自己的局限性，应该上升到一般性上去作类型比较，然后再从一般性上回归特定的文化，以此俯视到此社会运行法则的基本假设在哪里，进而可以推演出一个系统的地方性命题，最后再来从事经验性的验证。

为此，我提出了一种"关系向度理论"。①这样的理论建立于我二十多年来对人情和面子研究的积累，也就是说，长期以来，我分别对人情、关系、报、面子、权力等本土概念进行了理论化探讨。随着研究的积累和认识的提升，我有理由将这些比较零散的概念及各自的社会运行情况回归到一种基本类型上去。关于这一层面，亦有不少学者尝试着进行过一些概念性探讨，比如家族主义、差序格局、伦理本位、情境中心、关系取向、熟人社会，等等。而这些概念正是我所谓从文化取向上得到的中国社会运行的机制及其特点。但为了寻求文化性与一般性的关系，我需要将这些概念以及我自己的研究进一步提升到一般性理论上去。我发现，血缘、地缘、家人、熟人等表述看起来是在说一种文化，其实是在表达一种时空性概念，由此可以回到时空性上来建立分类。其基本模式是，大凡人间的社会交往可以在时间和空间两个维度上发生与拓展。时间维度指一社会中的交往者

---

① 翟学伟：《中国人的关系向度及其在互联网中的可能性转变》，载翟学伟：《中国人的关系原理》，北京大学出版社 2011 年版，第 297 页。

所预期交往时间上的短程或长程,而空间维度指交往者所预期的彼此关系的稳定性。所谓稳定性,主要取决于一个人一生中的流动性,由此引申为一个体在交往中的选择性机遇。如果个体不断发生流动,那么其交往的选择性就会增大,稳定度就低;如果他很少流动,其选择性便不大,稳定度就高。以此两个维度,我们得到一个社会交往的四分图:

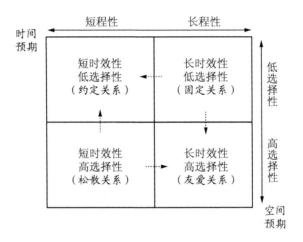

首先需要说明的是,上述四种关系向度及其内涵具有理想类型的特点,而不表示人们在真实交往遇到的各式各样的复杂问题。从图中单向箭头的指向可以看出,人类交往的两个关键性起点是"松散关系"与"固定关系"。关于这两个起点的发生,需要另文加以研究,这里不展开。而它们各自都能进入约定关系或友爱关系。显然,深入探讨这两个不同方向的起点是极为重要的。其中,松散关系假定社会个体具有独立性和很大的自由度,他可以自我决定、选择、调整及改变同任何其他人的关系,由此引发了个人意志、理性、人格、偏好,乃至于平等等一系列文化价值及其行为模式。其他类似表述是个人本位、个人中心、个人主义或者俱乐部式的社会等。这样的个人在英文中也叫 agency,中文缺乏对这一含义的理解。此时,这一向度中的个人可以分别进入"约定关系"和"友爱关系",也就说,随着个人的自由度及其交往意愿,他可以加入俱乐部、社团、企业或公司等,即在一定时间内成为某个群体的成员;亦可以根据自己的偏爱同他人建立熟人关系、朋友关系、恋人关系等。而所谓固定关系是想表示有些社会总是倾向于按照某种难以变更的关系性连接,比如血缘、地缘、业缘及其相应的变种,比如结

拜、投名状、称兄道弟等,将一些关联者在实际中或价值上捆绑在一起。个体无论出于何种原因和目的,几乎都无法挣脱这样的关系。现有的类似概括是他人取向、社会取向、关系主义、情境中心等。此种社会很少赋予个人自主空间,或者自由意志,一个人也很难我行我素,而处处要考虑他人的网络位置以及他人的感受、意愿或评价。当然,固定关系中的个人一样可以进入"约定关系"和"友爱关系",只是关系比较松散,因其进入的起点不同,导致人们的思维方式和行为方式有很大的差异,比如松散关系进入时更看重人与人所建立的契约,而固定关系进入时则看重情义;前者更多地强调人的理性或自我实现,后者更看重会做人和好名声。

关系向度的建立可以很好地区分人类社会中不同交往类型以及各自所延伸出来的交往方式,也就是说它可以较好地解释为什么有些行为在某些向度中发生而很难在其他向度中发生,比如有关人情和面子的运行机制更容易在固定关系的分析框架中得到理解,而换作松散关系则会大大降低其运行意义,即使我们勉强在松散关系向度中使用"面子"这个概念,也更多地用来指称个体的表演性(印象管理)之意,而非面子的关系性运行。

当我们得到这样的关系向度理论之后,可以重新回到文化上来,从逻辑上推导出固定关系向度中的社会运行方式及其规则是什么,而不再是零散地认识到这一社会及其成员的一些特点:

首先,我们清楚地看到,血缘、地缘、亲人、熟人等都属于固定关系。如果中国人与中国社会强调它们的重要性,则表明中国人的交往方式倾向于这一类型。的确,中国文化中有很多词语是用来表达固定关系如何影响识人的行为方式的,诸如"祖祖辈辈""代代相传""来日方长""日久生情""路遥知马力,日久见人心""从长计议"等。"长时效性"的社会背景来自人们生于斯长于斯的生活。从中国人的人生观念上讲,每个人非常重视生命传承,进而造成时间上的无限性和空间维度上聚居。即使现实关系原本有时间限定也可以当作无限来理解,比如上学念书的时间是有时限的,但成为老同学便是无限的。这点可以有助于我们理解"中国合伙人"的含义。长时效性也带来了我们对人的评价会用一生或一辈子来衡量,而不是一次性的言行。由此造成人们往往不计较于暂时的得失,也不通过一时的过失来评判一个人,否则就是想"一棍子把人打死"。单这一点,便可以理解制度设立上的差异。西方制度设立往往因一次失误便可以严重处罚，中国制度则是多次过失还是可以原谅。还是由于这种长时效性关系的影响，中国领导的含义也不是他在不在任上的问题，而是一个持久控制、影响力以及接班的问题。而西方领导则倾向建立一种竞争机制，被推选出来的领导者只能在期限内完成自己的施政纲领，其延续性如何则难以得到保证；在生意方面也是一样，比如中国有"放长线，钓大鱼"的说法，或有先赔后赚的经营策略，另外还有赊欠、欠债、父债子还等现象；而西方偏重公平交易，一笔一笔交易，并在制度上发展出借贷、还贷。

其次，固定关系的维持造成对做人原则的强调，一个人总是要把自己摆放到关系网中来理解人生。通常，一个人获得的荣耀应该由其网络分享，诸如光宗耀祖、沾光、荣归故里之类。反之，其过失或所犯罪行也将让他无颜见江东父老或无地自容。这是耻感文化的源泉。在一个相对稳定的关系网中，中国人在说话方面强调情境（场合）与恰当（而非真假），强调不得罪人，尤其要学会忍让，而不是争论。此种交往的结果自然会形成一种相应的价值体系"和为贵"。但在和睦的背后，个体自我意志往往受到压制。为了迎合他人，个人往往隐藏真实自我，出现表里不一和对面子问题的关注。

再次，低选择性导致个人的理性大受限制，而感情因素获得增长，最终形成情理社会。中国人不喜欢没有感情的事物，也不喜欢理性的辩论，即所谓"得理让人三分"。人们对待制度设置与管束也是如此，即不接受制度对成员的刻板限制，希望"制度是死的，人是活的"，以便让处于制度下的成员可以看情况办事。当然，纯粹为了感情而放弃原则也被认为是错误的。总之，情与理的持中与平衡是固定关系向度中的一个重要特点。它们同儒家的礼与中庸之间都有指导与被指导的关系，同时也造成情境对中国人来说比人格更显重要。

最后，为了维持这样的长久关系机制，中国人会相对排斥对等性交换，因为对等性交换等于在宣告交换是没有延续性的。所谓欠人情、人情债等都来自交换的不对等性，为此中国人在价值上还产生了"报"的观念。[①]情义发展的最高阶段是一个人必须与他人分享自我。人与人之间彼此分享自我的重叠性越大，表

---

① 翟学伟：《报的运作方位》，载翟学伟：《中国人的关系原理》，北京大学出版社2011年版。

明两人的关系越好。由此一来,中国人所理解的自我不同于西方,它不是独立的,而是你中有我、我中有你的。

现在,如果我们从这一向度再回过头来认识儒家思想,或许会惊讶地发现儒家最看重的五伦,即父子、夫妇、兄弟、君臣、朋友这五种关系,同长时效性与低选择性完全一致。也就是说儒家也承认人间的关系及其伦理就是建立于长久性与低选择性上的,即使社会上还存在其他关系,儒家也希望它们统统都得套入固定关系向度中来发展。至此,我们还可以得到这样的认识:中国文化本身缺乏对短时效性而高选择性行为模式的思考与实践。失去了这样的思考意味着什么呢?它意味着中国文化没有对城市、市场、组织、流动等方面进行过系统的认识和理论上的反思,而后者的发育与成熟均是建立在松散关系基础之上的。可见,个人主义的行为方式,首先要打破的就是社会交往上的长时效性与低选择性,而中国人想部分地守住的,就是以自己的关系运作方式来进行城市、市场、组织及社会流动的运转,自然也就会有自己的规则出现,有自己对现代化的理解,最终有了自己社会科学知识的产生。

当然,谁也不会否认,中国社会处于变革之中,中国已在不断融入世界。而市场与互联网等的兴起也将世界不同国家和地区连接到了一起。但是,我们是否可以说正因为有了这样的进程,中国问题就消失了? 不是,而是更重要了。我们一方面可以目睹许许多多的中国人现象在持续发酵,另一方面也看到中国人现象亦被带入其他国度,比如遍布西方世界的华人及遍布欧洲的温州人乃至于大量中国游客的做派。即使我们回到相关应用学科当中来,也能看到进入世界市场的中国企业、中国领导与员工在同西方世界打交道时给我们提出的种种挑战以及各式各样的有待解决的现实与理论问题。为何我们要一味引介和照搬西方理论模式来解释中国,而不能自己同样发展出中国社会科学的话语体系呢?

(作者单位:南京大学)

社会学本土化问题中的症结与出路[*]

王　宁

摘　要:社会学本土化或中国化是一个自民国时期就提出的议题。自从20世纪80年代社会学学科在中国恢复重建以来,这个议题就不断被提出、讨论和争论。大致来说,围绕社会学本土化的争论产生了两大阵营:本土化倡议者和本土化反对者。文章认为,社会学本土化的讨论应深入"知识创新力不足"的制度根源问题。知识创新力不足问题解决了,社会学本土化就是水到渠成的事情。

关键词:社会学,本土化,话语权,知识创新力,学术制度

一、缘　　起

中国社会学的本土化或中国化是一个自民国时期就提出并加以实践的问题。自20世纪80年代以来,这个问题被不断提出、讨论和争论。在此之前,台湾和香港的一批学贯中西的人文社会科学教授如杨国枢、黄光国、肖新煌、叶启正、金耀基、杨中芳在台湾和香港等地已经发动了学术本土化运动。在中国大陆,社会学学科在中断了30年后,于80年代初开始恢复重建。由于重建,急需补课,而补课的最便捷的途径之一,就是向西方学习。在这个过程中,美国杜克大学的林南教授和一些美国社会学者参与了中国社会学的恢复重建工作。而林南也是除费孝通①之外,较早提出中国大陆社会学的本土化倡议的少数几个学者之一。

在参与中国社会学重建过程中,林南发现了国内社会学界的几个不良倾向:第一,简单移植。在社会学发展初期阶段,中国社会学者注重政策性运用,来不及发展出自己的理论,为了获取政府的支持和资源,借用和移植西方的社会学理

---

* 本文系先前在《社会学研究》(2017年第5期)所发表的论文《社会学本土化议题:争辩、症结与出路》的节选。

① 见费孝通:《从事社会学五十年》,天津人民出版社1983年版。

论被学者认为最为高效便捷。第二,生搬硬套。用中国的资料来检验西方的理论,而不考虑其是否适用于中国,忽略中国的特殊性。当中国的经验资料与西方的理论不一致时,不是根据这些差异去发展出新的理论,而是通过切割资料来迎合西方的理论。第三,理论抽象化能力不足。一方面,为了避免与意识形态的正面冲突,在非常低的概念抽象层次上来对资料进行总结。另一方面,缺乏从鲜活的田野资料中形成理论的能力。由此导致的结果是,学者们或者只能停留在经验描述的层次,或者只能用中国的资料来验证西方的理论,把中国的资料只当作次级资料来使用(基于演绎逻辑),而不是当作初级资料来使用(基于归纳逻辑)①。林南教授的论述既从认识论和方法论的角度来论述中国社会学本土化的必要性,也对提升中国社会学在世界社会学学术共同体中的地位提出了希望。林南教授的倡议很快就引起国内学者的回应,并在社会学界形成一些讨论。

但在总体上,20 世纪八九十年代对社会学本土化的讨论并不热烈。只有到了 2000 年以后,社会学本土化才成为学者热烈讨论和争辩的问题。这些学者对社会学本土化问题的呼应,在某种程度上是他们对中国社会学在恢复重建了二十年以后的现状不满的反应②。一些学者认为,与我们在西方社会学方面的译介的相对较高的水平相比,中国社会科学的经验研究水平普遍较低③。而造成这种情形的原因之一,在于我们对西方社会科学的不加分析和批评的"移植品格"④,其具体表现是:一方面,中国学者缺乏自主的"问题意识",只能根据西方社会学理论依据提出研究问题⑤;在研究过程中,生硬套用西方理论⑥,或者用切割和裁剪中国经验的方式来与西方社会科学进行"对话",这种用中国经验来脚

---

① 林南:《社会学中国化的下一步》,《社会学研究》1986 年第 1 期。

② 林聚任:《世纪之交的学术沉思:回顾与展望(续六):关于科学社会学研究的本土化》,《自然辩证法通讯》2000 年第 3 期。

③ 贺雪峰:《回归中国经验研究——论中国本土化社会科学的构建》,《探索与争鸣》2006 年第 11 期。

④ 邓正来:《中国社会科学的当下使命》,《社会科学》2008 年第 7 期。

⑤ 林聚任:《世纪之交的学术沉思:回顾与展望(续六):关于科学社会学研究的本土化》,《自然辩证法通讯》2000 年第 3 期;吴重庆:《农村研究与社会科学本土化》,《浙江学刊》2002 年第 3 期。

⑥ 谭江华、侯均生:《试论社会科学研究的本土化进路》,《天津社会科学》2003 年第 3 期;郑杭生:《社会学中国化的几个问题》,《学海》2000 年第 6 期;郑杭生:《学术话语权与中国社会学发展》,《中国社会科学》2011 年第 2 期。

注或局部修正西方社会科学的"对话式的中国经验研究"，显得机械而僵硬①。另一方面，盲目崇拜以模型、统计数据和问卷调查资料为基础的定量研究，忽略了研究工具和测量手段的适切性和研究对象的情境的复杂性(如多因多果)②。

尽管有学者指出社会学本土化是一个模糊化、歧义化的概念③，大部分学者是在中国社会学与西方社会学的关系中讨论社会学本土化的。他们把社会学本土化看做是一种在世界社会学领域中获得应有的地位的运动。郑杭生和王万俊把中国学者的这种本土化实践，称为"学术运动"④。作为一种学术运动，社会学的本土化所牵涉的就不仅仅是社会学发展的认识论和方法论本身的内在逻辑问题，而且也包括民族的"学术话语权"⑤或民族的尊严与地位问题。

但是，随着讨论的持续展开，不少学者质疑社会学本土化的话语与实践⑥。一方面，他们批评社会学本土化本身所蕴含的逻辑矛盾，揭露隐藏在本土化运动背后的"东方主义"⑦；另一方面，他们公开为普遍主义辩护，否认客观知识的国界性，否认地理边界在对知识的客观性的评价中的作用⑧。他们鲜明地坚持知识的普遍性立场。

---

① 贺雪峰：《回归中国经验研究——论中国本土化社会科学的构建》，《探索与争鸣》2006年第11期。
② 贺雪峰：《回归中国经验研究——论中国本土化社会科学的构建》，《探索与争鸣》2006年第11期；石英：《质性研究与社会学的中国化》，《人文杂志》2013年第4期；刘军奎：《本土化：中国社会学的时代选择》，《社会科学战线》2016年第8期。
③ 周晓红：《本土化和全球化：社会心理学的现代双翼》，《社会学研究》1994年第6期；李宗克、曹锦清：《社会科学本土化的理论内涵——基于社会学的类型学分析》，《华东理工大学学报》(社会科学版)2013年第2期。
④ 郑杭生、王万俊：《论社会学本土化的内涵及其目的》，《吉林大学社会科学学报》2000年第1期；郑杭生、王万俊：《论社会学本土化的类型和特征》，《湘潭师范学院学报》2000年第4期。
⑤ 郑杭生：《学术话语权与中国社会学发展》，《中国社会科学》2011年第2期。
⑥ 赵旭东：《超越本土化：反思中国本土文化建构》，《社会学研究》2001年第6期；赵敦华：《为普遍主义辩护——兼评中国文化特殊主义思潮》，《学术月刊》2007年第5期；彭玉生：《"洋八股"与社会科学规范》，《社会学研究》2010年第2期；姚传明：《社会科学本土化：反思、批判与限度》，《甘肃行政学院学报》2011年第5期；陈映芳：《今天我们怎样实践学术本土化——以国家—社会关系范式的应用为例》，《探索与争鸣》2015年第11期；张戟晖：《超越本土化中的相对主义误区——兼论中国社会组织研究的取向》，《中国社会组织》2016年第9期。
⑦ 赵旭东：《超越本土化：反思中国本土文化建构》，《社会学研究》2001年第6期；陈映芳：《今天我们怎样实践学术本土化——以国家—社会关系范式的应用为例》，《探索与争鸣》2015年第11期。
⑧ 赵敦华：《为普遍主义辩护——兼评中国文化特殊主义思潮》，《学术月刊》2007年第5期。

二、症　　结

从内容上看,本土化倡议者与本土化批评者分别在两个层面展开争论。首先,在认识论与方法论的层面,本土化倡议者认为西方社会学知识在中国现实下常常不具备"跨情境效度",因此社会学有必要实行本土化。但这个过程不意味着彻底抛弃西方社会学知识,而是在借鉴西方社会学知识的基础上,结合中国的特殊情境和本土经验,提出一个更具效度的、对中国现实更具有贴切的中国化的社会学知识体系。而本土化批评者则认为,任何本土化倡议者所强调的本土特殊性,都必须放在世界范围的普遍知识的框架内来加以定位。在低一级抽象层次上相互不适用的理论知识,可以在更高一级抽象层次上找到某种共同性或关联性。我认为,在社会学本土化问题上,双方在认识论和方法论上的争辩,可以简略地概括为"知识的跨情境效度"争论。它是从知识的普遍性与特殊性之关系引申出来的。

其次,在知识本体论层面,部分本土化倡议者把社会学本土化上升到建立在世界范围的民族话语权和民族地位与尊严、摆脱对西方学术的依附地位的高度①(郑杭生,2000, 2011)。他们不满于当下中国社会学的西方化,并把它看作是一个西方对中国的"学术殖民"的过程②(张新民,2004)。而社会学本土化则是对这一过程的扭转。针对这一立场,本土化的批评者则从两个方面展开反击:一方面,他们认为知识只要是客观的,就是不分国界的;另一方面,他们质疑本土化倡议者所提倡的"中国性"或"本土性"有"自我东方主义"的嫌疑③。我们可以把双方在这个层面的争论,简略地概括为"民族学术地位与权力"的争论。

---

① 郑杭生:《社会学中国化的几个问题》,《学海》2000 年第 6 期;郑杭生:《学术话语权与中国社会学发展》,《中国社会科学》2011 年第 2 期。

② 张新民:《社会科学的本土化与本土化的社会科学——全球化语境下的本土文化研究》,《贵州大学学报》(社会科学版)2004 年第 5 期。

③ 赵旭东:《超越本土化:反思中国本土文化建构》,《社会学研究》2001 年第 6 期;赵敦华:《为普遍主义辩护——兼评中国文化特殊主义思潮》,《学术月刊》2007 年第 5 期;姚传明:《社会科学本土化:反思、批判与限度》,《甘肃行政学院学报》2011 年第 5 期;陈映芳:《今天我们怎样实践学术本土化——以国家—社会关系范式的应用为例》,《探索与争鸣》2015 年第 11 期。

尽管并非所有的本体论倡导者和批评者都同时涉及这两个层面，但这两个层面上的争论是交织在一起的。可以说，"社会学本土化"议题被不断提出和争论，并非纯学理性问题，它同时牵涉到学者的民族地位、尊严和权力问题，即世界范围内的学术地位分层以及与此相关的民族主义情绪的问题。因此，可以说，作为一个议题，社会学本土化议题的触发机制就是学者对如下境况的不满，即：社会学学科在恢复重建过程中经历了"移植西方社会学知识"的阶段以后，未能如期走向"后移植时代"、依然难以摆脱对西方社会学知识的依赖、中国学者依然是世界学术共同体中的"二等公民"。

面对这种状况，本土化倡议者呼吁，不要把西方社会学知识生搬硬套到中国情境，而要从理论层面总结、提炼和概括中国经验，形成有中国特色的理论。但是，本土化倡议者在提出合理目标的同时，却对中国社会学发展的令人不满意的现状作了错误的归因，即：中国学者只知道照搬西方的理论，只会跟着西方学者依样画葫芦，亦步亦趋，缺乏符合中国情境的问题意识。

其实，这种对西方学术的依附性和"食洋不化"现象，只是部分中国学者缺乏知识创新力的结果。换言之，正因为自身在整体上知识创新力不足，所以才要去模仿西方成功的学术经验和理论，其中一些人则出现了"生搬硬套"的情况。这里的症结不在于学习西方，而在于如何学习西方。"食洋不化"作为一种教条主义式的模仿方式的确是错，但这并不意味着向西方学习错了。西方的学术之所以"成熟"，是因为学者们共享了一种符合知识增长规律的学术精神以及体现这种精神的学术制度。"食洋不化"者在学习西方学术的过程中，恰恰违背了西方学术精神。他们之所以出现"生搬硬套"和"食洋不化"，根源在于自身的知识创新力不足。正因为知识创新力不足，所以才会去生搬硬套西方的理论。"生搬硬套"者和"食洋不化"者的做法貌似西方化（教条主义的西方化），其实骨子里是反西方化（违背西方学术精神）。

作为本土化的批评者，普遍主义者虽然揭示了本土化辩护话语的内在张力，并抨击了本土化立场背后的"东方主义"立场[①]，同时也借助知识体系的"内在原

[①] 见赵旭东：《超越本土化：反思中国本土文化建构》，《社会学研究》2001 年第 6 期；陈映芳：《今天我们怎样实践学术本土化——以国家—社会关系范式的应用为例》，《探索与争鸣》2015 年第 11 期。

理"与"桥接原理"(以及附加条件)的关系,来说明本土化倡议者的相对主义和特殊主义是站不住脚的①,但是,他们未能进一步揭示中国社会学发展落后于西方的根源。他们在否证了社会学本土化动议的同时,却未能教导人们如何避免学术界"食洋不化"现象的发生。

不论是本土化的倡议者②,还是本土化的批评者,大多共同忽略了国内经验研究中的另外一个局限性:"食土不化"③。它指的是,虽然我们有能力对国内现实提供大量的经验描述资料,但却没有能力把这些经验资料上升为理论,缺乏对资料进行理论化加工、提炼和升华的能力。这一现象反映了我们抽象思维能力、思辨能力、概念化能力或理论化能力的不足。于是,大量的经验资料未被得到有效利用,有的甚至被闲置。

社会学本土化的目标是要提供有效度的理论知识,从而更贴切地来解释中国情境。但"食土不化"和"食洋不化"均构成实现这一目标的障碍。"食洋不化"之所以是障碍,是因为它形成的"知识"缺乏跨情境效度。"食土不化"之所以也是障碍,是因为它无法上升为理论知识。而"食洋不化"和"食土不化"均是由知识创新力不足造成的。

事实上,有关社会学本土化的"呼吁"已经持续了几十年了。如果我们有足够的知识创新力,应该早就可以实现社会学本土化了。但问题是,我们迄今还在为此继续"呼吁"。这说明,我们为提升中国学术话语权所提出的"药方"并不对症。事实上,在国内的社会学研究中,不论是"西学依附"/"食洋不化",还是"食土不化",均是由于更深层的知识创新力不足这个原因所引起的。所以,关于社会学本土化的争论,必须从中国的知识创新力何以不足的角度来加以分析。这才是社会学本土化问题的症结所在。只要解决了知识创新力不足的问题,社会学的本土化就是水到渠成的事情。

从这个角度看,如果绕开知识创新力不足的问题去讨论如何提升民族地位、尊严和话语权,就是南辕北辙。凡事只有从源头发力,才能从根本上解决问题。只有提高了知识创新力,我们才能真正实现民族地位、尊严和话语权。在这里,

---

① 见姚传明:《社会科学本土化:反思、批判与限度》,《甘肃行政学院学报》2011年第5期。

② 林南例外,见林南:《社会学中国化的下一步》,《社会学研究》1986年第1期。

③ 王宁:《社会学的本土化:问题与出路》,《社会》2006年第6期。

知识创新力是因,民族地位、尊严和话语权是果。一言以蔽之,社会学本土化的症结,在于如何解决知识创新力不足的问题。

三、出　路

前面说过,不论是本土化倡议者,还是本土化批评者,大多未能揭示中国社会学何以在国际学术界沦为"二流"的深层根源。在接下来的篇幅中我将从制度主义的视角来说明"西学依附""食洋不化"和"食土不化"的深层根源。我认为,中国的社会学本土化成效之所以不彰,不在于我们的决心不强和态度不坚,而在于我们的能力不够,更具体地说,在于我们的知识创新力不足。而知识创新力不足,源于我们的学术制度和学术文化的不健全。

什么是知识创新力? 要回答这个问题,就必须先界定什么是知识。我在这里所说的知识,不是实践性、经验性、常识性或缄默性知识,而是那些有经验证据做基础的、按照符合效度和信度规则而形成的、对现实具有解释力的理论化知识。简单地说,我在这里说的知识必须具备两个基本要素:一方面,它必须是正确的或有效度的,可区别于谬误、偏见和谎言;另一方面,它必须是经过思维抽象而形成的概念化或理论化知识,可区别于常识或描述性经验知识。

知识创新力则是指我们具有在存量知识基础上不断提出增量知识的能力。换言之,它是我们所具有的不断为人类增加新知识的能力。知识一旦形成,就转化成存量知识。因此,知识是否新的,必须与存量知识作对比。只有相对于存量知识,我们才能知道我们提出的知识,究竟是不是新知识。因此,知识生产过程与物质生产过程不同,物质产品可以不断重复进行生产,但知识产品则不能重复,而必须不断创新。简单地说,知识创新力就是在存量知识基础上不断地提出增量知识的能力。

概括起来,知识创新力包括三个基本能力:第一,确保知识正确,从而对现实具有解释力的能力(效度化能力);第二,理论化能力或对田野资料进行理论提升的能力;第三,学术问题的形成能力,或与存量知识进行"对话"的能力(通过梳理存量知识而找到增加新知识的贡献点)。我们之所以在社会学本土化问题上"呼吁"了几十年而仍觉未达目标,就是因为在这三种能力上存在一定的欠缺。"食洋不化"源于第一个能力的欠缺,"食土不化"源于第二个能力的欠缺,第三个能力的欠缺则引发学术领域大量的简单重复劳动。

那么,应该如何才能提升我们的知识创新力呢? 知识创新力可以分别体现在微观上的个体能力和宏观上的学术共同体的总体能力上。我们在这里讨论的是后者。就宏观的角度看,学术共同体的总体性知识创新力是学术制度和学术文化的产物。不同的学术制度和学术文化造就了不同的知识创新力。接下来,我将从学术制度和文化的角度,来分析国内学界知识创新力不足的根源,进而说明提升知识创新力的出路。

1. 知识产权制度

知识产权制度的形成,对于知识的创新具有重要的推动作用,因为它有助于避免简单重复劳动现象。与之相联系,西方学术共同体形成了相关的学术研究规范,例如,引用他人的观点要注明出处,论文写作要有"文献回顾"部分,等等。这些做法可使读者既了解作者之前的学者的贡献,又了解作者研究问题的来龙去脉以及知识推进点所在,从而确保学术共同体尽可能避免简单重复劳动,并使知识在整体上呈现累积性和不断推进状态。

中国历史上的知识分子不太重视知识产权,相反,他们在很大程度上有着共享知识产权的习惯。与此相联系,许多学者沿袭"述而不作"的传统,创新动力不足。时至今日,国内依然有一部分学者和一些学术刊物编辑对论文中的"文献回顾"的必要性表示质疑,同时"明抄"或"暗抄"现象依然存在,简单重复性劳动比比皆是。可以说,知识产权制度以及相关的研究规范的薄弱,使得我们始终搞不清知识创新的起点在哪里。同时,由于重复前人的观点的论文也可以发表,许多人就没有足够的动力去创新。此外,重量轻质的量化考核制度的盛行,客观上也加剧了这种倾向。

2. 学术批评制度

在知识生产过程中,难免因个人疏忽、能力不足或价值偏见产生失误或错误。这无可厚非。问题不在于知识产出是否出错,而在于有没有一个制度或机制来纠错。发挥这种纠错功能的制度,就是学术批评制度。它有助于促进知识的效度,因为它不但让各种错误、缺陷和偏见被揭示出来,而且会强化学者的自律。在这种学术批评制度环境下,那种"生拉硬扯""生搬硬套""食洋不化""东抄西凑"的做法,均是学术批评制度所要克服的。

在国内,学术批评不能说没有,但学术批评制度和文化肯定是不健全的。以书评为例。西方每出版一本学术著作,往往会在学术刊物上出现数量不等的书评。这种书评制度的存在,不但使质量不高的学术著作遭受批评,而且也促成作者在保障成果质量上的自律。但是,在中国,书评还没有成为一种普遍化的学术批评制度。而我们看到的书评,常常是缺乏批评精神的"吹捧"式文章。就刊物来说,即使学者要批评某种观点,多半不敢指名道姓,只能笼统地概括所要批评的论点。学术批评制度和文化的缺席使得学者缺乏足够的自律。而"食洋不化""食土不化"和"东抄西凑"的文章,也常常有机会发表。

3. 学术发表制度

学术发表制度担负了对研究成果是否具有创新以及研究质量是否达标进行把关的功能。以学术期刊发表制度为例。绝大多数国际学术刊物都采取了学术同行的双向匿名评审制度。尽管这一制度也存在一定问题,但相比较而言,它是一种效果较好的制度。学术论文是否有知识贡献、所贡献的知识是否有效度、学术研究和写作是否合乎规范,是匿名评审人必须把关的。就实证研究来说,有关方法和方法论的讨论,也成为学术评审的一个必不可少的内容。在这样的学术评审制度中,那种"食洋不化""食土不化"、缺乏新意或缺乏效度或信度的论文往往难以获得通过。

就国内来说,中国的顶级社会学学术杂志已经成功地采纳了国际通行的学术同行的双向匿名评审制度,如《社会学研究》《社会》和《中国社会科学》。但是,还有许多学术期刊没有采纳这一制度。尽管资深编辑在一定程度上可以对文章的质量进行把关,在很大程度上,同行间的双向匿名评审制度未在国内学术刊物普及,是导致国内知识生产过程中出现许多简单重复劳动的一个重要原因。

4. 教育制度

教育制度是学者获取抽象思维能力或理论化能力的一个重要途径。西方的教育制度不但以传承知识为目标,而且从小就开始以培养学生的分析能力、批评能力、概念化能力和思辨能力。受过这种教育模式系统训练的学者,不但可以在研究西方社会领域显示出知识创新能力,而且也可以在研究中国社会和历史中显示出深厚的学术功力。例如,魏昂德(Andrew Walder)和孔飞力(Philip Alden

Kuhn）关于中国研究的著述，就是中国学者频频引用的经典。

在国内，我们的教育制度尽管进步很快，但客观上没有充分承担起培养学生的怀疑精神、批评能力、抽象思辨能力和创新能力的功能。另外，在我们的学术传统中，学者们常常遵循着李哲厚先生所说的"实用理性"，重视知识之用，而缺少一种"为知识而知识"的"自目的性"动机，以及追求"打破砂锅问到底"的终极追问精神。它也是妨碍我们理论思维能力提升的一个原因。由于我们的整体的抽象思维能力和理论创新能力不足，才导致许多"食土不化"的现象。

社会学本土化既不是用中国的"特殊"来反对西方的"特殊"，也不是让中国社会学共同体"自说自话"，而是要提出对中国现实有解释力的、有效度的、可被世界社会学同行所理解和接受的、在世界的客观知识体系中占据某种位置的理论知识。理论知识一旦对中国有贴切的解释力，就一定会有中国特色（即本土化），因为中国作为研究对象和中国学者都具有某种程度的特殊性，这种特殊性一定会体现在学术成果上。而导致社会学本土化目标难以充分实现的原因，恰恰是本土化的学术制度与文化不健全以及由此导致的知识创新力不足造成的。要实现社会学本土化，不但不能拒绝那些在国际上已经成熟且通行的学术制度和学术规范，反而必须强化它们。我们批评的"食洋不化"和"食土不化"等现象，恰恰是我们自身的知识创新力不足引起的。而知识创新力的不足，在很大程度上源于我们在学术制度与文化上与国际接轨得不够。同时，一些已经从西方模仿来的西方学术制度，也被我们自身的与之不兼容的文化所扭曲，并因此发生变形和功能错位。

四、结　　论

社会学本土化争论所关注的是西方知识在中国是否具有跨情境效度以及中国如何在世界上获得学术地位、尊严和话语权。在争论中，本土化倡议者和本土化批评者在知识的效度目标上并没有歧异。双方的分歧在于，本土化倡议者否定了西方理论知识的跨情境效度（或适用性），而本土化批评者则肯定了"普遍"理论（包括某些西方理论）在追加附加条件和假设的情况下可以获得跨情境效度。双方的另外一个争论在于如何看待中国社会学与西方社会学的关系。就本土化倡导者来说,对西方的"学术依附"有伤民族尊严。就普遍主义信奉者来说,只要能获得客观知识,就不要追问是"谁"提出的知识。

在我看来,双方在第一个层面的争论最终可以达成共识,因为双方在知识效度上的目标是一致的。但是,双方在第二个层面的争论,很难有结果。要达成问题的解决,必须把"中国对西方的学术依附好不好"的问题转换成"中国何以会陷入对西方的学术依附"的问题。事实上,"学术依附地位"是我们的知识创新力不足的后果,而知识创新力不足则源于某些本土文化妨碍了我们与国际所通行的学术制度与学术文化的充分接轨。因此,社会学本土化的实质,在于如何提升知识创新力的问题。只要知识创新力提高了,社会学本土化就是水到渠成的事情。而知识创新力不过是学术制度与文化的产物。

（作者单位：中山大学）

社会学的中国化、话语权与话语体系建设

张　翼

摘　要：社会学自其传入始就处于中国化过程之中，从教材到"行动"，基本打上了"中国"印记。中国化本身促进了中国式话语与话语体系的形成。乡村建设运动和社区研究活动也将科研与实践结合在一起，形成中国化的社会学。社会学重建以来，一如既往地发展了中国的话语与话语体系。但社会学在中国化过程中，需要国际化，需要走出去，需要与世界分享中国社会学的研究发现，这就需要建构中国社会学的话语权。

关键词：社会学的中国化，话语，话语体系，话语权

一、　社会学的中国化与话语再生产

话语与话语体系本身既具有很强的意识形态特质，也具有学术研究的学派区分性质。每一门学科或每一个学派对新学科的引介与推广或者创新，都不可避免地会走上本土化道路。这个过程本身就是在中国的话语建设与西方的学术霸权的扩张之矛盾中进行的。即使在西方，比如帕森斯翻译韦伯的《新教伦理与资本主义精神》一书，也具有很强的把德国版美国化的意识。正因为这样，世界韦伯研究界才有德国的韦伯、美国的韦伯和英国的韦伯，当然，也应该有中国的韦伯。

社会学作为一个一级学科，其发展的道路也基本如此。对社会学的中国化过程，从其进入中国的那一天起就开始了。严复翻译的《群学肄言》，就是文言版的斯宾塞的《社会学研究》。严复的翻译是意译，是夹叙夹议，是对学科本身原理的理解，而不一定完全逐字逐句对照文本寻找中文的对应词。严复执掌北京大学时，也屡屡告诫大家要遵循"中学为体、西学为用"的原则。就是早期教会大学比如燕京大学的社会学教学，也很快就从"洋人"讲授"洋教材"阶段过渡到"国

人"讲授"中国版教材"阶段。费孝通在回忆吴文藻的时候,说吴自回国执教始,虽然使用的是洋教材,但却努力编写汉文教材,培养本土社会学传人、研究本土社会学问题。在燕京大学,到1926年许仕廉接替伯吉斯担任系主任后,绝大多数授课老师已经变为中国人。费孝通在回忆芝加哥大学的派克教授的时候,还说派克1933年讲学时,就力主学生走出课堂,进入田野,开展社区调查,倡导社会学的中国化,并说自己那时才了解了北京天桥的贫民窟和八大胡同的红灯区。在民国社会学家中,孙本文应该是佼佼者。他的博士论文就是《美国传媒中的中国》,学习的是西方的社会学,研究的是与中国相关的社会问题。他编写的一系列教材,虽不可避免会译介很多西方奠基者的内容,但讲解的细节,大多取材于中国的典籍。比如在其《社会学心理学》谈到"正义感"时,就结合孔子、孟子、王阳明、朱熹等观点逐步深化分析①。难能可贵的是,在当时他就提出了文化立国的主张,很有些像今天我们所说的文化自信。应该说,在像吴文藻和孙本文这一代学人的努力后,社会学作为舶来品,已经逐渐完成从西方移植到模仿西方的过程,而开始将中国的故事写入自己的研究对象。民国时期的乡村建设学派,虽然分属不同取路,但都努力将社会学基本理论应用于社会的实际改造。晏阳初认为中国农民普遍存在"愚、贫、弱、私"四大病害,提出要以学校、社会、家庭三位一体连环教育的方式,实施文艺教育以治愚,实施生计教育以治穷,实施卫生教育以治弱,实施公民教育以治私,希望达到政治、经济、文化、自卫、卫生、礼俗"六大建设"。梁漱溟不仅写了《乡村建设理论》一书,而且还在山东创办了乡村建设研究院,在邹平推行乡村建设实验,建乡村学校、推行社会改良、组织群众自卫。卢作孚在四川北碚推行的乡村建设,就以市场为取向、以经济为中心、以现代化为目标,进行了非常成功的尝试。这些做法,时至今日,也富有时代意义。

1979年,费孝通组织大家重建社会学,当时谈的最多的话题就是如何让社会学更加中国化。在费孝通带领大家完成"五脏六腑"的建设后,应该说很快就转入中国化阶段。小城镇大问题、中华民族多元一体格局、天下大同、文化自觉等,都是利用社会学的基本原理提出的社会治理方案。这要看我们用什么标准去衡量社会学的中国化这个命题? 在这个问题上大家的认识不是很一致。比如,用

---

① 周晓虹主编:《孙本文文集》第2卷,社会科学文献出版社2012年版,第164—165页。

西方的社会学概念,以及这些概念搭建的陈设和理论去分析中国的社会现实,这算不算社会学的中国化? 或者换一个问题就是:有没有中国的社会学? 如果这个不算的话,那么,有没有一个模本可以让我们形成参照性认识,可以与人家的社会学本土化相比较,我们还差些什么?

应该说,在社会学主要文献是英文法文德文等的情况下,我们一方面很难摆脱西方的影响,另外一方面也没有必要连社会学的每一个名词术语都要创新为中国的语词。比如,如果我们拒斥"社会结构"这个概念,那么,我们要创新一个什么样的概念去顶替它呢? 如果我们不使用"功能主义"这个词,那用什么来表达呢? 到现在为止,有些人会抱怨说社会学没有中国化。可事实上,如果将社会学的名词术语与理论全部推倒,并以此来重建我们自己的社会学,是不是有这个必要与可能? 看看日本,正是他们将"sociology"翻译为汉语的"社会学"的,他们的社会学也没有中断过。可日本社会学将什么名词或原理写进西方的社会学教科书呢? 看看韩国,他们派了那么多人到美国去留学,几乎与我们交流的人都师出有名,但有谁将韩国的社会学名词写入西方经典的社会学教科书呢? 日本的经济学做了那么多年,就"雁阵理论"这个词被世界所接受。所以不要抱怨说我们不行。因为学科建设本身很复杂。在中国,社会学思想是有的,不是我们说传统中存在社会学思想,是布朗在燕京大学的课堂上说荀子的思想就是社会学思想。但要用我们传统文化中的相关概念去替换教科书中原来已经很盛行的概念,还得走很长的路。这不是单纯由学科发展所能够决定的。有些原因来源于历史的路径依赖,有些原因来源于学术话语霸权的结构化存在,有些原因来源于"西学东渐"还是"东学西读"的力量对比。

在2017年由中国社会科学院社会发展战略研究院与上海大学社会学院联合主办的2017年中国社会学大会"中日韩社会学论坛"上,韩国社会学会前会长金成国讲"天人合一"。他用英语讲的时候可能只有少数人明白,但当他打出汉字,中国人一下就看明白了。所以语言是意识形态,它贯穿于我们的血液,是历史的积淀。由英语、法语、德语或意大利语文献载体文本化的西方社会学先贤,不是社会学学科的奠基者,就是后继的集大成者。他们的理论也只是对他们所研究的社会的部分解释——他们的理论不可能完全解释他们所研究的对象——没有全能的人,没有全能的社会思想。这一点,社会科学不同于自然科学。所以,有些人批评说舶来品具有学术殖民主义性质,这有一定道理。但社会学在研究过程中,通过对西方传来的已有概念与理论的使用,也在一定程度上解释了某些中国的现实。的确,产自西方的宏大理论不能完全解释中国的发展道路,但这不能成为我们拒斥的理由。可能——注意——我说可能我们自己生产的社会学理论也不能完全解释我们自己的研究对象。我们研究的对象处于快速的变化中,而理论一经文本化,就具有相对固化的含义。怎么能够以相对固化的文本完全解释日益变动的研究对象呢？而且,文本在发表之后,会对阅读者产生新的、不受作者的新的影响力,这种影响也不是文本作者所能够左右的,所以,几乎所有的理论都只是对他所研究的对象的部分真相的部分解释。如果我们将西方的概念改造为自己的概念,并以中国的语词表达、力图研究和解释中国现实的时候,就在进行着中国化,就在形成中国的话语与话语体系,只不过我们需要加入更多我们自己的概念与理论而已。韩国人讲的"天人合一",实际是经过韩国化的"天人合一",语词表达虽然一样,但其中的含义有所区别,因此,他们是对中国传统文化的韩国化。正如我们自己对我们的传统文化的现代化改造一样,总会多多少少写入我们时代的、经过加工的、具有话语再生产性质的内容。也正如马克思主义的中国化过程一样,我们强调马克思主义的中国化,不是要将马克思主义的基本概念换成中国传统文化中的相似概念,而是以马克思主义的基本概念、以及这些概念之间的逻辑关系所形塑的原理与方法论为指导发展中国化的马克思主义。

二、 话语体系与研究方法

前面已经指出,话语体系建设不是现在才有的事情,已经提倡了很多年了。中国社会学人从进入社会学这个职业开始,就力图通过社会学的中国化而发展自己的话语,并形成自己的话语体系。按照福柯的话来说:我们所有的知识都经由话语习得。在语言作为交流工具的前提下,任何脱离话语的沟通是不存在的,因此人才与世界建立起话语关系,不同的人群通过自己的话语体系建设以影响他人的判断,并由此确立自己的话语地位,同时也产生与话语相关的理论宰制。从最近几年《社会学研究》杂志发表的文章中可以看出,已经有越来越多的人引用的是中国社会学界的学人的文献,这说明影响力正在上升,社会学话语也起到了话语应有的作用。当然我们还需要继续努力。

另外,中国社会学有没有东西可以拿到国际上去交流以形成中国话语与话语体系呢？我感觉我们有话语,也有些话语能力。比如说关于农民工的研究,就在世界社会学移民研究中占有很大的份额。比如人口学研究,现在世界上还没有一个学者怀疑中国人口研究的能力。基本中国人说什么,外部就引用什么。我在中国社会科学院人口与劳动经济研究所曾经主持编辑室工作,很多外国人说《中国人口科学》上发表的文章,完全能够与相似的英文类杂志发表的文章媲美。我在中国社会科学院社会学研究所主持《社会学研究》编辑部工作时,很多外国人也认为其中的文章能够与英文类相关杂志媲美。

到国外去参加学术会议,也经常听到国外的学人评价说,中国之所以能够解决1.7亿流动农民工的就业与社会保险问题,原因在于中国学人作为智库为政府开出了适当的药方。社会学学人的智库性研究,为国家治理体系和国家治理能力的现代化,贡献了应有的份额。从话语上来说,比如说农民工这个词,就是中国社会学人的贡献。这是中国社会科学院社会学研究所的张雨林教授发明的。与此相联系的是:户籍制度、随迁家庭、留守家庭、留守儿童……有哪一样不是在社会学的原有话语内涵中增加了中国版的内容。还有一些概念,比如城镇化(不是城市化)与社会融入、积分制、蚁族、象族等——这些概念,不管社会学研究者能够在多大范围内接受,但不可否认的是这些已成为社会学界经常被提及的话语与话语体系。最近加入的消费升级、农民工的市民化等,也正在形成新的话语体系。

如果到基层去做调研,就会发现:地方的消费升级基本上是农民工拉动的。农民工打工挣钱后,原来是在宅基地上建房,现在是到城里买房。不买房不行,因为原来的儿媳妇可以"随夫随夫父"居住在丈夫家所在的村落,但现在的儿媳妇转变了观念,要居住到城里,从结婚开始不再居住在农村,所以就出现了"丈母娘推动的城镇化"这个说法,由此也带动相关研究,形成与农民工的市民化、社会流动、城镇化等概念密切相关的话语体系。这些话语体系不同于西方的话语体系。在西方的城镇化版本中,很少有与"丈母娘"长期同住的版本。但在中国的城镇化过程中,与"丈母娘"同住成为大城市原生家庭与子家庭形成的"家庭网"

的重要内容。这些故事，西方一听就听明白了。在一次会议上，有个韩国的女社会学家说，要是韩国也出现这种现象就好了！

在文化传播中，通常发生的现象是：物质文化易于传播，但形而上的观念层文化则较难改变。借用到这个地方来，比如我们要讲好中国故事，那是不是先讲一些"形而下"的故事更易于扩展自己的影响力？比如给西方讲"道可道，非常道；名可名，非常名"，这个很难一下明白——可能只有很少一部分人才能明白。但如果讲社会分层问题，讲中产阶层（他们叫中产阶级，我们叫中产阶层），或者讲中等收入群体与橄榄型分配体系，或者讲土地流转与村落的空心化，或者讲我们自己发明的"社会心态"等相关研究成果，或者讲群体性事件、上访、截访、冲突、摆平与矛盾化解、秩序重建与维权维稳等社会治理议题，也易于将中国故事推广到世界。再比如关于社区研究，中国社会学的传统与西方社区的传统①有所区别，现在我们所说的社区服务与基本公共服务的均等化等，甚至于我们的社会建设，从理论到行动这些社会学内容的扩展，应该是中国社会学界给世界社会学贡献出的中国智慧。社会学研究的目的，就在于费孝通所说的"志在富民"，这也是老一辈社会学家不是为学术而学术的地方。我们有了自己的话语，也形成一定的话语体系，但希望将这个体系扩展到世界其他地区，就需要讲策略，通过易于为人家接受的途径与方法传播，这可以事半功倍！

由此就延伸到研究方法问题。不管是谁做研究都要遵循一定的研究方法，这是学人区别于其他职业的地方。涂尔干有涂尔干的研究方法、韦伯有韦伯的研究方法。社会能不能用叫作科学主义的东西去分析，存在很大争论。这既是西方流派之争，也是国内不同学术路线之争。但如果我们的研究，使用了学界大多数人使用或认可的方法，并以这个方法研究了中国的社会现实，得到了为该方法所支持的结论，这个结论就易于被遵循同样研究方法的人所接受。社会学的话语本身就应该包括与此话语相关的方法论问题。不同的方法之间很难分孰高孰下。我们很难说质性研究方法高于量化研究方法，也很难说量化研究方法高

---

① 费孝通曾经说，马林诺斯基将中国以魁阁为基础而形成的社区研究称为"社会学的中国学派"。另外，在同一篇文章中，我们也可以知道，"社区"这个汉语词汇，正是费孝通等在翻译西语文献时结合中国实地研究的发现而适配使用的。同样，社会心态这个词，也在这篇文章中有所提及，不过费孝通的表述是"社会的心态"。见费孝通：《略谈中国的社会学》，《社会学研究》1994年第1期。

于质性研究方法。谁长于那种方法就使用那种方法,扬长避短才是王道。每个人都应该用自己熟知的方法去讲中国故事,高下之争在于"听众"与"阅众"之争。但只要遵循了一定的方法,就可以在这个方法的路径上开展话语讨论。所有幸者,西方的很多方法,中国人在学习中有了很好的掌握,由此也通过技术进步提升了科研生产力。比如原来为西方所推崇的模型演算等,现在也成为中国社会学人的利器,甚至于有些人还通过自己的研究,创新使用了这些利器,并通过方法与数据的再生产,建构了新的话语而形成中国人自己的理论生长点。比如西安交大的边燕杰所领导的团队,就通过拜年网研究关系社会学,在研究设计与模型计算等方面凸显了中国社会的特点。强调这个并非弱化理论传播的作用,实际上理论研究比应用研究更重要,理论研究方法比应用研究方法更重要。只有将理论研究与应用研究结合起来,才可能发挥更大的作用。

在使用方法的时候,要防止那些只有模型演算但却缺少理论建构努力的做法,也要防止不加区别地将所有学术概念硬性量化的做法。数据崇拜是需要怀疑的。那种拿到一套数据,随便想一个概念就跑一个模型,然后就说自己有新发现的所谓"研究",正是痛处与弱点所在。如果量化研究听任这种趋势蔓延,那等于是害了"量化研究"。看见这样的模型,很多人讽刺是"以数据的冰冷掩盖理论的贫乏",这板子打得对。另外一个不妥当的做法是:以中国的数据证明西方理论的正确性。如果第一个人第一次这样做,是有意义的;但如果有很多人不断重复这种做法,就显得匪夷所思。实际上,我们可以看到,方法越好的人,越尊重方法本身的逻辑,越不敢越界滥用。理论研究也一样,需要注意反思性建构,而不可生搬硬套,甚至于铺设汉语的翻译体,形成"食洋不化"现象。

遵循一定的方法,就使社会学具有研究的可重复性。一个社会学家的研究成果,只有被另外一个社会学家认可,或者被更多的社会学家认可,其才能够传播开来,形成为解释力。要得到认可,就需要这种可重复性。就连人类学家普兰查斯也说:如果一个人类学家去一个地方研究了六个多月或六个月以上的时间,回来写了一本书,说出了一些研究发现,那么其他人类学家去田野调查六个月,回来也应该得出大体差不多的认识,结论才应该是可认可的。正因为这样,我们可以使用西方成熟的一些研究方法——方法是生产力,他们能用好的,我们也应该能够用好。只有使我们的话语、话语体系建设与方法论相结合,通过学术之路去讲中国故事,才能形成中国特色的话语。当然,如果我们自己能够创新一些新的方法,也应该鼓励。

三、 宏大叙事话语权与话语传播

除了微观研究外,在宏大叙事中,同样也具有中国特色的话语与话语体系。比如四个现代化,原来我们一直强调的是工业、农业、国防与科学技术现代化。但在第一代党中央领导人的制度设计中,要到 2000 年"实现"四个现代化。这个目标基本是不可能的。什么是现代化,可能我们到现在还没有形成明确的认识。所以邓小平才反思了那个话语的具体含义,这有点像西方的"能指"与"所指"的语词分析。邓小平在会见日本首相大平正芳的时候,就说我们所说的现代化,与西方所指的现代化不太一样,是"小康之家"的那种状态,即使实现了,人均收入大约是翻两番,即到 2000 年达到 800—1 000 美元。从小康之家到小康社会,从温饱型小康到总体性小康,到现在五位一体的全面小康,再到"中国梦",这个过程可以通过社会发展的不同阶段而研究并形成中国的发展社会学。美国社会学研究美国梦、俄国社会学研究俄国梦。我 2017 年参加俄罗斯科学院社会学研究所的学术会议,讨论的主题就是中国梦和俄国梦。从小康社会到中国梦的过程,不仅形成话语,形成话语之间的历史联系,而且形成基于一系列话语而建构起来的话语体系。中国的这个话语体系反映了宏大社会的变迁过程,将科研与规划结合,将经济指标体系与社会指标体系结合,将实体社会的建设与意识形态建设相结合,形成一系列文本。

还有一些,比如说有关"社会结构转型是另外一只看不见的手"的话语,有关"中国社会是个韧性社会"的话语,有关拜年与"关系社会学"的话语、有关"中国十大社会阶层"的话语、有关"阶层流动与阶层形成"的话语,有关"社会工作与社会福利"的话语等,都有一定的创新,都有中国社会学贡献的新的成分。现在存在的问题是:我们自己如何看待我们的话语体系。如果在我们内心深处,对理论的建构,经常不是相信本土理论家,而是崇拜外来理论家,认识就会截然不同。根子在我们自己,不在别人。我们在掀起这个热那个热的时候,很难将我们自己塑造的西化的大师拿下神坛。如果我们一直顶礼膜拜他人,我们就难以相信自己。所以,在话语与话语体系建设中,我们对西方,要学习但不神化;对传统,要继承但不崇古。

应该说,中国社会学的中国化过程,基本形成一些解释宏大世界发展变化的话语与话语体系,由此也建构了我们的理论体系,并以我们的理论体系彰显了话语力量。但言说者是一回事,闻受者是另外一回事。在众多的"传"与众多的"受"之间,存在一个对话语权或话语霸权的争夺问题。有话语和话语体系,没有话语权,就会"有理说不清",或者"说了没人听",或者"听了没人懂"。而话语权不仅决定于话语本身,更重要的是决定于器物层面。马克思说物质决定意识,这句话我们要记在心头。只有在物质建设上取得重大进展并影响到其他国家的物质建设时,我们的话语才具有物质基础的支持,才最终决定话语权的大小。比如加拿大的服装店挂上了中国产的西服,加拿大人就易于理解"中国制造"的含义。学术道路经常附着在经济道路之中。研究丝绸之路的人发现,中原王朝强则丝绸之路通,中原王朝弱则丝绸之路断。于是,与丝绸之路相关的艺术、舞蹈、宗教、科技、文化等活动就伴随丝绸之路的"通"与"断"波动。社会学研究形同此理。今天我们之所以谈话语,不是原来我们没有话语。中国原来不是第二大经济体,中国的新闻很少出现在西方的传媒,中国的学术研究就很难受西方的重视,人家就想不起引用我们的文献,在西方形成"西方的东方学"——他们更愿意相信他们自己的解读。现在,中国的经济增长给世界的经济增长贡献了30%的份额,世界离不开中国、世界开始关注中国、认识中国、研究中国,所以,中国的研究才有"走出去"的物质基础。正是在这个意义上,一个国家的学术实力与这个国家的经济实力是耦合在一起的。看看我们中国的翻译市场,就很少有人翻译第三世界国家的社会学著作,因为这些著作没有什么影响。比如乌干达,如果不是新闻,则很少人知道这个国家的人在吃什么、在做什么,也不知道这个国家的大学在研究什么,更不知道乌干达有谁是社会学家。

所以说实践的成功——中国走向富强的道路才是我们拥有话语权的基础,没有这个基础,话语就难以推广。当然,我们还得承认,仅有物质的支持不够,中国需要理论建树,需要基于本土知识的提炼而形成的系统化的那种叫作原理的理论的支持,这才能将理论展现为可接受性。世界各国的理论不能解释的是:为什么改革开放以来中国维持了长达40年的增长与繁荣?为什么社会转型如此剧烈中国却仍然维持了大局的稳定？甚至于在 90 年代到 21 世纪初下岗职工的分流中——出现了那样高的失业率却为何没有酿制出内乱？唱衰中国的声音不断,但中国却一直稳坐钓鱼台的原因是什么呢？对中国发展有兴趣的学人都在努力寻找答案,但我们中国人应该比西方更快地找到这个答案,并系统化学理化地证明这个答案。

在这个过程中,我们发明创造一些中国化的名词术语是需要的。但是不是一直要等到我们全部创新了名词术语之后才能研究呢？或许我们要问是不是每一个概念都要更改为中国的语词才可以呢？现在看没有必要。社会学学科形成自己的传统,形成基本的已经为学界所认可的一些概念,也形成其学术思想认知结构。西方的优秀文化成果也应该为我所用。而且,要讲好中国故事,或者要传播中国声音,可能用人家能够听明白的方式去传播更易于成功。但如果使用人家的理论,会不会一直被人家的理论所"掌握"呢？这就看我们的功夫了。在马克思主义中国化的过程中,几乎在每一个重要的环节,都具有重大的创新。创新就需要懂理论。毛泽东对马克思主义的中国化,就是在真正懂了马克思之后才总结出了农村包围城市的正确道路。习近平在研究了原来的发展路径后,创新性地提出了"新时代"的"两步走"战略。突破教条,促成飞跃,在原有的理论中同样可以建构出我们自己的理论。理论对话本身就蕴含着话语与话语的再生产过程。一个中国人,如果能够用西方的学术之道破西方的学术殖民之路,并创新出中国的学术法宝,那应该是更高的高手！比如费孝通,跟着"马老师学习",但却走出了自己独特的中国化之路,连马林诺斯基也赞扬说费老的研究是"人类学实地调查和理论工作发展中的一个里程碑"。

所以,我们可以模仿费老的做法,学习在西方,成就在中国。要探索可能的成就,创新我们的话语,可以从以下五个方面考虑:第一是提出一个全新的概念;第二是矫正原有的概念与概念之间的关系(比如有人认为经济下行离婚率上升,你在研究中发现经济上行离婚率也上升,或者你的研究发现经济下行与离婚率压根就没有关系);第三是使用新的研究方法,并用这种方法矫正原有的研究,以此丰富原有的研究;第四是提出新的理论;第五是创新"新方法"。可能还有其他,我们可以逐步罗列。在这中间,任何的创新尝试都应该具有话语创新的潜质。

有了话语创新,还需要将创新的话语通过话语权的建设传播出去。话语权既取决于国力的支持,也取决于"传人"发扬光大。相信的人越多、继承的人越广,就说明话语权越显著。几乎所有叫作学派的学术共同体,都是通过强大的后继者而将其学术理念与学术研究传播出去的。法国的年鉴学派值得研究、美国的芝加哥学派值得研究,在经济学里,有个奥地利学派和新奥地利学派也值得研究。因此,社会学话语体系的建设,还得依靠人才的培养。有了得力的传人,话语与话语体系才能不断扩展。学科客观上存在竞争关系。学科竞争的关键是有没有富有竞争力的年轻接班人。因为经济学博士的收入高于社会学博士,所以,从概率上,富有竞争力的学子会先报考经济学博士。而且学习经济学学科或相关学科的学士、硕士比社会学多很多。这给社会学的发展造成很大的竞争性压力。经济学帝国主义的存在,也在挤压其他学科的空间(当然也可正向理解为他们在激发其他相关学科生产更多的文本)。另外,经济学讲故事的能力很强,比如说他们讲市场,大家都接受了市场。经济学讲金融危机,大家就努力想知道什么是金融危机。中央文件中已经写入了越来越多的经济学学科的名词。现在,新常态、供给侧结构性改革、系统性金融风险、结构性失业、供应链、共享经济、颠覆性技术创新、全要素生产率,甚至于去产能、去库存,等等。经济学家还给我们讲了很多类似"黑天鹅"与"灰犀牛"的故事——这些原本是西方的话语,但他们都将其成功改造为中国版话语,他们没有讲诸如中国式的"狼来了"的故事。我们社会学还需要向人家学习。我们得讲明白什么是"社会",什么是"社会治理";还需要区别是"社会在治理"还是"对社会进行治理",这里面的含义是不一样的。即使如此,社会治理这个词,还不是社会学的独门绝技,在政治学和公共管理里面,这个词出现的次数更多。值得我们观察的是:社会治理一经写入政府文件,就具有了强大的话语权。

正因为这样,社会学的话语建设,还需要我们及时抓住机遇,促成话语的繁荣。2014年的经济工作会议上,习近平指出,中国存在一个庞大的中产阶层。但社会学人较少使用阶层理论去解释阶层建设与小康社会建设的关系。但在2016年习近平讲了中等收入群体之后,经济学家迅速将研究的热点集中到了中等收入群体上。应该说,这次社会学家也很积极。但经济学家更积极,他们不仅研究中等收入群体,而且还研究中产阶层。现在看看那本影响因子最高的《经济研究》杂志，其中的很多内容，已经浸入社会学。有关家庭社会学里的"学得好不如嫁得好"社会流动话语，经济学家也发表了类似的文章。

社会学形成话语权，反过来可以将话语体系推得更广。有些人是在国内取得话语权才在国际上取得话语权的，有些人是在国际取得话语权然后步入国内的。只要是在讲中国的故事，都应该鼓励。2014年日本承办国际社会学年会，邀请中国社会学家参加，大家组团前往，专门举办了社会学的"中国日"这个论坛，根据当时担任日本社会学会长的矢泽修次郎的说法，就吸引了一百多位具有西方面孔的社会学家前来交流。应该说这是比较成功的！

（作者单位：中国社会科学院社会发展战略研究院）

马克思主义中国化话语体系的历史演进
及其内在逻辑

刘靖北

摘　要:在中国革命、建设和改革事业的历史进程中,中国共产党把马克思主义与中国实际相结合,推动马克思主义中国化话语体系经历了巨大而深刻的历史变迁。话语体系构建是一个自然历史过程和人的自觉活动相统一的过程。在此当代中国正在进行前所未有伟大社会变革的关键时期,中国学术界对于话语体系建设的集体自觉,必将推动中国特色社会主义话语体系的日臻成熟,必将对包括哲学社会科学在内的各学科产生广泛而深远的影响。建设中国特色话语体系,讲好中国故事,发好中国声音,必须以理论体系建设为基础,增强话语体系对社会现实的解释力。要坚定对构建中国特色话语体系建设的自信,加快推动中国的发展优势、制度优势、治理优势转化为国际话语优势。

关键词:马克思主义中国化,话语体系,逻辑演进,解释力

马克思主义话语体系作为揭示经济社会发展规律和人类社会自身发展规律的科学话语体系,无疑是推动人类文明进步的重要标志,更是推动历史发展不可或缺的重要力量。在中国革命、建设和改革事业的历史进程中,中国共产党把马克思主义与中国实际相结合,推动中国特色社会主义主流话语体系经历了巨大而深刻的历史转变,形成了在特定历史阶段上的特色鲜明的话语体系。深刻透视马克思主义中国化话语体系的历史和逻辑演进及其基本特征,不仅能有效地了解党的艰辛探索历程、阶段表达方式,也能更好地顺应马克思主义中国化话语体系历史发展的客观规律,为讲好中国故事、传播中国声音,推动中国和人类社会发展作出更大的贡献。

一、从"斗争""革命"到"建设""发展"的话语体系

马克思主义话语体系是由其所处的每一个特定的时代主题所规定的。随着时代和实践的发展，马克思主义话语体系也经历了从以"斗争""革命""运动"为主题到以"建设""发展""治理"为主题的历史转变和演进过程。

19世纪中叶，随着资本主义社会化大生产不断发展，资本主义社会的基本矛盾日益明显地暴露出来，社会日益分裂为工业资产阶级和工业无产阶级两大对立阶级，工人阶级作为独立政治力量登上历史舞台。诞生于这样的社会经济背景下的马克思主义，主要目的是"在批判旧世界中发现新世界"①。尽管马克思、恩格斯在批判旧世界的基础上，对未来社会主义社会的发展过程、发展方向、一般特征作了科学预测和设想，但毫无疑问，通过无产阶级反对资产阶级的阶级斗争，进而进行社会主义革命，建立无产阶级专政，是他们的理论工作一个重点任务。自从马克思主义诞生后，在欧洲、在世界范围兴起波澜壮阔的工人阶级革命运动，马克思主义的革命话语得以不断强化。19世纪末20世纪初，世界进入帝国主义战争与无产阶级革命时代，"战争与革命"成为这个时代的主题。针对这个时代主题和俄国革命实际，列宁主义作为马克思主义的发展，重点强调"斗争""革命""运动"也是理所当然的。具体到中国，近代以来，中国沦为半殖民地半封建社会，国家处于四分五裂状态，民族处于生死存亡历史关头，实现民族独立、人民解放无疑是中国人民面临的根本任务。中国社会各种政治力量先后提出了种种救亡图存方案，进行了种种尝试，但这些尝试和努力最终都以失败而告终。在黑暗和痛苦的摸索中，中国共产党找到马克思主义这一革命的理论武器。可以说，中国共产党人是在革命话语框架中理解和接受马克思主义的。李大钊认为"阶级竞争说恰如一条金线"。②毛泽东说："我只取了它四个字：'阶级斗争'，老老实实地来开始研究实际的阶级斗争。"③他还用列宁的原话强调："没有革命的理论，就不会有革命的运

---

① 《马克思恩格斯全集》第1卷，人民出版社1956年版，第416页。
② 李大钊：《我的马克思主义观》，《新青年》第6卷第5、6号，1919年5月。
③ 《毛泽东农村调查文集》，人民出版社1982年版，第22页。

动。"①这个理论，就是马克思列宁主义。以毛泽东为代表的中国共产党人创造性地把马克思主义革命理论与中国革命的具体实际相结合，创立了中国新民主主义理论和社会主义革命理论，指导中国人民取得了新民主主义革命的胜利并顺利地完成了社会主义改造。尽管毛泽东也提出了社会主义建设和发展的一些正确思想，但无疑"革命"话语是他整个理论的主体和主线。

毫无疑问，在无产阶级取得政权，上升为统治阶级之前，强调马克思主义的革命、斗争话语无疑是正确的。但是随着社会主义的建立，特别是社会主义和平建设时期的到来，就应当根据新的时代要求和发展实际，实现马克思主义从"斗争""革命""运动"到"建设""发展""治理"的话语体系转换。可惜的是，在改革开放前的相当长时间里，我们没有成功实现这种话语体系的转换，反而是继续强化"斗争""革命""运动"的话语。党的八大后，将社会主义主要矛盾规定为两个阶级、两条道路之间的矛盾，提出以阶级斗争为纲，提出"无产阶级专政下继续革命的理论"，强调阶级斗争要年年讲、月月讲、天天讲，要"抓革命、促生产"，所谓的"政治运动"更是一波接着一波。正如有学者指出的，"当话语系统没有转换的时候，人们的思维就可能还停留在革命时期的'斗争思维'之中。用革命的思维去思考革命后的事情，那必然导致失败"。②党的十一届三中全会以后，我们党准确把握和平与发展的时代主题，紧紧抓住"国家富强""人民富裕"的历史任务，系统总结国际共运史和我们党的历史上的正反两方面经验，果断摒弃"以阶级斗争为纲"和"无产阶级专政下继续革命的理论"，顺利实现了从以阶级斗争为纲到以经济建设为中心的工作重心的转移，开辟了中国特色社会主义道路，创立了中国特色社会主义理论。中国特色社会主义理论，提出我国社会的主要矛盾是人民日益增长的物质文化需要同落后的社会生产之间的矛盾。这个主要矛盾，贯穿于我国社会主义初级阶段的整个过程和社会生活的各个方面，决定了我们的根本任务是集中力量发展社会生产力。强调要"聚精会神搞建设，一心一意

---

① 《毛泽东选集》第 2 卷，人民出版社 1991 年版，第 708 页。引自列宁《俄国社会民主党人的任务》(《列宁全集》第 2 卷，人民出版社 1984 年版，第 443 页)；并见列宁《怎么办？》第一章第四节(《列宁全集》第 6 卷，人民出版社 1986 年版第 23 页)。

② 何云峰、胡建：《马克思主义中国化与当代话语系统转换》，《重庆邮电大学学报》(社会科学版)2008 年第 1 期。

谋发展",坚持以人为本、全面协调可持续的科学发展等,都是"建设""发展"话语的集中体现。

党的十八大以来,以习近平同志为核心的党中央提出创新、协调、绿色、开放、共享的五大发展理念,提出"以人民为中心的发展"思想,提出完善中国特色社会主义制度、推进国家治理体系和治理能力现代化的总目标,统筹推进"五位一体"总体布局和协调推进"四个全面"战略布局,不断开拓中国特色社会主义的新境界。相应地,我国的话语体系也实现了从"斗争""革命"和"运动"到"改革""发展"和"治理"的话语体系的转换。"改革""发展"和"治理"的话语体系,贯穿于我国经济社会生活的各个方面,也深刻影响了我国哲学社会科学话语体系建设。在新的历史起点上,我们要不断推进以"改革""发展"和"治理"为主题的话语体系建设,为实现"两个一百年"奋斗目标和中华民族伟大复兴提供丰富的思想资源。

二、 从"计划经济"到"社会主义市场经济"的话语体系

从"斗争""革命""运动"到"建设""发展""治理"的话语体系,是马克思主义中国化话语体系的一个总的和基本历史转变和演进。在这个总的转变统领之下,各个领域话语体系都发生相应的重要转变。这个转变,在经济领域,就表现为实现了从"社会主义计划经济"话语体系到"社会主义市场经济"话语体系的转变。

马克思在分析资本主义生产方式过程中,对未来的社会主义作过一些科学的预测,认为社会主义社会是一个没有商品货币关系的社会,在那里,人们"用公共的生产资料进行劳动,并且自觉地把他们许多个人劳动力当作一个社会劳动力来使用"。[1]整个社会生产过程是在直接的有计划的调节下进行的。由于消灭了生产资料私有制,人们之间不存在经济利益的矛盾,因此,整个生产过程和生产关系都是简单明了的。在这种条件下,"人们可以非常简单地处理这一切,而不需要著名的'价值'插手其间",[2]而个人消费品则是以按劳分配原则进行分

---

[1] 《马克思恩格斯全集》第23卷,人民出版社1972年版,第95页。
[2] 《马克思恩格斯选集》第3卷,人民出版社1995年版,第660—661页。

配。由此我们可以看到,马克思和恩格斯论述的未来社会,生产资料实行单一的公有制,也不存在商品货币关系。但是,马克思和恩格斯在论述未来社会不存在商品货币关系是有前提条件的,这些条件归结起来就是,集体财富的一切源泉都充分涌流。众所周知,现实社会主义都是在经济文化落后国家建立起来的,不具备马克思、恩格斯所讲的前提条件。然而,在相当长的时间里,人们却一直忽视马克思、恩格斯所指出的社会主义的前提条件,把计划经济当作社会主义的基本特征,片面追求所谓"一大二公三纯四平均",否定市场在资源配置中的作用。尽管这中间也有许多利用市场和商品货币关系发展经济的探索,但传统的计划经济的话语体系一直占据主导地位。

党的十一届三中全会以后,中国共产党人总结世界社会主义建设历史的经验教训,明确提出计划经济不是社会主义的本质特征,社会主义也可以搞市场经济,以大无畏的创造精神,带领中国人民把发展市场经济与坚持社会主义制度有机结合起来,建立社会主义市场经济体制,极大地创新了社会主义经济理论。与此同时,中国共产党立足社会主义初级阶段这一最大的国情,创造性地将公有制经济和其他各种所有制经济成分协调起来,创立了"公有制为主体、多种所有制共同发展"的基本经济制度,将"先富"与"共富"衔接起来,形成"先富"带动"后富"的发展路径,等等。计划与市场都是资源配置的手段、市场在资源配置中起决定性作用和更好发挥政府作用、"两个'毫不动摇'"、混合所有制经济、公有制多种实现形式、公平、效率、共同富裕、资本市场、按劳分配和按生产要素分配相结合,"供给侧结构性改革""分享经济""共享经济"等等,一系列的新概念、新表述成为中国主流话语的主体。从此,中国彻底摆脱了以往"计划经济"的话语体系,成功构建起"社会主义市场经济"的话语体系。

中国人民用几十年的时间走过了西方几百年时间才能走完的工业化城市化道路,迅速成为世界第二大经济体,创造的生产力和社会财富超过过去上千年的总和,这是世界经济发展历程上的一个"奇迹"。随着我国经济发展的对外影响力和辐射力不断扩大,中国特色社会主义政治经济学话语体系的影响力也在不断提高。但是,中国特色社会主义政治经济学话语体系是一项系统工程,需要在坚持历史与逻辑相统一的基础上,构建起同中国特色社会主义的伟大实践相适应的事实、价值、逻辑、表达等层次的话语体系架构,才能解构经济学的西方中心论,为马克思主义政治经济学创新发展增添中国元素和中国智慧。

三、从"专政""人治"到"民主""法治"的话语体系

马克思主义中国化话语体系的历史转变,表现在政治领域,就是实现了从"专政"和"人治"的话语体系向"民主""法治"的话语体系的转变。

在国际共产主义运动历史上,曾经对无产阶级专政理论有一些错误的理解,比如苏共对列宁关于"专政是直接凭借暴力而不受任何法律约束的政权"①的错误理解和错误实践。这些反映在话语体系上,就是"专政""暴力""人治"。改革开放以来,我们党总结国际共产主义运动的经验教训,在坚持无产阶级专政、人民民主专政的前提下,把人民当家作主和全面依法治国作为中国特色社会主义高扬的鲜明旗帜,形成以"民主""法治"为特征的话语体系。民主选举与协商民主相互促进,民主选举、民主决策、民主管理、民主监督紧密结合,依法治国、依法执政、依法行政共同推进,法治国家、法治政府、法治社会一体建设,党的领导、人民当家作主、依法治国有机统一等,都是民主法治话语体系的标志性语言,体现了中国特色社会主义民主的全面性和整体性。社会主义民主与法治,超越了西方所谓的"多党制""三权分立""普选制""司法独立"等政治实践的范畴和理论解释的范式,为人类文明发展提供了中国的政治智慧。

在国际共产主义运动历史上,曾经对无产阶级专政理论有一些错误的理解。列宁曾经指出:"无产阶级专政是一个科学的术语,这个术语规定了在这方面起作用的阶级以及叫作专政的那种特殊的国家政权形式,即不是依靠法律、不是依靠选举,而是直接依靠某一部分居民的武装力量的政权。"②他又说:"专政是直接凭借暴力而不受任何法律约束的政权。"③列宁的这个说法,原只适用于革命时期和巩固政权时期,然而进入和平建设时期后,这种原本是在一定历史条件下有一定针对性的专政不恰当地沿袭了下来。运用暴力手段进行国家治理反映出苏共不能适应社会发展变化和社会转型的客观要求。中共是按照苏联模式建立

---

①③ 《列宁全集》第35卷,人民出版社1985年版,第237页。

② 《列宁全集》第30卷,人民出版社1985年版,第283页。

起来的,新中国成立后相当长时期也沿袭了苏联的一些做法,我们对宪法法律的神圣地位没有很好地树立起来。虽然新中国的第一部宪法是 1954 年第一次全国人民代表大会制定的,但是宪法制定好之后,却一度被束之高阁,没有真正实行起来。"无产阶级文化大革命时期",社会主义民主与法制更是遭到严重破坏。这些反映在话语体系上,就是"集权""专政""暴力""人治"大行其道。

改革开放之初,我们总结国际共产主义运动和我们党自己的经验教训,明确提出必须加强社会主义民主与法制的思想。社会主义民主是与资产阶级民主根本不同的一种新型民主类型,是人类历史上最真实最普遍的民主。邓小平指出:"什么是中国人民今天所需要的民主呢? 中国人民今天所需要的民主,只能是社会主义民主或称人民民主,而不是资产阶级的个人主义的民主。"①习近平总书记曾指出,人民是否享有民主权利,要看人民是否在选举时有投票的权利,也要看人民在日常政治生活中是否有持续参与的权利;要看人民有没有进行民主选举的权利,也要看人民有没有进行民主决策、民主管理、民主监督的权利。人民只有投票的权利而没有广泛参与的权利,人民只有在投票时被唤醒、投票后就进入休眠期,这样的民主是形式主义的民主。社会主义民主,把民主基础上的集中和集中指导下的民主结合起来,把人民通过选举、投票行使权利和人民内部各方面在重大决策之前进行充分协商有机结合起来,切实防止了出现群龙无首、一盘散沙的现象,切实防止了人民形式上有权、实际上无权的现象,切实防止了出现相互掣肘、内耗严重的现象。人民当家作主是中国特色社会主义的鲜明旗帜。在坚持和发展中国特色社会主义的历史进程中,要把"选举民主"与"协商民主"紧密结合起来,不断发展社会主义民主政治。党的十五大把依法治国确立为党领导人民治理国家的基本方略,强调党的领导、人民当家作主必须依靠法治。我们强调的依法治国,既不是西式民主的"三权分立",更不是脱离党的领导的所谓"司法独立",而是要把党的主张与人民的意志统一起来,通过依法治国把党的正确主张、人民的共同意志、国家的科学决策有机结合起来,保证我们党始终代表人民根本利益,带领人民前进。社会主义民主与法治,超越了西方所谓的"多党制""三权分立""普选制""司法独立"等政治实践的范畴和理论解释的范式。美

---

① 《邓小平文选》第 2 卷,人民出版社 1994 年版,第 175 页。

国著名未来学家约翰·奈斯比特在《中国大趋势》一书中认为,中国没有以民主的名义使自己陷入政党争斗的局面,在未来几十年中,中国不仅将改变全球经济,而且也将以其自身模式来挑战西方的民主政治。"软实力"的提出者美国哈佛大学教授约瑟夫·奈认为,不仅中国独特的发展模式被很多国家视为可效仿的榜样,而且中国倡导的政治价值观念、社会发展模式、对外政策会在国际社会产生越来越大的影响力和共鸣。

四、 从"国家至上"到"国家—社会"结合的话语体系

在社会领域,马克思主义中国化话语体系实现了从"国家至上"话语体系到"国家—社会"结合的话语体系转变。以人民为中心、以人为本、和谐社会、小康社会、基层社会、共享社会、网络社会、社会治理、社区建设、社会工作等等成为社会建设中的流行语。

从一般意义上讲,国家,就是借助权力建构的政治上层建筑;社会则是指有别于政治领域的民众的日常生活与生产领域。马克思主义坚持"社会决定国家"的基本逻辑,指出国家是社会发展到一定历史阶段的产物,国家来自社会。然而,在相当长时期里,我们总习惯于从"国家主导"角度理解马克思主义、社会主义。"国家主导"话语体系背后的思维逻辑是:国家高于并控制社会。改革开放前,高度集中的政治经济体制,使国家掌握着几乎一切社会资源,社会从属于国家。例如在苏联时期,人们的就业选择并不取决于自己的决定,也不取决于企业的需要,而是完全取决于国家计划的制定和安排。就每一个个体而言,在实质上他们自己已经成为国家计划的一部分,成为国家这部机器的螺丝钉,他们并没有就业选择的自由,而是完全听命于国家的安排,他们一旦在某一岗位上就业,便很难有在不同职业之间的横向流动。当然,也有解雇方面的规定。而在高度集中的计划经济体制下,解雇或开除意味着一个人将失去生活的基本保障,而且那些被解雇者或被开除者也将无法找到新的工作岗位,这更加强了这种制度对人们的控制力。实践证明,这种关系压抑整个社会的积极性和创造性,导致社会总体效率下降,引发国家与社会关系的紧张。

1978 年中国实行改革开放政策,国家与社会的关系开始得以调整。改革首

先从农村开始,家庭联产承包责任制的实行,找到了把国家集体和农民个人的利益有机结合的机制,把农民从农村旧的经营管理体制下解放出来,极大调动了广大农民的生产经营积极性。随着社会主义市场经济体制的建立,国家从微观的经济社会生活中逐步退出,市场、社会日益从高度集权的控制体系中脱离出来,国家和政府不再从微观上包办和干预一切经济活动和社会活动,经济社会生活获得了相对的自主性和独立性,强国家弱社会的状况得以改变,国家、市场和社会日趋形成良性互动关系。因此,在当代,马克思主义中国化应当立足于社会结构的转型,推进话语体系的转换。党的十八届三中全会提出的"国家治理""使市场在资源配置中起决定性作用""社会治理"等理论,就契合了"国家—市场—社会"的马克思主义话语体系的历史转变。

五、 从"世界革命"到"人类命运共同体"的话语体系

在外交和国际关系领域,我们实现了从"世界革命"话语体系到"人类命运共同体"话语体系的转变。当前,中国提出的"合作共赢""互联互通""包容互鉴""共商共建共享""人类命运共同体""一带一路"等标识性概念,已经成为国际话语场的中心议题和基本共识。

马克思主义经典作家认为,无产阶级只有解放全人类,才能最终解放无产阶级自身。这意味着无产阶级革命是世界革命。十月革命后,俄共(布)突破马克思关于无产阶级革命要在世界主要国家同时胜利的理论,在世界上建立了第一个社会主义国家。但是,苏共始终认为,社会主义可以在一个国家内建立,但不能最终胜利,因此必须进行"世界革命",并在"世界革命"理论基础上制定了在世界范围内推动和实施社会主义革命的设想,进行"革命输出"。新中国成立后,我国曾反对苏联的做法,但后来随着国内阶级斗争的扩大化,我们也曾公开向世界推广"世界革命"的理念,主动争取成为"世界革命"的中心,号召亚非拉落后国家进行革命,走"广大农村"包围"世界城市"的道路。同时,中国在外交实践中坚持和平共处的原则,奉行独立自主的和平外交政策,提出了"和平共处"五项原则和"三个世界划分"理论,为中国与其他国家的友好发展奠定了基础。改革开放后,邓小平提出了和平与发展是世界两主题的论断,把中国特色社会主义概

括为"是不断发展社会生产力的社会主义，是主张和平的社会主义"，①制定了对外开放和平发展的对外战略。江泽民提出尊重"各国文明的多样性"，提倡国际关系民主化和发展模式多样化。胡锦涛在提出构建和谐社会理论的基础上，提出推动建立"和谐世界"的构想。改革开放以来，中国从维护世界和平、促进共同发展的现实需要出发，制定了全面对外开放的基本国策，坚定不移走和平与发展的道路，努力争取利用和平的国际环境来发展自己，又以自身的发展来维护世界和平、促进共同发展。和平发展、互利共赢、文明多样性、和谐世界等成为中国外交中的主流活语。

21世纪头10年，时代、科学和实践都发生了前所未有的变化，世界多极化、经济全球化、文化多样化、社会信息化深入发展，创造了前所未有的发展机遇，新兴市场国家和发展中国家崛起已成为不可阻挡的历史潮流。面对纷繁复杂的世界形势和人类发展进步的新趋势，面对"人类将向何处去"的时代拷问，以习近平同志为核心的党中央统筹国内国际两个大局，统筹发展和安全两件大事，紧紧把握21世纪世界发展中各种新要素新趋势，提出了构建人类命运共同体的理念和主张。党的十八大以来的近五年时间里，人类命运共同体已从理念变为战略构想，并载入联合国安理会决议。按照习近平总书记关于构建人类命运共同体的宏大战略思想，中国正以前所未有的勇气和担当，一步一个脚印地推进构建人类命运共同体的伟大实践。通过构建周边命运共同体、亚洲命运共同体、中非命运共同体、中拉命运共同体等，着力在世界范围内建立平等相待、互商互谅、包容互鉴的伙伴关系，走出一条"对话而不对抗、结伴而不结盟"的国与国交往的新道路。习近平总书记提出的包括"中国梦""共同价值""人类命运共同体""合作共赢为核心的新型国际关系""一带一路"等标识性概念，已经成为国际话语场的中心议题和基本共识，中国方案、中国主张凝聚起越来越多的和平希望与发展力量。总之，中国特色社会主义大国外交为发展当代国际关系提供了新理念、新思路，为打破"修昔底德陷阱"的魔咒，开辟一条合作共赢、共建共享的人类文明发展新道路，作出了卓越贡献，必将深刻地改变世界，开创人类发展的新纪元。

---

① 《邓小平文选》第3卷，人民出版社1993年版，第328页。

六、 关于话语体系转变与构建的几点认识和思考

1. 话语体系的转变是自然历史过程和人的自觉活动统一的过程

时代、实践和科学的发展是话语体系转换的根本动力和基础条件,没有时代、实践和科学的发展,话语体系的转换是不可能的,从这个意义上说,话语体系的转变和构建是一个自然历史过程,不能搞"大跃进",不能急于求成。但是,这并不是说话语体系的转换是自然而然就能发生的,执政党及其理论界就无能为力,相反,它需要人们发挥主观能动性,密切关注、及时回应时代实践和科学发展提出的新要求,以高度的理论自觉和理论自为推动话语体系建设,否则话语体系的新旧转换也是不可能的。中国马克思主义中国化话语体系转换过程,充分说明了这一点。这就是中国马克思主义中国化话语体系发展的内在逻辑。当代中国正在进行着人类历史上最为宏大而独特的实践创新,这种前无古人的伟大实践,必将给理论创造、学术繁荣提供强大动力和广阔空间,也为话语体系的深度转换和构建提供强大动力和广阔空间。哲学社会科学工作者都应该立时代之潮头、通古今之变化、发思想之先声,积极为党和人民述学立论、建言献策,担负起历史赋予的光荣使命,为构建中国特色哲学社会科学话语体系作出应有的贡献。

2. 话语体系转变对学科建设和社会发展具有广泛而深远影响

中国特色哲学社会科学话语体系是理论逻辑与社会发展实践逻辑的辩证统一。理论逻辑的基础是实践逻辑,话语逻辑的基础是理论逻辑,同样话语逻辑对理论逻辑、实践逻辑也具有巨大的反作用,产生巨大的影响。比如,"斗争""革命"和"运动"话语体系到"建设""发展"和"治理"话语体系转换过程中的曲折,使中国经济社会发展各个方面遭受严重曲折,也使哲学社会科学发展受到严重的负面影响;而改革开放以来从"斗争革命"话语体系到"建设发展"话语体系的成功转换,极大地促进了经济社会的发展,也促进了整个哲学社会科学的繁荣与发展。因此,必须高度重视话语体系构建和转换的问题,以话语体系的构建推动哲学社会科学各个学科的发展。

3. 中国特色社会主义话语体系建设必须以理论体系建设为基础

讲好中国故事,传播好中国声音,这当然是非常正确的。但是,要真正讲好

中国故事,把中国的声音传播出去,还要讲好中国的道理、讲好中国的理论。故事总是特定理论的反映,世界上大概没有不包含道理的故事。西方人既给中国人讲西方故事,也给中国人讲西方道理、讲西方理论,即使讲西方故事,背后都会有西方理论作支撑。比如西方的"三权分立"理论、"多党轮替执政"理论、"宪政民主"理论、"一人一票的普选制"理论、抽象的人性理论、私有化和理性人假设理论,等等。建设中国特色社会主义话语体系,不能没有科学理论的指导,不能没有思想和真理的力量。否则,我们就不能从思想理论上战胜"西化""分化"我们的思想敌人,如"新自由主义是当今世界潮流""改革开放绕不过私有化""宪政民主是中国的唯一出路"等等,不一而足。因此,要讲好中国故事,增强中国话语体系的说服力,必须加强马克思主义理论学科建设,加强中国特色社会主义理论体系研究,准确把握马克思主义的真理性、中国特色社会主义理论的科学性,唯其如此,才能更加准确地发出中国声音、更加鲜明地展现中国思想、更加响亮地提出中国主张、更加亮丽地展现中国形象。

4. 进一步增强对中国特色社会主义话语体系建设的自信

近年来,随着中华民族大踏步走向复兴,中国在国际上的经济话语权和制度性话语权得到了大幅提升,开始与国力相匹配并相互促进。当联合国、世界贸易组织、国际货币基金组织、世界银行、上海合作组织、金砖国家机制以及其他相关国际组织,无不期待听到中国声音时,中国亦大度分享自己的智慧。从人类命运共同体到文明多样性,从合作共赢到包容互鉴,中国为世界描绘出一幅充满希望的新图景。21 世纪是中华民族复兴的世纪,也是中国话语复兴的世纪。中国话语体系建设的自信,来源于中国成功实践的土壤,来源于中国学术共同体业已达成集体自觉,来源于国际社会前所未有地期待来自中国的声音。完全有理由相信,在不远的将来,中国特色社会主义的发展优势、理论优势、制度优势、文化优势、治理优势必将转化为世界舞台上的中国话语优势。

（作者单位:中国浦东干部学院）

第二部分　分论坛发言

社会学学科话语体系构建中的"中西贯通"问题

田毅鹏

摘　要:新时期,伴随着中国社会学学科理论自觉思潮的勃兴和社会学学科重建的完成,学科话语体系构建问题开始被提上议事日程。作为社会科学学科发展和重建的重要组成部分,中国社会学学科话语体系的构建从来就不是一个单向度的问题,它不可能在闭锁于世界学科、学术体系之外的状态下实现,也不可能在自我学术殖民的不平等框架内完成,而是一个集开放摄取、多重对话、扎根本土为一体的复杂的多向互动过程。其中一个不可回避的话题便是学科建设中的"中西贯通"问题。本文将此话题置于中国社会学学科重建和全球化背景下社会学学科话语体系构建的进程之中,试图突破传统的"中西对置"的二元格局,在"多重对话"的场景之下实现学科的新发展。

关键词:学科话语,中西贯通,学科重建,本土经验,多重对话

新时期,伴随着中国社会学学科理论自觉思潮的勃兴和社会学学科重建的完成,学科话语体系构建问题开始被提到议事议程。作为社会科学学科发展和重建的重要组成部分,中国社会学学科话语体系的构建从来就不是一个单向度的问题,它不可能在与世界学科、学术体系闭锁的状态下实现,也不可能在自我学术殖民的不平等框架内完成,而是一个集开放摄取,多重对话,扎根本土为一体的复杂的多向互动过程。其中一个不可回避的话题,便是学科建设中的"中西贯通"问题。

一、　早期社会学发端期"中西贯通"优秀传统的发现

众所周知,对于现代中国社会科学体系而言,社会学是地地道道的西洋舶来品。清末民初以降,以西力东侵、西学东渐为背景,包括社会学在内的西方

现代社会科学陆续传入中国,替代了沿袭数千年的经、史、子、集知识分类体系,中国社会发生了空前的知识变动。在回应西方文明的挑战进程中,知识精英逐渐意识到单纯凭借中学已难以应对西人东来后的"数千年未有之变局",认为欲摆脱国家民族面临的严重危机,非引进西学不可。在 19 世纪的最后几年时间里,受甲午战争失败的刺激,作为救亡图存的工具,社会学传入中国。在这一意义上,社会学首先是作为近代先进中国人富民强国的理论和学说引入中国的。但经过短暂的学术实践,早期社会学家便敏锐地发现,西学体系中的"群学"(社会学)虽然在西方经济社会发展过程中发挥了重要作用,但对于古老的中国社会而言其终系输自外洋舶来品,未必能尽适用于本土。于是,"贯通中西"的思想油然而生。以严复和康有为、梁启超为代表的早期社会学家,在国家民族危亡之际,试图通过引进包括"群学"在内的西方社会科学体系来拯救中国,他们奉"学贯中西"为学术研究的最高境界,大量引进西学,并努力使之融入中国本土社会,构建现代社会科学体系,产生了众多传世的"中西合璧"之作。由上述这些著名思想家和社会学家开启的"中西贯通"传统对后世产生了重大影响:

1. "中西贯通"的基本路径

在社会学传入的早期阶段,早期社会学家"贯通中西"的学术目标和路线表现得非常清晰明确。其中,严复堪称是由"西学"而"中学"的代表者,而康有为、梁启超则是由"中学"而"西学"的典范。在 19 世纪下半叶发起的洋务运动的高潮中,严复被派往英国学习海军"驾驶之术",但他却系统研学了西方的政治、经济、文化等学术,尤其是引进了"群学",其社会学研究的总体特点是"以西学批判中学","以中学融涵西学"。康有为在此时期虽然没有游历外洋的经历,也不通晓洋文,但却通过阅读汉译西书了解西方文化,知道不能将西方人简单地以蛮夷视之,撰写了《大同书》等著作,对融通中西学术做了大胆的尝试。到五四运动时期,以陈独秀、胡适、李大钊为代表,他们的学术经历的特点在于,都曾经留学海外,接受系统的西学教育,但此前也在私塾或旧学堂中接受过"国学"的熏陶,这使其知识结构和学术价值观都具有融通中西的特色。

2. 以中国传统社会思想与西方理论展开直接对话

作为西方社会学早期的传入者,严复没有简单地以翻译者的身份出场,而是试图在翻译介绍西方社会学理论的同时,努力推进中西思想的融汇贯通,实现创造性的转化。严复在翻译西方社会学经典著作的过程中,没有停留在译介层面,而是援引中国传统社会思想的相关资源与之展开直接的对话,在对话中试图实现中西社会之间的沟通、理解和转换。如严复在介绍西方进化论思想时,就努力将中国传统社会思想中的理气思想融汇其中,他认为"天演"是一个自然变迁的过程,"一气之理,物自为变。以近世学者所谓天演也。"①他还借用荀子"群"的观念,指出"天演之变,将使能群者存,不群者灭,善群者存,不善群者灭"。②由此实现了中西贯通。

3. 中西社会比较研究

社会学传入早期的"中西贯通"还体现在中西社会比较研究上。如康有为、梁启超以西方社会为参照系,对中国传统社会结构展开了具有开创意义的比较研究,认为与西洋社会相比,"吾中国社会之组织,以家族为单位,不以个人为单位,所谓家齐然后国治是也。周代宗法之制,在今日其形式虽废,其精神犹存也。"③这种社会结构在组织上往往表现为宗法家族制,使得中国的传统社会福利制度具有极强的"宗族福利保障"特点,这固然有其温情的一面,但也有其狭隘性。表现在"欧美人以所游为家,而中国人久游异国,莫不思归于其乡,诚以其祠墓宗族之法有足系人思者,不如各国人之所至无亲,故随地卜居,无合群之道,无相收之理也。"④由此导致"就收族之道,则西不如中,就博遍之广,则中不如西。是二道者果孰愈乎?夫行仁者,小不如大,狭不如广;以是决之,则中国长于自殖其种,自亲其亲,然于行仁狭矣,不如欧美之广大矣。仁道既因族制而狭,至于家制则亦然。"⑤中西民族社会团结模式的不同,中国人是以宗族为凝聚单位,而西方人则是以国家、民族为凝聚单位。这种概括虽然未必严谨,但却大体反映了中西民族对家庭、国家问题的基本理解。在他们看来,植根于家族本位的中国传统福利保障模式行"仁爱"不够广博,只是局限于"自亲其亲"的范围内,在这一意

---

① 《严复集》第4册,中华书局1986年版,第1106页。
② 《严复集》第5册,中华书局1986年版,第1347页。
③ 梁启超:《饮冰室合集·文集》之七,中华书局1989年版,第121页。
④ 康有为:《大同书》,古籍出版社1956年版,第171—172页。
⑤ 同上书,第173页。

义上,我们应该向西方学习。

  4. 西方社会学方法的本土应用和转化

  伴随着西方社会学的传入,早期社会学家对西方社会学的研究方法推崇备至,他们认为要想认清"中国社会"的根性,必须使用西方的研究方法。"要发挥我们的文化,非借他们的文化做途径不可。因为他们的研究方法,实在精密",因此,"要用那西洋人研究学问的方法去研究他,得他的真相。"①但在肯定了量化研究方法的同时,他们还注意探讨量化方法在研究华人世界使用过程中所面对的障碍性因素。"但我人民向来有一种偏见,自己家内情形,总不愿外人知悉。一旦闻官府指明调查,动辄滋生疑虑。务为掩匿。甚则造作谣言以阻进行。夫以前此贪官污吏,专务鱼肉吾民,每借事端,恣其骚扰。民之疑虑,本无足怪,若到政府确有实心办事之时,则人民亦当坦怀相见,然后上下乃能通气,须知应当调查之事件,本非烦苛,尤非盘诘人家阴私之事。我有子女,并非私生,何故怕人知道? 我有田产,本非私占,又何故怕人知道? 若无故自惊,欺蒙隐匿,反使原有正当之权利,将来不能得正当之保护,后悔何及。吾愿我人民先明白此中道理,开怀待命,其办理地方自治之绅耆,届时尤当协力相助以利进行,则国利民福,皆于是乎在矣。"②在社会学传入的早期,梁启超等人即对西方社会学研究的本土适应性问题展开了初步的研究和反思。

二、 社会学学科化背景下"中西贯通"的展开

  中国社会学学科化的基本进程大体上可以分为两个阶段:第一个阶段是20世纪二三十年代,随着社会学学科进入大学科系体系,一些从海外学成归来的社会学家成为社会学学科的研究主力。以孙本文、潘光旦、吴文藻、费孝通等为代表的社会学家,依托大学及相关研究机构展开社会学学术研究和人才培养活动,成为社会学学科中西贯通的最重要的推动者。第二个阶段是20世纪80年代以来社会学学科重建的过程。在此过程中,费孝通提出了"文化自觉"思想,郑杭生

---

  ① 梁启超:《饮冰室合集·专集》之七十三,中华书局1989年版,第37页。
  ② 梁启超:《饮冰室合集·专集》之三十二,中华书局1989年版,第13—14页。

则提出了"理论自觉"的观点,深化了对"中西贯通"的理解和认识。在上述两个阶段中,"中西贯通"原则得到进一步的弘扬和拓展。

1. 社会学中国化的发轫

既然社会学是作为舶来品传入中国的,那么,其对于中国社会而言,自然存在着一个"进入"问题。因此,如何避免简单地以西方理论剪裁中国社会,造成严重的误读,便成为关键问题。对此,早在 20 世纪 30 年代,著名社会学家杨开道即指出:"美国社会科学的毛病,是只用本国的材料,而不用外国的材料;中国社会科学的毛病,是只用外国的材料,而不用本国的材料。尤其是社会学一门,因为目下研究的朋友,大半归自美国,熟于美洲社会情形,美洲实地研究,所以美国色彩甚浓,几乎成为一个只用美国材料,而不用中国材料,不用欧洲材料的趋势。"①上述观点在揭示和批判西方社会学传入中国过程中出现的食洋不化现象,可谓极其深刻。虽然作为舶来品的社会学具有极浓的美国色彩,但我们却不是将其拒之门外,而是努力在大力学习摄取的基础上实现外来学理与本土社会之间的贯通,即"采用欧美社会学上之方法,根据欧美社会学家精密有效的学理,整理中国固有的社会思想和社会制度,并依据全国社会实际状况,综合而成有系统有组织的中国化的社会学"。②社会学中国化的思潮由此发轫。

2. 学科体系构建过程中的"中西贯通"

社会学传入中国之初,自然要以西方社会学理论和方法为中心课程,但随着社会学中国化思潮的勃兴,如何解决社会学理论与中国本土社会之间的悖反,将中国传统社会思想理论资源引入社会学学科课程体系,便成为学科发展的核心和关键。据孙本文统计,在民国 37 年部颁社会学课程体系中,除了社会学、农村社会学、城市社会学等原理型课程之外,还有中国社会问题、中国社会制度史、中国社会思想研究等本土色彩的课程,③形成"中西贯通"的课程体系。

3. 本土经验研究中的中西对话

从 20 世纪二三十年代开始,在直面中国社会复杂的变迁中,出现了植根于本土实地研究的社区学派。当时在实地研究中具有代表性的人物主要有陶孟

---

① 瞿同祖:《中国封建社会·杨开道序》,上海人民出版社 2003 年版。
② 中国社会学社编辑:《中国人口问题》,世界书局 1932 年版,第 18—19 页。
③ 周晓虹主编:《孙本文文集》第 3 卷,社会科学文献出版社 2012 年版,第 320 页。

和、陈达、李景汉、费孝通等,其代表性著作有《北平郊外之乡村家庭》《北平生活费之分析》《塘沽工人调查》等,当然也包括费孝通出版的系列乡土调查著作。社区学派的主旨不是一般意义的本土研究,而是试图运用西方社会学的理论和方法,在中西对话的进程中展开本土实地研究。社区学派所展开的以社区为单元的实证研究中,不是简单地运用西方社会学理论和方法来映射中国社会,而是以中国本土社会鲜活的经验事实与西方社会学理论对话,并由此来展开研究。其学理价值在于:发现了一个多元意义上的社区和地方;在方法论上,与传统中国士大夫书斋式的治学方式不同,在书斋之外引进西方人类学田野工作方法,进入社区人群生活世界。可见,这里所说的本土研究不是一般空间意义上的关照,而是建立在中西理论、经验对话基础上的新的综合。进入 21 世纪,在全球化背景下,以文化自觉的精神对"学贯中西"理念进行深入地再思考和再认识,成为一种新的研究取向,这以费孝通提出的"文化自觉"为代表。所谓文化自觉,实际上有着以下几层含义:一是对近代以来人类文明演进规律的体认;二是对自身文明在人类文明体系中地位的体认;三是对其相互关系的体认。上述理论观点标志着中西贯通思想的发展进入了一个全新的阶段。

但回首社会学学科化的发展历程,也会发现,在相当长的一段时间里,学界对中西学术的认识及学术实践也存在着明显的偏差,缺少从学科层面进行深刻的反思,低估了"中西学贯"理念实现之艰难与坎坷。

首先,在社会学学科话语体系中,存在着"西风劲吹"而"中学边缘化"现象,即在研究中,不是从真实具体的中国传统思想理论和经验事实出发,而是以西方理论剪裁中国社会的经验,盲目崇洋,对本土思想文化缺少深刻的省察。在研究之先,即将西方理论看作是一种"公认理论",由此其研究自然失去了自主性,将复杂的社会现象变成了一种简单的验证式研究,出现了日本学者竹内好所批评的:"过去的东方既没有理解欧洲的能力,也没有理解其自身的能力。理解东方并改变它的是处于欧洲的欧洲性。东方之所以成为东方就是因为它被包含到了欧洲之中,不仅欧洲只有处于欧洲中才能被实现,就连东方也只有处于欧洲中才能被实现。"①

① ［日］竹内好:《何谓现代——就日本和中国而言》,载张金媛主编:《后殖民理论和文化批评》,北京大学出版社 1999 年版,第 450 页。

在这种"不平等"的格局之下,自然失去了学术自主性,"学贯中西"理念的实施极为艰难,实际上沦为虚言具文。

其次,虽然在课程体系中有中国社会思想史、中国社会学史等课程,但是在实际操作过程中这些本土课程并没有成为真实的主体,而被置于边缘化地位。

第三,在中西对置的二元格局之下,缺乏对世界社会学发展总体态势把握。中国社会学学科20世纪80年代重建之时,正是美国社会学的发展如日中天的之际。受欧美社会学发展的总体发展格局的影响,我们忽略了对西方社会学内涵的辨析。尤其是战后以来,醉心美国学问,忽略了对西学中"欧陆传统"的研究和辨析。这种学科发展中的"功利性"取向导致中国社会学界全力关注西方,忽视了对其他非西方社会样态的了解。这就决定了在走向"学贯中西"的学术旅程中蕴含着激烈的冲突和碰撞,变得极为艰难。没有规范化,就没有学科意义上的社会学;而本土化的缺失,则会使社会学变成一种变相的舶来品,无法在本土生根。这种两难的情形,是任何一位追求"学术自觉"的学术人必须直面的一种现实。

三、 全球化背景下社会学学科的多重对话

进入21世纪,全球化背景下的中国社会学获得更快的发展。一般说来,全球化作为一个概念,主要是指资本、技术、文化和社会关系在全球的扩散。虽然全球化这个概念的基本内涵很早即有人提及,但直到90年代初期,经新闻记者关注和学术界的深入研究,才逐渐成为人文社会科学使用频率极高的概念。全球化可以被定义为"世界范围内的社会关系的强化,这种关系以这样的一种方式将彼此相距遥远的地域连接起来,即此地所发生的事件可能是由许多英里以外的异地事件而引起,反之亦然。"①可见,全球化在改变了世界面貌的同时,也改变了我们观察世界的方式。而社会学家使用全球化这一术语,主要是指"那些强化着世界范围内的社会关系和相互依赖性的过程"。②将全球化现象与社会学学科话语体系构建的过程结合起来,我们会发现,全球化的进程极大地改变了世界

① [英]安东尼·吉登斯:《现代性的后果》,译林出版社2000年版,第56页。
② [英]安东尼·吉登斯:《社会学》,北京大学出版社2003年版,第62页。

社会学发展的总体格局，并使之发生了一系列新的变化：

首先，全球化背景下社会学学科话语体系构建进程突破了传统的"中西对置"的二元格局，出现了"多重对话者"。

从表面上看，随着全球化进程中全球关联的紧密和信息知识传递的加快，似乎出现了一个话语统一和"压缩"的过程，但从其后果看却恰恰相反，其重要表现是出现了复杂的"多重对话者"。诚如英国社会学家阿尔布劳所言："全球化是民族主义和国际主义相互作用的直接结果。一种普遍性话语，已经随着基于不同地域和不同文化的多重性对话者的出现而产生。"[①]上述观点的突出价值在于揭示出全球化背景下学科话语体系的最新变化。因为对于中国社会学学科的发展而言，在全球化背景下，除了旧有的"中西对话"之外，还出现了更多的、更为复杂的对话者。从宏观角度看，这一"多重对话主体"既包括那些社会学的发源国，即占有学科话语优势的欧美社会学，也包括那些社会学发展的"后发者"。值得特别指出的是，无论是"先发者"还是"后来者"，作为"对话者"都不是一个简单的同质体，而是一个复杂的多元结构构成。如早发社会学体系中即包括欧陆社会学和美国社会学等不同流派。可见，这种对话者构成的多元性决定了对话的复杂性和丰富性。

从微观角度看，对话的多重性还体现在个体对话主体本身构成的复杂性，正如黄宗智先生界定的"文化双重性"概念所言："文化双重性指一个人对两种不同文化的共时性参与，语言双重性指一个人对两种语言的使用。一个既使用英语又使用汉语的人不可避免地要参与这两种语言各自所蕴含的观念和思维过程。因此一个双语者几乎必然也是一个双重文化人。诚然，在双语的使用中，两种语言互相对译而不产生或很少产生歧义的情形是存在的，譬如指称具体的物体（例如猪、狗）或简单的观念（例如冷、热）。然而不可避免的是，也有一些语词在两种语言中表面上是对等的，但在使用过程中会涉及非常不同的文化内涵。这时，语言双重性便变成了文化双重性。"[②]可见，伴随着教育国际化和人们跨境流动的频繁，学术研究中的"多重对话"开始以极其复杂的形态展现出来。

---

① ［美］罗伯森：《全球化：社会理论和全球文化》，梁光严译，上海人民出版社2000年版，第29页。

② 黄宗智：《近现代中国和中国研究中的文化双重性》，《开放时代》2004年第4期。

其次,全球化虽然带有一体化特性,但其进程并没有使得国别社会和地方社会走向终结,而是使其获得新的发现。

由此,发现国别社会和地方社会的特性,成为全球化背景下社会学研究的新议题。多年前,美国学者赖特·米尔斯的断言似乎得到了验证,他认为:"社会科学应该关注的,是人类的多样性。这种多样性构成了人类过去、现在和未来分别生活于其中的全部社会世界。""人类的多样性也包含着个体的多样性。社会科学家以有序的方式来理解人类多样性。"①

第三,在社会转型、经济全球化的背景下,如何将文化自觉的理念运用于学术研究中,获得"学术自觉",对于非西方国家来说具有特殊重要的意义。

近代以来,中国几代社会学家都理智地认识到,引进西方社会学学科体系的重要性,不断掀起向西方学习的浪潮。在这一进程中,学术界也清楚地意识到本土研究及其转换的重要意义。相比之下,自近代取得学术优势的西方学界虽然也展开了域外世界的研究,但却未意识到引进外来学术提升自我的重要性。"面对世界其他地区的社会学,带有民族中心主义倾向的西方社会学历来都持封闭态度。中国的社会学却恰恰相反,它从发展伊始就充分吸收欧美理论养分,到现在却拥有了属于自己的一套思想体系。中国社会学在搬用融合各种范式的同时,始终抵抗西方思想模式对其的强势压制,强调'语境化'思想的重要性。而欧洲社会学却很难以同样开放的姿态去吸纳东方、阿拉伯、非洲等地的外来思想……"②从而堕入自我陶醉的泥潭。故相对于处于"中心地位"的欧美社会学而言,中国社会学从其诞生之日起,便将学习和移植欧美社会学作为学科发展的重要任务,并努力在学习过程中实现社会学的中国化。这种持续性努力的直接后果将会使中国社会学的发展进入到新的发展境界和阶段。

康德在18世纪末曾将启蒙运动称为是"人类从咎由自取的懵懂状态中解脱出来的起点"。这里所说的"懵懂",是指"没有他人领导就无法自我思想的无能状态",他要求人类"鼓起勇气主宰自己的理智",获得独立自主的判断力。国学大师钱穆也认为:百余年来我们最大的教训是盲目地模仿他人,"于是任何一国

---

① [美]赖特·米尔斯:《社会学的想象力》,三联书店2005年版,第142页。
② [法]劳伦斯·罗兰-伯格:《走出西方的社会学:中国镜像中的欧洲》,胡瑜译,社会科学文献出版社2014年版,第7页。

的海上奇方,都变成旧中国起死回生之神药。"使得社会发展极为盲目。而"社会不会在盲目中发展。即使能在盲目中发展,但仍必先有知识分子的理想与方案出现。"①因为只有如此,才能上国家获得一种"共信"与"国是",使新社会建立在坚实的知识基础之上。获得一种"有我"的发展。

"学贯中西"理念实际上就是试图通过使西学本土化,使中国社会学的发展获得"可靠的知识基础"。置身于人类文明空前的变局之中,中国的知识精英首先意识到,单靠传统的"经史子集"已难以应对世界的空前变局,而舶来的西学同样不能简单地施用于中国社会。需要将两者冶为一炉,实现"创造性的转化"。

（作者单位:吉林大学哲学社会学院）

---

① 钱穆:《国史新论》,三联书店 2001 年版,第 41—42 页。

走向创造性转化：
社会学的中国主体地位的当代建构[*]

肖　瑛

摘　要：社会学要从"在中国"变身为"中国的"，即确立自身的中国主体地位，需要汲取 20 世纪前半叶的经验，在历经近四十年的创造性适应性的学术和资料积累后，自觉地在中西古今之间、理论与实践之间构建创造性转化的道路。具体言之，首先，需要突破部门学科范畴，重新确立社会学作为"总体性社会科学"的视野；其次，需要从历史和传统中培育社会学理解中国现实的历史感和经验感，摒弃抽象经验主义的思维；最后，需要应承费孝通提出的社会学的人文取向愿景，具体化"将心比心"的理解方法，在逻各斯中心主义之外续接出一条通往学术普遍性的研究路向。

关键词：社会学的中国主体地位，创造性转化，总体性社会科学，历史感，将心比心

回望 20 世纪中期以前中国社会学和社会建设的历史，有几个基本特点：其一，不走保守主义或全盘西化中的任何极端，而在中西古今之间谋求中国社会和文化走向现代的新路，无论是孙中山描述的宏伟蓝图，还是梁漱溟、潘光旦带有创造性转化性质的努力，抑或晏阳初、吴景超、费孝通创造性适应地筹划和实践，都是在这条路上筚路蓝缕孜孜以求。其二，理论和实践的相互激荡。且不论梁漱溟、晏阳初等先生的乡建实践饱含多少理论抱负，即使像吴景超、潘光旦、孙本文、费孝通这些学院派的社会学家，虽然在从事学术工作，但目标始终是实践的，无时无刻不在调查和思考社会建设、经济发

---

　　* 本文系作者发表在《北京大学教育评论》2018 年第 3 期的《从创造性适应到创造性转化：社会学的中国主体追求》一文的第四部分。收入本文集前作者对部分内容稍作了修改。

展、民族和边政、家庭家族等在现代性背景下遭遇千年未有之变局的重大现实问题。更为重要的是，他们不是先入为主地从理论出发来肢解或框定现实，亦非从现实出发而鄙视乃至放弃理论追求，而是始终自觉地推进理论和实践的相互激荡，并由此而创造出切合中国实际的研究方法、概念甚至理念。其三，总体性社会科学的视野。"社区"是一个"包括种种文化与制度"的"总括的概念"①，这里的"总括"不仅指社区内部的整体性关系，也指"社区"作为国家乃至世界秩序的基础性位置，因此"社区研究"也就具有总体性社会科学的效果，乡建派所做的其实也是"社区建设"工作，这是吴文藻把李景汉的定县调查成果作为社区研究文本的潜台词，实际上也是米迪刚、梁漱溟、晏阳初的自觉追求，其总体性特点不言而喻。②在这个视野关照下，社会学不仅关注特定社区内包括经济、政治、社会和文化现象以及它们之间的内在关联等所有关乎整体的生产和生活的各种线索，而且把特定社区的命运和变动同整个中国乃至全球化进程勾连起来。据此可以假设，中国社会学的历程如果不被打断，虽然不可规避地仍然遭遇各种困难和危机，但其基本的学术品格应该已经形成。

中断二十多年后，社会学在中国获得恢复。虽然新社会学的领路人如费孝通等先生并没有在知识和思想上同自己的过去割裂，但是，新生的社会学所面对的政治、社会、文化和经济情境同二十多年前的中国社会学所面对的，至少在表面上发生了根本变化，世界社会学的格局和研究模式也被美国的科学主义路径所支配。在这一情形下，投身社会学的新手们虽然满怀激情地面对剧烈的社会变动，却很难自觉地回到中国社会学传统中，而不得不既如饥似渴但又浅尝辄止地汲取一些西方的理论和方法后就扑腾到具体社会现象和问题的海洋中，奔命于搜集资料和问医开药。同时，追求学科独立的意识还有意无意地切断了社会学同其他学科的关联。在这种氛围中，再生的社会学有"创造性适应"之心，却无

---

① 孙本文：《当代中国社会学》，商务印书馆 2011 年版，第 273 页。

② "乡村建设不是任何一面可以单独解决的，而是连锁进行的全面的建设"，而且，"乡村建设虽始于乡村，但并不止于乡村……它的最终目标当然是全中国的富强康乐，因而奠定世界和平。"（晏阳初：《平民教育与乡村教育运动》，商务印书馆 2014 年版，第 399 页。）

"创造性适应"之力,遑论在中西古今范畴中通过"创造性转化"确立自身真正的中国主体地位了,最后陷入"剩余性社会科学"泥坑而不可自拔。这种不幸,同吴文藻、潘光旦当年批评的他们时代的社会学的境况遥相呼应,甚至有过之而无不及。因为那个时代的社会学人,在现代化梦想的驱动下,不仅竭力准确和完整地把握西方社会学理论的历史、源流和内涵,而且创造性地运用西方社会调查和研究方法和理论来洞察和分析中国本土社会和文化的历史和现状,更为重要的是,他们怀着"中国本位文化建设"①的自觉。换言之,他们的"创造性适应"背后隐藏着"创造性转化"的期待。当然,无论有多少不足,20世纪最后二十年的学科努力,实实在在为社会学在中国的新生和进步铺下了可以开来的新基石。

大约在1995年前后,社会学在中国进入新的阶段:第一,经年努力所积累的田野研究成果开始释放广泛的学术和社会影响;第二,西方理论研究走出介绍和普及阶段而走向对其产生的思想和历史脉络的深入揭示和整体性探索;第三,定量方法被系统性地引入并迅速占据学术主流;第四,本土化的自觉开始涌现,如社会心理学的本土化尝试;第五,理论建构的冲动日益显著,如"过程—事件""结构—制度""多元话语分析"。这些成就,表明社会学在中国一方面正走出草创时期而愈来愈像一门标准的学科,另一方面开始关注自身。但不可忽视的问题是,社会学越学科化,其内部不同方法之间、不同领域之间赖以相互促进的共同基础也越稀罕,以致每一条道路都难以甚至刻意规避同其他路径的交叉和对话,一方面是"个案社会学与定量社会学双峰并峙"②,另一方面是历史和理论研究被视为小众的边缘三级学科而非培养社会学想象力不可或缺的温床,因此,任何扎实的研究成果都很难被创造性转化进相邻领域,反而孳生了一些相互贬低的情绪,不能反思和接受来自学科内其他研究方法的批评。殊不知其结果是每一个学者和每一种研究都可能故步自封,闭门造车,同把握中国社会过程和情境的学术初衷愈行愈远,更进一步造成本土化探索的反本土化悖论,如理论建构的私人知识化、"抽象经验主义"泛

---

① 吴文藻:《论社会学中国化》,商务印书馆2010年版,第439页。
② 应星:《"把革命带回来":社会学新视野的拓展》,《社会》2016年第4期。

滥,等等。①

　　这里的"共同基础",首先指对社会学作为"总体性社会科学"的定位,超越宏观与微观、制度与民情、传统与现代、经与史、体制与机制的二元对立或者攻其一点不及其余的研究路径,以及社会学内部理论、质性、历史和定量研究之间的隔阂,而形塑总体性的学术视野。这一学术取向近年来的提倡者当推渠敬东②,他不仅在理论上总结和引入马克思、康有为、王国维以及陈寅恪的总体史的研究路径③,重申并主张接续潘光旦、费孝通等人的学术脉络④,而且在项目制研究、乡镇企业研究的再研究中实践"重返经典社会科学"的主张⑤。特别是在对乡镇企业学术史的总结和反思中,他向我们展示了如何实践总体性社会科学研究:首先,把乡镇企业作为一种"总体性"社会现象来理解,从占有、经营和治理三个维度构建起一个"总体性的解释框架",再现"乡镇企业作为社会存在的多重因素和多重环节的交集点"地位;其次,突出乡镇企业的活力来源是其既处在多重空间下又不拘泥于其中任何一个空间的、在边缘活动的特性:"乡镇企业实践的活力之源,在于它不为一统的体制、一体的制度和整齐划一的观念所支配,而是将各种各样的历史遗产、传统资源和本土策略与现行体制结合起来,与外来制度融汇起来,进行大胆的尝试和创造。它不屈从于任何单一向度的制度霸权,不惟传统是瞻,不受体制裹挟,不被西方掠获,印证了真正意义上的改革的时代精神。"最后,乡镇企业并非孤立现象,而具有一定

---

　　① 　肖瑛:《非历史无创新——中国社会学研究的历史转向》,《学术月刊》2016 年第 5 期。应星:《"把革命带回来":社会学新视野的拓展》,《社会》2016 年第 4 期。周雪光和赵伟对 20 世纪 90 年代以来中国组织研究趋向的反思,可以作为"抽象经验主义"的注脚:"对中国组织的研究常常建立在问卷调查和对组织现象的远距离、宏观层面观察的基础之上,而忽略了学术研究的根本使命在于理解和解释。学者们竞相投入大量精力去学习精密的统计技巧和追求大型数据,却往往以牺牲近距离观察和意义解析为代价。"周雪光、赵伟:《英文文献中的中国组织现象研究》,《社会学研究》2009 年第 6 期。

　　② 　刘亚秋:《"总体性"与社会学的历史视野》,《社会》2013 年第 2 期。

　　③ 　渠敬东:《返回历史视野:重塑社会学的想象力》,《社会》2015 年第 1 期。

　　④ 　渠敬东:《中国传统社会的双轨治理体系:封建与郡县之辨》,《社会》2016 年第 2 期。

　　⑤ 　渠敬东:《项目制:一种新的国家治理体制》,《中国社会科学》2012 年第 5 期。

　　渠敬东:《占有、经营与治理:乡镇企业的三重分析概念(上)》,《社会》2013 年第 1 期。

　　渠敬东:《占有、经营与治理:乡镇企业的三重分析概念(下)》,《社会》2013 年第 2 期。

的代表性，因此，研究乡镇企业的视野和总体性理论，虽然不一定能照搬，但稍微作创造性转化就可以用于对中国社会转型背景下其他社会现象的研究。①与渠敬东的努力相一致的是应星对革命史的事件社会学研究，"带着总体史的关怀有选择地进入地方史"，在"中、长时段的政治制度史和政治文化史背景下"选择和处理"具体的事件分析对象"，"在总体史问题关照下"作"细致的微观史比较"②，完成了关于万安暴动③等一系列研究成果。折晓叶引用布劳的话"通过对细节的孜孜以求，我们希望获得对现代社会重要问题进行科学分析所需要的系统知识"来表达"社会科学研究特别是组织研究的至上目标"，也暗含了总体性社会科学的抱负。④上面三位学者的学术实践提供了理解"总体性社会科学"的两个角度：一指构建总体性的解释框架来分析具有总体性价值的社会现象，一指在学科高度分化的背景下，在从事研究时有一种超越分化、知微见著的素养和自觉。

总体性学术视野和意识同理论素养和历史感是似二而一的关系。理论的作用不是提供概念和教条，而是敏锐的问题意识和手术刀，但若不与历史感培养并驾齐驱，理论学习很可能播下的是龙种，收获的却是跳蚤，即要么"宏大叙事"的乌托邦，要么"抽象经验主义"的中层理论。⑤因此之故，历史感可能是总体性学术视野形塑的真正基础了。潘光旦说："社会现象不是一个平面的东西，它有它的来历，它有它的原委，它有它的'然'，也有它的'所以然'，近时的调查工作所能发见的最多只是一个然，于其所以然，实际上还没有人过问。换言之，研究社会的人大都不通晓历史，而在研究历史的人又往往不通晓社会。"⑥马林诺夫斯基在给《江村经济》写的序言中也说："研究历史可以把遥远过去的考古遗迹和最早的记载作为起点，推向后世；同样，亦可把现状作为活的历史，来追溯过去。两种方法互为补充，且须同时使用。"⑦这两段看似很功

---

① 渠敬东：《占有、经营与治理：乡镇企业的三重分析概念（下）》，《社会》2013年第2期。
② 应星：《"把革命带回来"：社会学新视野的拓展》，《社会》2016年第4期。
③ 应星、李夏：《中共早期地方领袖、组织形态与乡村社会》，《社会》2014年第5期。
④ 折晓叶：《"田野"经验中的日常生活逻辑》，《社会》2018年第1期。
⑤ ［美］米尔斯：《社会学的想像力》，陈强、张永强译，三联书店2001年版。
⑥ 潘光旦：《谈中国的社会学》，载潘光旦：《自由之路》，群言出版社2014年。
⑦ 马林诺夫斯基：《序》，载费孝通：《江村经济》，商务印书馆2001年版，第16页。

能论的表述道出了一个基本道理：一种社会生活不只是"现在"的，还有其"过去"，不仅"现在"是从"过去"演变来的，而且"已经发生的事情是以空时的方式决定了将要出现在未来的事情"。①因此，要知一种社会现象的来源和特点，必须既考察其"现在"，又考察其"过去"，考察从"过去"到"现在"的变迁和存续机制。理解了这段话，我们就能明白高明的田野研究者既强调通过探究具体的"社会底蕴"②或曰"积淀根基"③来增强对"现在"的日常生活逻辑的理解，又对"底蕴"这种表现为"恒常"的知识作更具时间性的分析即历史考察④的原因了。

今天的社会学也许并不缺乏对历史资料的掌握，但却缺乏历史感。没有历史感的历史研究和史料运用，还是未能逃离"抽象经验主义"的窠臼。一个典型的例子是过分强调中国社会"变"的一面，以为中国已"变轨"到一条新路上，"现在"和"过去"的关联不再，因此可以无条件地搬用西方的概念、理论和方法，或者杜撰崭新的概念来解释当下中国社会，或者认为中国正进入网络社会和人工智能（AI）时代，已有的社会科学方法和理论都已过时，遑论作为"传统"的历史的价值了。这种认识其实暴露了目前社会学在中国的双重悲哀：一方面因不懂最新科学技术而无法真正洞悉信息化和人工智能对人类社会的制度和民情的真正影响，另一方面因不懂历史或故意放弃历史或忽视"不变"以及"变"所内含的"不变"因素，割裂人类生活不可规避的连续性，而无法理解现实甚至自己。阎云翔2017年接受采访时表达了对中国年轻人越来越保守、家庭主义抬头现象的困惑，因为这跟他二十多年前的田野调查的发现大相径庭。⑤这种困惑，部分可能源于他在研究中过分注重"变"，而忽视了"变"和"不变"的辩证法。也就是说，他把早年在东北地区看到的"孝道"的流逝同农村社会结构变动的同步性永恒化了。其实，完全可以换个角度来分析他看到的"矛盾"现象：其一，20世纪80年代和90年代东北农村涌现的"无公德的个

---

① ［美］米德：《现在的哲学》，李猛译，上海人民出版社2003年版，第24页。

②④ 杨善华、孙飞宇：《"社会底蕴"：田野经验与思考》，《社会》2015年第1期。

③ 折晓叶：《"田野"经验中的日常生活逻辑》，《社会》2018年第1期。

⑤ 参见孙行之：《专访阎云翔：不管在中国还是美国，年轻人都变得越来越保守了》，载"社会学视野"微信公众号，2017年6月16日。

人"现象,可能是社会流动带来生活欲望提升而经济条件依然艰难使然,一旦经济好转、生活改善,父慈子孝对于许多人而言就不再是不可承受之重;其二,人在生命的不同阶段对家的认识会不一样,叛逆期的年轻人只顾个人快乐而枉顾他人的举动并不稀罕,一旦成家后则能体受到家庭的重要、为人父母之艰辛,因此也就更珍视家庭、孝敬父母、爱护晚辈;其三,相比于大家庭的"苦难共同体"的味道,计划生育政策让家庭规模缩小,家庭关系简化,家庭的赡养责任更为明确,没有兄弟姐妹可供推诿责任,因此家庭和睦也是情理之中了。总之,阎云翔过去看到的"个人主义化"很可能并非中国人的家庭基因真的在消失,而可能是被某些因素所遮蔽,他今天看到的"新家庭主义",也非家庭基因在回归,而可能只是被去蔽而已。对"变"与"不变"的辩证法的敏锐把握,倚赖的是想象力、历史感和经验感的不断拓展和深化,这正是"激活"历史和传统的题中应有之义,同总体性社会科学在本质上是合一的。也因为如此,我们不能把社会学的历史转向,简单地视为搭建一门介于社会学和史学之间的边缘学科,而应理解为社会学想象力的内在要求。

彰显社会学的历史面向,并非提倡文化保守主义,但蕴含着通过"创造性转化"来建构社会学的中国主体性的诉求。如前所述,梁漱溟等人的"创造性转化"实践虽然失败,但其症结不在于"创造性转化"本身,而在于一是为创造性转化预备的思想基础尚不充分,二是救亡图存的历史急务难以顾及慢工细活的乡建目标。今天,不能说社会学的基础性工作比梁漱溟那一代知识分子好了多少,答案恰恰可能相反,也就是说,我们对西方乃至世界的理解仍处在进行时态,对中国自身的把握也需不断深化,并需要在这两个基础上做大量扎实的"创造性适应"的努力。但是,(1)近两百年的社会改革和变迁的坎坷历程让官方和知识分子都懂得一个道理:中国虽然走在现代化的道路上,但不能邯郸学步地把西方的道路当作自己的道路;学术上则要超越体用之争,坚守王国维"并未倚重古今某派,亦不在意新学与旧学之分,似乎对于中西之别也没有那样敏感"[①]的无问西东的治学态度,既不能先入为主地拒绝外来的和本土的理论和概念,亦不能无条件地用外来或本土的理论和概念来强行解释中国

---

① 渠敬东:《返回历史视野:重塑社会学的想象力》,《社会》2015 年第 1 期。

现实,而需要在上述基础性工作的前提下,在具体研究中如陈寅恪所说的"一方面吸收输入外来之学说,一方面不忘本来民族之地位"①,创造性地构建问题意识、概念体系和总体性分析框架。(2)"创造性转化"并非横空出世的要求,而其实是如陈寅恪所暗示的,乃中华文明的内在性建构机制②,虽然构成"中华文明"的很多成果是在历史中无意识中达成的,但仍有很多关键要素是历史中的普通行动者和担纲者有意识结合和创造的结果。(3)今天中国已渐渐走出救亡图存为唯一要务的时期,有条件留置部分智识和空间来从事重建文化和学术主体性的工作。有了这些认识,我们就可以理解费孝通晚年鼓吹社会学的人文取向,其实质是在呼应他的老师梁漱溟、潘光旦七十年前的学术实践,隐藏着从"创造性适应"向"创造性转化"转向的学术自觉,以及"社会学在中国"向"中国社会学"迈进的渴求。③

　　林毓生在讨论中国传统向现代的"创造性转化"时,提出三个前提,即加深对西方现代性思想的内涵及其在制度上的历史演变的理解,加深对现代中国历史环境的理解,探讨在现代中国的历史环境中是否有与西方现代文化和制度接榫的地方。④这三个前提也是社会学拓展自身想象力获取中国主体性所不可或缺的。也就是说,社会学要寻找和建构解释现实社会的准确概念和理论,必须对自己正在使用的概念和理论有韦伯和布迪厄所说的"生成性"意义上的把握,而且要进一步将这个概念同研究对象所处的历史情境和正在变动的社会情境联系起来反思和再建构,惟其如此才能通过创造性转化来形塑更为恰切的解释概念和理论。譬如,即使"权力"和"权利",看似已脱离其初生时的价值取向和情境而蜕变成中立和普遍化的分析性概念,但真正将其用于分析经验和历史现象时,还是需要一个创造性转化过程。渠敬东指出,"封建与郡县虽说是一种权力配置的不同形态,但其实质的涵义却已超出了单纯权力政治的理解"。⑤也就是说,虽说君臣之间有明确的差等关系,但其权力运作还是必然同"仁""礼""忠""敬"

①② 参见渠敬东:《返回历史视野:重塑社会学的想象力》,《社会》2015年第1期。
③ 费孝通:《试谈扩展社会学的传统界限》,《北京大学学报(哲学社会科学版)》2003年第3期。
④ 林毓生:《殷海光先生对我的影响(代序二)》,载《殷海光·林毓生书信录》,上海远东出版社1994年版,第17—18页。
⑤ 渠敬东:《中国传统社会的双轨治理体系:封建与郡县之辨》,《社会》2016年第2期。

"爱""义"等准血缘情感纠缠在一起，这些情感因素是维系差等关系的关键纽带，一旦图穷匕见，权力关系变得赤裸裸，等差关系就会蜕变为自然状态，暴力就会充斥其间，政权的瓦解也就为时不远了。家庭关系更不能单纯地用"权力"来理解。而且，"权利"也不能有效地理解"仁"等情感性概念的内涵，因为前者是纯粹个人主义意义上的，而后者一定是同一群体中处在不同差等关系的成员在人格和角色上的互惠性"承认"和尊重。即使在今天，中国家庭依然受着这种伦理或多或少的引导和规束，无论其成员的权利意识如何浓郁，但权利之伸张必定同父母与子女之间自然的血缘情感纠缠在一起。周飞舟从儒家伦理角度对孙立平和郭于华的"正式权力的非正式运作"的再解释，也是在挖掘权力运作背后超越权力又影响甚至左右权力的"社会底蕴"。[1]近年来，社会学出现了这种结合中国历史和民情对西方概念进行创造性转化的倾向，如应星超越"权利"和"利益"，从"承认的政治"角度切入，基于中国历史和现代的官民关系，联系自己的田野经验，提出"气"在农民集体抗争中发挥核心机制的作用的观点。[2]在处理如何"把革命带回来"问题时，应星也提出如果中国学者能在这条路上继续行进，很多曾经拿来无条件解释中国现象的概念和理论，不管是本土原生的还是移植舶来的，都可能需要重新反思和建构。[3]如潘光旦从"平等""权利"和"中和位育"的时代交织中引出"公道"概念一样，这正构成社会科学获得中国主体性的起点。但是，由于很多概念和理论创造者没有自觉地补足林毓生所说的涉及中西古今的三个条件，疏于体验田野经验背后的"社会底蕴"，其"创造性转化"反而造成了"画虎不成反类犬"的效果。为克服这种闭关自守，一个可能的办法是：有着扎实的理论和历史功底的学者，主动进入其他研究领域和方法中，对这些研究成果所使用的基础概念和理论展开二次研究，揭示其具体的解释力和局限，提出修正的可能办法，以刺激简单地搬用概念和理论的学者对自己的做法展开反思，从而把单纯关于"现在"的专门研究引导到更为广阔和深刻的社会

---

① 周飞舟：《差序格局与伦理本位》，《社会》2015 年第 1 期。

② 应星：《"气"与中国乡村集体行动的再生产》，《开放时代》2007 年第 6 期。

③ 应星：《"把革命带回来"：社会学新视野的拓展》，《社会》2016 年第 4 期。应星主张"充分发掘和品味生活中已有的概念"，而将"带着移植过来或自行杜撰的概念去田野中径直寻找证明"的做法批评为"抽象经验主义"的症候。应星：《"田野工作的想象力"：在科学与艺术之间》，《社会》2018 年第 1 期。

和文化背景之中。

如前所述,社会学的历史转向的范围是整体性的,既涉及心态史,又指向制度史。但在中国,人们往往会将历史转向与人文取向如费孝通晚年的"心学"转向等同起来,把推己及人、将心比心等儒家文明的伦理规范转换为社会学最为核心的研究方法。①这种理解自然有其道理。但是,不直接使用西方社会科学的通用概念和理论而基于对历史和具体社会情境中的活动的主观"浓描"(thick description)而"创造性转化"成的概念和理论虽然具有独特的解释力,但必然遭遇实证主义者的普遍性和客观性质疑。其实,"创造性转化"并非否定逻辑学和理性主义的普遍性追求,只是强调在逻各斯中心主义之外,有其他的理解和通往普遍性的路径,这种途径内含于费孝通的从"田野工作要从自己开始"②的自我反思到推己及人的"将心比心"方法,在"我看人看我"的不断往还中达到彼此的理解,形成可以表达理解的概念和理论,塑造共识。"共识",就是普遍性,虽然其边界并不一定像实证主义者所想象的那样清楚,但因其来自理解者的感同身受,故有着更为浓郁的鲜活性和生命性。这里并非否认抽象普遍性的价值,而是指,若客观的普遍性结论能在普通人的情感和心智中产生共鸣,岂不更值得追求?! 进一步看,对普遍性的这种理解以及追求此类普遍性的方法并非中国文化独有,而是蕴含于人类交往的母题中。"意义本身,即思想的对象,通过那个刺激自身采取另一个体的态度对对象作出反应的个体,产生于经验之中。意义是既可以向他人表示、又可以在同一过程中向作出表示的个体本人表示的东西。就个体居于他人地位向他本人表示该意义而言,他占有了他人的视界,由于它从自己的视界出发向他人表示该意义,而且由于被这样表示的意义是同一的,它一定是可以显现在不同视界中的。因此,它一定是一个普遍概念,至少就不同视界所具有的同一性来看它是普遍的。这些不同视界被组织在一个视界中,只要这个组织原则承认实际出现的世界之外的那些世界,这个普遍性在逻辑上便可能无限地扩展。"③"某人在其自身具有共同体对他的所作所为的普遍反应,便在那个意义上

① 费孝通:《试谈扩展社会学的传统界限》,《北京大学学报(哲学社会科学版)》2003 年第 3 期。周飞舟:《从"志在富民"到"文化自觉":费孝通先生晚年的思想转向》,《社会》2017 年第 2 期。
② 周飞舟:《从"志在富民"到"文化自觉":费孝通先生晚年的思想转向》,《社会》2017 年第 2 期。
③ [美]米德:《心灵、自我与社会》,赵月瑟译,上海译文出版社 1992 年版,第 79—80 页。

具有共同体的心灵。"①米德的这两段文字,阐明了"一般化他人"的形成机制,即是在推己及人、将心比心,在人与人、人与共同体之间的相互揣摩、信息传递和形象修正的往返中形成的。有了心灵中的"一般化他人"的意识和形象,共同体就自然而然喷薄而出。"一般化他人"的规模和厚度即普遍性各有不同,小到两人之间的惺惺相惜,大到逻辑的和理性的世界,但都是在主体的反身性过程中形成的,内在又超越于个人的心智活动。无论是生活还是学术,其实质就是在不同情境中形塑各种形态的"一般化他人",或者在既存的不同"一般化他人"之间穿梭和创造性转化。

(作者单位:上海大学社会学院)

---

① [美]米德:《心灵、自我与社会》,赵月瑟译,上海译文出版社 1992 年版,第 236 页。

心性、人伦与秩序

——探寻中国社会学之道

成伯清

摘　要:社会学之道即讲述社会生活故事的方式,必须能够切入当事者的生活世界,以故事所由发生的社会世界为脉络。社会学的中国化,应以中国社会本身的自我理解为出发点。尽管近代以来中国社会不断处在变动之中,但"身家国天下"的构成图式和"亲亲尊尊贤贤"的定序原则,作为深层文化结构依然在发挥着作用。在救亡图存背景下展开的启蒙,实现了个体跟国家集体的直接融合,而改革开放则恢复了家庭的历史地位,再次证明中国社会的活力就在世代之间。不断走向强盛的中国也应以中国式的天下观为新的世界体系的建构贡献自己的价值坐标。建构中国社会学话语体系,应以能够更好地理解和解释中国社会的经验事实为目标,同时也是追求社会学本身的文化自觉。

关键词:身家国天下,亲亲尊尊贤贤,启蒙,文化自觉,话语体系

社会生活乃变动不居的流,虽然具有不同的流向、速度和节奏;社会生活也是纵横交织的网,尽管具有不同的网格、密度和节点。当然,社会生活中也随处可见实体形态的个人、群体或机构,更有无形但又无处不在的精神世界和心态秩序。如何讲述社会生活的故事? 这就涉及社会学之道。讲述,不可避免地是素材选择、情节聚焦和结构编排的过程。选取怎样的实体,截取怎样的片段,撷取怎样的关系,抉取怎样的意象,这些都是建构社会学故事的关键方面,而它们又都受制于建构者所浸润其中的由观念组成的"世界图景"(world image)①。不同文化传统的建构者,具有不同的体验和知识库存②。理论虽可旅行(Said, 2000)③,但言

---

① 见[德]韦伯:《马克斯·韦伯社会学文选》,阎克文译,人民出版社 2015 年版。

② 见[奥]舒茨:《社会世界的意义构成》,游淙祺译,商务印书馆 2012 年版。

③ Edward Said. *The Edward Said Reader*. Vintage, 2000.

说者的心智结构和诠释框架决定了传播过来的理论得到何种理解。当然,也存在着强作解人而言不及义的情况。如今不时可见的理论话语与经验事实之间脱节的"两张皮"现象,即是例证。

社会的自我理解,不仅是构成日常世界的知识库存,是指导日常实践的原则和理念,而且也是赋予意义的方式。离开了社会的自我理解,试图以超然的科学概念去把握社会的实质,往往是隔靴搔痒或肢解割裂。正如吉登斯所指出的:"社会学家作为研究领域的现象,已是有意义地构成了的现象。'进入'这种领域的条件,就是要了解行动者在'进行'社会生活中的日常活动时已经知晓了什么和必须知晓什么。就预先假定了行动者也具有一定的概念能力来把握指涉他们行为的概念而言,社会学观察者所发明的概念是'二级'(second order)概念。但就社会科学的本性而言,这些概念能够通过为社会生活本身所采用而成为'一级'(first order)概念。"①当然,如果是"两张皮",则学术与生活之间的"双向诠释"(double hermeneutic)就不可能了。目前,我国学术普遍不接地气,在很大程度上就是因为现代舶来的概念和理论未能真正勾连和扎根于日常生活和文化传统。

费孝通在《试探扩展社会学的传统界限》一文中曾经指出:"深入发掘中国社会自身的历史文化传统,在实践中探索社会学的基本概念和基本理论,是中国学术的一个非常有潜力的发展方向,也是中国学者对国际社会学可能作出贡献的重要领域之一。"②那么,如何发掘社会自身的历史文化传统? 这里涉及具体的操作策略的问题。毕竟,近代以来,中国社会经历了剧烈而深刻的变迁,在外在形式上似已面目全非。譬如,中国传统社会,可谓是由士农工商构成的"四民社会",这种分法早就过时。但传统的组织构成原则及其观念的韧性,仍然不容小觑,继续在当代社会生活中产生着影响。今天的公务员,庶几类于士,公务员考试之成为世界第一大考,也就不难理解了;如今卡在农工之间的"农民工",作为一种身份,无论是从社会心理还是制度安排上,都可见历史惯性的强大作用。当然,"新的社会阶层"出现了,并越来越重要,但我们用以理解社会的基本观念或者说社会的自我理解,并未发生翻天覆地的变化。

---

① Anthony Giddens. *The Constitution of Society: Outline of the Theory of Structuration*. University of California Press, 1984, p.284.

② 《费孝通全集》第 17 卷,内蒙古人民出版社 2009 年版,第 439 页。

换言之,历史文化传统似乎具有特定的深层结构,可以超越具体的社会情境而绵延不绝,并持续塑造着日常实践乃至外显的制度框架。此种深层结构也并非神秘之物,实乃类似于哲学人类学基本假设的社会本体层面的关系原则而已。而社会学话语,都包含着或明或暗的哲学人类学假设,即关于人是什么、社会是什么以及人应该怎样和社会应当如何的无待验证的假设。此类假设虽无待验证,但经常成为自我实现的预言(self-fulfilling prophecy)①,构成文化传统的精神底蕴。

费孝通所谓"探索社会学的基本概念和基本理论",当然涉及对现有社会学中隐含的哲学人类学假设前提的反思。这种反思,显然也是建构中国社会学话语体系的先决条件。本文将从社会本体与运作机制(即社会的构成要素和构成原则)及其当代转型,来探索讲述中国社会故事的可行之道。

一、 中国传统社会的构成要素:身家国天下

在西方社会学中长期存在着唯实论与唯名论之争,其实就是个人与社会之间究竟何者更为优先的问题,何者应当视为分析的起点。即便试图超越这种分歧,认为社会学的任务是分析大小不等的社会系统的行为的主张,仍然预设了行动的主体是个人,作出理性选择或赋予主观意义的单位是个人。由此,就衍生出个人何以介入社会生活或者社会何以可能的问题。而无论是强调个人的需求和利益,还是突出个人的理性与认知,或者主张个人的尊严与独立,都是人为切割之后试图重新组装出社会生活,实在有失自然。而且,个人跟社会之间总是暗含着张力:要么认为人的自然状态是善的,进入社会就堕落了;要么认为自然状态是恶的,唯有通过社会的约束和强制方能改善。归根结底,还是从个体出发来理解和解析社会。其实,人的自然状态就是社会性的。正如马克思所言,孤立的个人,是"缺乏想象力的虚构","只是大大小小的鲁滨逊一类故事所造成的美学上的假象"②。

————————

① [美]罗伯特·默顿:《社会理论与社会结构》,唐少杰、齐心译,译林出版社 2006 年版。
② 《马克思恩格斯文集》第 8 卷,人民出版社 2009 年版,第 5 页。

想象社会,确实是一项艰巨的任务,而正是在具体从事这项任务时,可能流露出类似文化无意识的深层假设。在现代西方社会学理论中,独立的、理性的、具有天赋权利的个体,可谓是最为基本的假设。事实上,自现代性发轫之初,探讨人性往往是展开社会政治论述的前提。霍布斯在《利维坦》中开篇就讨论人的"感觉"与"想象",斯宾诺莎在《伦理学》中纵论人的"心灵"与"情感",再到休谟和斯密,则是直接讨论"人性"或"道德情操",不一而足。这种探索,与其说是试图发现人性的真理,不如说是塑造人性新的可能。而新的可能,只有在新的社会秩序中方有可能。当然,在现代理论中,新的社会秩序本身必须是基于共识。或者说,现代社会秩序内在正当性的基础,必须是共识,而无论这种共识是共同认可的价值规范还是基于误识的符号暴力。当然,理想状态下,这种共识应该是"启蒙了的赞同"(enlightened assent)①。

而在中国文化传统中,"自天子以至于庶人,壹是皆以修身为本":"古之欲明明德于天下者,先治其国;欲治其国者,先齐其家;欲齐其家者,先修其身;欲修其身者,先正其心;欲正其心者,先诚其意;欲诚其意者,先致其知,致知在格物。物格而后知至,知至而后意诚,意诚而后心正,心正而后身修,身修而后家齐,家齐而后国治,国治而后天下平"(《礼记·大学》)。耐人寻味的是,在文字刻写极为不易故而惜墨如金的古代,同样的意思颠倒过来再说一遍,不仅可见其重要,而且也见其圆通。在这里,我们感兴趣的不是其中各个环节是否能够真正贯通,而在古人如何看待世界的构成:在他们的想象中,依次拓展开来的是身、家、国、天下。

跟由个人构成社会(如今为揭示新趋向,在"自然人"之外又加入了"法人行动者")的意象不同,中国历来以"身""家""国""天下"来想象所谓的一般社会。西方学界近来方有所谓"身体转向",而在中国人的想象中,身乃自然生命的体现,是生物的,血肉的,受之于父母,但同时也是灵性之所在,可以通过不断的身心修炼,提升德性,臻于善境,必要时也可杀身成仁。个人并无不变的本性,而是不断追求更为完善的过程。朝闻道夕死可矣。所以,心性,是每个人需要自我耕

---

① 参见[法]爱弥儿·涂尔干:《道德教育》,陈光金、沈杰、朱谐汉译,渠东校,上海人民出版社2001年版。

耘的所在,也是体现个人境界的关键。在中国人的世界图像中,一身之所系,有天地,有人伦,绝非孤立之单子也。

中国所谓的家,涵盖的范围屡有变迁,从卿大夫的采邑封地到核心家庭,但因为宗法原则贯穿始终,家的精神囿于宗族和家族的范畴,有其一致性。古人所谓的齐家,正如孔子所言,"丘也闻有国有家者,不患贫而患不均,不患寡而患不安"(《论语·季氏》),是指内部的均平和安宁。特别值得注意的是,尽管"家"的内涵和外延,古今多有变化,但作为个人与国家之间的中介,并无变化。

当然,在中国传统中,身家国天下,并无机械的区分,各自的范围极富弹性,甚至可以"天下一家,中国一人"①! 正如费孝通所说,"多元一体"的思想是中国式文化的表现②。中国传统文化强调"亲亲仁民爱物",兼济天下。不过,"身家国各有别,天下则尽人所同。……西方人仅知有国际,不知有天下。"③诚然,"中国的世界观"在当代值得重新审视,尤其是当不断强盛的中国在世界上的重要性与日俱增,我们需要认真思考"天下体系"④能否为建构人类命运共同体贡献独特的智慧。

但是,我们必须正视的是,如前文所说,身家国天下之间,并非无缝对接。尽管在"家天下"的情况下,确有一致的原则串联其中,但在不同层面之间,毕竟存在着不同的组织逻辑。中国传统的规定,也强调了其中的不同,一般认为,"门内之治恩掩义,门外之治义断恩"(《礼记·丧服四制》)。但作为一个整体社会,必须要有共同的原则贯通不同层面。而在这个方面,不能不说中国传统社会并未找到这种原则。基于自然情感及其延伸的儒家传统,未能提出超越特定社会关系的理念。其结果,往往是不同层面之间的原则发生龃龉,最坏的情形则是费孝通所说的:"中国传统社会里一个人为了自己可以牺牲家,为了家可以牺牲党,为了党可以牺牲国,为了国可以牺牲天下。"⑤

---

① 钱穆:《现代中国学术论衡》,岳麓书社 1986 年版,第 206 页。
② 《费孝通全集》第 17 卷,内蒙古人民出版社 2009 年版,第 348 页。
③ 钱穆:《现代中国学术论衡》,岳麓书社 1986 年版,第 201—205 页。
④ 赵汀阳:《天下体系:世界制度哲学导论》,中国人民大学出版社 2011 年版。
⑤ 《费孝通全集》第 6 卷,内蒙古人民出版社 2009 年版,第 130 页。

二、 中国传统社会的构成原则：亲亲尊尊与贤贤

那么,修齐治平如何通贯呢? 钱穆曾言:"中国社会抟成,不仗财力,亦不仗武力,故中国人无权力观。齐家治国平天下,皆不能仗财力兵力,乃在人与人之性情之相感相通,而成为一体。此种性情之培养,则贵在心。"①我们今天当然可以质疑这种观点未能揭示社会秩序的根本决定因素,但至少就建构社会秩序之合法性基础的话语而言,确乎如此,民心之向背,历来都是中国社会核心的政治议题。

人与人的性情如何相感相通? 如何修身养性? 借助何种培养,方能融为一体? 当然需要置身特定的社会关系之中。此时,人伦的观念出现了。中国文化从五种基本的维度,即君臣、父子、夫妇、兄弟、朋友,来规定人与人的关系②。但正如贺麟所指出的,三纲说是五伦观念的核心,如无三纲,五伦说仅是将人与人的关系方便地分为五种,这种注重人生、社会和差等之爱的伦理学说,并不能获得权威性和束缚性,唯有"由五伦的交互之爱、差等之爱,进展为三纲的绝对之爱、片面之爱"③,方能为社会秩序奠定稳固的基础。

无论是三纲还是五伦,中国人伦观的关键,是亲亲尊尊。"仁者,人也,亲亲为大。义者,宜也,尊贤为大。亲亲之杀,尊贤之等,礼所生也"(《礼记·中庸》)。在中国文化的源头,亲亲和尊尊,本是二系并列的情理结构,试图兼顾血缘之亲和政治地位之尊④,但随着社会发展日趋复杂和专制政体的日臻严密,不仅亲尊之间时有冲突,而且走向了君权独尊。费孝通的差序格局主要刻画了横向的人与人的联系方式和原则,而对于纵向的关系所遵循的"尊尊"原则,似乎关注不够。其实,除了关系的亲疏之外,还有轻重之别。但究竟何为尊者?《孟子》中所谓达尊者三,爵也,齿也,德也。但因"德"与"位"的不一致,经常使得"尊尊"的情感和道义基础都不够坚实⑤。结果就变得非常耐人寻味,一方面,在话

---

① 钱穆:《现代中国学术论衡》,岳麓书社 1986 年版,第 217 页。

② 《潘光旦选集》第 1 集,光明日报出版社 1999 年版。

③ 贺麟:《文化与人生》,商务印书馆 1996 年版,第 58 页。

④ 见张孝安:《十八世纪礼学考证的思想活力》,北京大学出版社 2005 年版,第二章。

⑤ 见王光松:《在"德"、"位"之间》,华东师范大学出版社 2010 年版。

语上，在正式制度设计上，尊尊盖过亲亲，且变为君权独尊，但另一方面，从实际情况来看，"春秋之义，不以亲亲害尊尊，而二千多年来社会发展的实际情形恰好与此义相反，即始终是一个亲亲害了尊尊的局面"①。

其实，在亲亲尊尊之外，还有一个原则常被遗落，无论是在言语还是在实践中，就是"贤贤"。"殷道亲亲，周道尊尊"（《史记·梁孝王世家》），到春秋，"贤贤"则凸显。这无疑是因乱世催生了对人才和才能的重视。孟子列举了诸多出身低微但因贤而升至高位的例证，来证明贤贤之可能与必要："舜发于畎亩之中，傅说举于版筑之间，胶鬲举于鱼盐之中，管夷吾举于士，孙叔敖举于海，百里奚举于市。"（《孟子·告子下》）但是，一统天下之后，竞争的压力一旦撤除，求贤若渴的意识也就逐渐淡化。甚至，正如《汉书·地理志》中所讲一个类似预言的故事："昔太公始封，周公问：'何以治齐?' 太公曰：'举贤而上功。'周公曰：'后世必有篡杀之臣。'"可见，统治者对贤贤的主张，必多怀戒心，除非迫不得已。另外，在涉及社会地位特别是大位传承上的安排时，贤与不肖的区别，往往可能凭借个别人的好恶，而缺乏客观的依据，这便容易成为纷争的渊薮了。于是，为了息争，在制度上多诉诸先赋性原则，以最大限度地降低人为因素的作用。

而太平之世不尚贤才的原因，还跟中国传统文化设计有关。对于这种设计的关键特征，深切体察到中西差异的严复，颇有所悟："盖我中国圣人之意，以为吾非不知宇宙之为无尽藏，而人心之灵，苟日开瀹焉，其机巧智能，可以驯致于不测也。而吾独置之而不以为务者，盖生民之道，期于相安相养而已。"②为了"相安相养"，心性上"去健羡，绌聪明"，经济上"重本抑末"，仅仅满足最低生存需要，都是配合着追求和谐秩序的根本目标③。平息纷争，杜绝竞争，崇尚人际关系的协调，是中国传统社会秩序顶层设计的核心理念。这种理念，其实并非仅是儒家的，而是杂糅了诸多取向，正如司马谈在《论六家要旨》中所说："阴阳之术，大祥而众忌讳，使人拘而多所畏；然其序四时之大顺，不可失也。儒者博尔寡要，劳而少功，是以其事难尽从；然其序君臣父子之礼，列夫妇长幼之别，不可易也。墨者俭而难遵，是以其事不可遍循；然其强本节用，不可废也。法家严而少恩；然

① 《潘光旦选集》第 1 集，光明日报出版社 1999 年版，第 201 页。

② 《严复集》第 1 册，中华书局 1986 年版，第 1 页。

③ 见 [美] 本杰明·史华兹：《寻求富强：严复与西方》，叶凤美译，江苏人民出版社 1995 年版。

其正君臣上下之分,不可改矣。名家使人俭而善失真;然其正名实,不可不察也。道家使人精神专一,动合无形,赡足万物。"(《史记·太史公自序》)凡"不可失""不可易""不可废""不可改""不可不察"者,都变为了治理之术的构成部分。儒学得到独崇而国教化,成为主流话语,并不就因此而成为社会实际运作的指导原则。统治模式上的"外儒内法",堪称公开的秘密。其实儒家的立场本身也在法墨之间。

但无论怎样,从总体精神来看,中国传统社会是一种压抑性的秩序,以"安人"为要务,并不在乎运作效率,更不措意于个体活力的激发,甚至也不在乎公平正义,一切可以便宜从事,哪怕日后再予平反。

三、 转型的中国社会:何种启蒙?

20世纪上半叶陈寅恪、潘光旦、贺麟等人对于传统伦理即人与人之间应当建立和维持何种关系,进行了深刻的反思和检讨,主张继往开来,推陈出新。"三纲的真精神,为礼教的桎梏、权威的强制所掩蔽,未曾受过启蒙运动的净化,不是纯基于意志的自由,出于真情之不得已罢了。"①同时,他们也强调,创新也不能脱离原有的根基和脉络,"必定要旧中之新,有历史有渊源的新,才是真正的新"②。这样既能保留旧文化之精华,又能体现新时代的真精神。当然,问题的关键还是传统的伦常必须经过启蒙,转向现代的自由和解放。

如无西方的介入,中国有无启蒙的可能? 或者,是否可能开出自己的现代性? 这种问题也许没有意义,因为历史不能假设。不过,"在中国发现历史"之类的探讨一定程度上揭示了这种可能性③,确有若干迹象表明我们可能走向启蒙。康德在1784年回答"何为启蒙"这个问题时,曾经说过:"必须永远有公开运用自己理性的自由,并且唯有它才能带来人类的启蒙。私下运用自己的理性往往会被限制得很狭隘,虽则不致因此而特别妨碍启蒙运动的进步。而我所理解的对

---

① 贺麟:《文化与人生》,商务印书馆1996年版,第61—62页。

② 同上书,第51页。

③ 参见[美]柯文:《在中国发现历史——中国中心观在美国的兴起》,林同奇译,中华书局2002年版。

自己理性的公开运用,则是指任何人作为学者在全部听众面前所能做的那种运用。一个人在其所受任的一定公职岗位或者职务上所能运用自己的理性,我就称之为私下的运用。"①而在前此一百多年,黄宗羲就在《明夷待访录》中明确提出:"天子之所是未必是,天子之所非未必非,天子亦遂不敢自为是非,而公其是非于学校。"②在黄宗羲的设想中,学校就是一个讨论各种问题的公共空间,是公开运用理性的地方。也许我们不该太过看重这种吉光片羽式的议论,而应更多地注意到当时的制度背景以及这种议论付诸实施的可能。但是,只"要敢于认识",所达致的人伦认知就有可能改变我们的生活,正如福柯所说,毕竟伦理与其他社会、经济或政治结构之间并不存在着必然的联系③。

所谓"救亡压倒启蒙"的争论,其实未得要领。现代中国的救亡,是在全新理念之下展开的运动,换言之,是通过特定的启蒙来解决救亡的问题。我们知道,从五四运动时期起,就存在着现代版的"毁家起义",即抨击和摆脱传统家庭家族和父权父权的压迫,激进者甚至怒斥"中国的家庭"为"万恶之源"④。在亡国亡种压力之下,启蒙的结果就是撇开家庭,实现了自身跟想象中和期盼中的国家的直接融合,特别是投身革命的洪流,成为集体的一分子,而非追求西方式个人的独立自主。这种启蒙,使得国家及各级集体组织的观念得已确立。但因服从于救亡图存的大目标,个人和家庭经常成为牺牲的对象,社会生活很长时间也都处在紧急动员的非常状态。改革开放,首先就是从恢复家庭的地位开始,这既是拨乱反正,也是对传统的认可。当然,我们也能够看到,这种惯性其实一直存在,只是当组织对个人的统摄力相对削弱或撤除之后,家庭和家族的力量明显地重焕生机。从国有企业的家族化⑤(张翼)到地方政治的家族化⑥,都是一个逻辑在起作用。

在目前社会中,一个突出的社会问题就是"任人唯亲""排斥异己""团团伙

---

① ［德］康德:《历史理性批判文集》,何兆武译,商务印书馆 1996 年版,第 24—25 页。
② 黄宗羲:《明夷待访录》,中华书局 2011 年版,第 37 页。
③ See Hubert L.Dreyfus & Paul Rabinow, 1982. *Michel Foucault: Beyond Structuralism and Hermeneutics*. The University of Chicago Press, p.236.
④ 《傅斯年选集》,天津人民出版社 1996 年版,第 307—311 页。
⑤ 见张翼:《国有企业的家族化》,社会科学文献出版社 2002 年版。
⑥ 见冯军旗:《中县干部》,北京大学社会学系博士研究生学位论文,2010 年。

伙""拉帮结派"。这种现象的间或有之,跟中国传统的人伦关系期待,大有关系。正如前面所说,身家国天下,不同层面的不同原则时常导致错位现象,或者,一般来说,导致了公私的异常相对性——所谓"公家"的范围的弹性之大,即是例证。在传统的社会想象中,不仅未能确立国家的绝然超越性(毕竟天下是为了一家,而不是真正认为"天下乃天下人之天下"),而且就各级组织来说,以较为低阶层面的原则来瓦解和操弄较高层面的组织,往往成为常态。因为所谓"门内之治恩掩义,门外之治义断恩"的"门内""门外"之"门",未必限于家门,可能是县门、府门、州门,权力的集中导致权力的人格化和个人化,结果是个人的恩怨情义可能左右权力的运作,从而导致适用原则的错位,且经常是私人之恩盖过公共之义。在中国文化中,向来排斥杨朱式的个人主义,在权利方面,不是以个人作为主体,而是突出了"亲亲"或"私情"的地方。当然,由于家是中国社会中相对最为恒常的单位,因此也是最为核心的原则,所以家在中国向现代转型的过程中,既首当其冲,也百折不挠,依旧是中流砥柱。从消极方面来看,派系和山头主义,往往都有基于家族的门阀化倾向①。譬如,在近代中国,作为家庭延伸的义结金兰,无论是在日常社会生活,还是下层的秘密社会,抑或是上层的政治和军事领域,都不鲜见②。事实上,越是在变动的失范状态,传统的人情和人伦越是可能充当社会自发组织和群体凝聚的机制和原则。

但从积极方面来说,我们也不能不注意到传统人伦力量之强大。众所周知,如今随着所谓的个体化(individualization)进程席卷全球,不仅形成"个体化的社会"(individualized society),在中国也出现了"无公德的个人"(uncivil individual)③。但这究竟是缺德还是权利与义务的不对称?经过多方观察和反复思考,阎云翔认为出现了一种可称之为"新家庭主义"的倾向,即尽管个人的权利意识不断增强,但世代之间也加强了合作,组成新的共同体,以应对市场压力和竞争,人生意义也从光宗耀祖转变到扶助子孙。急剧而充满了痛苦的当代中国社会转型,之所以能够还算顺畅地进行,是凭借着千千万万的家庭吸纳和消化了不

① 见成伯清:《"门户私计"的社会逻辑——从孙本文有关门阀的论述讲起》,《南京大学学报》2012年第6期。

② 见李恭忠:《结义:近代中国的"社会"想象》,《南京大学学报》2017年第6期。

③ 见阎云翔:《私人生活的变革》,龚小夏译,上海人民出版社2017年版。

少的震荡和成本。费孝通曾经指出:"中国社会的活力在什么地方,中国文化的活力我想在世代之间。一个人不觉得自己多么重要,要紧的是光宗耀祖,是传宗接代,养育出色的孩子。"①信哉斯言!

四、 中国社会学之道:事实与规范之间

"作为社会诊断,社会学从一开始就既是科学的,也带有'评价'和'哲学'的性质。"②科学性是社会学作为启蒙力量的根基所在,而评价和思辨的维度,彰显了社会学的情怀以及超越性和整体性视角。试图成为纯粹科学的实证主义主张,并未能够给社会学奠定牢不可拔的基础,相反,实证主义本身也是建立在特定的哲学前提之上。不过,追求科学性,是社会学须臾不可离的使命。唯有置身于更为高远的价值坐标之中,方能更好地追求社会学的科学性。在此背景下,我们可以理解文化自觉的深远关怀及其对于科学探索的意义。

费孝通所倡导的文化自觉,不仅是为更准确地理解中国人和中国社会,也有选择和确立价值体系的关怀在内。社会学应是意义体系建构中的关键环节。社会学诞生于意义危机的时代,但是对这个核心的问题,却在随后学院化、专业化和体系化的社会学发展中被遗忘了。费孝通主张扩展社会学的传统界限,实际上可谓是关于社会学本身的"文化自觉"的体现。在他看来,尽管作为科学的社会学具有学术和社会现实价值,但不能局限于这种工具性。事实上,社会学的科学理性的精神,本身就是一种人文思想。费孝通特别从"天人之际""精神世界""心""我"与"意会"等人类存在的微妙之处,检讨了社会学应予关注的方面③。

当然,社会学不能只是关心学者自己感到忧虑和焦虑的问题,还要关心民众的问题和一般社会的问题,能够透视时代的大问题。何谓时代的大问题,这固然是社会斗争的目标,因为问题界定的改变,意味着关注焦点的转移和资源投入的

---

① 费孝通:《中国文化与新世纪的社会学人类学——费孝通、李亦园对话录》,《中国社会学年鉴(1995.7—1998)》,社会科学文献出版社 2000 年版。

② Richard Kilminster, 1998. *The Sociological Revolution: From the Enlightenment to the Global Age*. London: Routledge.

③ 见《费孝通全集》第 17 卷,内蒙古人民出版社 2009 年版,第 438—465 页。

改向。但通常而言,时代的大问题应该是影响到大多数人的问题,是涉及基本的文明格局的问题,是影响世道人心的问题。严复当年在引进社会学(群学)的时候,曾经如此主张:"故学问之事,以群学为要归。唯群学明而后知治乱盛衰之故,而能有修齐治平之功。呜呼,此真大人之学矣"①。当然,我们不是鼓吹社会学在科学体系中的至上地位,而是强调社会学必须关注修齐治平的根本问题。

社会学中国化的任务,并非只是为建立一套自己的话语体系,而是要让社会学能够更好地理解和解释中国社会的经验事实,同时在完成这个任务的过程中拓展社会学的视野,丰富社会学的知识。倘欲实现上述目标,就不仅仅是采用本土概念的问题,而是涉及如何洞悉中国人的心性,如何明了人际关系的规范和动力,以及如何探究社会秩序的依据。采用更为贴近中国实际的概念,也并非另起炉灶,重建一套社会学的概念体系,而是要真切地把握中国的经验实际,并以更加具有包容性和穿透力的概念来彰显个中的机制,并在此过程中展开中西对话,实现学科本身的发展与推进。譬如,中国人强调的和合与共通,不同于西方强调的对立与区别,这在社会构成上意味着什么? 公私(private-public)对于中国社会而言是不是恰当的区分? 究竟是公德私德之别,抑或是由小德到大德的进阶?"小德川流,大德敦化"。对于当今中国的社会转型,是转向更多的个体主义? 还是在重建共同体的情理结构? 换言之,是以个人为中心还是以情理为中心? 再譬如,当代社会结构的问题,也就是善治(good governance)的制度基础问题,"寓封建之意于郡县之中,而天下治矣。……封建之失,其专在下;郡县之失,其专在上"(顾炎武语)②,这种主张在当代是否还有意义? 地方自治与上层引领之间的种种问题还有待开创出新局面。

事实上,对于我们传统文化的真精神,也需要不时地予以重新阐发以使生机焕发,抖落历史时代局限性的缠绕,走向更为高迈的境界。我们都知道,儒家经典"明晓至极地确认了家人之爱的源头地位,特别看重孝爱的人性实现、道德教化和政治建基作用。就此而言,儒家不同于任何其他宗教,特别是西方宗教,不以超越人间家庭的圣父圣子及严密教会为信仰之所在,而是就从家人之爱和亲

---

① 《严复集》第 1 册,中华书局 1986 年版,第 18 页。
② 见渠敬东:《中国传统社会的双规治理体系:封建与郡县之辨》,《社会》2016 年第 2 期。

人伦理生发出德行、礼乐、制度和信仰。祖先是神圣的,可配祀神灵,而家庭是一个包括先人、后代和亲族的整体,具有瞻前顾后的深长历史视野。在这个自发又充满神圣天意的生命时间和家园空间里,人们诗意地、至诚地存在,尽性立命而达致不朽"①。那么,在现今时代,如何理解孝爱呢? 亲亲的始源,就是父慈子孝。按照张祥龙的现象学解读,慈表达的是为人父母者在赠予时的无限慷慨,孝表达的是为人子女者在领受恩典时的无限感激。这种解读,就是试图寻找到一般性,而非拘泥于具体的德目。孝悌是亲亲的根本,也是为仁之本。接着的问题是,在现代社会,如何践行仁爱? 适合仁爱精神的制度原则是什么? 这里我们需要警惕儒家的思维方式,素来好以"典范"作"规范",即喜以崇高的例外当作普遍的通则而要求于寻常之人。结果必是陈义过高,不切实际而流于虚伪。当然,我们也要理解这种思维方式背后的良苦用心,即试图通过示例来展现事之当行和人之美好,由此升华为所有人的可能性,"人皆可以为尧舜"(孟子),"涂之人可以为禹"(荀子)。除此之外,也是因为传统儒家相信"君子之德风,小人之德草,草上之风,必偃"(《论语·颜渊》)。也是因为如此,钱穆认为"天下大群社会之基本,乃在最少数一二人之心上。此则为中国最高之社会学"②。当然,示范效应确实存在,尤其是在德位一致的情况下,效果更为明显。但在当今社会,我们恐怕更加需要的是制度性的保障和支持。

对于这种"中国最高之社会学",我们也要报以"同情之理解"和"理解之同情"。虽然在当今多元价值的时代,依靠一二君子之风,确实难以奏效。但在中西传统中,存在着或偏重于共识或偏重于境界的不同倾向,即西方强调共识,凡决策力求基于一致看法,而中国则强调境界,主张和而不同与贤能政治③。事实上,不同的观点可能存在着境界之分,更高的境界应该能够包容多种不同的观点并求同存异。从可能性来说,最高境界的一二人之心,可以开出太平的格局。此可谓圣人社会学。不过,话说回来,这种观点,如今不可能流行。

在建构中国社会学话语体系的过程中,我们必须避免将中国的概念随意予

---

① 张祥龙:《家与孝:从中西间视野看》,三联书店 2017 年版,第 255—256 页。

② 钱穆:《现代中国学术论衡》,岳麓书社 1986 年版,第 206 页。

③ 见[加]贝淡宁:《贤能政治:为什么尚贤制比选举民主更适合中国》,吴万伟译,中信出版社 2016 年版。

以普遍化,抽离特定的社会历史背景或无视情境的结构性脉络,而走向另外一个极端。各种理论化和体系化的尝试,必须充分自觉到自身的局限。既不作茧自缚,也不盲目膨胀和僭越。唯有真正扎根现实,理论方有蓬勃生机;唯有直抵心灵深处,理论方能获得力量。同时,建构中国社会学话语体系的方式和方法,必然是多种多样的,在各种尝试的相互竞争中不断深入,不断推向前进。此项事业,非但不能期待毕其功于一役,而且也不应指望有完善和完成之日。学术,必是在求索的漫漫之路上。

(作者单位:南京大学社会学院)

何以仍旧要纪念费孝通先生？[*]

赵旭东

摘　要:费孝通先生是中国社会科学的代表性人物之一,我们今天仍旧需要去纪念他。这至少有五点理由,它们分别体现在执弟子之礼、逝者难如斯、迈向人民的人类学、一个时代的纪念以及直面全球化文化转型的来临等方面。借助于对费孝通先生的感怀和纪念,我们会获取一种在社会科学研究方法上的自信以及面对当下重大社会与文化转型时所能够具有的应对和适应的能力。

关键词:费孝通,纪念,文化转型

在费孝通先生离开我们已经有十一年的日子里,在江村调查整整过去八十年的今天,我们齐聚在这里,举行一场盛会,以此来纪念费孝通先生。思前想后,或许有下面这几点理由可以证明我们仍旧是无法超越或者忘记费先生的,因此我们仍旧要保持一种学者般诚恳的纪念乃至怀念的姿态。在标示一种我们发自内心的谦卑和景仰的同时,也标示着我们有同费孝通先生一样的一种对于未来的自我超越的雄心,如果这一点缺乏了,我们只可能是一个口耳相传的知识接受者,而不可能是一个善于因应当下处境而思考一些实际改变的探索者、发现者以及创造者。

执 弟 子 之 礼

首先,无论在何种意义上,我们都属于费孝通先生的弟子,是在共同品读着费孝通先生的著作、与其有着多次的面对面的交谈以及体味其人生的历程而成

---

* 本文部分内容曾经在 2016 年 11 月 25 日由中国人民大学人类学研究所主办的"费孝通思想研究讲坛"(第一届)演讲发表。本文写作得到中国人民大学科学研究基金重大项目"费孝通思想研究:人类学视野的展开"(项目批准号:15XNL025)的资金支持。

长起来的一代人,或者便是这一代人所培育起来的下一代的人,他们都属于是追溯费孝通先生的"从实求知"而自我成长起来的一代又一代的学人,他们所构成的群体就是一种学术意义上的共同体和连续体,一种学术研究的文化就是这样构建起来并传承下去的,离开了这种建构和传统,学术也将成为无本之木、无源之水,终究有一天会归于枯竭。

除此之外,执弟子之礼,这是中国文化里一种根深蒂固的传统,它与皇权意识借用儒家所倡导的齐家、治国、平天下的体系并行不悖,相互依靠。在这里是一种有似家庭关系的父母对其子女的看护,期待其成长,鼓励其独立,盼望其有为于天下,而在这层关系里,子女或者生徒们所要做的就是在其有所成就之时能够真正"反哺"其家庭、家族以及其先师,延续其血脉,绵延其学统。这种被费孝通先生称之为不同于西方家庭关系的"接力模式"的一种"反馈模式"①,尽管他专门是在谈论中国家庭的赡养问题,但实际上在师生关系上的类似此种反馈模式也一样是可以去做一种平行相关理解的,因为在中国文化语境之中,学术的传统离不开具体的对于某一个人的学术思想和理路的传承,而这种传承的基础就在于一种家庭式知识的传授,所以也自然离不开家庭伦理的范围。因此,民间所谓"一日为师,终身为父"的观念,即便在现代性高度发达的今天依旧没有真正的消失掉,称老师为"师父",即便在今天的中国社会之中也是并非罕见。这是我们的传承文化,也是我们的文化可以传承的独特方式。这可以说是真正传承了数以千年的一种文化传统,它曾经被称之为一种"私"或者"私学"而被局限在了家庭以及私塾的范围之中,但其在真实的社会中的影响以及在人们观念之中的文化遗痕很显然已经远远超越了这种私或者私学的界限。

尽管自现代社会的公共教育强势发展以来,一种以有似家庭伦理关系为基础的私学传统一直在受到诸多外部和内部的因素影响而渐行式微,但其自身的韧性在古代以来的每一个人的手中似乎并没有出现过一种真正的断裂,这种未

---

① 1983年在香港中文大学主办的"中国文化与现代化研讨会"上,费孝通曾指出,"在西方是甲代抚育乙代,乙代抚育丙代,那是一代一代接力的模式,简称'接力模式'。在中国是甲代抚育乙代,乙代赡养甲代,乙代抚育丙代,丙代又赡养乙代,下一代对上一代都要反馈的模式,简称'反馈模式'。这两种模式的差别就在前者不存在子女对父母赡养这一种义务"。引自费孝通:《家庭结构变动中的老年赡养问题——再论中国家庭结构的变动》(1983),《费孝通文集》第9卷(1983—1984),群言出版社1999年版,第40页。

曾断裂开来的有似血脉传统的学统被直接平移到了一种家学、私学的中国学术传承和实践中来。兴起于春秋战国，经秦汉以至隋唐，再经宋元而至明清，这种私学的传统都得到了一种坚守。①而晚清至民国初年所开始的大兴公学的运动，一直延续到中华人民共和国，可以说，一部近代中国的教育史也可以看成公学逐渐取代私学的教育史。此一后起的公学传统伴随着现代教育的成长而在中国这块土地上得到了一种真正确立并发扬光大，而费孝通的这一代人应该属于这种传统发端的首批参与者，即所谓洋学堂而非私塾里的学生，他们从传统的"四书"、"五经"的诵读和背诵转向了对于西来科学知识的掌握和探求。而曾经遍及城乡的私学近乎不见了端倪，其被淹没于各种形式和福利供给的公学教育的制度之中，有谁还可以在今天随意地去招生纳徒？又有哪种的师生关系不是被置入了一种既定的标准化的管理轨道中去？由此，一种传统的"师徒关系"一转而成为现代的"师生关系"，并进而转变为一种制度化了的师生之间的带有契约性的教与学之间的分离，而极端的相互之间的对立，乃至相互之间的攻击，为此甚至撕破脸皮，大动干戈的案例，亦不在少数。孔子两千多年前曾经描述过的礼崩乐坏、斯文扫地的局面，最严重者也莫过于此了。

但费孝通先生以及之前的一代人，虽遭遇世代更替，遭遇国体的兴衰巨变，但都终其一生维系着彼此可以真正寄托一种师生情感关系的家学传统，即便是大家纷纷执教于各种名目的公立学校之中，但这种私下里的关系从来都不曾有过真正的割断，在一定意义上，他们甚至还会更加去突出这种关系，以形成一种学派上的关联。可想而知，吴文藻与费孝通以及潘光旦与费孝通之间的关系，情形恐怕都是如此。从费孝通先生生前留存下来的诸多回忆性的文字之中，我们看到了一大串响当当的海内外学人的名字，如吴文藻、潘光旦、史禄国、汤佩松、顾颉刚、弗思以及马林诺夫斯基等等，孔子所谓"三人行则必有吾师焉"，在特定意义上，他们都属于费孝通先生的老师，先生对他们则都投以了某种意义上的执

---

① 私学在春秋战国使其得到了勃兴，基础在于"天子失官，学在四夷"。周平王在公元前 770 年东迁至洛邑，由此而遭致诸侯争霸，官学衰微，私学大兴。章太炎在《国故论衡》中就曾断言："老聃仲尼而上，学皆在官，老聃仲尼而下，学皆在家人"。由此一种私人讲学授徒之风自春秋以后大盛，并以儒墨两家为主导。此外尚有在柳下讲学的柳下惠、名家的创始人邓析，还有少正卯、常拟、詹和、王骀、壶丘子林等，都曾倾力创办私学，其中最为突出者非儒墨两家莫属。见童岳敏：《唐代的私学与文学》，上海古籍出版社 2014 年版，第 5—7 页。

师生之礼的敬佩、眷恋以及感恩之情。"滴水之恩，当涌泉相报"，在这一点上，我们的费孝通先生实际是做到了。1967 年 6 月 10 日的晚上的这一幕，即著名的社会学家潘光旦先生在费孝通的怀中慢慢地闭上了眼睛①，这既是一个历史的事实，同时也是一种传统执弟子之礼关系在一个特殊的时代所折射出来的悲凉的象征，这种对于自己老师的情深意切，绝非今日之人所能完全理解。不仅是在那特殊的岁月中，而且即便是在后来的日子里，对于这种执师生之礼的坚持都变得更加坚定，不论是读书还是写文章，费孝通先生都坚守着从老师那里汲取源泉的做学问的姿态，并贯穿于其生命的始终，越到其晚年，这种坚守便愈发的坚定，他通过文字的书写不断地回忆吴文藻、派克、史禄国，怀念潘光旦，重读马林诺夫斯基，一再地号召大家要进行补课，并且自己率先实践，从读派克的学术传记开始补起，著作斐然。②

这些实实在在的努力和作为，难道还不足以见证其对中国式传统师生关系的一种持守和实践吗？在这方面，费孝通先生为我们树立起了一种真正意义上的基于私人情感关系的师生关系，一本《逝者如斯》便是其"执师生之礼"的见证，同时也是借此而体现了中国人传承学术传统的独特方式。因此，在这个意义上，我们仍旧需要去纪念费孝通先生，既是作为我们诸位的授业老师，也是作为我们生命和精神自我成长的引路人，更是作为一种坚持并传承学术传统的一种师生的关系典范，为此我们仍旧要去纪念费孝通先生。

逝者难如斯

其次，我们仍旧要纪念费孝通先生的第二点原因在于他的文字仍旧没有作古，仍旧在不失时机地精灵般地影响和激励着我们学术前行的步伐。由此，我们的神经末梢受到触动，而实时感受到现实的存在以及在现实当中去发现问题的意识成长，并形成对于当下中国乃至世界格局的一种新的理解。他所留下来的诸多文字，在很多方面都成为越来越多的人以及越来越多学科背景的人去寻找

---

① 据称费孝通曾为此哀叹："日夕旁伺，无力拯援，凄风惨雨，徒呼奈何。"
② 费孝通：《师承·补课·治学》，三联书店 2001 年版。

中国问题、形成中国意识的思想源泉。换言之，当我们一旦发问时，我们总会受到一种魔力的牵引，而自然而然地回到这个以费孝通思想为代表的原点上去。

尽管有许多人或许在自己某个思想转弯之处已经忘记了或者从意识上有意忽视了这个源泉的存在，但无疑，"逝者难如斯"，费先生借助一种"从实求知"所贡献给我们后人的学术概念，不仅众多，而且值得我们做一种更为持久和深入的玩味，由此而做一种中国乃至世界社会与文化模式及其转型研究的再探索的努力。费孝通思想中所凝结的差序格局、乡土中国、多元一体、藏彝走廊以及文化自觉等一系列的概念提出，为我们看问题的视界在一瞬间便开出了一种极为富有启示性的新方向，犹如风自南来，徐徐入怀。很显然，概念虽不是现实本身，但概念一定应该会反映现实，不论反映的形式如何以及反映的内容如何，但是没有真正能够反映出现实的概念，这些概念自身也绝不会有其很长久的生命力，因此人类活在概念之中，并不断去构想和发明新的概念以反映真实变化了的现实。人类作为一种富有理智的动物，不论其抽象的程度有怎样的高低落差，但人类基于一种概念的思考、归纳和推理的过程，可能是人类自身的一个很基本的共同性特征，费孝通在这方面的积极探索无疑为我们开出了一种理解中国的独特方式。

尽管一种后现代社会生活的理想努力在打破这种镜中影像般的概念与现实之间的一一对应，但我们无法否认有一种真实发生着的世界的存在及其对这种存在的真实表征。毋庸置疑，当下这个世界在被越来越多的漂浮不定的指号所替代，但它所存在的秩序依旧因为这种概念与现实之间的可以对应和必须对应而保持其一种独特性的存在，并且，这种存在会处在一种不断动态的自我重构之中。尽管结构语言学家索绪尔（1857—1913）差不多在一个多世纪之前曾经指出过的一种能指和所指之间的对应性关系，因为新的数字化生存的新物质性和新媒介物的出现而在被一一打破，但我们仍旧离不开某种概念建构而生活，更为重要的是借此而去思考人、社会以及文化，所有这些也都离不开对于诸多社会与文化概念的联想并思考这些联想之间的关系。①

而费孝通先生对于中国现实的概念化的提升不是演绎性的或者推论式的，而是彻彻底底基于一种本土学术意识之上的自觉性的把握，他的作为学者的人

---

① 赵旭东：《后文化自觉时代的物质观》，《思想战线》2015 年第 3 期第 1—12 页。

生历程在使自己发生了一种社会理解上的觉悟,同时也使他人产生了一种思想上的共鸣,相互性的共享使他的思想成了理解中国文化的一个无法真正绕开的思想基石。若将其投诸思考上静若死水微澜的池水之中,定会引起一种思想上的轩然大波。这种可能的情形无疑在中国面对 21 世纪世界性的变局存在和发生之时得以出现并正处在一种多变的形成过程之中,它真正需要一种对费孝通思想的深度的理解和揭示,以此而对世界变局有所应对,寻出一条真正可以与人为善又可独立前行的独特道路出来。作为关注人类文明成长走势的人类学家们需要真正严肃地去面对此一世界格局的新转变,这种严肃地面对在某种意义上就将不再是 20 世纪 80 年代以来的那种过于简单化的对于某个地方的地方性知识的日复一日、人复一人、村复一村的简单化和机械化的积累,尽管这些作为一种人类学的训练或许极为重要,但作为一种整体性的文化格局的把握却是可以有一种社会学想象力的在解释空间范围上的不断扩展,借由此而对一滴水中的地方性世界的直观把握,进而可以对中国在世界之中的整体性位置有一种恰如其分的真实把握,人类文明的自我转向,很多时候又都跟这种对于世界以及人类整体性的把握密切地联系在一起。

迈向人民的人类学

我们仍旧要纪念费孝通先生的第三点原因乃是在于他的那种在经历了一场最为巨大的文化浩劫之后的最为自觉的要"迈向人民的人类学"的本土性回归的觉悟,而这种觉悟又确确实实地来自他对于西方人类学传统的一种最为直接的反思性批判。[①]他深刻理解到了,作为他博士毕业论文指导者的伦敦经济学院人类学系的马林诺夫斯基教授,在给他的博士论文《江村经济》英文版所写序言中所投以极度赞赏的语汇背后,一个世界级的杰出的西方人类学家无意识之中所隐含着的对于以一个东方本土人身份去研究自己的人民的那种方法和情怀的渴望。无疑,在马林诺夫斯基的眼中,真正的人类学终将是一种对于人类文明的研

---

① 赵旭东:《马林诺斯基与费孝通:从异域迈向本土》,载谢立中主编《从马林诺斯基到费孝通:另类的功能主义》,社会科学文献出版社 2010 年版,第 303—343 页。

究,这种文明又是建立在人的自由选择的基础之上,而不是在学理的意义上先入为主地在文明和野蛮之间安插上一道高高的难于真正可以去跨越的门槛,使之有了一种在西方之内的文明以及西方文明以外的野蛮之间过度人为化的结构性分野。

每一位以研究他者为志业的西方人类学家,或许都有像马林诺夫斯基后来为其第二任妻子出版的田野日记那样的对于其所研究的本土人的种种抱怨和不满,这些情绪在一个人面对被西方人称为蛮荒之地的野蛮人时,实际上并无法通过一种所谓强调客观观察的科学民族志的理性而得到排解,他也只能够将此情感隐藏于私人日记中,借此而得到一种真正情绪、情感上的宣泄。无疑,西方既有的,并且恰恰是由马林诺夫斯基在《西太平洋的航海者》一书中所清晰界定了的所谓科学民族志的传统,在时时刻刻地束缚着这种近乎真实情感的民族志呈现和表达①,它同时也被一种人类学家之间所墨守的社会科学的客观性的标准所格式化,而将所有这一切的近乎梦境一般的不满和歪曲,都隐藏和压抑到了自己的内心深处。②

显而易见,马林诺夫斯基一方面在反对弗洛伊德精神分析学的俄狄浦斯情结的超文化性的存在,与此同时,他自己却也无法真正摆脱内心世界潜意识里的对于土著人的种种不满和牢骚,而这种田野工作恰恰又是精神分析意义上的一种充满着情绪性的压抑和与对当地人观念的不断冲突之中而展开的。尽管每一位严肃的西方人类学家都在西方以外的本土人当中赢得了某种忠实记录他们社会与文化生活的高高在上的学术声誉,但是对于一个纯粹以自己的人民以及他们所生活的空间为研究对象的中国人费孝通,却被他的研究指导老师马林诺夫斯基给予了一种专门的赞许,乃至于笔触之间透漏出一种无比羡慕之情,而这其中的原因恐怕就是在费孝通先生撰写的那些文字里似乎到处都充斥着一种作为一个中国最为年轻一代的社会学研究者以家乡的人民为研究对象所具有的那种浑然天成的亲和力。他所偶然获得的江村之行,加上他对于以吴文藻为代表的

---

① ［英］马林诺夫斯基:《西太平洋上的航海者——美拉尼西亚新几内亚群岛土著人之事业及冒险活动的报告》,弓秀英译,商务印书馆2016年版,第13—14页。
② 赵旭东:《马林诺斯基与费孝通:从异域迈向本土》,载谢立中主编:《从马林诺斯基到费孝通:另类的功能主义》,社会科学文献出版社2010年版,第303—343页。

燕京大学社会学中国化传统的最为直接的领会和传承,使其能够向他同辈的有成就的社会学、人类学以及民族学家那样,最为细致地去描述他眼中所观察到的乡亲们最为平常不过的一种社会生活。对于此类生活,他不仅熟悉,且乐于参与其中。

一个时代的纪念

在 21 世纪即将跨过第十六个年头的今天,在铺天盖地的互联网已经使得我们如何正常书写开始遭遇到一种书写规范和秩序混乱的大尺度场景,我们仍旧要纪念已故的费孝通先生的第四点原因就是,费孝通先生这一特殊人物的存在,几乎跨越了整个现代中国发展历程的一百年,他的生命历程在一定意义上也成了中国现代性成长和社会秩序构建的一个缩影,我们由此从一个学术人物的生命历程的追溯中可以窥见中国宏大历史进程在一个人身上具体而微的投射,这便是我们能够在时间跨度上借助纪念费先生而纪念这个时代的真正意义所在。

费孝通先生在中华民国成立之前一年出生(1910 年),中间恰逢风华正茂的40 岁前夕而历经了中华人民共和国的成立(1949 年),而在他所期盼的或者从来也没有失去过信心的这个理想国度中,他有近乎有长达 55 年的奋斗历程,直到生命的终点(2005 年),其间的风风雨雨、世间冷暖、苦辣酸甜、蹉跎岁月,所有这些都非一般人所能真正经历,先生眼中所见、笔中所写、心中所想、身体所感以及脚步所及,却又无不跟中国现代性成长的追求相同步,由此而洞察到了一种个人生活史意义上的中国政治、经济、社会以及文化上的种种转变或转型,这些历史上留存下来的文字、足迹、图片、影像以及留存于跟他交往人记忆中的种种印象,都将成为我们后学之人追逐和发现新知的重要线索,对于这些讯息的汇集,必将成为我们这个学科本土化传承的一项重要的文化资源。而对于这些资源的积累、探寻以及整理研究,不仅可以成为很多问题意识的来源,还可以借此使我们清晰地意识到,许多后来者的所谓思想,其源头根本还是来自费孝通先生这里,而且更为重要的是,很多对于中国未来发展的宏观理解,也一定会从费孝通先生的这些字里行间中寻找到诸多带有启示性的洞见。

这方面,费孝通先生一生之中在学术上的对于自我超越的努力实际从来就没有真正停止过,它一直在尝试着对既有的自我作一种持续的否定而实现对于中国理解上的推进。他在 1938 年自英伦回国之初就尝试着去启动《云南三村》的研究①,借此试图去超越之前自己所完成的《江村经济》的那种局限于一点一村的孤立研究,而试图通过跨越单一村落的区域研究去实现一种在更大范围内可以进一步推论中国社会与文化总体特征的可能,他称自己的《江村经济》是在无意之中发展出来的一部作品②,在此书中文版出版之后,他曾题诗写道:"愧报对旧作,无心论短长"③;后来他进一步用"行行重行行"的观念试图去超越人类学的中国研究领域中业已僵化了的场所民族志研究的自我藩篱④;而在其生命晚年的晚期,他又顺应世界性意义的文化转型的大背景而提出"文化自觉"这一概念⑤,进而提出中国的社会学研究者应该尽其可能地去拓展社会既有学科界限⑥,并借此观念而试图最终去超越一般人盲目追求的一种文化上的自我中心主义以及缺乏真正思考和比较的文化相对主义的种种极端和僵化的做法。⑦

可以说,上述所列这些对费孝通先生而言的大的思想转折点,都可谓是他在一生之中要勉力去做的。他可谓是一位真正学术追求上的先行者,是中国人文学科的探路者,在一种"思想之光"的追求上,他绝对不会拘泥于一些过于学究气

---

① 这里所谓《云南三村》是 20 世纪 30 年代末 40 年代初,费孝通先生和他的助手张之毅先生在当时云南内地农村所作的调查报告,其中包括《禄村农田》《易村手工业》以及《玉村农业和商业》诸篇。其中所提到的"禄村"、"易村"、"玉村",分别属于云南禄丰、易门以及玉溪县的一个村庄。用的化名而非真名。可进一步参阅费孝通、张之毅:《云南三村》,天津人民出版社 1990 年版。

② 1985 年 4 月 15 日费孝通为《江村经济》中文版所写的"著者前言"中特别提道:"这本书的写成可说是并非出于著者有意栽培的结果,而是由于一连串的客观的偶然因素促成的"。费孝通:《江村经济——中国农民的生活》,商务印书馆 1997 年版,第 1 页。

③ 费孝通:《老来羡夕阳》(1986),载《费孝通诗存》,群言出版社 1999 年版,第 54 页。

④ 赵旭东:《线索民族志:民族志叙事的新范式》,《民族研究》2015 年第 1 期,第 47—57 页。

⑤ 关于费孝通晚年所提出来的文化自觉的概念的论述集中包含在这些书中,费孝通:《论人类学与文化自觉》,华夏出版社 2004 年版;费孝通:《论文化与文化自觉》,群言出版社 2005 年版;费孝通:《全球化与文化自觉——费孝通晚年文选》,方李莉编,外语教学与研究出版社 2013 年版。关于这些论述的核心部分都包含在最后一册书中,同时被翻译成为英文出版发行,见 Fei Xiaotong, 2015, *Globalization and Cultural Self-Awareness*. Heidelberg: Springer.

⑥ 费孝通:《试探扩展社会学的传统界限》,《北京大学学报》(哲学社会科学版)2003 年第 3 期,第 5—16 页。

⑦ 赵旭东:《在文化对立与文化自觉之间》,《探索与争鸣》2007 年第 3 期,第 16—19 页。

的对细碎问题的敝帚自珍似的研究和探索,更不会划定某一个固定化了的学术圈子来吸纳某些观点相同之人而排斥与之观点并非相同之人,他与晏阳初、梁漱溟、顾颉刚等其他领域的乡村改革者、文化学人以及思考者展开一种真正学理上的讨论,相互之间既有争论又会有彼此之间的相互欣赏。他在晚年更试图与远在剑桥,但不过那时已经故去的他的英国同学埃德蒙·利奇(Edmund Leach)进行一种隔空对话,借此来寻求一种中国乡村研究的在方法论上的基于村落个案积累并又必须超出村落个案积累的根本出路和可能。他在晚年花费极大力气重读美国芝加哥大学社会学创始人之一的社会学家派克和英国人类学家马林诺夫斯基的作品以及他在清华大学读硕士研究生时的导师史禄国(Sergei Mikhailovich Shirokogorov)的著作,这在他看来不仅在于补课,而且还在于一种学术意义上的自我提升和超越。显然,曾经在一种特殊语境下缺失了的对话,真真切切体现出了一种本该时时交流的思想上的距离和疏远,但是各自被隔离开来的处于不同文化背景下的生活经验和场景思考,在经过一种长时间的相互间的隔离之后的思想上的交流,却又有可能激发出来一种极具创造性的思想力量出来,这种创造性同样也来自他所身处其中的自 20 世纪 70 年代末中国社会与文化的重大转变,这成为费孝通晚年思考的大背景,我们无法离开这一背景去纯粹地思考费孝通的学术理路,反过来说也是一样,费孝通先生晚年的思考是借助这样一种对于其所深处的时代的观察和觉悟而获得的。

毫无疑问,费孝通先生晚年的这种努力都可谓是在这个学术思考的轨道上去运行的,他在没有真正可以对话的他者存在的孤独处境中,努力地去寻求这种可能的对话他者的存在。他还试图去做一种自我的他者化的姿态转变,由此而去寻求对自己业已十分熟悉的事物获得一种有可能真正出现的基于文化自觉的超越性理解以及问题意识的敏感性提升的陌生感。在这一点上,他有着一种深度的人类学方法训练的背景,同时也是一位有着社会学的社会情怀的思想者和实践家,但尽管如此,他并不会驻足于自己既有的成绩,他最后发出的号召却是强调要去"扩展社会学的传统界限"。①

---

① 费孝通:《试探扩展社会学的传统界限》,《北京大学学报》(哲学社会科学版)2003 年第 3 期,第 5—16 页。

直面全球化文化转型的来临

最后,特别是在当下的世界格局之中,我们仍旧要纪念费孝通先生的第五点理由就是:我们所有的人开始越来越清晰地感受到了一种全球化脚步的来临,这种基于互联网技术的带有世界性意义的文化大变局,使得我们处在一种紧迫性的"数字化生存"的生活世界中①,我们似乎对此既无法抗拒,也无法阻挡,更无法躲避,它带来了一种波及全球的世界范围深度的文化表达、自我呈现以及生活方式再创造上的转型,它同时也使得世界之中的各种形式的社会形态在经由一种解体和碎片化的浮游激荡之后而出现了一种全新的组合,并渐渐趋向于一种结构性的复杂化和网络化。它同时也在使得一种人员、财富以及物品在全世界范围发生快速和大量的流转,基于此种流动性,文化因此而被撕扯成为各种的碎片,形成了各种的文化要素,它们都在深度影响并感染着我们的文化认知与认同。②

由此,一方面是带有世界性意义的文化的高调出场、展演和亮相,另一方面则是日益渐行渐远的对于这种文化的出场、展演和亮相在一种承诺性或者接受性上的疏离,人们借助此种无意识抵抗的疏离感去创造着自己所深切认同的文化形态。换言之,人们在借助各种已经是碎片化了的文化存在而重构起一种自己的文化认同,一个文化上的个体自觉的时代,毋庸置疑地来到了所有人的身边,深刻地影响着他们的日常生活。③与此同时,文化不再是通过一种复制的技术,而是通过一种文化选择的机制来传递文化,文化借此被选择出来之后便从一代人传递到了下一代人的手中。在经由此种选择性传递机制而出现的文化中,两者之间并非一种文化模板复制意义上的雷同,这样一种全新意义上的文化传

---

① 尼葛洛庞帝这位美国麻省理工学院媒体实验室主任曾经出版过一本在 20 世纪 90 年代以来流行于世的畅销书《数字化生存》(*Being Digital*),书中他不仅强调计算机互联网对我们人类生活的决定性影响,而且强调了"信息将成为举世共享的资源"。见[美]尼葛洛庞帝:《数字化生存》,胡泳、范海燕译,海南出版社 1997 年版,第 12 页。

② 赵旭东:《朝向一种有自信的中国人类学》,《中国社会科学报·2016 年终特刊·社会学》2016 年 12 月 26 日,星期三第 5 版。

③ 赵旭东:《个体自觉、问题意识与本土人类学构建》,《青海民族研究》2014 年第 25 卷第 4 期,第 7—15 页。

承,绝非意味着一种不损失任何信息的文化上的完完全全的复制,而是在其中充斥着各种带有创造性的变异和改变,换言之,创造性在支配着知识生产领域的同时,也在支配着文化生产领域,文化创意的观念从陌生已经日渐成为一个我们生活之中的日常语汇。

因此,今天我们所面对的文化,其特征不再可能是一种不变的传统,而是处处体现出经由变化、创造乃至扭曲而演化出来的某种形式的碎片化、断裂式以及拼插式的排列组合。这可谓是文化转型时代的一种文化上的新属性,这种属性可以用一个 21 世纪以来才逐渐红火起来的新名词"文化创意"来代表。在此意义上,文化实际不过就是一种人参与到其中的意义和观念的丰富与创造而已,它的内部不再是一种均质性的无差异性的存在,而是充满了各种的纷争、不满一差别性的表述,而这恰恰是文化进入到一个追求创意的时代里的一种极为正常的状态。文化在此意义上也不再可能是一种固守的传统,而是转换成为一种相互之间彼此竞争,由此文化的市场化既是一种社会的期待,同时也是一种存在于当下社会的现实,如此实践的后果即是,社会中的任何一个人都可以浸润在一种文化创意的氛围之中,由此而发挥自己创造性的能力特长,去实现种种自认为满意和舒适的文化创意和意义追寻。在一种日常生活的空间之中,文化由此而代替了娱乐、闲暇以及消费,文化真正融入了每一个人的生活中,并成为每一个人的期待和努力要获得的一种资源或者认同。

在时间跨入 21 世纪的前后,那时依旧健在的费孝通先生无疑意识到了这种世界格局的新改变。他以一个中国的人类学家用其一生所凝练出来的"文化自觉"这个概念去涵盖当下世界格局的新改变,并且这个概念的提出一下子激起了众多人的同感,这种文化上的自觉实际也是一种个体化的自觉,此时的每一个人都已经清楚地意识到了自己应该有的作为文化载体或者文化媒介上的一种文化内涵的缺失。他们曾经义无反顾地离开了乡村而孤单单地来到城市之中生活,此时乡村的文化无法跟到城市里来,他们用新房代替了旧房,用楼房代替了平房,但原来居住空间里的文化没有办法跟着新房、楼房的落成而一同跟来,甚至在盖起新房之前早已将旧房夷为了平地,不见了踪迹。总之,一种今天大家习以为常的移动之人的移动生活,倒反过来使得人们有了一种清醒的文化缺失的文化自觉,或者说失去了作为总体的文化之人,似乎到头来却醒悟到了作为社会之人本应该有的文化的存在方式以及已经丧失或者使之碎片化的文化命运,他们试图重拾文化,并使这种丧失或者碎片化的文化有一种重生为一个文化整体的可能。

小　　结

从一定意义上而言,费孝通先生代表了一个时代的中国社会科学,那个时代无疑是充满着多种可能性的复杂社会变革的时代,它的影响可能一直延续至今。而作为费孝通思想的研究者、传承者以及门人弟子,我们需要在这样一个充斥着多变化的世界之中去重新思考纪念一位思想者其深刻的意义何在以及这种纪念文化对后来者的价值所在。确实可以说,纪念是一种文化,它借此可以勾连起过去、现在和未来,作为人存在的时间谱系的断裂得到了一种弥合。由此,一种传统得以确立,一种自主性的声响得到了阐发,而与此同时,一个人的思想也因此而可以得到一种延续,成为一种观念或思想意义上的不死的或者不朽的社会性的存在。因此,对于过去的纪念绝非对于过去存在的一种重复或者故伎重演,而是一种重新出发的积极准备。思想是从一个人的头脑之中迸发出来的,并会持续不断地涌现出来,通过各种媒介的形式而被记录下来,成为可以在不同人以及不同人群之间传递交流和分享的文本来源。

或许,体现费孝通思想的文字犹如电脑备份一般留存在了他 20 卷之多的全集之中①,我想未来随着更加专门的费孝通思想研究的日益深入,也一定还会有那些曾经遗失掉的而未曾被这部全集记录下来的文字重新涌现出来,甚至还可能会出现让人惊讶的我们并不太熟悉的一直隐藏着的费孝通思想,但所有这些,都将是我们在未来可以用来纪念并阐发费孝通学术思想的一个文本宝库。在重新阅读这些文本中,我们一定会因新的时代的新的意义得到一种文化上的再解释,中国文化中"执弟子之礼"最核心之处或许便是在于这种对旧文本的新阐释,而费孝通则是在经历了一个中国发展的特殊阶段而留下的诸多文字,这些文字是从不同的角度而对那个时代的一种印刻或回声,"逝者难如斯",借此我们才可能真正去理解过去了的时代真实存在的意义。

----

① 《费孝通全集》(第 1—20 卷),内蒙古人民出版社 2009 年版。

对费孝通先生的纪念亦是对一个无法让人忘却的时代的纪念。21世纪以来我们无疑在面临一场席卷全球的信息技术的革命,当分散在世界各处的文化上的多元形态可以借助一种互联网的"数字化生存"而共同在场且彼此分享之时,既有的多元一体就不再是一种历史性的存在,而是转换成了一种虚拟的现实。而现实之中一体多元的分化趋势,因为大范围的个体自觉而得到了一种自我的强化,我们因此需要通过纪念费孝通先生而重新思考这个时代提供给我们的种种新的契机。

费孝通先生的学术研究历程所真正觉悟到的"迈向人民的人类学",对于今天的现实世界而言成了一种必须而非无关紧要的人类学者的姿态。当一个时代的价值观念对于新技术有了一种革命性的改变之时,文化转型便会悄然发生,这是费孝通先生在其晚年晚期,即1995年到2005这十年的时间里,所日益明显感受到并清晰记录下来的[1],而自2005年以来十余年的时间里,世界文化转型的浪潮变得更为汹涌,人的思维面临着基于庞大数量的信息加工的人工智能的挑战,人类的文化生产再一次经受一种基于机器的文化生产的拷问,法国启蒙思想家拉·梅特里(Julien Offroy De La Mettrie, 1709—1751)的"人是机器"的论断似乎又重新在我们的耳边回荡。[2]因此,我们需要借助既有的思想资源去重新思考真正触及我们灵魂深处的那根体现一种时代精神最强音的琴弦,借此观察它会以何种方式敲击我们的心弦。在今日世界文化交融激荡的时代里,我们不再可以只单单面对中国,面对某一个偏狭的中国区域,面对一个具体而微的中国村落,那些作为研究单元的学究般的游戏规则在世界大的变动格局面前都似乎变得不足为重,这就像每一个人的生命在面对整个人类的生命史的意义上而言都会变得不足为道是一样的。

(作者单位:中国人民大学人类学研究所)

---

① 赵旭东:《超越社会学既有传统——对费孝通晚年社会学方法论思考的再思考》,《中国社会科学》2010年第6期,第138—150页。

② 在1747年出版的《人是机器》这本小册子中,拉·梅特里明确地写道:"人是机器,但是他感觉、思想、辨别善恶,就像辨别蓝颜色和黄颜色一样,总之,他生而具有智慧和一种敏锐的道德本能,而又是一个动物……思想和有机物质决不是不可调和的,而且看来和电、活动的能力、不可入性、广袤等等一样,是有机物质的一种特性"。引自[法]梅特里:《人是机器》,顾寿观译,王太庆校,商务印书馆1996年版,第67页。

社会学中国学派与社会科学话语体系创新

杨　敏

摘　要:中国社会学本土知识体系的积淀与凝练是社会学的中国特色、中国气派、中国风格的重要标识甚至根本标识。在此过程中,中国社会学既要与外国社会学进行对话,更要形成具有本土风格的理论体系、研究范式、概念、方法等,这也是社会学中国学派及其话语体系的发展和创新过程。中国社会学学派在话语体系创新方面已有一定的探索和积累,但仍有待进一步认识和研究。通过对中国社会学的重新认识,探析本土社会学话语体系创新"人""知""述""行"的内在机理,更好地讲述属于中国社会学自己的故事。

关键词:中国社会学,社会学中国化,话语体系创新

2016 年 5 月 17 日,习近平总书记在哲学社会科学工作座谈会上的讲话中指出,哲学社会科学是人们认识世界、改造世界的重要工具,是推动历史发展和社会进步的重要力量,其发展水平反映了一个民族的思维能力、精神品格、文明素质,体现了一个国家的综合国力和国际竞争力。一个国家的发展水平,既取决于自然科学发展水平,也取决于哲学社会科学发展水平。并强调,坚持和发展中国特色社会主义,需要不断在实践和理论上进行探索、用发展着的理论指导发展着的实践。"要按照立足中国、借鉴国外,挖掘历史、把握当代,关怀人类、面向未来的思路,着力构建中国特色哲学社会科学,在指导思想、学科体系、学术体系、话语体系等方面充分体现中国特色、中国风格、中国气派。"①由全国哲学社会科学话语体系建设办公室、上海市委宣传部指导,中国浦东干部学院、中国社会学会、上海研究院举办的本次大会,以"中国哲学社会科学话语体系创新"为主题,很好地体现了习近平倡导的上述精神。从早期开始,中国社会学家就形成了"社会学

---

① 习近平:《在哲学社会科学工作座谈会上的讲话》,《人民日报》2016 年 5 月 19 日。

中国化"的共识,至今已经做了很多探索。我尝试从"社会学中国学派与社会科学话语体系创新"这个侧面,谈一点个人的思考。

一、 社会学中国化：社会学中国学派的一贯追求

关于社会学中国学派与话语体系创新的机制或机理,我在这方面有一些新的想法,在这里主要讨论三个问题,第一个是社会学中国学派与中国社会学,第二个是社会学中国学派的系统现象,第三个是社会学中国学派与话语体系创新机制或机理。无论是社会学还是其他的学科,大多数的讨论大概集中在我们应当去进行话语体系的建设,也有不少人认为我们的话语体系建设究竟是怎样的?这一建设过程是否开始了? 如此等等。

就中国社会学界来说,这方面已经进行了大量探索,我们很多的看法或者我们叙述故事的方式,如果采取一种新的叙述方式的话,可能有新的面貌。首先通过社会学中国学派看与中国社会学发展中间的关系,早期中国社会学一些领军人物,如吴文藻、许士廉强调要与中国的社会实践相结合,以中国为中心研究中国。事实上,中国社会学的第一个时期,也就是旧中国社会学时期。推进社会学的本土化、中国化是早期中国社会学各个学派的基本共识,这是一个事实。不管这些学派的政治见解和立场怎样,但这方面是很大的共识,极少有学者主张全盘西化。这个时期,形成了比较著名的一些学派,比方说马克思主义学派、学院派(有的也叫文化学派、综合学派)、乡村建设学派和社区学派。

在社会学中国化和社会学中国学派的建设方面,早期中国社会学取得了重要成果。正如本次会议议程中提到的,梁漱溟、孙本文、吴文藻、费孝通等立足本土、面向世界的探索,形成了在国际上别具特色的社会学"中国学派"。

早期中国社会学的一些领军人物,如吴文藻等努力推动人类学"中国学派"的发展,许士廉倡导建设"本国社会学",孙本文呼吁构建"中国化的社会学"。同时,早期马克思主义学派强调与中国的社会实践相结合,以中国为中心来研究中国。中国社会学的第一个时期,推进社会学的本土化、中国化是早期中国社会学各个学派的一个基本共识。随着马克思主义社会学和西方社会学思想的引入和传播,中国社会学开始起步,形成早期中国社会学的主要学派(马克思主义学

派、学院派、乡村建设学派、社区学派），这一时期社会学的应用分支方向及相关学科（人口学、人类学、民俗学）也不断发展，涉及中国的经济、劳工、妇女、家庭、犯罪、人口、农村以及历史、文化等。这些研究基本能够做到直面中国社会现实、解决中国实际问题。由此可见，对本土性的追求是中国社会学的一个重要的学科特质。这一特质明显地表现在中国社会学所要实现的目标，这就是形成"中国特色""中国气派""中国风格"的社会学。

二、 社会学中国学派与本土社会学知识体系的创新

"学派"一词的英文为"school"，源于希腊文"skhole"，有多重含义，也用以指"讲学场所"，包括学校、学院，这些场所中有"讲学者"和"听讲者"，"skhole"进而派生用以指"学习、学业、授课、求学、门生、弟子"等等。在中国，"学派"一词最初有可能出现于明代，①但中国的"学派"现象并非始于明代，早在先秦时代，中国学派已初露端倪，春秋、战国时期的诸子百家可以视为中国最早的学派现象。儒家学派、道家学派、法家学派、墨家学派、兵家学派等，是当时重要的学派。在西方，很早就出现了学派，如古希腊哲学中的小亚细亚地区的米利都学派、柏拉图的学园学派、亚里士多德的逍遥学派、伊壁鸠鲁的花园学派、芝诺的画廊学派（即斯多葛学派），等等。近代以来，在西方经济学发展过程中，学派现象是一大学术特点，出现了芝加哥学派、奥地利学派、弗里德堡学派、剑桥学派，以及重农学派、重商学派、货币主义学派、供应学派，等等。

通过东西方学派的形成，有研究者归结出三种因缘，即师承、地域、问题，大体上可归为三类，即"师承性学派"、"地域性学派"和"问题性学派"。三种类型的学派互有联系，它们之间的划分界限绝非泾渭分明。②一般而言，学派可以理解为在学术发展中，学者们因学术研究的旨趣、领域、理论、方法等存在的共同性。由此可见，学派是学科与学术发展一定阶段的产物。中国社会学的发展过

---

① 《明史》有"阳明学派，以龙溪、心斋为得其宗"之说，见《明史·卷二八三》（列传第一七一）。黄宗羲在《明儒学案》中用很大篇幅撰写了王学流派，涉及浙中王门、江右王门、南中王门、楚中王门、北方王门、粤闽王门以及泰州王门，一般称为"王学七派"。见黄宗羲：《明儒学案·姚江学案》。

② 陈吉生：《试论中国民族学的八桂学派》，《广西社会科学》2008 年第 7 期。

程也形成了不同的学术派别,学派的区分与重要学术人物的学术思想及活动是密切关联的。譬如,在中国社会学早期阶段,与梁漱溟、孙本文、吴文藻、费孝通等相联系,形成了社会学的"中国学派"、乡村建设学派、学院派(或文化学派)、社区学派,还有中国社会学的马克思主义学派。可以说,学派是学科与学术发展成熟的标识,也为一个学科的持续发展提供了动力。当代中国社会学的学派现象及现状,是值得我们面对和研究的一个课题。

中国本土社会学知识体系的积淀与凝练是形成"中国特色""中国气派""中国风格"社会学的重要标识甚至根本标识。所谓本土社会学知识体系,是相对于外国社会学知识体系而言。对于社会学本土化而言,向外国社会学的学习、吸取和借鉴是非常重要的,但形成本土社会学知识体系就不仅仅是引介、传播、掌握外国社会学,而是形成具有本土风格的理论体系、研究范式、概念、方法等。

从世界社会学的历史看,构建本土社会学知识体系是各国社会学发展过程的一个普遍诉求。如欧美社会学,在早期奠基阶段,西方社会学家面对从传统转向现代引发的时代困惑,展开了有关社会秩序、社会重建的探讨,形成了系统的知识体系,如马克思的社会关系论、滕尼斯的共同体论、迪尔凯姆(旧译涂尔干)的社会团结论等等。在西方社会学理论发展时期,帕森斯是这一时期具有代表性的理论社会学家,他以结构功能主义阐述了社会系统论,阐释了经济、政治、文化、社会各子系统如何实现结构与功能的整合,现代社会的自我整合、协调、均衡等机理。科塞、达伦多夫为代表的社会冲突论则从另一面,通过整合与分化、协调与冲突、均衡与失衡等关系,揭示了现代社会系统的矛盾性。当代西方社会学家如哈贝马斯通过对生活世界困境的分析,继续寻求重建现代社会的途径,以他的"交往行动"理论阐述了一种"社会救赎"方案,希望"通过沟通行动实现整合社会的愿望"①。还有吉登斯的结构化理论、第三条道路,布迪厄的实践社会学,贝克的风险社会理论等,展现了欧美风格的社会学知识体系。至于西方社会学的分支理论研究就更多了,这里不再赘述。

早期中国社会学的发展也表现出社会学本土化与本土社会学知识体系构建的内在联系。由于篇幅有限,这里仅以费孝通为例。在我的一些文章中对费孝

---

① [美]乔纳森·特纳:《社会学理论的结构》,浙江人民出版社1987年版,第256页。

通的社会学思想作了一定的探究,例如把费孝通的"乡土社会"思想与阿瑟·刘易斯的二元经济结构进行了比较。1954年,刘易斯在《劳动力无限供给下的经济发展》一文中提出了二元经济结构模型,以解释发展中国家的经济和社会现象。这一理论模型通过传统农业部门与现代工业尤其是制造业部门之间的劳动生产率差异,分析了发展中国家的工业与农业、城市与农村的二元现象,提出了城市经济发展水平是破解城乡二元社会结构的根本途径。相比之下,费孝通是通过对中国社会的实地研究,形成了对城乡二元结构的实际感知,并提升到了理论层面给予系统的阐述,他的《江村经济》(1939)、《乡土重建》(1947—1948)、《乡土中国》(1948)等都是这方面的代表性作品,这些作品的发表都更早于刘易斯的《劳动力无限供给下的经济发展》一书。我感觉费孝通"乡土社会"的二元意涵远比刘易斯的二元经济结构模型更为深入和独特。[1]费孝通刻画了以村落为单位的乡土社会,在地方性活动中保持着孤立的社会圈子,以生育和婚姻事实为基础的基本社群,以及差序格局的社会关系和礼治的秩序规则,还有从心所欲而不逾规矩的自由和熟悉到不加思索时的可靠性,他亲切地称之为"熟人社会"。[2]在他看来,中国社会的基层是乡土性的,从这基层长出了一层与之不完全相同的、很特殊的社会,这是在东西方接触边缘上发生的一种社会。[3]20世纪70年代末中国社会学恢复重建以来,费孝通的社会学研究继续发展,如江村50年、小城镇研究、中国城镇化道路等。在此过程中,社区研究也一直是他的社会学思想的基础。费孝通为构建中国本土社会学知识体系树立了一个典范。

三、 人知述行：探求社会学中国学派的创新机理

我觉得回顾中国社会学的发展,这些著名的学派大概会有一种现象,帮助我们来理解这个话语体系是怎样去推动和形成的,我们也认为中国社会学话语体

---

① 杨敏:《三元化利益格局下"身份—权利—待遇"体系的重建——走向包容、公平、共享的新型城市化》,《社会学评论》(创刊号)2013年第1期;杨敏、王娟娟:《社会学理论视野中的中国城乡社会变迁》,《学习与实践》2013年第4期。
② 费孝通:《乡土中国》,《费孝通文集》第5卷,群言出版社1999年版,第316—395页。
③ 同上书,第316页。

系的积淀与凝练,可能是建立中国风格的社会学的重要标志或者根本的标志,我们同时一方面,要吸取国外社会学的优秀、合理的理论、观点和因素。另一方面,中国社会学的话语体系的形成,还是要以具有本土风格的理论体系、研究范式、概念、方法等为基础,我觉得这是根本性的。依托这两方面,就是中国和外国的学术会通,这样才有可能谈到中国社会学的话语体系的成长和创新。我还是认为中国社会学的研究者一直在这样做的,不管我们的争论是什么。

但是这个过程和内涵十分丰富,我认同梁启超的观点,他认为讲历史现象最多只能说是互缘,不能说是因果,互缘怎么解呢? 谓互相为缘,可能是因也可能是果。互为因果这是很复杂的问题,所以这提示我们思想体系和话语体系的历史进程不是线性的,简单的因果关系,而是有其独特的规律性,这其中内含着社会学话语体系的创新机理,以及对中国社会学怎样进行话语体系建设的回答。我感到通过深厚的人文底蕴,社会科学具有顽强的生命力以及独特的存在方式和发展规律,社会学在较长时间的演进中形成了较为复杂的系统现象。我称之为"人知述行的一体系统"。我想要解释这个问题,我认为中国社会学实际上就有话语体系创新的内在机理,我想在人知述行内在的关系中,或者复杂的互缘关系中,把以往的知识存量不断转变为知识流量的过程,促成了我们话语体系不断地生长,这里我谨以吴文藻开创的、费孝通为代表的社区学派和新社区学派为个案说明这个问题。

20 世纪 20 年代末,目睹当时中国社会学还处在模仿或照搬西洋模式的状态,高等学校开设的社会学课程内容基本上是照抄欧美文献,有的学校甚至教员和教材都是欧美的,吴文藻提出了"社会学中国化"的主张,并倡导开展实地的社区研究,作为推进社会学中国化的一项基础性工作。① 社区学派在理论和方法上采取了英国社会人类学的功能主义理论,同时在方法上也注重运用田野调查法,通过实地考察,直接深入实际社区生活与当地人发生接触,从而掌握第一手的资料。吴文藻认为,功能学派的观点和方法与社区研究是相吻合的,他说:"现代社区的核心为文化,文化的单位为制度,制度的运用为功能"。他对以功能方法进行社区研究作了解释:"简单地说,就是先认清社区是一个整体,就在这个整体的

---

① 郑杭生、李迎生:《中国社会学史新编》,高等教育出版社 2000 年版,第 137 页。

立足点上来考察它的全部社会生活，并且认清这社会生活的各方面是密切相关的，是一个统一体系的各部分，要想在社会生活的任何一方面，求得正确的了解，必须就从这一方面与其他一切方面的关系上来探其究竟。"①

20世纪40年代，费孝通曾阐述了研究具体社区与认识整个社会结构之间的关系，他指出："以全盘社会结构的格式，作为研究对象，这对象并不能是概然性的，必须是具体的社区。因为联系着各个社会制度的是人们的生活，人们的生活有时空的坐落，这就是社区。每一个社区有它一套社会结构，各制度配合的方式。因之，现代社会学的一个趋势就是社区研究，也称社区分析。"②从这里可以看出早期社区学派的研究主张和学术抱负。70年代末，在我国社会学的恢复重建过程中，社区学派继续发扬了自己的研究传统。1981年10月，费孝通重返江村，开展了新时期第一次正式的社区调查。我们也以此作为中国社会学社区学派复兴的一个标志性事件。在新的社会历史条件下，这一时期的社区研究与早期社区研究有着不同的特点，我们也称之为"新社区学派"。因此，对社区学派进行认识和分析存在从早期到新时期的历史跨度，这也是以这一学派为个案，从"人知述行的一体系统"探求社会学中国学派的创新机理所必须面对的。

第一，"人知述行的一体系统"之"人"。

"人知述行的一体系统"中的"人"，即指通过人才的培养以实现学术传统的传承。任何学术话语体系都离不开人，唯有人才能实现学术传统的传承。这里的"人"就是创建一种学术传统并推动其发展的学者和学者群。前面说到有研究者将学派的形成归结为三种主要因缘——师承、地域、问题，并由此归结了学派的三种类型——"师承性学派""地域性学派"和"问题性学派"。尽管无论哪一种形成姻缘和类型，学派的学术传统及传承都离不开"人"，但通过人才培养实现学术传统的传承以"师承性学派"最为典型，这正是社区学派的一个突出特点。20世纪三四十年代，以吴文藻、费孝通为代表的一些社会学者大力提倡将人类学，尤其是功能学派的相关理论与方法应用于社区研究，探索出一种颇具特色的社会学研究范式，史称早期社区学派，社会学恢复重建以来则中国为新社区学

---

① 吴文藻：《社会学丛刊》总序。
② 费孝通：《〈乡土中国〉后记》，载《乡土中国》，上海世纪出版集团2007年版，第85页。

派,经几代学人不断耕耘,已近百年。早期社区学派的代表性人物如吴文藻、费孝通、张之毅、李安宅、林耀华等,新社区学派的代表性人物除了费孝通,还有沈关宝、徐平、李友梅、刘豪兴等。

第二,"人知述行的一体系统"之"知"。

"人知述行的一体系统"的"知"即不断积淀而成的理念、思想、观点和知识。早期社区学派取得丰硕成果,如张之毅的《易村手工业》《玉村农业和商业》《洱村小农经济》,史国衡的《昆厂劳工》,田汝康的《芒市边民的摆》《内地女工》,林耀华的《凉山夷家》,费孝通的《江村经济》《禄村农田》《生育制度》《乡土中国》等,对早期中国社会学的知识积累作出了贡献。

如《江村经济》(1939),费孝通说,"这是一本描述中国农民的消费,生产、分配和交易等体系的书,……它旨在说明这一经济体系与特定地理环境的关系,以及与这个社区的社会结构的关系"。[①]在作者看来,自西方列强打开中国大门以后,中国已进入一种世界体系,西方的货物和思想已经到达非常边远的村庄,西方列强的政治和经济压力是当时中国社会变迁的重要因素。同大多数中国农村一样,开弦弓村正经历着一个巨大的变迁过程。因此,该书"将说明这个正在变化着的乡村经济的动力和问题"。该书开拓了人类学研究的新领域,它改变了以往人类学对未开化社会的研究传统,首次对世界上为数众多的、在经济和政治上占重要地位的较先进民族及文化进行研究。正因如此,马林诺夫斯基在该书序言中称其为"将被认为是人类学实地调查和理论工作发展中的一个里程碑"。

在《生育制度》(1947)中,费孝通以生育制度为核心探讨中国微观社会结构。在费孝通看来,生育制度是指男女结合成夫妇,生儿育女,并共同把子女抚养成人,这一套活动便构成生育制度。生育制度正是人类为了有效地进行社会成员再生产而形成的,生育制度的功能即在于种族的延续,但不同的文化观对生育制度的前提和归宿的理解大不相同。费孝通认为生育制度的产生不是为了满足个人性的要求,其真实基础是种族延续的需要。把生育制度看作满足人的性的需要,或者认为人类性的需要是在生育制度中得到满足的,这些说法都是不正

---

① 费孝通:《江村经济》前言,载《费孝通学术著作自选集》,北京师范学院出版社1992年版,第53页。

确的。种族延续单靠生物本能是难以实现的。只有一个完整的社会结构的存在，才是个体能够存活和再生产的根本保证。社会认可的婚姻与家庭的形式的存在，正好适应了这种需要。在以性别分工来结构成的社会里，生活单位必须由男女合作组成，只有这种单位才能负起全部抚育的责任。他也将生育制度的功能称为社会继替。费孝通后来也说他的观点不自觉地"与马（马林诺夫斯基）老师唱了反调"。

社会学恢复重建以后，费孝通的城乡发展研究、"小城镇大问题"、城乡互补、特色小镇，人类学研究的文化自觉、抹平文野之别，民族学研究的"中华民族多元一体"思想，是中国社会学乃至社会科学的知识结晶。

第三，"人知述行的一体系统"之"述"。

"人知述行的一体系统"的"述"是对思想、立场和方法进行阐述的话语体系和理论体系，"述"离不开一些标识性的概念、范式的运用以及对其相互关系的论述，这种深入的分析和阐释自成体系，使得思想、立场和方法往往具有理论和应用研究的系统性。

这里仍以费孝通的《乡土中国》为例。费孝通刻画了以村落为单位的乡土社会，在地方性活动中保持着孤立的社会圈子以生育和婚姻事实为基础的基本社群，以及差序格局的社会关系和礼治的秩序规则，还有从心所欲而不逾规矩的自由和熟悉到不加思索时的可靠性，他称之为熟人社会。正是在乡土社会与城乡社会二元结构的理论前提下，费孝通建立了一套范式和框架，如乡土社会与城市社会、乡下人与城里人、熟人社会与陌生人世界、礼治与法治、习惯与契约、安土重迁与分化流动等，对中国社会结构的二元化特点及其相互区隔给予了生动的描述与深入的刻画。通过这种二元意涵才能真正理解乡土社会的实质，我因此也把费孝通视为从社会学上对城乡二元化社会结构最早作出系统论述的学者。①

再如费孝通的"中华民族多元一体"思想。他指出："回溯中华民族多元一体格局的形成过程。它的主流是由许许多多分散孤立存在的民族单位，经过接触、混杂、联结和融合，同时也有分裂和消亡，形成一个你来我去、我来你去，我中

---

① 杨敏：《三元化利益格局下"身份—权利—待遇"体系的重建——走向包容、公平、共享的新型城市化》，《社会学评论》（创刊号）2013 年第 1 期；杨敏、王娟娟：《社会学理论视野中的中国城乡社会变迁》，《学习与实践》2013 年第 4 期。

有你、你中有我,而又各具个性的多元统一体。"①他认为,一个由若干民族集团汇集和逐步融合的核心——华夏,被其他民族称为汉族,"汉族继续不断吸收其他民族的成分而日益壮大,而且渗入其他民族的聚居区,构成起着凝聚和联系作用的网络,奠定了以这个疆域内许多民族联合成的不可分割的统一体的基础,成为一个自在的民族实体,经过民族自觉而称为中华民族。"他还指出:"中华民族作为一个自觉的民族实体,是近百年来中国和西方列强对抗中出现的,但作为一个自在的民族实体则是几千年的历史过程所形成的。"②上述思想论述了中华民族的形成过程和多元统一体的结合机制,并涉及多种关系——华与夷、汉族与少数民族、多元与统一、自在实体与自觉实体等,既超越了"华夷大防"的狭隘性,也回应了欧洲"单一民族建国论"在中国的困境,指明了构建多民族国家政治体的中国国情和中国道路。

第四,"人知述行的一体系统"之"行"。

"人知述行的一体系统"的"行"就是把思想和观点、话语体系、理论体系转变为行动的方案,费孝通思想的发展是在不断地把知、述付之于行的过程。社会学恢复重建以后,费孝通对待"知—述—行"关系的态度,深深影响了新时期的社区研究,可以视为理解其本人的思想及新社区学派的一个重要切入点。新社区学派的研究则在村庄研究的基础上扩建到对小城镇、中等城市、经济发展区域等更大范围社区的研究,更加重视从多维度进行社区比较研究,包括横向比较、纵向历史比较、纵横向区域比较。这一时期,费孝通更为强调的"志在富民"的学术抱负,深深影响了新社区学派的研究取向。因此,除了费孝通本人,从新社区学派其他学者的研究,都可以看到不断把知述付之于行的过程和特点,甚至可以说新时期社区研究的这个特点更为突出,这使新社区学派更具有"行"的特征。

如沈关宝,这位我国社会学恢复重建以来的第一位博士学位获得者和费孝通在新时期所培养的第一位博士生,从20世纪80年代初开始,跟随费孝通开展小城镇调查和研究,在其博士学位论文《一场静悄悄的革命——苏南乡村的工业与社会》中,通过对江村的长期追踪调查,探讨了乡村工业化的历史过程及其现

---

① 《费孝通文集》第11卷,群言出版社1999年版,第381页。
② 同上书,第381—382页。

实影响。沈关宝将其称为继西方工业革命之后,在中国这个历史悠久的东方农业大国发生的一场静悄悄的产业革命,认为乡村工业的发展不仅结束了以往 30 多年乡村经济徘徊不前的局面,大大加快了商品经济的进程,同时还引发了整个乡村社会的变革。再如徐平,以"边区开发"为研究方向,长期从事民族社区研究,《羌村社会——一个古老民族的文化和变迁》就是对四川民族社区长期追踪调查的研究成果,作者基于对羌村人的经济生活模式、社会构建和运转、个人与社会的关系、精神世界的构造的一系列考察,通过羌族由游牧到农耕的历史变迁和现实生活变化,阐述了"文化的本质在于适应,适应带来社会进步"的核心观点。李友梅从 20 世纪 80 年代初开始追随费孝通在苏南地区开展农村研究,形成《江村家庭经济的组织与社会环境》的长期追踪调查研究成果,继承和发扬了费孝通晚年开创的城市社区研究传统,对特大型城市的上海城市社区建设进行了持续研究。刘豪兴从 20 世纪 80 年代初开始参与江村社会调查基地的社会调查以及费孝通主持的江村 50 年社会变迁的调查研究,取得多项研究成果,并主持编撰了《开弦弓村志》。

结　　语

中国本土社会学知识体系的积淀与凝练是形成社会学的中国特色、中国气派、中国风格的重要标识甚至根本标识。本土社会学知识体系就不仅仅是引介、传播、掌握外国社会学,而是形成具有本土风格的理论体系、研究范式、概念、方法等,这也是社会学中国学派与社会科学话语体系的创新过程,社会学中国学派在此方面已有一定的探索和积累。社会学中国学派在长期发展过程中已形成本土社会学话语体系创新的内在机理,我称之为"人知述行的一体系统",并从"人""知""述""行"几个方面进行了一定分析和探讨。我同时认为,社会学中国学派的话语体系创新仍有待认识和研究,一方面需要我们进一步关注,另一方面也需要我们改变看法及叙述方式。这就离不开对中国社会学以往的和当代的研究进行重新认识和重新发掘,唯此才可能叙述属于中国社会学自己的故事。

（作者单位:中央财经大学社会与心理学院）

后西方社会学：是何以及为何？*

谢立中

摘　要：所谓"后西方社会学"，主要指涉的是在所谓"西方社会学"传播到非西方世界之后，由非西方和西方国家的社会学家们所建构的一些社会学说或理论。它包括"非西方化的西方社会学""西方化的非西方社会学""非西方社会学"等诸种不同类型。因此，"后西方社会学"既不等于"非西方社会学"，更不等于"去西方"甚至"反西方"的社会学。与"去西方化"甚至"本土化"概念相比，"后西方化"概念的优势在于它具有更大的包容性。

关键词：西方社会学，后西方社会学，非西方社会学，去西方化，后西方化

"后西方社会学"是近年来一些来自法国和中国的社会学家共同提出和倡导的一个概念。这些学者试图以这个概念为基础，从理论和经验研究两个方面入手，来共同建构一种超越西方和非西方二元对立的社会学知识体系。几年来，这些学者开展了不少研究，但是对于到底什么是"后西方社会学"以及为什么要构建"后西方社会学"这样一些核心的理论问题，讨论的并不多。作为"后西方社会学"概念的共同提出和倡导者之一，笔者拟在本文中对这些核心问题作一个简要的梳理。

一、什么是"后西方社会学"？

什么是"后西方社会学"？顾名思义，所谓"后西方社会学"就是一种在所谓"西方社会学""之后"形成和发展起来的"社会学"。"后"这个词缀往往意味着：第一，与其所"后"的事物即使不完全对立，也当是有较大的不同；第二，虽然与其

＊　本文依据原载《社会学评论》2017 年第 2 期的同名论文删减而成。

所"后"之物有较大不同，但该事物本身的最终形态又往往尚处在形成之中，难以确定，因而我们无法给它以一个比较确定的名称，只好含糊其词地以"后××"而称呼之。例如，"后结构主义""后现代主义""后工业社会""后现代社会""后资本主义""后计划经济"等均如此。与此类似，"后西方社会学"这个词也就意味着：第一，它是一种与我们通常所说的"西方社会学"有较大不同的事物；第二，它仍处在形成过程之中，形态仍未最终确定。因此，我们只能由其与其所欲"后"之的那个事物即"西方社会学"之间的差别来加以理解。而这也又意味着，如果我们要想理解"后西方社会学"的含义，就需先理解其所欲"后"的那个事物即"西方社会学"的含义。①

那么，什么是"西方社会学"呢？作为一个韦伯意义上的理想型，我们大体可以对"西方社会学"一词作出以下这样的界定，即："西方社会学"，指的是 19 世纪以来由"西方"社会学家单纯在或主要在西方传统话语体系的引导和约束下、围绕西方话语体系建构出的社会问题形成和发展起来，且主要以西方语言表述的那样一些"社会学"体系。这里对"西方社会学"一词的界定主要包含以下几个方面的基本要素：第一，"西方社会学"主要是由工作和生活在西方国家的社会学家建构起来的，在某种意义上是这些社会学家对自己所在社会的生活体验及历史记忆的一些理论抽象。第二，"西方社会学"主要是由社会学家单纯在或主要在西方传统话语体系（如古希腊罗马话语体系、基督教话语体系、近现代启蒙或反启蒙话语体系等）的引导和约束下被建构起来的。第三，"西方社会学"，还主要是以西方语言首次表达出来、以西方受众为初始阅听对象的。只有同时具备了这三个方面特征的社会学说，才可以被归入我们所称的"西方社会学"之中。此外，还需要补充说明的一点就是："西方社会学"是一个复数（sociologies），不是一个单数（sociology）；不存在一个众所公认的、唯一的"西方社会学"，正如瑞泽尔所说的那样，西方"社会学"是一个多范式的学科。

因此，"后西方社会学"就是在我们上面所界定的这类"西方社会学"之"后"、随着"西方社会学"向非西方社会的传播和扩散、由西方和非西方国家的社会学家在文化互动的基础上形成和发展起来的一种新型社会学。参照上述关

---

① 见谢立中：《后社会学：探索与反思》，《社会学研究》2012 年第 1 期。

于"西方社会学"三个基本要素的描述,在最宽泛的意义上,我们也可以先将界定"后西方社会学"的基本要素大致描述如下:

第一,"后西方社会学"不再单纯是由生活和工作在西方国家的社会学家建构出来的,而是由包括西方和非西方国家在内的多国社会学家分别或共同建构起来的,是这些不同国家的社会学家对各自和共同的社会生活体验及历史记忆的一些理论抽象。因此,和前面界定的"西方社会学"相比,它拥有更多的话语主体及生活体验、历史记忆方面的源泉。

第二,"后西方社会学"不再是由西方社会学家单纯在或主要在西方传统话语体系的引导和约束下来被建构起来的,而是由西方和非西方不同国家的社会学家在包括西方和非西方国家不同话语体系的引导和约束下来被建构起来的。因此,和前面界定的"西方社会学"相比,它拥有更多的话语来源。

第三,"后西方社会学"不再是以西方语言首次表达出来的,而是以包括西方和非西方国家的语言在内的不同语言首次表达出来的。因此,和前面所界定的"西方社会学"相比,它拥有更多的语言载体以及阅听对象类型。

和前面关于"西方社会学"的判定标准不一样的是,在最宽泛的意义上,一种社会学说是否属于"后西方社会学"并不需要以同时具备上述三种要素为条件。相反,一种社会学说只要具备上述三要素中的一种,就可以将其归入"后西方社会学"之列。之所以如此,道理很简单:如前所述,判断一种社会学说是否属于"西方社会学"的标准是其必须同时具备前述三个基本要素——由西方社会学家提出、单纯在西方传统话语体系的引导和约束之下完成、以西方语言首次表达出来,因此,只要其中一项标准未达到——如不是单纯由西方学者提出,或不是单纯在西方传统话语体系的引导和约束下完成,或不是以西方语言首次表达出来等,我们即可将其称为"后西方社会学"。

不过,这样的描述仍有笼统模糊之嫌,不容易被理解。为了让读者对本文"后西方社会学"概念有一个更具体、清晰的理解,需要对其作一更为细致的说明。

二、 非西方国家里的"后西方社会学"

一般说来,非西方国家的"社会学"都是在上述"西方社会学"之后形成和发展起来的,是上述"西方社会学"向非西方国家传播的结果,因此,似乎都可以被归入"后西方社会学"的范畴之下。然而,事实并非一定如此。假如某种西方社会学说传播到某个非西方国家后,只是简单地在表述语言上发生了转译(从某种西方语言翻译为某种非西方国家的语言;如从英语转译为汉语),而没有发生任何其他的变化,那么,这种社会学说从总体上仍然应该被归入上述"西方社会学",而非本文"后西方社会学"之列,尽管在语言转换的过程中,这套学说所包含的概念其内涵和外延与原来以母语表达时的所具有的内涵和外延可能会有差异。至多,我们或许可以将这套被翻译成某种非西方国家语言的社会学说称为"×译西方社会学"(如"汉译西方社会学")。事实上,这应该是几乎所有非西方国家社会学形成的初步形态。

但是,我们也不可以将"后西方社会学"与非西方国家的社会学本土化运动联系起来,将非西方国家经过本土化之后形成的社会学说都归入"后西方社会学"之列。为说明这一点,我们对非西方国家社会学/社会科学"本土化"运动的可能成果试做具体分析。

仔细考察一下在非西方国家发生的社会学/社会科学"本土化"运动,可以看到,它们大体上区分为以下几种类型:

首先是研究对象方面的本土化,也就是说,其研究对象从原来以西方社会为主转变成为以非西方社会为主(甚至为唯一对象),但在其他方面,如基本概念、理论命题、研究方法等方面暂还未发生具有本土化意味的转变。我们可以借鉴中国社会学者的概念,把这种类型的本土化称为"对象转换型本土化"。这种类型的"本土化"可以说是非西方社会学国家的社会学家在推动社会学"本土化"运动时的最初期待,也是非西方国家"本土社会学"形成的最初形态。

其次是不仅在研究对象方面完成了本土化,而且在某些基本概念、理论命题和研究方法方面也进行了一定程度的本土化,如从本土语境出发对西方原有概念、命题和方法进行了一定程度的改造或变通(从 Family 中区分出"家庭""家族""宗族"等;从 community 中演化出"社区""社群"等;将 nation 和 ethnic 都称为"民族"等),或从本土话语资源出发提出了某些新的概念(如"差序格局""单位"等)、命题和方法,或通过对西方社会学原有的不同理论体系进行演绎、重构等途径建构起一些源于西方但又不同于西方社会学原有理论的新理论体系(如将英国社会人类学功能主义与美国芝加哥城市区位学派综合成一种中国化的新功能主义)等,从而在不同程度上补充、修正和革新了该国/地区学者从西方引进的社会学说。我们可以将这种类型的本土化称为"补充—修正—创新型本土化"。

第三是不仅在研究对象方面完成了本土化,而且在理论(概念、命题)方面也进行了激进或彻底的本土化,完全或基本上放弃了来自西方的概念和命题,用一套完全来源于该国/地区人民社会生活实践的本土性概念、命题替代了前者,但在思维或研究方法方面还是沿用了移自西方社会学的思维或研究方法(如实证科学方法、精神科学方法、辩证方法等,尤其是实证科学方法)。用某些中国学者的话来说,就是用西方现代科学的方法来研究中国本土的社会文化内容。①(杨春华,2012)我们可以将这种类型的本土化称为"理论替代型本土化"。

第四是在上述第三种类型本土化基础上更进一步,不仅尝试在研究对象和理论(概念、命题)方面完成激进或彻底的本土化,而且在思维模式和研究方法方面也实现激进或彻底的本土化,用非西方国家(如中国)传统的思维模式和学术研究方法来替代西方社会科学的思维模式和研究方法,在研究对象、理论(概念、命题)体系和研究方法三个方面完全用"本土"替代"西方",形成一种在研究对象、理论(概念、命题)体系和研究方法三个方面完全具有本土性质的社会学说,如儒家社会学、佛教社会学、道教社会学、伊斯兰教社会学等。我们将这种类型的本土化称为"理论—方法全面替代型本土化"。

上面这四种类型的非西方国家本土社会学说中,第一种"对象转换型本土化"学说严格来说也还是应该归入"西方社会学"而非"后西方社会学"之列。理由很简单,因为它只是为西方社会学补充了一些关于非西方社会的经验材料而已,并没有在基本概念、命题和理论逻辑方面对西方社会学作出任何补充、修正甚至更替。它基本上依然是由西方社会学家在西方传统话语体系的引导和约束下构建出来,并以西方语言首发的一种社会学说,这和前面所谓的"×译社会学"没有根本区别。因此,按本文的界定,在上面这四种类型的非西方国家本土社会学说中,只有后面三种才可以,而且也应该被归入"后西方社会学"的范畴之中。

---

① 杨春华:《社会学本土化的第四条道路》,《理论观察》2012 年第 3 期。

三、 西方国家里的"后西方社会学"

"西方社会学"在传播、扩散到非西方国家之后，一方面继续在西方国家存在和发展，另一方面也可能会逐渐发生一些新的变化，促使一些本文所谓的"后西方社会学"在西方国家的形成。这些变化和西方国家的社会学家对非西方国家社会学的学习和了解紧密相关。

随着非西方国家社会学的形成和发展，一些视野比较开阔且也在财力和语言等方面具备条件的西方社会学家会走出西方，到非西方国家开展研究活动。这种由西方国家的社会学家在非西方国家开展的社会学研究活动，产生的成果可能包括以下几种情况：

首先是通过对非西方社会的实地考察获得了可以用来印证西方社会学理论的经验材料。如前所述，尽管许多西方社会学家可能终生都只是以自己所在社会作为自己研究的实际对象，但几乎所有具有世界影响的西方社会学说无不是以世界上古今所有社会类型作为自己理论的研究（描述和解释）对象，无不期待自己的那套理论具有放之四海而皆准的性质。但由于时空和研究资源（经费、精力、能力等）方面的限制，这些学说的建构者在建构自己的理论时对自己所在社会的实际情况掌握的可能相对更多、更准确，而对其他社会尤其是非西方社会的实际情况掌握的相对较少、较不准确。通过对非西方社会的实地考察，显然可以弥补后一方面的缺陷。在实地考察的结果只是印证或否证西方社会学家原有某种理论，而没有导致在基本概念和命题方面对前者有所补充和修正的情况下，这种结果就和非西方国家里出现的"研究对象转换型本土化"理论相似。我们可以将这样一种研究称为西方学者在非西方社会进行的检验型研究。当然，这种情况应该也只是在西方学者对非西方社会实地考察的初步阶段才存在的，随着考察的逐步深入，下述这样一些成果可能就会产生。

其次是通过对非西方社会的实地考察，或者是与非西方国家熟悉各类本土化理论（包括"补充—修正—创新型本土化"理论、"理论替代型本土化"理论和"理论—方法全面替代型本土性"理论）的社会学家进行的学术交流及对话，获得了一些如果没有这些考察、交流和对话可能就不会得到的新概念、新命题和新方法,从而对西方社会学中原有的某一学说或理论进行了补充和修正(尤其是当西方学者所获得的新概念、新命题、新方法不是单纯来源于自己对非西方社会现实的考察,而是来源于与非西方国家社会学家的交流和对话时,这些新概念、新命题和新方法就可能更具非西方社会的本土色彩,对西方社会学的补充—修正—创新意义就会更大)。这种结果和非西方国家里出现的"补充—修正—创新型本土化"理论的结果非常相似。因此,我们也可以将这样一种研究称为西方学者在非西方社会进行的补充—修正—创新型研究。

第三是通过对非西方社会的实地考察,尤其是与非西方国家熟悉"理论替代型本土化"理论的社会学家进行的学术交流及对话,获得了如果没有这些考察、交流和对话更是难以得到的一种完全源于非西方社会本土话语资源(甚至由非西方国家社会学家们构建)的、具有高度非西方社会本土色彩但又可以用西方思维模式或研究方法来加以理解的概念、命题和理论体系时,如果从事此类研究的西方社会学家最终愿意接受这种高度非西方社会本土色彩但又可以用西方思维模式或研究方法来加以理解的概念、命题和理论体系,并用它来展开对于包括非西方社会和西方社会在内的各种社会类型的研究,那么这种起初被认为只属于非西方社会本土化性质的社会学说/理论就具有了普适性,成为包括西方国家社会学在内的世界社会学体系中的一部分。若此,我们也就可以将这类研究称为西方学者在非西方社会进行的理论替代型研究。

第四是通过对非西方社会的考察,尤其是与非西方国家熟悉"理论—方法全面替代型本土性"理论的社会学家进行的交流及对话,获得了如果没有这些交流和对话更是不可能得到一种由非西方国家社会学家构建的、在理论和方法论方面都可能与现有的西方社会学相异的社会学概念、命题和理论体系时,如果具有此类研究经历的西方社会学家最终愿意接受这种无论在理论还是在方法方面都完全非西方化的理论体系,并用它来展开对于包括非西方社会和西方社会在内的各种社会类型的研究,那么这种起初被认为具有非西方化、去西方化乃至反西方化性质的社会学说/理论也就具有了普适性,从而成为包括西方国家社会学在内的世界社会学体系中的一部分。若此,我们也可以将这类研究称为西方学者在非西方社会进行的理论—方法全面替代型研究。

在上述由西方国家的社会学家在非西方国家里开展社会学研究活动所产生的各类成果中，第一类研究所取得的成果依然属于"西方社会学"而非"后西方社会学"。理由也与前面讲的一样简单：因为它也只是强化了"西方社会学"中的某种学说或理论而没有导致新要素（新概念、新命题、新方法）或新理论体系的产生。而后面三类研究的成果则应该都可以归入"后西方社会学"的范畴，因为它们都既是在本文所谓"西方社会学"之后形成，又与本文所谓"西方社会学"有所不同的一些社会学说或理论。

四、"后西方社会学"，还是"去西方社会学"？

如上所述，本文所说的几种"后西方社会学"其实似乎都可以直接或间接地视为非西方国家"社会学本土化"的结果（非西方国家的各种"后西方社会学"可以视为这些国家社会学本土化的直接结果，西方国家的各种"后西方社会学"可以视为将前者加以引进的结果，即非西方国家社会学本土化的间接结果），都可以归入非西方国家的"本土化社会学"之中。那么为什么还要提出"后西方社会学"这样一个概念呢？对此的回答是：提出"后西方社会学"这样一个正是为了使我们能够对非西方国家里出现的"本土化社会学"进行更为深入细致的描述和分析，从而可以更为恰当地理解和处理"西方"与"非西方"之间的关系。

在很长的一段时间里，学者们基本上是将社会学的"本土化"理解为是将产生和发展于西方国家的社会学"转化"为适合非西方社会本土需要的一个过程。它包括这样一些内容：将原来以西方语言来表达的社会学概念和命题翻译、转化成以非西方国家的语言来表达；将社会学的研究对象从"西方社会"转变为"非西方社会"；根据西方社会学概念和理论在非西方社会运用的实际情况来对社会学的概念和命题加以补充、修改和创新，使之更为符合非西方社会的实际情况、能够更充分地解释非西方社会的历史和现实、更好地满足非西方社会建设和发展的需要等等。但近年来，至少在中国出现了对人文社会科学"本土化"、"中国化"概念的一种新理解，这就是将"本土化"等同于人文社会科学的"去西方化"或"非西方化"，等同于中国传统学术或文化（在当今条件下）的恢复或重建（或曰"脱西返中")。①这类"本土化"、"中国化"思潮的倡导者将近代以来中国学者以西方科学模式来对中国传统学术进行整理和转化的过程(如将中国传统经学改造转换为中国哲学、史学、文学等现代学科)称为中国学术文化的"西化"过程,对此种"西化"过程进行了严厉的批评,主张要从学科化、体系化、范畴化几个方面来对此种"西化"过程及其结果进行反思,并在新形势下恢复和重建中国传统学术(例如,将"中国古代文论"或"中国古代文学批评史"直接更名为"中国文论"),试图以此达成某种共识:"只有古代中国的文学理论传统,才代表了中国文艺学的主体性";②这些学者或者"更多关注的是古代文论在现代的重新建构,重新焕发生命活力。……关心古代的中国文论究竟有哪些东西,不仅可以接上现代,而且进而可以取代西方",或者强调"中国文学理论根基于中国历史文化,与西方文化大不相同,其中极为重要的则是'气'的本体论,心与物、理与气、道与器等皆非两相对立,只是同一本体的不同面相而已。中国文论有自己的文化思想根基,不可自乱宗统。"③他们认为,"要建设中国现代文论,当务之急是要去西方化,重新建立我们自己的民族话语,寻找中国现代文论建设的中国性。而这种独特的中国性,只存在于尚未西方化之前的中国古代文论中。只要传承了中国古代文论的纯净传统,自然就消除了中国现代文论的混杂性而具有中国性。90年代以来,中国古代文论所谓'诗性话语表述方式'的独特性及其在当下中国文论建设中的重要地位,在国内学界获得前所未有的空前重视。贬低中国现代文论而抬高中国古代文论,刻意突出中国文论与西方文论的所谓'异质性',大力张扬中国古代文论的独特之处,而不是关心中国古代文论在当今文学语境中的有效性,这已经构成中国古代文论研究的一个极其重要的理论走向"。④

假如我们将上述"脱西返中"或"去西方化"的理论立场应用到社会学领域,结论将是:自20世纪初叶迄今为止中国社会学家建构和发展起来的所有社会学说都将由于被认定为是"西方社会学"或"西化社会学"而被排除在"中国社会

①③　胡晓明:《中国文论的正名——近年来中国文学理论研究的"去西方中心主义"思潮》,《西北大学学报》(哲学社会科学版)2005年第5期。

②　曹顺庆、邱明丰:《中国文论的西化历程》,《西南民族大学学报》(人文社会科学版)2010年第1期。

④　代迅:《去西方化与寻找中国性——90年代与中国文论的民族主义话语》,《文艺评论》2007年第3期。

学"之外——因为纯粹的"中国社会学"还没有被恢复重建出来。

对于这样的一个结论,我们可以接受吗? 我个人以为,这种结论是难以甚至不能被接受的。按照前面所作的描述和分析,在像中国这样一个非西方国家里形成和发展起来的社会学,至少包括四种可能的类型,即"研究对象转换型本土化"社会学、"补充—修正—创新型本土化"社会学、"理论替代型本土化"社会学和"理论—方法全面替代型本土性"社会学。在这四种类型的社会学中,除了最后一种外,其他三种都带有不同程度的西化色彩。但我们是否能因此而将这三种类型的社会学和"西方社会学"等同起来,笼统地加以排斥呢? 我认为不能。以下对此试作进一步的阐述。

五、"后西方社会学"概念的优势

主张"脱西返中"或"去西方化"理论立场的人,在论证自己的主张时所提出来的理由主要有三。一是认为西方社会学的内容主要反映或再现的是西方人的社会历史经验,本身不具有普适性,不能适用于非西方社会;二是认为西方社会学只是揭示了西方人的意义(或文化)世界,因而在运用到非西方社会的时候不具有意义(或文化)的适当性;三是认为"西方社会学"隐含着西方世界的社会学家对非西方世界社会学家的一种文化/学术话语权(或"霸权"),只有建构一种纯粹的"非西方社会学"才能使像中国一类非西方世界的社会学家获得可以与西方社会学家争夺学术话语权的可能。下面的分析试图表明,这几个理由都是不能成立的。

先来看第一个理由。主张社会科学"去西方化"的学者通常认为:"西方社会学"主要是对"西方"人社会生活经验的总结,是对西方国家社会历史进程的反映或再现。由于西方社会与非西方社会之间各自具有的特殊性,使之只适合于用来描述和解释西方国家的社会历史现象,不适合于用来描述和解释非西方国家的社会历史现象。"西方社会学"只是一些源于西方、再现西方现实的"特殊性"知识。如果我们把这些"特殊性知识"误解为是一些放之四海而皆准的"普适性知识",将它们简单地套用于非西方国家,就可能导致对非西方国家社会历史现实的误解或曲解。为了更客观准确地再现和理解非西方国家的社会历史现实，我们有必要意识到"西方社会学"的"地方性"、"局限性"，抛弃将"西方社会学"视为一些"普适性知识"的做法，通过对非西方国家社会历史现实的扎实研究，形成和发展出一些以专门反映和再现非西方国家社会历史实践为特征，适合于用来理解、解释非西方国家社会历史实践的、"去西方化"的社会学知识。

虽然我们不能否认"西方社会学"首先是一些主要反映和再现西方国家社会历史进程的知识体系，因而确实具有浓厚的"地方性"色彩，但是，一种来源于某个地方或区域社会成员生活经验、具有地方性色彩的知识体系，并非就只能反映、再现该地方或区域社会的特性，只具有地方性，而不能包括超越该地方或区域社会特性的内容，因而也具有共性（或普适性）。虽然任何一种社会学（概念、命题）体系所试图描述或再现的对象（即社会现象）本身总是以个别形式存在的，但由社会学家建构起来用于描述或再现这些社会现象的各种社会学概念和命题则始终是以一般性的形式存在的，是对所试图描述和再现的个别社会现象进行抽象概括的结果，其描述或再现的是这些社会现象中所隐含的共性而非个性，因而其适用性总是可能超出被建构时赖以为据的那些经验现象存在的时空范围，可以在不同程度上被应用于更大的时空范围之中。

再来看第二个理由。从诠释社会学的视角来看，任一社会现实都是其成员通过自己有意义的行动建构出来的，要想理解某一社会现实，就必须深入通过自己的行动建构了这一社会现实的那些行动者的意义世界里面去，从行动者自己的"主位"立场①（而非实证主义者强调的"客位"立场）出发，运用"理解"等方法把握住这些行动者在建构这一社会现实时赋予自己的行动及其后果（社会现实）之上的那些意义，揭示出行动者有意义的行动与作为行动之后果的社会现实之间的意义关联。只有那些准确地揭示了行动者有意义的行动与社会现实之间之意义关联的研究成果，才具有"意义的适当性"（或"文化的适当性"）；而只有这些具有了意义适当性的研究成果才是真正具有科学解释力的社会科学知识。因此，一个从诠释社会学立场出发来对西方社会进行研究的学者，其建构的社会学说充其量也只是揭示了西方人有意义的行动与其社会现实之间的意义关联，因而只能用来描述和解释西方的社会现实，而不适于用来描述和解释非西方世界

---

① 也被称为"意义"或"文化"持有者的内部立场，与"意义"或"文化"观察者的外部立场相对。

的社会现实。若要想恰当地描述和解释非西方世界的社会现实,就必须运用诠释社会学的方法,从非西方社会成员自己的"主位"立场出发,深入非西方社会成员们的意义世界里面去,把握住非西方社会成员的意义世界,揭示出非西方社会成员有意义的行动与其社会现实之间的意义关联。由此形成的社会学说对于"非西方社会"才有"意义的适当性",才有可能对非西方社会作出有效的描述和解释。

应该说上述看法是有一定道理的,"非西方社会学"的意义和价值也正在于此。但尽管如此,"脱西返中"或"去西方化"的立场也是不能接受的。虽然从非西方社会行动者的主位立场出发,通过把握非西方社会行动者赋予自身行动与社会现实之意义的方式来理解非西方社会,确实是人们理解和诠释非西方社会的重要视角甚至应该是优先视角,但这并不意味着这种视角就是我们理解和诠释非西方社会的唯一视角。正如格尔茨所说的那样,一种意义世界的外部人士从客位立场出发对我们,尤其是对正在试图理解和诠释这一意义世界的外部人士而言,同样具有重要的价值。①事实上,就任一社会的成员来说,对其自身行为和社会现实的理解都可以也应该包括上述两种视角,即自己人的"主位"(或曰"本土")视角和他人的"客位"视角;同样,就任一社会的成员来说,对异域社会的理解也应该包括这两种视角,即他人的"主位"视角和自身的"客位"视角。

再来看第三个理由。虽然在话语体系的层面进行突破,建构出一种由自己国家的传统话语体系演化出来的、在话语层面完全"非西方化"的、纯粹的"中国社会学",的确有助于中国学者在世界舞台上与西方学者争夺学术话语权,但笔者认为,第一,学术话语权的争夺并不必定要以这样一种完全"去西方化"的、纯粹的"中国社会学"为前提。无论是西方文化的历史,还是中国文化的历史,都可以在一定程度上证明这一点。因此,如果单纯只是出于竞争学术话语权方面的需要,并不能引申出建构一种完全"去西方化"的"中国社会学"的必要性。第二,学术话语权的争夺也并不必定要社会学的完全"去西方化"为代价。相反,一种在话语层面纯粹的"中国社会学",和那些在不同程度上仍然带有"西方化"色彩的社会学体系完全可以和平共处,相互竞争。

---

① [美]吉尔兹(格尔茨):《地方性知识》,王海龙、张家瑄译,中央编译出版社 2000 年版,第 11 页。

　　和"去西方化"这个概念不同,"后西方化"概念具有更大的包容性和现实性:按照"去西方化"的主张,在非西方国家,被我们纳入"后西方社会学"范畴的其他几种社会学类型都是要被当作"西化"社会学而加以排斥的;而按照本文所谓的"后西方社会学",则包括"非西方社会学"在内的诸多社会学类型都是可以接受的。而和"本土化"概念相比,"后西方化"概念则有两个特点:一是表达了一种与"本土化"概念有所不同的对待"西方"的倾向:"本土化"概念更多地表达了一种探寻和保持与"西方"之差异的倾向或态度,即使不是必然也是很容易将人引向一种极端的"西方/非西方"的二元对立,而"后西方化"则在更多地表达了在探寻和维持差异的同时,也保留与"西方"的连续性、一致性、共同性,不至于走向这种极端的"西方/非西方"的二元对立;二是也表达了一种与"本土化"概念有所不同的对待"本土"社会学的抱负,由于"本土化"概念更多地含有一种探寻与"西方"之差异的倾向,容易将人引向一种"西方/非西方"的二元对立,从而也容易将"本土"社会学(包括"非西方社会学",如"中国社会学")的有效性限制在"本土"范围,而有意无意地遮蔽或否定了"本土"社会学的普适性潜力。其实,即使是极端"本土化"的"非西方社会学",也和一些纯粹的"西方社会学"一样,虽然源自某种特殊的"地方"经验和话语,但其抽象层面的那些概念和命题的含义却远远超出其产地的限制,具有更普遍的适用性。

　　因此,使用"后西方社会学"这个概念,并不仅仅是因为"西方社会学"可能不适于非西方社会,而是为了使我们在社会学理论的建构方面具有更宏阔的视野、更包容的态度和更远大的抱负,是为了社会学话语的繁殖,为了增加社会学话语的多样性,从而为我们理解社会生活提供更多的选择,以便建构一个超越西方/非西方对立的全新的"自我"和世界。

（作者单位:北京大学社会学系）

民族研究的新时代与铸牢中华民族共同体意识[*]

麻国庆

摘　要:习近平总书记在党的十九大报告中提出我国社会发展进入了一个"新时代"。在这个新的历史时期,我国的民族工作也面临新的挑战和机遇。随着新时代社会主要矛盾的转变,民族工作也具有了新的内涵与新时代的特征。民族学应以习近平新时代中国特色社会主义思想为指导,结合中华民族历史发展进程与费孝通先生"中华民族多元一体格局"的深刻内涵,把握民族工作的新方向,理解中华民族共同体的多重面向并研究如何建设之,进而为推进铸牢中华民族共同体意识提供学理支撑。

关键词:中共十九大报告,民族工作,多元一体格局,中华民族共同体

习近平总书记在党的十九大报告中提出,中国特色社会主义已进入一个新时代。这个时代是"承前启后、继往开来、在新的历史条件下继续夺取中国特色社会主义伟大胜利的时代,是决胜全面建成小康社会、进而全面建设社会主义现代化强国的时代,是全国各族人民团结奋斗、不断创造美好生活、逐步实现全体人民共同富裕的时代,是全体中华儿女勠力同心、奋力实现中华民族伟大复兴中国梦的时代,是我国日益走近世界舞台中央、不断为人类作出更大贡献的时代"。[①]在这个新的历史时期,我国的民族工作也面临新的机遇和挑战。中国特色解决民族问题道路如何在继承传统优势,回应民族事业发展的时代需求方面不断创新推进,是摆在民族学者面前的重大问题。

---

　　* 本文系 2016 年中宣部文化名家暨"四个一批"人才工程项目"区域共同文化与中华民族文化认同"部分研究成果。文章已刊发于《中央民族大学学报》(哲学社会科学版)2017 年第 6 期。

　　① 习近平:《决胜全面建成小康社会　夺取新时代中国特色社会主义伟大胜利——在中国共产党第十九次全国代表大会上的报告》,新华社,2017 年 10 月 27 日。

一、 新时代的中华民族共同体

中国特色社会主义进入新时代,我国社会的主要矛盾已经发生了重大的变化。习近平总书记指出:"我国社会主要矛盾已经转化为人民日益增长的美好生活需要和不平衡不充分的发展之间的矛盾。"①认识这一转变,必须从向后看和向前看两方面来展开。新中国成立以来,特别是改革开放以来的 30 多年间,我国社会生产力水平总体上显著提高,解决了十几亿人的温饱问题,但也存在地区间、民族间发展不平衡不充分的问题。而全面建设小康社会,人们不仅对于物质、文化生活提出了更高的期盼,在公平、正义、安全等方面的要求也日益增长。准确把握社会矛盾的转变,是解决目前我们所面临的一系列问题的总钥匙,也是指导未来一个时期工作的总方针。

新时代我国社会主要矛盾的变化,是关系全局的历史性变化,在民族工作领域,必须认识到社会主要矛盾变化所揭示的阶段性特征。习近平总书记在中央民族工作会议上指出,我们的民族工作面临"五个并存"的阶段性特征。②历史条件方面,改革开放和社会主义市场经济带来的机遇和挑战并存;经济发展方面,民族地区经济加快发展势头和发展低水平并存;发展政策方面,国家对民族地区支持力度持续加大和民族地区基本公共服务能力建设仍然薄弱并存;民族关系方面,各民族交往交流交融趋势增强和涉及民族因素的矛盾纠纷上升并存;国家安全方面,反对民族分裂、宗教极端、暴力恐怖斗争成效显著和局部地区暴力恐怖活动活跃多发并存。在这个新的历史阶段,必须认识到:少数民族美好生活的实现是人民共同富裕的重要组成部分;民族地区的发展是解决发展不平衡不充分的重点之一;巩固共同繁荣、共同发展的和谐民族关系是中华民族伟大复兴的重要条件。而这一系列目标的实现,都有赖于民族学充分发挥从实求知的传统,将学术研究同社会发展实践相结合。

理解这一阶段性特征,不能脱离我国多民族国家的历史进程。翻开中国的

① 习近平:《决胜全面建成小康社会 夺取新时代中国特色社会主义伟大胜利——在中国共产党第十九次全国代表大会上的报告》,新华社,2017 年 10 月 27 日。
② 闵言平:《深刻把握民族工作"五个并存"的新特征》,《中国民族报》2014 年 11 月 28 日。

历史,可以说是一部中国各民族的交流史。在中国历史上涌现过众多的少数民族,这些民族和汉族一道,共同创造了中华民族的历史。正如费孝通先生所言:"中华民族作为一个自觉的民族实体,是近百年来中国和西方列强对抗中出现的,但作为一个自在的民族实体则是几千年的历史过程所形成的。"①早在秦汉之际,中国便已成为一个幅员辽阔的多民族国家,而汉民族也是在不同的历史时期,从点到线、从线到面,像滚雪球一样融合了许多的民族成分所形成的一个兼容并包的民族。这一多民族的统一体,已存在了近两千年。不管是中原的汉族还是周边的少数民族政权入主中原建立王朝,都自认为自己是中华的正统。这些朝代也都是多民族构成的国家,也都不同程度地面临着民族问题、民族政策和天下统一的问题。在中国这一沃野上,先后生息和居住过许多民族,在这一历史进程中,有的民族消失了,而另一些民族又成长起来;虽然曾经出现暂时分裂割据或几个政权同时并存的局面,但都是短暂的,统一的多民族国家是中国历史发展的主流。与此同时,伴随着中国历史上各民族的多元起源与发展,不同的民族都在不断地发展着自己的民族传统。中国历史上民族之间固然也有冲突、对抗乃至战争,但各民族之间的经济文化交流、借鉴、吸收和互补,促成了中国历史上各民族的共同进步和发展。而民族之间的文化交流也是民族文化再创造的动力和资源,如"茶马互市""盐茶互市""丝绸之路""和亲""胡服骑射"等。在这一多民族共生关系的历史过程中,形成并进一步密切了多元一体的关系,即在汉族与各周边少数民族的互动过程中,少数民族和汉族形成了双向的文化交流过程,最终整合出今天的中华文化。始于秦汉的民族融合事业在清代最终完成,奠定了今天中国境内的民族格局,形成了一个联系紧密的共同体。②

1840年以后以及20世纪前半叶,中国这一多民族的国家在抵御帝国主义侵略的过程中,进一步强化了中华民族的凝聚意识和认同感。中华民族这一中国各民族的总称,于1902年由梁启超在其《论中国学术思想变迁之大势》正式提出。③李大钊用"中华民族"指称融合了中华各个民族后的新民族,重视各民

---

① 费孝通:《中华民族多元一体格局》,中央民族学院出版社1989年版,第1页。

② 罗福惠主编:《中国民族主义思想论稿》,华中师范大学出版社1996年版,第83页。

③ 梁启超:《论中国学术思想变迁之大势》,《饮冰室合集·文集》之七,中华书局1989年影印版,第1、21页。

族在现代民族国家内共同的政治身份,指出"凡籍隶于中华民国之人,皆为新中华民族云"。①这一概念一经提出,便广泛影响了当时的社会政治,契合了"国族"建构的需要。孙中山围绕"中华民族"完善了自己的民族主义思想,他的中华民族是"把我们中国所有各民族融成一个"。②辛亥革命之后,中华民国的成立标志着中华民族共同体与民族国家建设的新开端。③自九一八事变后直到抗日战争胜利,民族主义成为抗日救亡的一面大旗,中国人的民族意识空前高涨,围绕中华民族所形成的凝聚意识和凝聚力奠定了中国统一的多民族社会的认同基础。

各民族历史上的迁移、融合、分化所造就的经济和文化联系、具有地区特色的区域社会、多元文化共生的文化格局、近代以来的民族国家建设,共同奠定了中国统一的多民族国家的基本面貌。而对于我国多民族国家历史与现实的认识,以费孝通先生的"多元一体格局"最为清晰。

1988 年,费孝通先生在香港中文大学发表了著名的《中华民族多元一体格局》演讲,从中华民族整体出发来研究民族的形成和发展的历史及其规律,提出了"多元一体"这一重要概念。④他在讲演中指出,"中华民族"这个词是指在中国疆域里具有民族认同的 11 亿人民。"它所包括的 50 多个民族单位是多元,中华民族是一体,他们虽则都称'民族',但层次不同。"接着他进一步指出:"中华民族的主流是许许多多分散独立的民族单位,经过接触、混杂、联接和融合,同时也有分裂和消亡,形成一个你来我去,我来你去,我中有你,你中有我,而又各具个性的多元统一体。"费孝通先生事实上是从作为民族的社会这个角度来探讨与国家整体的关系,是其对社会和国家观的新的发展。中华民族的概念本身就是国家民族的概念,而 56 个民族及其所属的集团是社会构成的基本单位,从另一个方面勾画出多元社会的结合和国家整合的关系,即多元和一体的关系。在当代社会发展背景下,我们要努力实现各民族人民最普遍、最广泛的中华民族文化认

① 李大钊:《新中华民族主义》,《甲寅》(日刊)1917 年 2 月 19 日。

② 孙中山:《在上海中国国民党本部会议的演说》(1920 年 11 月 4 日),《孙中山全集》第 5 卷,中华书局 2006 年版,第 394 页。

③ 彭南生:《辛亥遗产:中华民族共同体建构的新开端》,《史学月刊》2011 年第 4 期。

④ 费孝通:《中华民族多元一体格局》,载费孝通等:《中华民族多元一体格局》,中央民族学院出版社 1989 年版,第 1 页。

同。多元不是强调分离,多元只是表述现象,其核心是强调多元中的有机联系体,是有机联系中的多元,是一种共生中的多元,而不是分离中的多元。

重读费孝通先生关于"中华民族多元一体"的著述,便会发现他是在我国多民族互动的历史进程中来理解中华民族的。所以,重要的不仅是总结提炼出怎样的"格局",更是多元社会的结合和国家整合的关系,即多元和一体的关系。反观历史可以发现,中华民族共同体在历史上包含多民族共同创造历史的命运联系、"你中有我、我中有你"的交往关系、兼收并蓄的文化融合等方面的重要内容。进入新时代,这种关系表现为各民族交往日益密切、民族团结不断巩固,人们对于中华民族的认同不断增强。

同时,实现中华民族的伟大复兴不是某一个民族的梦想,也不是各民族各有其梦想,而是全国各民族共同的梦想。实现这样的伟大梦想,也不能单靠哪个民族的力量,而是要把全国各族人民凝聚到中华民族当中来,共同努力。习近平总书记正确把握住了这样的历史趋势、现实基础和未来走向,适时提出了"中华民族共同体"的重要思想。

二、 中华民族共同体建设的多重面向

历史证据表明,中华民族共同体不是凭空建构出来的,而是民族交往和历史发展的结果。这种现实一方面表现为丰富的历史和政治遗产,另一方面也是凝聚各方面力量成为统一多民族国家的制度和社会基础。在这个基础上,我们需要讨论的是如何继续推动这个历史进程的发展,实现中华民族共同体的建设,使之与不断发展的社会现实相适应,解决社会发展中出现的新问题。

"民族共同体"在早期的讨论中主要指涉的是各种民族形态,基本等同于广义上的"民族"。广义的民族包括历史上的各种民族共同体,如氏族、部落、部族和现代民族,或者说原始民族、古代民族、近代民族、现代民族,等等;而狭义民族则专指资本主义社会以后的民族,也叫现代民族。[1]民族共同体包含部落、部族、民族三种类型或阶段(也有四种类型的说法),与不同的社会形态相联系,构成人

---

① 郭庆:《试论民族共同体》,《中央民族学院学报》1990 年第 2 期。

类集团发展的不同阶段。①民族是在历史渊源、生产方式、语言、文化、风俗习惯以及心理认同等方面具有共同特征的人们共同体,包含历史、经济、社会与文化等维度。要建设适应新时代阶段性特征的中华民族共同体,就必须从民族现象的基本维度出发,突破现在民族单位的限制。

(一)推动共同繁荣与共同发展

马克思指出:"各民族之间的相互关系取决于每一个民族的生产力、分工和内部交往的发展程度。"②在中华民族这个共同体当中,共同体的结构取决于生产力的发展以及中华民族内部和外部交往的发展程度,其中经济结构即物质生产方式对于多民族社会的多种结构的发展变化起决定性作用。

改革开放和社会主义市场经济带来的机遇和挑战并存,是理解新时代中华民族共同体经济基础的入口。这个时期最显著的标志是改革开放,最深刻的变化便是从计划经济走向市场经济。民族地区迎来了经济发展的历史机遇,内生动力不断被激发,经济增长连年高于全国平均水平。但民族地区基础薄弱,发展条件差,整体落后的状况仍然没有改变。与东部地区相比,民族地区增长速度虽然高,但由于基数小,总量差距还在扩大,发展质量的差距更大,民族地区成为全面建成小康社会的短板、重点和难点。市场经济体系自东向西、自外而内地进入民族地区的过程中,在与少数民族传统生产方式衔接的过程中出现了一系列问题。脱离了这个衔接的结构和关系,便无法真正理解发生在民族地区的发展问题。

目前的现实是我国的社会主义市场经济体系已经建成,市场在资源配置过程中的基础作用日益凸显,其结果是,任何一个少数民族社会都面临着多重力量的支配。比如,传统牧区社会现在同时存在着牧业、农业、工业三种经济方式。因此,对于少数民族社会的发展而言,就要认真研究少数民族社会如何与整个市场经济体系连接起来。

现代交往过程中,少数民族如何进入市场经济体系体现了生产方式衔接的

---

① [苏]А.И.佩尔希茨:《民族共同体和形态过程》,《民族译丛》1986 年第 5 期。[苏]М.В.克留科夫:《再论民族共同体的历史类型》,《民族译丛》1986 年第 5 期。

② 中国社会科学院民族学与人类学研究所编:《马克思主义经典作家民族问题文选·马克思恩格斯卷》上册,社会科学文献出版社 2015 年版,第 110 页。

立体化,涉及国家、民族以及民族内部的分层与结构。市场经济的扩张一方面是横向的,在东部与西部、汉族与少数民族、市场经济与民族传统的层面扩展开来。市场经济所裹挟的规则、技术、关系和文化逐步进入民族地区,进而影响少数民族社会传统的经济活动、社会组织与文化习惯。

各民族共同发展的过程中,一个重要渠道就是地区之间的互补与互助,以进一步缩短东西部之间的距离,促进民族地区经济的发展和繁荣。目前,几乎所有的民族自治地方,都与内地和相邻的汉族地区建立了包括对口支援、横向经济联合等多种形式在内的经济技术协作与文化交流关系,这也是一种新型的民族关系的现实体现。

在东西部发展的不平衡之外,随着市场经济的发展,分配矛盾以及由此导致的社会现象也应运而生。这便是市场经济向纵深扩张的结果。虽然中央制定和出台了内容丰富、覆盖面宽、含金量高的支持政策,构筑了一个加快民族地区发展的优惠政策体系,但不同群体的人们由于资源、社会网络等因素的差异,导致收入差距在不断拉大,社会分化的现象日益突出。所以,要将民族社会作为不同层次人的集团放置到生产方式衔接的整体结构之下,只有这样,民族内部的复杂性和特殊性才能展现出来。

社会公平是共同繁荣的重要基础,必须让少数民族群众共享改革开放的成果。目前民族地区与其他地区的民生建设尚存在差距,它成为全面建成小康社会的短板和难点。因此,需要重点研究就业、教育、医疗和涉及少数民族传统生活习惯等领域的突出问题,以基本公共服务均等化推进社会公平;真诚回应各族人民对于共同富裕的追求,科学研究少数民族生活中的现实困境。

(二)加强各民族交往交流交融

新时代的一个主要特征,就是各民族交往交流交融趋势增强和涉及民族因素的矛盾纠纷上升两者并存。地理空间上,我国民族分布交错杂居的趋势进一步发展,越来越多的少数民族流动人口到内地城市,内地也有越来越多的人进入边疆民族地区;虚拟空间中,有关民族的各种观念与知识得到广泛交流,有效促进了各族人民对于我国多民族国家国情的认识,但各种错误观念也同时存在。各族群众交往交流的广度和深度都在迅速增强,但民族问题和各种一般社会矛盾问题也更加紧密地交织在一起。

社会领域的时代特征本质上是人们共同体的再生产问题。人的生产不仅是人类作为生命个体的生产,更重要的是人的全面社会关系的再生产。民族这个人们共同体是一个历史范畴,有其发生、发展和消亡的过程。新时代的民族不再是生活于一定空间、社会、文化边界之内的集团,而是具有某种民族身份的工人、农牧民、农民工以及新的社会阶层。

人的流动问题本质上是由人与物在不同体系间"跨界"而带来的结构性变化,核心是社会结合的问题,其影响涉及政治、经济、社会、文化等各个方面。一方面,越来越多的少数民族群众离开家乡,成群结队地到异地工作和生活,形成所谓的"流动的民族";另一方面,来自主流社会的信息、物资和人员,也源源不断地流入少数民族地区。这种双重的穿越正使得我们国家与民族框架的核心部分发生着深刻的变化。

东西部之间的双向人口流动,使得我国民族分布交错杂居的趋势进一步发展。宏观层面,人们从传统的居住空间、社会纽带和文化环境中流动起来,跨越了政治、经济和文化的多重界限。复杂的流动现象必然会改变社区原有的文化生态和社会关系模式,从而对社会治理和民族关系产生重要影响。个体层面,流动人口作为劳动力要素进入了市场体系,但是他们的家庭、生活、消费仍然受到传统惯性和民族文化等方面的影响。特别是少数民族因为其特殊的民族文化、生活习惯和政治身份,在这种双向流动的冲击中出现了许多新的现象和问题。

随着我国现代化进程的推进和深入,并越来越深地融入全球化体系,原本由国家和民族所设定或隐喻的各种有形的和无形的、社会的和文化的"界线",不断地被越来越频繁的人员、物资和信息的流通所"穿越",民族学所研究的人群业已成为一个流动的人群,而田野本身也成为一个流动的田野。在这样的时代,民族学必须摆脱对研究对象的僵化认识,深入人们共同体形成、发展、变化的过程中去,积极投身到各种流动现象的研究中,从宏观方面解决社会结合的问题,从个体层面关心人们的生活和心态。

(三) 建设兼收并蓄的共同体文化

在我国历史上,各民族共同创造了灿烂的中华文化,形成了兼收并蓄的民族文化。然而,部分研究者在讨论中国民族的时候,却一味地强调文化交往中的异质性、特殊性,忽视了多元民族文化之间的互动性、联系性和共生性。在新的历史时期,我国民族文化发展领域的主要特征变现为传统民族文化与现代文化并存。民族这个人们共同体的再生产,最重要的就是文化的变化过程,即新的文化精神与文化模式的生成。全球化与城镇化改变了传统文化生成和保持的环境,必然会唤起不同民族的文化自觉。各民族传统文化的发展同时存在"消解"和"再造"两个过程。在国家现代文化建设的过程中,民族文化的整体性、结构性、区域性一方面在不断地"消解";同时,民族传统文化的再造呈现出恢复和建构的蓬勃态势,新的民族文化内容被不断地建构出来。文化的生产与再生产同时推动了"统一化"与"多元化"两种趋势。精神文化建设、民族文化保护、文化产业政策等国家行为打造出了统一多民族国家的现代公共文化体系。不同民族则基于民族文化传统与新获得的文化资本不断生产出多样化、地方化的民族文化特色。文化变迁受制于本文化内部的发展以及不同文化之间的结构关系。因此,民族学应该重点研究文化变迁中的不同过程与不同趋势,推动民族文化的协调发展。

随着中国社会人口流动的日益频繁,国内各民族之间原有的文化边界不断被"穿越",越来越模糊。民族之间频繁地发生越"界"现象,将与"异地"人群并置,使相异文化交错并存,这时民族文化可以转变为政治资产的价值来源:在内部作为集体团结和动员的基础,在外部作为争取全世界其他社会群体、政府和舆论支持的资本。对于多民族国家而言,民族边界的频繁穿越或被穿越的过程,也是不同民族交往交流交融过程中文化自觉和文化自信的表现。尊重多元民族文化的宝贵财富,有助于淡化狭隘的民族意识,化解因为误解和偏见造成的民族矛盾。而突出多民族地域中文化的共同性与文化共享,大力建设现代公共文化服务体系,才能够在兼收并蓄的基础上打造出适应时代要求的共建共有共享的民族文化。

文化是一个国家、一个民族的灵魂,没有文化的繁荣兴盛,就没有中华民族的伟大复兴。在中国这样一个多民族社会中,不同文化之间的共生是建设中华民族共同体的重要基础。党的十九大报告指出,中国特色社会主义文化是"民族的科学的大众的社会主义文化"。这里的"民族"不是哪一个民族,而是中华民族共同体所承载的各民族文化交流交融之后形成的,适应新时代发展方向的中华民族文化。一方面要充分认识民族之间的社会差异和文化多样性,处理民冲突和文化差异,要有"美美与共"的胸怀;另一方面,要研究不同民族、文明之间交流对话的历史与现状,积极推动文化交流和共享文化建设。只有继承中华民族五千多年文明历史所孕育的优秀传统文化,提炼中国特色社会主义伟大实践中创造出来的先进文化,吸纳人类历史上各民族的文明成果,立足新时代的条件,才能不断铸就中华民族文化的新辉煌。

(四)建设多民族共有精神家园

建设各民族共有精神家园,首先要对新时代我国各民族人民的心理有所了解。社会心态方面,积极的因素与消极的因素并存。社会心态既是社会转型的反映,也是影响社会发展的力量。民族地区经济社会快速发展与发展不平衡并存,必然导致积极社会心态与消极社会心态复杂交织。经济社会发展一方面造就了积极健康向上的总体社会心态,人们对于改革事业、美好生活前景、民族平等团结的信心更加坚定;同时,分配矛盾与发展不平衡也导致了一些亟待重视的不良社会心态,社会焦虑、挫败感、被剥夺感等消极心态在小部分群体蔓延。另外,民族交往交流交融趋势增强和涉及民族因素的矛盾纠纷上升,导致了团结的与分裂的社会心态并存。民族政策的与时俱进创造了我国民族团结、民族平等的局面,但也同时面临民族分裂势力、宗教极端势力、暴力恐怖活动的挑战,这些复杂的社会心态构成民族人群社会行动的环境条件与心理资源。任何一个群体、阶层、地域都面临多重心态的并存与交织,并与特定的社会状况或重大的社会变迁事件相联系。铸牢中华民族共同体意识,加强各民族交往交流交融,目标是要"促进各民族像石榴籽一样紧紧抱在一起,共同团结奋斗、共同繁荣发展"。①这就需要重视心态秩序建设问题,"情感上相互亲近""人心"或者说社会心态应该成为民族学研究的重要领域。

其中,历史记忆是建设各民族共有精神家园的重要资源。经济发展与文化繁荣必然带来历史记忆的重构,这既包括博物馆等有形场所的大规模建设,也包括无形的历史传说和英雄事迹的重新传播。民族意识发展的一个普遍现象就是民族成员不断再生产本民族的历史,以凝聚或重构本民族的集体记忆来适应社

---

① 习近平:《决胜全面建成小康社会 夺取新时代中国特色社会主义伟大胜利——在中国共产党第十九次全国代表大会上的报告》,新华社,2017 年 10 月 27 日。

会现实。同时,国家在统一多民族国家建设过程中也不断强化中华民族的公共记忆,以增强民族国家的凝聚力。在记忆媒介快速变化、记忆方式多元化的当下,这两个层面的互动导致历史记忆的复杂性和流动性日益凸显。个体记忆、集体记忆与区域的共同记忆、国家的公共记忆在个体、群体、民族、国家之间的碰撞、交流,形成了民族意识、区域意识、国家意识的复杂关系,影响着中华民族共同体的互动和认同。①民族学如果忽视了其中的不同对象、不同层次的研究,就无法弄明白如何建设各民族共有精神家园。

三、 如何建设中华民族共同体

传统上相当多的研究者在讨论中国民族的时候,对于民族与民族之间在历史过程中形成的关系认识不足。也就是说,将每个民族作为封闭的单位来研究,而忘记了民族之间形成的关系体。事实上,所有的民族都形成了互联网似的互动中的共生关系。这是理解如何构筑中华民族共同体的重要基础。

"民族"最基本的含义是指人们的共同体,但是这个共同体在不同的层面有不同的面貌,因而构筑中华民族共同体不仅必须注意不同的面向,还必须考虑不同的层面。作为政治单位的民族指的是狭义的民族,为人熟知的斯大林的定义:"民族是人们在历史上形成的有共同语言、共同地域、共同经济生活以及表现于共同的民族文化特点上的共同心理素质这四个基本特征的稳定共同体。"②在单一民族之上,还有"复合民族",指"在某些方面具有共同性和不可分割的相互联系的众多单一民族的集合体"③和突出诸多民族单位一致与联合的"多民族共同体",即"我们各族人民在长期共同斗争和密切联系中形成的结合体"。④党中央和国务院于2005年5月中央民族工作会议上对民族概念作了重新定义和新的阐释:"民族是在一定的历史发展阶段形成的稳定的人们共同体。一般来说,民

---

① 麻国庆:《记忆的多层性与民族认同》,《民族研究》待刊稿。
② 《斯大林全集》第11卷,人民出版社1956年版,第286页。
③ 何叔涛:《民族概念的含义与民族研究》,《民族研究》1988年第5期。
④ 贺国安:《中华民族与多民族共同体——兼与何叔涛同志商榷》,《中央民族学院学报》1989年第6期。

族在历史渊源、生产方式、语言、文化、风俗习惯以及心理认同等方面具有共同的特征。有的民族在形成和发展的过程中,宗教起着重要的作用。"①可见,对于不同层次民族共同体的定义各有侧重,但有一点可以确定,那就是要在民族与社会的互动关系中来认识中华民族共同体,这个共同体是一个多层的体系。

首先,每一个民族在形成之时就是一个社会系统,具有一定的结构、组织和规范,可称之为民族社会。纵使经过几百年的演变,这种特性依然存在,民族社会的部分功能也仍然存在。单一民族在现实社会生活中是重要的政治、经济、文化和社会单位,这使民族与整体社会形成了紧密而又广泛的关系。

其次,多民族在地理区域上同特定的环境相联系,其生计方式、社会组织和文化习俗具有一定的地域共同性。区域民族共同体的纽带表现为人口、宗教、民俗、经济生活等构成的社会网络,以及更深层次的市场体系、信仰网络、社会组织在一个区域范围内对人们的广泛联结。这里民族融合要分成民族和文化两个层面,在多民族地域内,一方面要强调民族的特殊性,同时也要重视地域内社会文化的共通性。

再次,民族社会不能等同于国家形式下的多民族社会。多民族国家内部各个民族总是要与社会整体之间展开互动,形成各种各样的联系,塑造出民族与民族、民族与国家互动的基本格局。中华民族共同体就是这样的多民族国家共同体,由国家内部全体民族人口共同参与,具有政治、经济、社会和文化方面的整体性。

建设中华民族共同体,应该重视上面提到的层次性,在民族与社会的互动关系中做实中华民族共同体之体系。单一民族从属于社会,适应社会的发展,并与之展开互动,是部分与整体的关系。民族社会自身的社会矛盾、生产方式、文化传统通过民族间的互动影响到更大的社会范围。同时,民族社会作为社会整体的一部分,最高层次共同体的结构、矛盾和形态决定了民族社会的形态和特征。因此,要深入理解民族共同体,就必须将民族社会置于不同层次的社会结构之中进行考察。

但是,中华民族共同体也不是孤立的。例如,跨界民族的国家边界意识和跨

---

① 见 2015 年 5 月 27—28 日中央民族工作会议关于民族的定义。

界性的社会互动对国家政治空间产生的影响越来越凸显。通过对跨国民族以及国家认同的研究,可以进一步梳理个体认同、民族认同与国家认同之间的关系,使得这些跨国居住的民族成为构筑中华民族共同体不可或缺的重要组成部分。

党的十八大以来,习近平总书记先后在多个重要场合提出了"命运共同体"的理念,从中华民族共同体、国与国的命运共同体、区域内命运共同体到人类命运共同体,打造"命运共同体"是中国作为一个崛起的世界大国依托自身文化传统和发展经验提出的崭新的发展理念,也是关于未来国际秩序设想的集中表述。今天,我们可以看到不同民族、不同语言、不同国家的人在不同的地方,形成新的共同体和精神社区。在全球化背景下的不同民族和群体,如何能够"各美其美、美美与共",创造"和而不同"的全球社会,"人类命运共同体"的理念,给人类社会的全球化指明了方向。

(作者单位:中央民族大学)

中国社会学学科发展与话语体系建构分析

——兼论中国社会政策学科发展的挑战和意义

关信平

摘　要:在当今社会,话语体系建构既是国家之间意识形态竞争的重要途径,也是国际国内社会科学发展的重要环节。本文拟从学术发展的角度,从社会科学、社会学和社会政策三个层次分析话语体系建构中存在的问题。一是分析社会科学话语体系建构和发展的一般性意义与问题,二是分析我国社会学话语体系建设和发展中的问题。三是分析我国社会政策学科及其话语体系发展中的问题。本文的基本观点是,社会科学话语体系建构和发展既要以该学科的客观需要和条件为基础,具有客观性的一面,但同时也会受到社会主流价值观的影响。我国社会学的话语体系发展的基础是基于本国社会的实际需要,但也面临一个三维结构的外部环境:一是受到来自国际社会学话语体系的影响,二是在与政府官方话语体系的互动中发展的,三是受到其他学科话语体系的影响。最后,本文以社会政策学科发展为例,再次说明要使社会政策学科获得更好的发展,必须适应这一三维结构的影响。

关键词:话语体系,社会政策,学科发展

如何促进社会科学的话语体系建构和发展是当前我国社会科学现代化和本土化发展中的重要议题,但同时也是一个非常复杂的问题。作为一门恢复重建后只有几十年的学科,社会学话语体系的建构更是一个充满复杂性的领域。本文拟先就社会科学话语体系建构和发展的一般性问题加以讨论,然后分析社会学学科话语体系建构中的各种关键性问题,最后结合社会政策学科发展中的实际问题,进一步加深理解我国社会科学话语体系建构与发展的规律和特点。

一、 社会科学话语的一般性含义和意义

1. 社会科学话语的一般含义

所谓"话语"，指人对外在客观事物反映的方式，包括对客观事物的概括、分析和表述方式。同时，话语是思维的载体，既是内部思维的载体，也是思维外部表达和交流的载体。[①] 在日常生活中，普通人都用相应的概念和命题去反映客观现象，而在学术研究中所用的概念和命题就更加抽象，具有更高的概括性，并常常构建较为复杂的理论模型去反映客观事物更加本质的特征。

社会科学的话语是从各个不同的层面对各种社会现象进行的综合性反映和表述，它表现为一系列的基本的概念、命题，以及相关的理论模型等。社会科学话语中大量采用社会实践活动话语中的概念，包括在政治、社会和文化实践活动中所采用的概念和表述方式，以及人们日常生活中的话语概念。同时，社会科学话语中的概念也对各类社会实践活动和人们的日常生活话语产生深远的影响。但是，社会科学的话语与一般性社会实践活动和人们日常生活中的话语还是有明显区别的。一是社会科学话语所反映的内容与一般性社会实践活动和日常生活的话语并不完全等同。这主要是由于社会科学研究既可能超越一般性社会实践和人们日常生活的领域，也可能未能触及一般性社会实践活动和人们日常生活的某些领域。二是所采用的概念和表达方式并不完全一样。社会科学常常会采用一些特殊的概念和表达方式。这既是由于社会科学研究内容的特殊性，也是由于社会科学需要以更加抽象和概括的方式去分析和反映复杂的社会现象及其深层次的原因。三是在很多情况下用词是一样的，但所表达的实际含义有着一定程度的差异。这既是由于社会科学的一些概念来源于社会实践和日常生活，但经过社会科学的加工后其含义发生了变化，同时也是由于人们在一般性社会实践或日常生活中依据自身的需要而采用了一些社会科学的概念，但没能全面准确适用这些概念，因而导致概念的歧义。

---

① 蔡禾:《社会学学科的话语体系与话语权》,《社会学评论》2017 年第 5 卷第 2 期,第 28—32 页。

2. 社会科学话语的价值特征

人们思维和表达的话语是对客观事物的反应,但往往不是简单和直接的反应,而是带有一定主观偏好的反应。或者说,社会科学的话语从来就不是中性的,而是具有突出的社会意涵和意识形态属性。[1]普通人在通过一定的话语去反映客观现实时就可能会具有一定的"侧重性"或"片面性",这不仅是由于每个人经验观察的局限性,即所谓的"盲人摸象效应",同时也由于每个人会多多少少地收到其所持有的价值立场的影响,因而主动地对客观事物作出选择性的反应。而学术研究中对客观事物的反应要比普通人更加复杂。一方面,现代经验社会科学多年来一直致力于更加客观、准确地把握社会现实,为此而发展起一整套的科学研究方法,这为学术研究克服"盲人摸象效应"起到很大的作用。但另一方面,现代社会科学却很难排除社会价值对话语建构的影响。这一方面是由于任何一个社会的学术研究的话语体系都是一种社会性的产品,它是在社会性的行动构架下生产出来的,并且话语体系的价值性特征也会对政府的公共政策和社会各方的行动产生很大的影响,因而社会中的各个群体都要以各种方式对其施加影响。其结果是"树欲静,而风不止",即使社会科学家的本性是要保持"价值中立",但事实上也很难做到。尤其是当代社会科学的话语体系已经相当复杂和抽象,其概念、命题和理论模型已经相当远离具体的个体经验,好多理论的话语普通人看都看不懂,甚至许多学者都看不懂,因而也就无法去努力证实或证伪这些理论话语了。而且,许多话语体系已经形成非常复杂的保护性话语体系,从而使其免遭经验事实的"证伪"。进一步看,在商业和权力因素的介入下,还会使一些理论话语得到更好的包装和宣传,而另外一些则可能被打入禁区,无法生存。

因此,在社会科学话语体系建构中最大的影响因素是价值因素。价值因素既表现为社会科学家自身的价值立场,同时也表现出社会中的各种权力对社会学科的影响而导致的价值多元化。当今社会思潮多元化和社会价值多元化的影响下,[2]社会科学话语的价值性会更加突出,迫使社会科学家往往不得不主动地

---

① 林聚任:《理论自觉与中国社会学话语体系建构——从郑杭生的理论自觉观谈起》,《社会学评论》2017 年第 5 卷第 2 期,第 56—62 页。

② 李友梅:《中国特色社会学学术话语体系建构的若干思考》,《社会学研究》2016 年第 5 期,第 27—37 页。

或被动地"选边站"，从而导致社会科学中出现多样化的话语体系。

3. 社会科学话语体系

当代社会科学已经发展出较为复杂的话语体系。既包括从各个学科的角度对其特定的社会现象进行分门别类的分析概括和总结，也包括在同一学科内部对同一社会现象进行不同的分析概括和总结。首先，当代社会科学已经分化为较为复杂的学科体系。各个学科之间不仅研究对象不同，而且研究的方法也有所不同。由此而导致各个学科采用不同的概念和表达方式。此为"学科话语差异"。其次，在同一学科内部其研究的对象基本一致，研究方法也较为一致。但不同的研究者看问题的角度常常不一致，并且有时候采用的研究方法也不完全一样。科学社会学将研究者的看问题角度总体上的差异称为"研究范式"的差异，并认为研究范式的差异反映了研究者基本立场、观点和分析角度的群体性差异。在同一学科之中持相同研究范式的研究者往往采用相同或相似的概念和表达方式，而持不同范式的研究者有时采用不同的概念和表达方式，因而形成不同话语体系的研究者群体。这种现象被称为"学派话语差异"。

在现实的学术活动及发展中，学科话语体系和学派话语体系及其影响力都受到来自各方面因素的复杂影响。在学科话语体系方面，本来各个学科之间研究对象不同，各自研究自己的问题，相互之间不存在竞争，也没有孰轻孰重的问题。但在现实生活中，由于国家发展目标的阶段性差异，导致社会实践各个领域的活动对国家各个方面的管理和发展的重要性有所不同，因而导致不同学科对国家发展的影响力有所不同，即所谓"学科话语权"的不同。例如，在改革开放以后的一段时间里，经济学在国家发展中的"话语权"很强，而进入21世纪以后，各种迹象表明社会学的"话语权"有所上升，被称为"社会学的春天"的到来。在学派话语体系方面更加复杂一些。不同的研究者对同一社会现象采用不同的话语方式，既是由于其所处的客观立场不同，又是由于受其主观的价值观念的影响。

4. 社会科学话语体系的国际影响与本国创新

在社会科学研究日趋国际化的当今时代里，社会科学话语体系还深受国际影响，尤其是学派话语体系。一个国家的社会科学研究既要反映本国的实际，同时又会受到来自国外的影响。这反映出社会科学研究理论与方法的"普适性"和"特殊性"并存的现实。全人类各个国家和地区的社会生活及人的行为既有一定的共同规律,同时又有其特殊的问题和条件。因此一个国家的社会科学研究和话语体系建构不可避免地会受到来自国际社会科学发展的影响,但同时也不能完全简单地照搬国外社会科学的理论、方法与结论,而应该是一个"集开放摄取、多重对话、扎根本土为一体的复杂的多向互动过程"。①

在此方面各个国家的情况有较大的不同。由于历史发展的原因,在社会科学方面目前也存在发达国家与发展中国家之间的差距。发达国家在社会科学研究创新和知识生产方面也处于领先地位。并且,发达国家相互之间由于经济发展水平、文化和社会条件较为接近,因此其社会科学话语的一致性水平较高。尽管发达国家社会科学也存在学科话语体系和学派话语体系,但这在发达国家之间基本上没有国家之间的差异。但是,在发展中国家的情况就较为复杂。一方面,发展中国家的社会科学研究水平相对较低,因此不得不向发达国家学习,吸收发达国家在社会科学方面的成果,包括理论和方法。但另一方面,发展中国家在经济、政治、文化等方面有很大的差异,导致各国在吸收发达国家社会科学成果和采纳其话语体系方面存在很大的差异。一般说来,国家人口规模较小,经济实力较弱、在政治和文化方面与发达国家差异较小的发展中国家往往更容易受发达国家社会科学的影响,而相反的国家则反之。

我国是人口大国,政治和文化方面与发达国家有较大的差异,因此更加难以全面接纳西方学术界的话语体系。但是在改革开放之初,我国经济实力较弱,因此当时发展最重要的主题是经济体制改革和对外开放。并且,当时的社会科学相对比较弱小,研究水平较低。打开国门后,中国社会科学界突然发现国际社会科学在理论和方法上已经达到较高的水平,我们需要急起直追。同时,当时的思想解放运动和改革开放促使我国的社会科学较为全面地接纳发达国家的社会科学成果,包括理论和方法等。这些因素都使得发达国家社会科学的话语体系从改革开放之初就深深地植入了我国社会科学体系中。经过 30 多年的发展,我国的社会科学在较大程度上嵌入以发达国家为主导的国际社会科学体系。这种局面对我国社会科学的发展既有积极的一面,也有问题的一面。从积极的一面看,

---

① 田毅鹏:《中国社会学学科话语体系建构中的"中西贯通"问题》,《社会学评论》2017 年第 5 卷第 2 期,第 33—38 页。

通过广泛借鉴国外的社会科学研究成果（理论与方法），我国的社会科学研究得到很大的发展，在很多领域中快速地缩小了与发达国家的差距。但从问题的一面看，单纯接纳国外社会科学的理论与方法也在一定程度上压抑了本国社会科学研究者的创新意识，导致本土研究的创新成果不多。

改革开放以来我国社会科学国际化的过程既有成就也有问题，但成就是主要的。目前我国建构中国社会科学的话语体系不应该是全面否认过去社会科学国际化的成就。创新中国社会科学话语体系不是要抛开西方学者的研究而另起炉灶，而是要反对简单"炒作"西方理论。①我们应该在更加全面深入了解和消化国际社会科学发展的基础上，通过对中国经验的研究及其与国际社会科学的比较去创新和超越。此外，创新中国社会科学话语体系也不能指望能够打造出一个完全一致的"中国话语"。在任何一个国家内部的社会科学体系中都有一些持不同研究范式的学派。在过去几十年里，西方社会科学界的范式差异在一定程度上确实是导致我国社会科学话语体系复杂化的原因之一，但我们不能通过"内部团结、一致对外"的方式，将中国社会科学与西方社会科学对立起来而消除自身内部的不同话语。如果这样做的话，将使社会科学失去其科学性，变为一种纯粹的意识形态工具。

二、 社会学话语体系建构和发展的影响因素

当代我国社会学是改革开放之后恢复重建的。从恢复重建之初起，我国社会学就一直在建构自己的话语体系。在几十年的学术发展历程中，我国社会学的学术话语体系不断地与政府的话语体系、西方社会学的话语体系，以及其他学科的话语体系发生着互动，是在这种滚多远互动的过程中不断形成的。换句话说，我国社会学的话语体系建构受到来自国外社会学话语体系和我国行政体系话语体系两个方面的影响和限制，自身发展呈现出一些不同于其他国家的特征。

---

① 张海东:《关于社会学话语体系创新的几点思考》,《济南大学学报》(社会科学版)2017 年第 27 卷第 4 期,第 20—22 页。

1. 改革开放以后我国社会学话语体系发展深受西方社会学话语影响

在恢复重建之初,我国社会学在理论和方法上受西方社会学的影响较大。首先,改革开放以后我国社会学的学术话语体系与以西方国家主导的国际社会学话语体系发生着密切的联系。改革开放之前,由于受当时意识形态控制的影响,我们对西方的学术思想和话语体系持排斥态度,即使有少量的研究往往也冠以"批判"二字。但在改革开放后,由于过去较长时间研究和教学的中断,我国社会学在刚刚恢复的时候不得不通过向西方较为成熟的理论和方法体系学习,以建立学科的教学和研究基础。因此,从中国社会学恢复重建之初我们就在很大程度上接收了国际上通用的社会学基本概念和主要的理论。当时的教材基本上都是来自西方国家(主要是美国)。

其次,在几十年的发展中,中国社会学也在不断地加强自身话语体系建设,力图摆脱完全依赖西方社会学话语供给的局面。因为人类社会有其相通的一面,因此国际上通用的一些社会学理论和方法拿到中国来也有其适用的一面。但是,各国也有具体的国情和本土经验,因此仅靠外来的理论和话语体系也难以完全反应本国的情况,而应该是吸收外来先进的理论与方法和总结本土经验相结合的发展方式。但是,我国社会学恢复重建以来的发展中吸收外来理论方法较多,而建立在总结本土经验上的理论发展不足,因此导致我国社会学本土话语体系不够强大,对世界社会学理论的贡献不够。

2. 我国社会学话语体系在与官方话语体系的互动中发展

过去几十年里,我国社会学的学术话语体系还在于政府的官方话语体系的互动中发展。应该看到,社会学的话语体系与政府官方的话语体系并不完全一样。前者更倾向于学术性的思考和表述,并且更多和更加直接地受到国际社会学话语体系的影响。而官方话语体系更加直接地反映中国的现实,并且更加适应于我国政治文化和政府管理方式。但是,双方一直在互动中相互影响。一方面,政府官方话语体系的发展并不依赖学术界的概念和理论,而是有其自身的发展逻辑。包括"社会建设"、"和谐社会"等概念及其理论都是由政府的主导下发展起来的,直接反映了中国政府主导下社会发展行动的特点。但是,政府也不断地汲取学术界的一些研究成果。包括"社区"、"社会治理"等重要的概念最初都出自学术界,后来被政府所采用。另一方面,社会学的话语体系虽然与官方的话语体系有所不同,但在其发展中也不断地回应政府社会建设实践中提出的各种问题,也将政府话语体系中的政治性或行政性术语学理化,既帮助政府的话语体系进入学术研究领域,同时也进一步丰富了社会学的学术性话语体系。

3. 我国社会学话语体系在与其他学科的互动中发展

社会学的话语体系在受西方学术话语体系影响和与政府官方话语体系的互动中逐步发展的同时,还在与其他学科的互动中不断发展。社会学与其他社会科学学科的话语体系之间既有竞争也有交流。社会科学各个学科本身不应该有高低贵贱之分,这里所谓的"竞争",是指社会学与其他学科之间在对政府和社会影响力方面的博弈。在此方面,改革开放后很长时间里社会学话语体系的社会影响能力一直不如经济学,对政府公共政策的影响力相对较低。这主要是由于改革开放后的一段时期里政府的工作重心和全社会的关注重点是快速发展经济,而对社会发展有所不足。政府和社会在社会发展方面投入的资金也不足,各项社会事业发展缓慢,客观上导致了社会学的"用武之地"收到压缩,社会学在政府工作和社会中的"话语权"自然也就不如经济学。但在进入 21 世纪后,随着政府和社会更加重视社会发展,提出"构建社会主义和谐社会"、"保障和改善民生"和"加强社会建设"等目标和要求,这使社会学学科也迎来了"社会学春天",社会学话语体系的影响力开始增大。虽然迄今为止社会学对政府和社会仍没有取得与经济学同等的影响力,但总体上看其话语权已经有了较大的提升。

此外,在各个学科话语体系的发展中也有相互交流,包括基本概念、理论与方法的相互借用,这客观上有利于各个学科话语体系的发展。社会学从哲学、经济学、政治学、人类学、心理学、管理学等社会科学领域都借用了不少的概念和研究方法,并且,社会学也向其他社会科学输出了不少的概念术语和方法。尤其是在社会学研究方法方面对其他社会科学的影响很大。不少学科都采用社会学的研究方法,使其应用范围已大大超出社会学领域。目前已无法再将其称为"社会学研究方法",而更多地将其称为"社会研究方法"。

三、 话语体系对学科建构的挑战和意义: 以社会政策学科发展为例

一个学科所处的外部环境不仅会影响其话语体系建设和发展,而且会对整

个学科的建设和发展产生很大的影响。对于这一问题可以通过社会政策学科在我国发展的经历来加以说明。

1. 社会政策学科在国际上的发展

话语体系建设对一个学科的建设与发展具有重要的意义。这一点在我国社会政策学科的发展中表现尤为明显。社会政策学科是关于政府社会政策实务体系的学术研究与教学体系。在二战以后，随着"福利国家"社会政策实践体系的发展，在西欧国家率先发展起了社会政策的学科体系，并在随后逐渐扩展到世界大多数国家。社会政策学科之所以在战后的欧洲国家迅速发展，其基本条件是社会政策实践体系的发展所带动的。由于欧洲国家追求建立和发展高福利的社会政策，每年政府都有大量的社会支出。不少国家政府的社会支出占GDP的比例达到三分之一以上，带动各项福利性的社会服务快速发展。在这种情况下，一方面需要相应的学科去研究社会政策的运行规律，并诊断其中出现的和潜在的问题；另一方面也需要培养大量的人才去从事社会政策领域的管理和服务工作。因此，社会政策学科应运而生，并获得很大的发展机会。当时社会政策学科的目标和价值理念与政府和社会的主流价值观比较贴近，因此获得了政府和社会的支持。

从20世纪40年代后期到现在，除了美国以外的其他发达国家基本上都建立了社会政策的学科，尤其是在欧洲国家的大学里社会政策学科是一个很强的学科，每年培养很多的人才。在发达国家，只有美国是一个例外。社会政策学科在美国的大学里一直不很普及，其原因一方面是美国没有走欧洲式的"福利国家"社会政策道路，其政府的社会政策实务不是很强，另一方面也可能是由于20世纪中叶以后美国大学的学术体系强大，不容易受到外来学科发展的影响。但是，二战以后在美国联邦政府和地方政府对社会事务的干预也很越来越强，公共部门在经济与社会事务方面的作用越来越大。为此，美国的大学里发展起了"公共管理"学科和"公共政策"研究体系。因此，二战后在西方学术界形成以美国为主导的"公共管理"和"公共政策"话语体系和以欧洲主导下的"社会政策"话语体系。这两套学科和学术话语体系之间在研究目标、内容和方法等方面有一定的差异，但两者之间并不矛盾，在其自身的国家和地区中都获得较好的发展，并且后来两套体系之间还出现了相互借鉴、共同发展的趋势。但是，这两套体系并存的情况后来对我国社会政策学科的发展产生了较大的影响。

2. 社会政策学科在我国的发展历程

社会政策学科在我国经历了较为曲折的发展。在计划经济体制下,虽然我国广义的公共性福利水平很高,但却没有使用"社会政策"的概念,没有发展其相应的社会政策学科体系。主要原因一方面是当时我国福利性的社会服务大多是由城市企事业单位和农村集体经济组织承担,由政府直接承担的福利性社会服务并不多。在这一点上我国与西方"福利国家"有明显的差异。由于体制的不同,西方福利国家体制下的社会政策的理论对我国的影响也就不大。另一方面的一个重要原因是,"冷战"期间意识形态壁垒的限制,使我们将欧洲的"社会政策"概念和理论看成是资本主义的意识形态而加以批判和拒斥。

改革开放以后,我国与西方国家之间的意识形态的壁垒大大弱化。在改革开放和思想解放运动的推动下,我国开始接纳西方学术思想,这使得西方的社会政策理论从正面进入了我国的学术界。但在 20 世纪 80—90 年代我国的中心任务是发展经济,对社会政策重视不够,因而社会政策的理论和学科体系建设被边缘化。再加上当时国际上流行的新自由主义对"福利国家"社会政策理论的批评对我国学术界和官员都产生了较大的影响,使社会政策的话语在学术界和政府部门的影响力都较弱。不仅政府长期不采用"社会政策"的概念,而且社会政策学科的发展也很缓慢。

直到进入 21 世纪后,在政府重视民生的政策转向后,社会政策学科才获得新的发展机遇。进入 21 世纪以来,在"保障和改善民生"的政策目标下,我国在教育、医疗卫生、社会保险、社会救助、住房保障、就业服务,以及老年服务、残疾人服务和儿童服务等领域都获得了长足的发展,各级政府在这些领域的财政支出也有较大幅度的增加。社会政策实践的发展积极地推动了社会政策学科的发展。一方面,进入 21 世纪后我国在社会政策领域的研究、教学和人才培养方面也有较大幅度的提升,相关成果大幅度增加。另一方面,社会政策也被学术界和政府正式纳入了社会科学的学科体系,成为了社会学一级学科下面由官方承认的七个主要研究方向(二级学科)之一。同时,"社会政策"的概念也逐渐进入政府官方的话语体系。最初是出现在一些相关部门的文件中(如民政部的文件),后来在中共中央、国务院的文件中也开始使用这一概念。最后是近年来中央的文件中直接提到"社会政策要托底",将社会政策确定为与经济政策并列的一类重要的政策体系,使社会政策在政府的公共政策话语体系中占据了重要的位置。

3. 学科话语竞争对社会政策学科发展的影响

导致社会政策学科多年来在我国发展受阻的另一个原因来自学科间话语体系的竞争。这里所谈的学科间话语体系竞争主要是指"社会政策"学科与"公共政策"学科之间的并存和竞争。如前所述,社会政策学科和公共政策学科是分别在不同的国家\地区里产生和发展的,其产生和发展的条件有所不同,但都适应于各自的环境条件。当这两个学科在不同的国家\地区里分头发展的时候,一般不会出现学科竞争。但是,当他们同时进入到我国的时候,就产生了学科竞争的问题。

尽管从政策行动的体制上看,社会政策是属于政府公共政策体系的,是公共政策体系中的一个重要的大类,而"社会保障"又是社会政策的一个行动和制度领域。但从学科内容上看,社会政策与公共政策和社会保障没有学科从属关系。相反,社会政策与"公共政策"和"社会保障"等学科有着一定的交叉重叠。目前,这几个学科在我国都存在,但相互之间的关系比较模糊。这几个学科都是改革开放后源自国外的新兴学科。其中,社会政策学科主要源自欧洲传统,而公共政策和社会保障主要源自美国传统。但它们是分别由不同的研究者引入中国的,并且在进入中国的初期阶段是一种碎片化的发展方式,缺乏顶层的学科发展规划,因此很难清晰地规范各自的学科内容和边界。这几个学科之间关系的模糊在一定程度上影响了社会政策话语体系的建构和学科的发展。这几个学科还因其与政府的阶段性的政策目标贴切的程度不同而获得政府不同力度的支持。社会保障学科的发展历史较早,并且与政府早期的社会保障政策较为贴切,因此获得较好的发展条件,并得到政府和社会较大程度的认同。公共政策学科因其名称与政府的公共服务职能比较贴切,因此也比较容易获得政府的认同和支持。相比之下,社会政策在过去较长时期里受政府和社会重视的程度就要低一些,因此发展相对缓慢。但是,目前的情况表明,社会政策学科发展的外部环境正在发生变化。一是在中央的号召和要求下,各级政府都将"保障和改善民生"作为重要的政策目标,这给社会政策的发展提供了比过去更好的基础条件。二是我国社会学学科的发展,为社会政策提供了更加坚实的学科基础。三是我国社会工作专业人才队伍建设的发展以及社会工作专业人才培养的需要,对社会政策的发展提出了更大的要求。所有这些意味着,社会政策在我国将有较大的发展。为此,我们应该加强社会政策的学科建设,包括加强社会政策话语体系建设,使社会政策学科在学术界、政府和社会各个领域中都产生更大的影响。

结　　语

从社会学和社会政策学科及其话语体系建构和发展的情况看,一个学科话语体系的建构和发展一方面要受到特定社会环境的限制,包括经济与社会发展、意识形态局限等,另一方面还要受到其他学科的影响。一个学科的初期发展中要重视汲取外来的学术和话语体系,但随着学科不断的成熟,就应该越来越重视依托本土经验的话语体系的建构,这样才能在本国社会中和国际学术界中都发挥更加积极的作用。

（作者单位:南开大学社会建设与管理研究院）

提升中国社会学话语体系的知识贡献

任 远

摘 要:本文提出社会学学科具有实证性、多元文化性的特点,以及社会学学术建设重视对社会的理解和强调"社会学的想象力",社会学能够为中国哲学社会科学话语体系建设发挥重要的作用。中国社会学话语体系建设应该是学术建设和实践建设,推动相关领域的学术创新,及为中国和世界发展的实践中发挥知识贡献,其中有三个问题是重要的:第一,中国社会学话语体系应该重视理解中国的社会变迁和未来发展转型;第二,中国社会学话语体系建设应该重视对中国历史的制度禀赋和内在经验的理解,思考文化和社会的延续和新生;第三,中国社会学话语体系应该超越对中国研究内观的视野,应该开始思考人类命运共同体下的世界社会如何共存和发展问题。作者同时对当下中国社会学话语体系建设的路径进行了一些思考和探讨。

关键词:社会学,话语体系,社会转型

中国正在全面建设小康社会和建设现代化的国家,正在经历深刻的社会转型,同时中国和世界的关系也在经历深刻的变化,这些都要求中国哲学社会科学需要通过足够的知识建设来贡献于当下历史时代的国家进步和世界发展。在这个过程中,中国社会学学术话语体系建设同样具有责无旁贷的责任。

一、 社会学的学科特点和知识传统

社会学较早地在现代社会科学的学科体系中获得学术的建制,在中国随着现代学术的发展逐步引入和成长。改革开放以后,中国的社会学确实相对较晚地恢复发展。社会学的学科特点和知识传统所具有的特点,使社会学学术知识尤其能够为中国哲学社会科学话语体系建设作出贡献。

第一，社会学学科的重要特点是"接地气"和实证主义传统。社会学是坚持认为"没有调查，就没有发言权"的。通过重视社会调查和实证研究，使社会学学科对中国社会变迁和现实生活的理解，可以说比其他各个学科都更加深入。社会学在现实生活的丰富性中获得灵活的生命力，并不断积累实际素材和生成新的知识话语。

社会学学科的实证性和学院学术的特点也受到一些争议和批评。有的时候数据为基础的定量研究不是表现为"数据化的优势"，而是具有着一种"数据化的危机"。和不少强调定量研究的社会科学一样，社会学的学术研究也很可能陷入就数据而谈数据、为论文而论文的状况，"或者是把自己锁在电脑的硬盘里，去观察、解释和构想整个世界"①。其定量的发现似乎非常"科学"，但是对现实生活却未必有足够的解释力。但是，这种情况的发生恰恰不是批评社会学数据研究和定量研究的研究方法出现了问题，而正说明了社会学知识话语的建设需要进一步地"接地气"，才能够更好地把握社会生活、深化定量分析。

社会调查和数据分析、统计研究和人类学田野调研、定性研究和定量研究、案例解剖和比较分析，这些众多的社会研究方法都是理解社会运行的工具。不通过方法通过直觉理解社会，是缺乏可靠性和可行性的。社会学学科具有丰富的研究方法工具，构成学科方法论上的重要优势。社会学本身的"接地气"，及基于科学精神的实证传统，说明通过社会学话语体系建设来理解真实的社会是有可能的。

第二，社会学的另一个学科特点，是社会学更加讲求多元性和多样性。如果说多数社会科学更多地强调普遍性的真理，其研究的出发点和研究归宿是希望实现一种放之四海而皆准的"科学体系"。社会学研究的基本原则是强调世界的多元文明和多元文明的相互学习性，强调社会现实的多样性和复杂性。

即使是在太平洋岛屿上的传统部落，其文明的社会机制也是完整的，其社会的运行有其自身的逻辑。文明的多元性展现出发展过程的多样可能。社会学天然地具有多元文明和对发展道路多样性的理解，重视多元现代性道路的实现，这

---

① 渠敬东在《破除"方法主义"迷信：中国学术自立的出路》一文中，批评了社会科学研究的美国化和方法主义，见渠敬东：《破除"方法主义"迷信：中国学术自立的出路》，《文化纵横》2016年第2期，第80—87页。

也凸显出了建设哲学社会科学中国话语的必要和可能。

社会学同时更加强调社会的多样性。社会的构成是基于人口的差别性和多样性,多样性而非一致性是理解社会的基础。社会学重视从丰富的人类生活本身理解社会变迁,重视从人口的多样性中理解社会生活和社会变迁。男性和女性、少年儿童和老年人口、不同空间的人口、不同教育程度和不同社会阶层的人口具有差别性,人口结构和空间分布还是动态变化的。社会变迁对不同的社会群体具有不同影响,不同的社会群体的行为模式也表现出不同的特点和内在规律。

因此,社会学的学科特点更加强调在多元的文明社会体中开展比较研究,在多样性的人口和社会生活中理解行为模式的差别、理解社会运行的内在机理,并发现社会规律的共同性和特殊性。在多元性和多样性的分析框架下,使得本土性的知识成长具有可能,也更加依赖本土性的知识可以对社会运行提出有效的解释。

第三,社会学学科特点对于形成基于实践的知识话语建设有积极意义,还表现社会学具有和强调"社会学的想象力"。米尔斯提出的"社会学的想象力",是强调个人只有通过置身于所处的时代中,置身于所处的社会情境和社会结构中,才能获得对社会的理解。深入体察具体的历史变动和社会运行,才能理解不同个体的生活经历和行为选择,理解微观行为背后的社会规范和社会事实。因此,社会学的想象力是需要同情心和同理心的,通过对社会具有整体的把握,有助于客观和准确地理解社会变迁的内在机理和真实本质,才能获得对社会的洞察。

这种理解的社会学,使社会学学术建设重视深入地把握社会、把握历史、把握国情,重视从社会生活的血脉中理解社会和理解人类行为,并整理出相应的社会学学术话语。而这种将人类行为内嵌在历史变迁和社会结构中的理解,也意味着只有通过人的行动、通过社会网络构建社会、改变社会结构,才能真实地带来社会变迁和实现人的发展。

二、 为中国和世界作出知识贡献

当前我国哲学社会科学学科普遍地面临知识理论的准备不足,似乎滞后于巨大的社会变迁的时代。由于改革开放以后的中国社会学恢复发展、人才力量的成长和知识体系的构建历程实际上还并没有充分的时间，而且中国所发生的巨大社会变迁还正在转型过程之中，很多问题还看得并不是很清楚。因此，中国社会学话语体系建设总体上还是一个有些早熟的概念，学界在基于本土的社会学学术创新有了相当的进展，但是作为话语体系的理论建设还并不充分。这种社会学话语体系发展不足的现状，实际上也逼迫着中国社会学努力向前发展。

而我们也可以看到，当前社会学研究已经具有了庞大的研究力量、具有中国作为数千年文明国家积累的丰富史料和历史经验，具有超大规模社会发展转型所积累起的丰富的社会资料，以及社会学发展具有学科恢复及和世界接轨以来所积累起的丰富的理论工具和方法论工具，以及在国家财富增长背景下对学术科研上的巨大投入，这个也构成了学术发展的"大国优势"，社会学研究的学术界已经有条件可以在社会学学术话语创新上达到一个更高的水平。

话语体系的建设并不是所谓"话语权"的争夺，对社会学话语体系以及哲学社会科学的发展实际上并不应该采取一种简单的民族主义的立场，话语体系建设更主要应该是学术建设和实践建设。社会学话语体系建设的根源，来自社会学知识学术的创新，而话语体系建设的目的也是为了通过基于实践的学术的知识贡献，能够推动社会实践更好发展。

中国社会学的话语体系建设，需要基于中国实践的学术理论思考，需要实现源于中国的思想学派的成长。而中国社会学话语体系建设的内在需求和实践目的，其实是需要回答在这个发生着巨大变迁的历史时代，社会学能够为中国和世界作出什么样的知识贡献。从中国社会学发展的学术建设和实践建设的角度，我觉得中国社会学话语体系建设的使命，在于对以下三个问题的作出思考和回答。

中国社会学话语体系建设，第一要回答如何"理解中国"，重视理解中国的社会转型和未来的社会形态。

中国面临着在规模、速度和深度上都非常显著的社会变迁和转型变化，中国社会学需要理解中国社会变迁的道路和发展方向，并对社会转型作出学术贡献。由于中国社会转型的特殊性和制度限制，使得中国的社会转型和西方社会发展转型的道路不一样。国家和社会的关系、社会成长的路径、基层社会的治理、城镇化过程中的人口迁移和社会整合、社会工作的模式等几乎各个方面,都和西方国家的既有模式有所差别。因此单纯用西方社会理论和社会运行规律来剪裁中国并不切合,中国的社会转型存在着中国自身的道路。而未来中国的社会治理格局是怎样的形态,以及未来中国的社会建构如何得到实现,如何能够在中国稳定地建构出一个多元力量有效治理的社会秩序、构造出人的充分发展和人民福祉不断进步的好的社会,也有着自己的发育和发展的路径。如何理解中国的社会转型,需要中国社会学知识界基于学理、基于价值、基于客观研究,提出有针对性的思想见解。

第二,中国社会学话语体系建设要回答的是"理解历史",重视对中国历史传统的制度禀赋和内在经验的理解,探索文化和社会的延续和新生。

国家发展不仅存在制度上的路径依赖,也存在文化上的路径依赖。文化在社会变迁中发挥其影响,这种影响有的时候表现为一种独特性的资源、有的时候则表现为独特性的阻碍。文化和制度共同变迁和相互发生影响,共同塑造出社会的基本形态。国家发展也还存在人口变动上的路径依赖,人口状况和变动也会惯性地对未来发展产生影响。因此,国家发展总是历史的发展和发展中的历史。中国社会学话语体系建设,需要理解中国发展的历史变化和路径依赖,理解文化、制度和人口等历史因素对社会变迁的各种积极和消极的作用。

国家发展需要有着一种历史变迁的路径依赖和不断变革的思想,不仅思考文化和社会的延续,也思考文化和社会的新生。思想学术的发展要能够返本,同时要能够开新,才能够创造出生机勃勃的伟大文明。中国社会学话语体系建设需要助益于社会的变迁和现代化,我们既要避免将洗澡水连同其中的婴儿一起倒掉,也要避免仍然怀抱着污浊的洗澡水来洗涤新生的婴儿。

第三,中国社会学话语体系建设还需要回答"理解世界",在学术建设和实践建设上,当前应该要超越对中国研究的"内观的视野",应该开始从全球眼光思考人类命运共同体下的世界社会如何共存和发展问题。

中国社会学的知识话语需要具有超越中国的世界眼光和全球关怀,适应着中国进一步走向世界的知识需求,需要更多地了解世界不同地区人类社会的生活,需要增强全球比较的知识储备支持全球化的深入推进。同时,比较全球化过程中对世界不同地区的发展影响,考虑人类命运共同体下的世界社会如何共存和发展。

更好地理解世界客观要求中国社会学保持和加强与世界的交流。中国社会学话语体系建设是在世界知识界的学习交流中产生的,也需要在世界学术交流中成长。在中国社会学学术话语的建设中,需要重视中国的经验,同时重视世界的交流。是一种对话的开放的话语体系建设。关起门来的话语体系建设如果不是孤芳自赏,那么也是夜郎自大的。民族主义思想下的主球话语权的控制和战胜,如果失去了学理的支持,则难以有足够的理论说服力。特别是,只有在中国和西方进行对话以后才能发现,实际上世界不同文明不同社会的内在规律是"相异相同,相反相通",在差别性中有共同性,在特殊性中有普遍性,在多样性中有整合性,这样才能促进中国社会学学术的世界交流和世界影响。通过理性的讨论丰富知识生产、探寻正确的知识发现,这样才能有利于社会学的知识成长。

随着中国更积极地进入世界体系,中国社会学话语体系建设也需要将对世界体系和文明关系的思考纳入学术视野。在不断的全球化过程中增强对世界的深入理解和形成多元文明的世界观。对此,中国社会学可以发挥出自己独特的贡献。我不由得再次想到费孝通所提出的"各美其美、美人之美、美美与共、世界大同"。世界文明的复合交流和多元一体,可能正是世界未来的出路。费孝通是在讲中华民族多元一体的时候提到这样的看法①,而将这个理念放在世界文明发展的角度来看仍然有其启发价值。世界文明的关系不是亨廷顿所说的文明冲突,而应该是文明的复合交流和多元一体,可能这正是中国社会学学术话语能够对世界文明进步作出的贡献。

应该看到,社会学话语体系建设应该基于学术建设和实践建设,通过知识生产和知识贡献推动中国和世界的发展。在目前阶段,中国学界还没有足够的原创性思想理论创新来实现这些任务。而在这个历史背景下强调哲学社会学话语体系建设及中国社会学学术话语体系建设,也应该能激发起中国社会学界为中国和世界发展作出更大知识贡献的学术理想和学术努力。

---

① 费孝通:《中华民族的多元一体格局》,《北京大学学报》(哲学社会科学版)1989年第4期。

三、 不能流于"话语的空谈"

中国社会学话语体系建设不能止步于"话语",知识创新、学术发展依靠是长期扎实的学术努力、基于实践的思考和总结、基于科学的论证和探索和基于学理的归纳和创新。

社会学学术话语体系的建设需要一代又一代学人的持续努力,中国社会学的学科发展已经经历学科恢复的时代(1970—1980),恢复建立了社会学的知识学科的建制;经历学科接轨的时代(1990—2000),通过学科体系、人才培养体系的完善,促进了中国社会学和世界的接轨和对话;未来的社会学学科学术建设应该进入学术话语建设学术创新的时代(2010至今)。

话语体系建设的过程,往往是社会实践经验的新鲜内容创造出了新的研究概念、研究命题,提出理论,从而得以继续回归到实践进行检验,并因此能够提出区别于前人的系统性的思想理论和知识框架。系统性的思想理论和知识框架在学术史上有一个理论思想继承性的联系,也有一个创新和突破的关系。思想理论的创新和话语体系的丰富发展,构成不断更新对照、不断突破创新、不断应用完善的知识循环。这样的知识进步往往需要长期性学术努力,"十年磨一剑"意味着需要长期的积累和思考才能够在某个方面建设体系性的话语,"十年磨一剑",也意味着需要通过长期的实践,才能验证、细化,以及扩展理论,从而使知识创新得到确立。

人类历史上的重大思想理论创新从来都不是一蹴而就和在短期建立的。一些具有里程碑意义的伟大人物和伟大思想往往是在足够的学术积累以后得以产生,因此伟大的学术创新和学术大师也往往结伴而来。通过有效配置资源,支持中国社会学学科建设和学者的学术努力,就是支持社会学学术话语体系建设的根本道路。同时,中国社会学学术话语的成长和知识体系建设离不开自由的学术创新和知识市场,通过学术的充分交流,才能使真理从谬误中浮现出来,才能形成有解释性、有说服性、有竞争性的话语体系。话语建设需要从实践中来,并在实践中得到检验,才能证明知识体系的解释性和有效性。同时,通过话语体系的知识交流,在世界的知识舞台上平等对话和利用学术理性来展现其知识贡献,也才能确立起中国社会学话语体系的世界影响。

　　总之，社会学话语体系的建设主要是学术建设和实践建设。中国正在经历的巨大的社会变迁和转型要求推动社会学话语体系的学术创新，也要求提升其知识的贡献。社会学话语体系建设的核心是"社会"，而不是"话语"。为了话语而话语，实际上是建设不出社会学话语体系，社会学话语体系需要从中国社会实践和社会生活中寻找其生长的土壤，才真正有可能出现社会学话语体系的中国创新。而社会学话语体系创新的目的，也不是在于话语本身，而是在于需要通过话语体系建设为社会进步和人民幸福、为中国和世界的发展作出其知识的贡献。

（作者单位：复旦大学社会发展与公共政策学院）

寻找中国法治的话语空间

郑 戈

摘 要:本文以苏力的《法治及其本土资源》为样本,探讨关于中国法律的社会科学研究可能具有的问题意识以及这种问题意识所开启的知识进步空间。本文的主要论点是:该书虽然提出了诸多可能产生知识增量的突破点,画出了一幅极有前景的路线图,但作者本人在这条路上并没有走出太远。但一部好的作品并不在于它回答了自己所提出的问题,而在于它提出的问题本身是能够不断激发新的寻求答案之努力的好问题。从这个意义上讲,该书是成功的,它不仅为苏力本人此后的研究提供了基础性的问题和分析框架,还启发了一大批其他研究者,形成了中国法学中的社科流派。

关键词:法学,问题意识,社会科学方法,事实,规范

在发表于 1998 年的《法学是一门社会科学吗?》一文中,我曾经对中国法学研究应当具有何种问题意识以及基于这种问题意识应当采用何种研究方法进行过历史社会学和知识考古学的分析。该文指出,法学知识的产生和发展有其政治、经济和社会条件,有生命力的法学知识应当能够回答社会自身提出的问题。由于法律对中国社会的建构作用还十分有限,中国法学必须借助社会科学的研究方法来澄清法律运作的事实状况,而不应像西方法治社会的法学那样变成一种不关注事实而主要着力于规范建构的独立学科。换句话说,法学在中国应当是一种社会科学。①该文发表于苏力的《法治及其本土资源》初版两年之后,其中所引为典范的能够回答中国社会自身提出的问题的法学作品正是这本书。

苏力的《法治及其本土资源》初版于 1996 年,中国社会在这 20 年间经历了

---

① 郑戈:《法学是一门社会科学吗? ——试论法律科学的属性及其研究方法》,《北大法律评论》1998 年第 1 卷第 1 辑,第 1—30 页。

复杂而深刻的变化。我与这本书有着个人化的关联,不仅是因为苏力在书的致谢部分提到了"北大法律系 93 级研究生强世功、赵晓力和郑戈同学的令我赞叹的学术能力"①,更是因为书中的许多观点深深地影响了我自己的学术取向。在20 世纪 90 年代初的中国法学界,多数法学家仍执念于争论"水治还是刀制"、"公平还是效率"等意识形态化的大问题,而苏力走出了意识形态之争,从中国社会在"大转型"时代面对的复杂而具体的事实出发,提炼并回答这些事实本身所呈现的问题。这对于不愿意放弃自己对生活现实的直接观察而投身于为伟大(西方)思想家做注释的我来说,无疑是找到了一种值得仿效的治学道路。随着生活阅历的增加和阅读面的扩展,我越来越觉得苏力对诸多问题的分析虽然在这第一本书里还略显粗糙、但蕴含着丰富且有待于进一步阐发的道理。另一方面,正如许多被营销策略牵着鼻子走而不明白自己究竟需要什么的消费者把商品的价格视为商品品质的可靠表征,从而变得"不求最好,只求最贵"一样,随着苏力本人参与推进的学术规范化的推进,许多学院派知识分子越来越把一件学术作品的晦涩程度和注释数量视为该作品专业水准的体现,从而轻视用浅显易懂的语言讲清楚道理的作品。我曾经在不止一个场合作出过这一类的评价:"一个堂堂的北大教授,说出的话怎么和我不识字的奶奶讲的道理差不多。"在我听来,这更像是一种极高的赞美,而不是批评。正像苏力在本书题记所引的袁可嘉的《母亲》一诗中写道的那样:"书名人名如残叶般纷纷落下,见到你我才恍然于根本的根本"。本文借《法治及其本土资源》初版 20 周年之机,借它来进一步讨论一下中国法学研究的问题意识这个问题。

一、 问题意识与学者的自我定位

何谓法律,大体上有三种截然不同的理解方式。第一种是从社会生活的事实出发,把真正对人类行为有引导作用的一般性规则理解为法律。第二种是从国家意志的角度出发,认为国家制定并以强制力来确保实施的一般性规则理解

---

① 苏力:《法治及其本土资源》,中国政法大学出版社 1996 年版,第 XIII 页。此后引自本书之处均在正文直接括注页码。

为法律。第三种则是从超越经验事实的普遍道德律或神圣意志的角度出发,认为符合这些超验律令的规范才是法律。第一种是社会科学的视角,第二种是法律实证主义的视角(或法律人的内部视角),第三种是自然法或道德主义的视角。显然,苏力迄今为止的所有作品都以社会科学视角为主线,并以此来观察和理解来自后两种视角的观点。社会科学视角要求观察者从自己的意识形态和道德立场中抽离出来,从"价值中立"的立场来发现和解释经验事实。但正如海森堡测不准定律等科学原理所揭示的那样,完全置身于观察对象之外的旁观者立场在自然科学中都是不可能的,人深深地镶嵌在他所处的世界之中,每时每刻都在影响并被影响。因此,在设计人类社会的研究领域,任何宣称具有普适性并试图借此改变现实的概念、原则和原理可能都是宣称者本人的一己之见,要了解它们在多大程度上超越了个人的主观判断,我们需要了解作者的背景和立场。对此,苏力十分崇敬的美国大法官霍姆斯有一段十分精彩的说法:

> 内心确信(certitude)不能作为客观确定性(certainty)的检验标准。我们对许多并不确定的事情深信不疑。请允许我再次重复自己曾经说过的:财产权、友谊和真理都同样根植于时间。一个人不可能被强行与自己寄居于其中多年的小生境分离而不感到自己的生活受到剧烈冲击。我们最爱什么和最尊重什么一般来说都取决于我们先前同什么发生过关联。我喜爱花岗岩和伏牛花丛,这是因为它们同我生命中已无从追忆的儿时欢愉有着某种关联。但是,尽管一个人的经验使某些特定的偏好对其本人来说天经地义,只要追思一下这些偏好的来源,他就应当能够看到:其他人,那些可怜的灵魂,可能会具有不同的偏好并认为它们天经地义。①

从这个意义上说,如果作者能够不带矫饰地表明自己的立场和前见,便能省却读者加以分辨的麻烦,也因此更有助于促进知识的进步。在这一点上,苏力表现出了明确的自觉意识,他写道:"我所采取的立场是一个温和的罗蒂式种族中心论。我将依据我的知识从我的传统来作出判断,但保持一定的灵活性和自我反思,用孔夫子的话来说,就是'毋必毋固',不把自己的观点视为一种永恒的最终的真理,因此总是希望为他人立法。"(36)也就是说,苏力自己很清楚,也希望

---

① Oliver Wendell Holmes, Jr., "Natural Law", 30 *Harvard Law Review* 40(1918).

读者看到,他是作为一个热爱自己民族、热爱自己国家的中国人在写作。同时他也表明,这种热爱不意味着把这个民族、这个国家的一切都当成好的东西来加以维护和辩解,而是试图用自己所掌握的社会科学知识来发现、理解和提炼本土的经验。判断好与不好的标准不是符不符合某种外来的、伪装成普世价值而实则是另一种地方性知识的理论,而是其本身的功能和效果,比如是否维护了秩序、扩展了自由、促进了经济发展。当然,苏力借以判断一项本土制度(无论是正式还是非正式的、国家的还是民间的)之效果的尺度仍是源自西方的现代社会科学知识,尤其是社会学和经济学。在苏力看来,这些知识固然也有其政治和意识形态的背景,但它们毕竟更像自然科学,有助于我们描述和解释事实。与法学和伦理学这样的"规范科学"不同,它们并不试图告诉我们怎样的目的是实质合理的(reasonable),而是在我们出于自己的价值判断而选定了目的之后,帮助我们选择形式合理的(rational)手段,也就是有助于达致给定目的的手段。进而,这一类社会科学还可以帮助我们理解目的和方法本身的形成机制或条件:"在社会科学中,知识的进步以我们关于知识之条件的知识的进步为前提。这就是为什么它要求我们不断返回到同样的知识对象;每一次折返都是另一次更加全面地客观化我们与客体的客观和主观关系的机会。"①

有了这样的自觉意识,苏力便不在意一项研究的结论,而更在意它的事实描述和论证。换句话说,他更欣赏一篇能够把故事讲好的作品,而不是一篇提出了美好愿景、警示或建议的论文。知识分子,尤其是人文学科的知识分子,往往有一种"哲学王"或"帝师"情节,追求或以为自己的主张或建议能够影响"国运",或至少影响一县、一市的政策或法律。但任何"改造世界"的主张都是主张者的一己之见,能否影响现实取决于其他人的反应。每一个具体的社会都是一个极其复杂的系统,既有其历史的纵深也有其空间上的交错互嵌,社会秩序是由时空维度上无数人次的交互行动而形成的复杂微妙的动态协调,任何单一的个人或群体试图以自己的努力来改变社会秩序形成机制的努力都会带来意想不到的后果:"社会关系中的行动,宛如一种游戏,游戏中的每一个人都与他人相互依存。一方若要获取胜利,或要保全自己的地位,就必须考虑到另一方可能作出的诸种

---

① Pierre Bourdieu, *Les sens pratique*, Les Éditions de Minuit, 1980, p.1.

反应。社会生活加诸我们身上的这类游戏,有其自身的规则,这些规则独立于我们而存在。"①这不是说指出"应当如何"的理论不重要,恰恰相反,许多这样的理论(比如马克思的学说)最终都成了"自我实现的预言",因为它们说服了许多得以影响历史进程的人,而是说,一方面,一种这样的理论能否影响社会变革取决于提出这种理论的人无法控制的因素,许多理论最后导致了会令其作者瞠目结舌或痛不欲生的结果;另一方面,一种理论之所以产生社会动员或政治动员效果,主要还是因为它以打动人心的方式揭示了社会生活中的某些关键事实,比如马克思和恩格斯对德国和英国工人阶级悲惨生活状况的描述,没有这些事实叙述做前提,如何能唤醒"阶级意识"并进而呼唤起革命? 当然,更多的关于"应然"的理论自提出后便无人问津,这是它们再妥当不过的归宿,否则社会生活便会失去其基本的秩序和稳定性。

我小时看《伊索寓言》,读故事本身时饶有兴味,而在读"这个故事告诉我们"时总是不耐烦。比如,在著名的狐狸和葡萄的故事中,作者的总结是:"有些人能力小,办不成事,就推托时机未成熟。"②但我们都知道,现在当人们提到这个寓言时,主要是形容"吃不到葡萄说葡萄酸"的自我安慰(合理化心理防御机制),与作者所欲让人们看到的意义已经完全不同。所以,在阅读学术作品时,我也更喜欢那些能够把故事讲好的作品,苏力的大多数论著都符合我本人的阅读品味。可惜的是,迄今为止的我国的多数法学论著仍是以某些未经分析和检验的"普遍真理"为大前提,以未经语境化描述的中国法律实践为小前提,最后得出中国法律及其实践方式需要如何修改的结论。相较之下,苏力拒绝站在任何普遍主义和教条化的前提上来"审视"社会生活的现实,而把这种现实作为检验自己理论的标准,这与康德式的先验理性主义立场有着根本的区别。因此,他不会自以为是到认为"现实错了,因为它不符合我的理论。"

苏力也用这种自觉意识作为评价他人学术成果的标准。比如,在收入该书的《读〈走向权利的时代〉》一文中,他认为贺卫方的文章写得好,主要原因就是:"贺文一开始就提出他自己是有价值取向的。根据自己的阅读和理解,他提出了

---

① [法]米歇尔·克罗齐耶:《法令不能改变社会》,张月译,格致出版社 2007 年版,第 2 页。
② [古希腊]伊索:《伊索寓言》,罗念生等译,人民文学出版社 1981 年版,第 8 页。

他个人衡量中国法官的四条标准,然后以报纸和访谈材料进行比较显示出理想和现实的差距。尽管贺文的价值取向非常强烈,但他没有力求材料符合那种权利'演进'的趋势,而是试图让材料说话。……这种研究不仅对读者会有启发,而且也是作者的自我超越。"(245)

不然自己预先设定的价值取向遮蔽自己发现事实和解释现实的眼力,这是极高的个人品格和学术能力要求。苏力本人也没有完全做到这一点。正如赵晓力在为该书所写的序言中已经指出的那样,苏力对本土资源(习惯、风俗、传统)的发掘和提炼工作与他在推进法制建设方面的对策性建言之间存在某种逻辑上的断裂。因为苏力承认,"这一代学人都是现代主义者"(291),这就意味着他知道自己无法,也不想抗拒"浩浩荡荡,顺之者昌,逆之者亡"的现代化进程,包括迈向法治国家的进程。虽然"后现代思潮"在现代性的铁皮列车上打开了许多窗户,使传统的微风得以吹进这辆单向行进的列车,但毕竟无法阻止它的行进。苏力后来的作品,尤其是近几年来发表的一系列关于中国古代宪制的论文,才开始真正从本国数千年政治文明史中去提炼和总结一般性的理论命题,从而为中国当下的法治建设提供他所整理好的"本土资源"。《法治及其本土资源》只是这种努力方向的一个初步展示,在其中,零星绽放的几朵本土资源的小花装点着关于现代法治的社会理论的山丘。

二、 问题的本土性与法治道路的开放性

由于采取了社会科学的视角来观察法律,苏力得以看到国家正式制定的法律只是塑造人类行为之激励机制的诸多规范之一,他借助来自人类学的"法律多元主义"概念来描述这种现象。在这一点上,苏力是在继承和发展费孝通先生在一系列后来辑录成《乡土中国》一书的文章中阐发过的观点。但"法律多元主义"这个概念框架在中国当代语境中容易引起误解,因为在我们的日常语言中,已经把"法律"用来特质国家立法机关所制定的规则,就连"政策"也不能叫"法律",更不用说乡规民约等民间习惯法了。其实,由于概念使用上的不够明晰,导致苏力这本书一方面在表述上显得比较累赘,比如习惯、风俗称为地方性的"法律",也就是加引号的法律;另一方面在讨论"私了"现象时又采用"法律规避"这

一概念。如果"法律"确实是多元的,包含了地方习惯和风俗,那么依据地方习惯而进行的"私了"便不能算是法律规避。可以看出,作为一位"法律人",苏力大体上还是接受法律作为国家法这一日常语言习惯的,但"法律多元主义"的社会学和人类学视角也使他不时用法律来指称所有类型的规矩,因此他不得不在法律之前加上各种定语,正式的和非正式的、国家的和民间的、制定的和约定俗成的。

在这一点上,费孝通先生表现出一种不跟任何人较劲的从容气度,比如,他写道:"规矩不是法律,规矩是'习'出来的礼俗。从俗即是从心。"①同时,他清楚地指出,法律是靠国家的权力来推行的,"最有意思的就是一个落后的国家要赶紧现代化的过程中,这种权力表示得也最清楚"②。也就是说,费老清楚地看到了法律与乡土习惯之间的张力,一个国家在现代化的过程中越是落后,它的民间习惯可能保留得越完整。但是,"在变迁中,习惯是适应的阻碍,经验等于顽固和落伍。顽固和落伍并非只是口头上的讥笑,而是生存机会上的威胁。"③无论是对国家还是对个人而言,皆是如此。因此,"法律多元主义"所营造出的传统与现代、习惯法与国家法和谐共处、相安无事的假象遮蔽了现代世界生存法则的残酷性。冯象教授借助一句法国谚语把"送法下乡"这样的国家改造乡村习惯的做法讽刺为"教鱼游泳"④,认为是普遍理性对地方经验的压制和扭转,是一种新的暴力。这个比喻乍看起来蛮有道理,实际上却经不起推敲。实际上,中国自清末被率先现代化的西方列强敲开大门以来,便一直在尝试各种改造国民性或"教鱼游泳"的方案,因为鱼已经不在原来那个封闭的池子里了。"教鱼游泳"的事业一直在进行,实际上,它是中国现代化事业的一部分。只不过,新中国成立初期教的姿势是"阶级斗争",而改革开放后教的是"守法意识"和"权利意识"。

但苏力主张在司法层面而不是立法层面为习俗留下一定空间,这是一种十分明智且务实的主张。他指出:"从法制建设来看,司法是一个最有可能有所作

①　费孝通:《乡土中国·生育制度》,北京大学出版社2003年版,第10页。

②　同上书,第78页。

③　同上书,第68页。

④　冯象:《送法下乡与教鱼游泳》,载冯象:《政法笔记》(增订版),北京大学出版社2011年版,第96页。

为并产生实际影响的途径,其影响力可能远远超过立法;而且,由于司法是具体操作的,法官所面临的各种社会因素将是安乐椅上的法学家难以想象的,因此司法实践更可能是法学理论发展创新的基础,而不是相反。"(x)在这一点上,苏力似乎与时下的"法教义学"学者并无二致,即都试图以具体的司法制度和司法案件为素材来提炼法律学说。但法教义学学者往往是从西方高度理性化的法律概念和理论出发来批判中国法院的判决,试图教导中国法官如何判案。但苏力却是试图站在中国法官的立场来理解他们看似在理论上不完善、在逻辑上不周延的判决,找出使他们的判决在事实上合理的社会、经济原因。毕竟,司法的主要职能之一是解决现实生活中的纠纷,而现实不是按照逻辑和学理来呈现自身的,其中充满了各种因素之间的复杂交织。在某些方面,苏力从制度经济学中借来的"权利的相互性"(保护一种权利可能需要牺牲另一种权利)概念与法教义学学者从德国宪法法院判例中借鉴来的"比例原则"在对具体案件的分析上并不会导致不同的结论。比如,在分析"秋菊打官司"招来的侵权官司和邱式鼠药案时,苏力写道:"如果要对他人的言论自由加以法律上的限制,权利主张者必须能够提出足够的证据证明言论者有法律上认可的过错并造成了或可能造成更大伤害,且这一限制不过多影响他人行使言论自由。"(151)这完全可以说是"比例原则"的表达。

如果把贾桂花针对《秋菊打官司》而打的官司与秋菊所打的官司进行对比,还可以发现更多有趣的东西。实际上,贾桂花完全是个理性的、有强烈"权利意识"的现代农村妇女,她不是只想要个"说法",而是提出了明确的诉讼请求:影片摄制者赔礼道歉、剪除相关镜头、赔偿精神损失费 8 000 元,而请求权基础则是《民法通则》所保护的肖像权。为什么现实中的贾桂花与电影中的秋菊完全不一样? 是因为贾桂花比秋菊更"现代",法制意识更强,还是因为贾桂花打官司针对的是外来的陌生人(剧组),而秋菊所针对的却是本村的熟人(村长)? 又或者,贾桂花打官司所要维护的"面子"(肖像权)与秋菊所讨要的"说法"都是中国乡土社会内生"规矩"中的重要内容,两者都试图借助正式法律渠道来维护自己因为民间规矩被打破而遭受的伤害,只不过这种伤害被正式法律程序"翻译"后却变成了不同的东西,对贾桂花来说,这和她的预期相符,对秋菊来说,这和她所想要的东西不一样? 更要命的是,《秋菊打官司》毕竟只是一部电影,一个虚构,它所反映的或许并不是中国农村的现实,而很可能只是原作者陈源斌、编剧刘恒或者导演张艺谋这些文化人的一种"乡愁"? 苏力以"秋菊打官司"为素材而进行的法学分析,更是一种二阶乡愁? 遗憾的是,苏力并没有尝试对贾桂花和"秋菊"做任何对比,《秋菊打官司》的官司只被他用来分析言论自由的边界,这可以说是抓了芝麻而丢了西瓜,使我这样的读者可以对他提出上述那些尖锐的问题。

从这个例子可以看出,尽管苏力提出了在司法实践的层面给本土资源进入现代法治打开一个通道这样既有创见又有可行性的主张,但他至少在本书中还没有提供真正有说服力的实例。有说服力的部分,比如《〈秋菊打官司〉的官司、邱式鼠药案和言论自由》一文中对权利的相互性的分析,借助的是科斯的理论,而不是任何本土资源。而借助本土概念的部分,比如"秋菊的困惑和山杠爷的悲剧"中用秋菊讨要的"说法"和山杠爷行使的家长式威权来描述的乡村治理"现实",既缺乏牢靠的经验事实基础(都是电影中的虚构人物和虚构时间),又缺乏理论提炼的厚度和深度(秋菊所要的"说法"本身就够单薄了,只能说明她想要的与法律能给的不一样,山杠爷的威权则连一个一般化的概念表述都没有)。人们很容易拿一个现实的例子就"证伪"苏力的分析结论。比如,有人会说,贾敬龙而不是秋菊、何建华而不是王善堂更像是现实中的村民和村干部。不是像,他们本来就是。如果村民和村干部都是循规蹈矩的善良人士,那讨论让他们自觉遵守何种规矩就没有太大意义了,靠国家强制力来推行正式法律就成了当然的选择。

相较而言,苏力在本书中对司法制度的讨论更有说服力一些。比如,在《关于抗辩制改革》一文中,苏力拒绝把"抗辩制"相较于"讯问制"的优越性作为一个不证自明的真理,而是从它的社会成本、对当事人处境的影响、对"以事实为依据,以法律为准绳"的司法判断标准的冲击等角度对它在中国的前景提出了质疑。首先,抗辩制严重依赖于诉讼中两造的证据收集能力。在刑事诉讼中,由于公诉机关享有国家资源的支持,且有公民加以配合的义务作为支撑,抗辩制会进一步弱化被告的处境。在民事诉讼中,当事人的经济实力决定着他们能够请得起什么样的律师,能够负担多少差旅费和复印费,从而使公平问题转化为经济实力问题。其次,一旦抗辩制成为一个制度事实,就会产生新的制度需要。比如,为了使法庭辩论真正有意义,就需要证人出庭,需要为鼓励或强迫证人出庭提供激励或强制机制,这就需要国家有新的资源投入。第三,抗辩制需要为追求真相打上一个句号,否则双方随时可能提出新的证据来重启已经终审的案件,这样会对审判监督程序和信访制度的功能及其意义提出新的挑战。

但另一方面,他又指出,我国引入"抗辩制"改革是为了解决诉讼增多而司法资源不足的问题,是一种转移成本的合理做法。在要求国家负责整个司法过程的"职权主义"或"纠问制"下,解决资源不足问题的做法就是由当事人提供办案经费,但这样会导致利益冲突问题。将取证责任交给私人(包括市场化的律师)可以解决这个问题。"抗辩制的试点,一方面通过司法成本的转移减少了司法机关的费用支出,在一定意义上减少了司法机关的'私人'成本,使司法机关可以集中财力处理其他类型的、更重大的案件;另一方面,由于制度化的成本转移,又在一定程度上可以隔阻市场对司法过程的过大干扰,也许可以减少司法人员的腐败,增强法院的权威性和专业化。"(172)这样的分析不是抽象地比较诉讼程序模式的优劣,而是从中国司法机关所面对的实际问题和为解决这些问题而尝试过的方法入手,揭示了本土资源的另一个面向:它是流变的、灵活的、问题导向的。寻找法制建设的本土资源不意味着我们要固步自封,"梦回唐朝",而意味着我们要把法律实践中已经接受过检验的解决问题的方法整理出来,进行理论上的一般化处理。

三、 讲好"中国故事"

苏力的努力方向在本书各篇论文中都得到明确或隐含的展示,那就是从中国本土经验中提炼出一般化的概念或命题,这些一般化的概念和命题最好用中国普通人自己常用的语言来表述,从而一方面确立中国学术自身的主体性,另一方面能够与包括欧美在内的世界各国学术进行平等的、互有贡献的对话。苏力在这个方向上作出了可见的贡献,提出了一系列包括《秋菊的困惑和山杠爷的悲剧》一文中提到的"说法"、《法律规避和法律多元》一文中提到的"私了"、《市场经济形成中的违法犯罪现象》一文中对"兔子不吃窝边草"这一民间智慧的理论解释(现代陌生人社会导致犯罪率上升)、《论法律活动的专门化》一文中创造性地应用"近则不逊远则怨"来说明司法与社会保持疏离感对于维持司法"不偏不倚"形象的重要性以及在中国"熟人社会"或"人情社会"遭遇到的困难,等等。虽然这些将本土经验概念化的努力在该书中还表现得有点粗糙,但这条值得拓展的、可持续作出贡献的道路却自该书开启。

我国多数法学家对法律有一种本质主义和基础主义的理解,他们认为"完善的法治"只有一种,而西方法治发达国家更接近于这种完善的法治。作为法治不健全的社会,中国只能不断移植西方法律,而不应执念于自己特有的社会生活实践。这种对本土经验的虚无主义态度并没有妨碍各行各业的中国行动者通过自己的努力推进着中国的全方面发展,但却妨碍着许多法学工作者正视这种现实并从中找到理论的增长点。一种更加细致复杂的但仍然比较单维化的思维方式是承认社会经济发展程度与所需要的法律制度之间的匹配关系,社会经济每前进一步,制度建设就跟上一步,因此,中国需要学习的是欧美各国工业化早中期的制度经验(比如英国19世纪末或美国20世纪初的经验),而不是当代的法律经验。但这种看法有几个缺陷。首先,它没考虑到历史是不能复制的,先发国家通过掠夺殖民地资源、主宰国际资源配置和生产分工而实现了工业化,但他们又利用自己的国力优势确定了国际世界的游戏规则,使得今天的发展中国家不可能再重复它们走过的道路。其次,尽管世界各国处在不同的发展阶段,但又处在同一个时空之中,横向比较成为不可避免的事实,各种诉求纷至沓来,先发展后公平的程序行不通。第三,西方国家发展过程中遭遇的问题已经非常清楚地呈现在我们面前,成功的经验虽然各个不同,但失败的教训却有共通性,比如环境污染、阶级矛盾、种族歧视等,后发国家能够从这些教训中找到避免重蹈覆辙的教训,而不用等到积重难返时再来处理这些问题。苏力充分认识到了中国处境的上述复杂性,他从前提上否认了单向度的现代化(包括法治现代化)观念,他把着眼点放在当下的事实上,而对未来保持开放的态度。这使他得以超越对知识进步毫无助益的意识形态之争。

在现代社会的学术体制中,学科分野和专业分科旨在培养只见树木不见森林的官僚体系和市场体系中的螺丝钉。学者往往误以为自己是独立和自治的,而自治性来自越挖越深的"专业槽"。但这种在别人给定的小生境里挖坑的"自治",实际上使知识人不知道自己服务于谁,也不知道自己的微小贡献最终汇聚成何种社会力量,这每每会导致列奥·斯特劳斯所说的"零售的理性,批发的疯狂"。就中国法学界而言,许多法学家为了赢得一定程度的自治性力图使法学区别于政治学、伦理学和经济学,但他们所诉诸的则是"普通法司法技艺"或"德国法教义学"等在中国社会没有传统、没有根基的外来理念,这使得中国法学工作者身处比现代社会专业人士普遍面临的困境更加独特的困境:成为不知道镶嵌在哪里的螺丝钉。在长期从事法学教育和法学研究工作的过程中,我越来越深地感受到我们的法学"主流"意识形态中不自觉地充斥着自由主义传统中的概念和原则,个人本位的权利观、去政治化的司法观以及把政府视为需要提防的"必要的恶",这些观念蔓延在整个法学界。即使是那些在旁观者看来很"左"的官方法学家,在谈到法律问题时也脱不开这些思维定势的左右。而我国作为一个"社会主义法治国家"的独特政法实践往往被作为一种最终会被抛弃的"过渡状态"或转型期的暂时情况。中国自身的法律经验很少有人从正面去作出理论上的提炼,"我们缺什么"的问题意识压制着"我们有什么"的追问。正如周其仁在经济学界提出"中国做对了什么"这样的问题一样,苏力也在法学界追问着"中国法治有哪些值得依凭的本土资源"。这种问题导向的思维方式使他不大在意自己寻求答案的工具和方法到底属于哪个学科,从而得以避免花费心力去争抢地盘、保卫学科、挖坑筑槽。

回到苏力所引的《论语》中的告诫:"毋意,毋必,毋固,毋我"。这八个字其实足以概括学术研究应当遵循的法则:先入为主的主观意志不要太强,不要执意在充满偶然性的世界寻找必然性,不要顽固坚持旧的立场而不对变迁的世事保持开放的心态,不要以自我为中心来理解这个世界。以这样的心态来治学,我们才能够发现真问题,并提出有意义的答题思路。

（作者单位:上海交通大学凯原法学院）

建构中国的社会工作理论体系

何雪松

摘　要：没有强劲的社会工作理论，也就没有强劲的社会工作。社会工作在中国的落地生根为社会工作的理论建构提供了实践基础。实践智慧、科学研究、本土思想和制度传统是中国社会工作理论的建构性要素。本文基于潘光旦的"点线面体"，提出一个以"关系"为中轴概念的社会工作理论构想。

关键词：社会工作理论，关系，中轴概念

社会学家亚历山大指出，"没有强劲的社会学理论，就没有强劲的社会学"。①相应地，没有强劲的社会工作理论，也就没有强劲的社会工作。这一点也许在社会工作蓬勃发展的今天，更是有着明确的现实含义。这是因为，要真正充分发挥社会工作的功能，就必须有明确的理论指导，否则很容易各行其是，一盘散沙或缺乏明确的结构、逻辑和路径。如此，社会工作的理论建设就是一个迫在眉睫的事情了。

一、 建构中国的社会工作理论：现实与理论的需要

建构中国的社会工作理论有着其特定的理论与现实背景，这就需要跳出社会工作专业本身，置于一个更为宏大的背景之中才能得到完整的理解。有了这样的脉络化认识，理论建设的"来龙去脉"就明晰了。

1. 这是中国社会工作实践发展的需要

近年来，社会工作发展速度较快，但也引发了很多的争议，诸如专业自主性、

---

① ［美］杰弗里·亚历山大：《社会学理论的逻辑（第 1 卷）：实证主义、预设与当前的争论》，商务印书馆 2008 年版，第 22 页。

专业绩效、专业地位等。这些争议依靠现有的知识并不能够得到全部有效的答案，这就对社会工作的理论提出了全新的要求。首先，现有的社会工作理论并不适用于中国的现实，在"所学"与"所用"之间形成了巨大的鸿沟，社会工作专业的毕业生进入一线的社会工作实践领域，常常需要从头开始，有着较长期的冲突、适应与再调整过程。因此，社会工作理论"本土化"的呼声很高，专业共同体必须有所作为，否则社会工作的专业成长就会受到严重的制约。

其次，中国的社会工作是社会建设的重要组成部分，其使命远远超出西方社会工作理论的视野所及，将社会工作与社会建设、社会治理、社会体制改革这样的宏大叙事进行关联，需要新的理论视野。社会工作的成长，在一定程度上"撑大"了社会的空间，但这样的空间似乎又不是现有的理论想象所设定的。这实际上涉及如何认识"社会"这一基础性概念，如果我们在这样的根本性理论议题上有所突破，这对全球专业共同体是一个重大的贡献，这也呼应了国际上社会工作要回到"社会"的呼声。

最后，中国的社会工作实践中面临很多理论议题。诸如，如何确定中国语境下社工与案主的专业界限，如何在专业性与政府的期望之间实现平衡，如何处理广义的"社会工作"与专业的"社会工作"之间的关联，所有这些问题都是政府和实务界迫切需要解决的，但这样的问题不可能从现有的文献中寻求到全部的答案。

2. 这是回应全球经济社会变迁全新挑战的要求

全球社会正在经历巨大的变动，诸如金融风暴、欧债危机、伦敦骚乱、占领华尔街都以不同的方式冲击着现有的社会建制，包括主流的理论体系。在这个过程中，社会工作似乎未能起到引领社会的功能，究其原因在于，社会工作尚未充分认识到如此全球经济社会变动的深刻后果，也未能及时在理论上有所回应，在实践上更是茫茫然毫无方向。社会工作不可能抽离这样的社会脉络，甚至在财政紧缩政策的冲击下，社会工作会面临生死存亡的危机。迄今为止，社会工作对此显然在知识和理论建构上准备不足，这是一个非常危险的信号。

由此看出，社会工作必须在理论上回应全球社会面临的宏大议题，并提出生产性、发展性的知识体系，只有这样，这个专业或职业才能可持续发展并引领社会走向公平与正义。中国的社会工作者应该有所作为，沟口雄三指出："批判世界经济发展之中的经济至上主义的风潮、抵制利己的和追求利润的原理,以及如何把中国思想中形成深厚传统而蕴积的仁爱、调和、大同等道德原理作为人类的文化遗产而揭示于世界人类。"①中国有着不同的思想传统,因此有可能为全球经济社会变迁提供不同的答案并落实到社会工作的理论与实践之中。

网络社会和大数据的兴起对中国社会工作的发展提出了新的课题。网络论坛、微博、博客成为公共议题讨论的重要平台,甚至出现了全球范围较为罕见的火爆局面,这为社会工作发挥"时势权力",促进宏观改变提供了更多的可能性。互联网与流动性的叠加正在重组我们的生活方式,有了互联网和流动性,人们开始脱嵌于以往的共同体,而投身于陌生人社会的熙熙攘攘和虚拟的流动空间。大数据正是展现如此流动性的重要载体。社会工作需要探索如何充分利用大数据更高效地输送专业的社会服务和更精准地倡导合理的社会政策从而实现专业目标。因此,需要探索建构基于互联网和大数据的理论体系、研究方法与实践模式,这无疑是对现有社会工作理论的重要拓展。唯此,社会工作才能更好地适应于这样一个完全不同的社会形态。

3. 这是超越现有西方社会工作理论的要求

即便是西方的社会工作理论专家也认识到,社会工作理论产生于西方国家,其价值观具有犹太教或基督教的传统,因此不能随意运用。原因有三:其一,不同社会的价值观和文化基础可能与西方社会工作的价值前提和要求发生冲突;其二,各个社会面临的问题和情况不同,因此西方社会工作理论的适应性就存疑;其三,存在文化帝国主义和压迫性殖民主义的担忧,这可能是对本土文化和体系的破坏。②正是由于思想渊源、发展历史、意识形态、社会架构和经济基础之不同,从中国的视角而言,以美国为代表的西方社会工作至少在知识体系、理论倾向与研究方法这三个方面的不足是需要关注的。

第一,现有的知识体系过于微观化。尽管社会工作倡导生理心理社会视角,但在美国,社会问题的个人化、医疗化和精神病化导致社会工作的微观化和临床化。尽管 20 世纪 60 年代社区组织的概念与模式曾经风靡一时,但很快在新自

① [日]沟口雄三:《中国前近代思想的屈折与展开》,龚颖译,三联书店 2011 年版,第 42 页。
② Malcolm Payne:《现代社会工作理论》,何雪松等译,华东理工大学出版社 2005 年版,第 8—11 页。

由主义的影响下以改变社区、组织或政策为目标的宏观社会工作式微,社会工作的干预聚焦再次定格为个人,临床社会工作发展迅猛,社会工作的知识体系也偏向精神病学、心理学和公共卫生学。美国的社会工作毕业生更倾向于在私人执业机构从事心理咨询服务,这对社会工作的宗旨构成了挑战,因此有学者警示说,"我们失去了神圣的目标",①这样的现实趋势无疑使得宏观社会工作知识体系的进展缓慢。这促使社会工作者反思自己的价值立场和专业宗旨,回到"社会"的呼声顺势而出,但迄今为止尚没有突破性进展。

第二,展现专业属性的原创性理论较少。社会工作涉及的领域广、面对的问题多,主要借用心理学、社会学等学科的理论,因此尚未形成一个具有范式意义的整合性框架。与社会学理论发展相比较,社会工作需要帕森斯式的人物,对以前的理论进行综合性努力。但是,围绕生态系统理论建构起来的融合框架只是描述性的与说明性的,"人在情景中"只是苍白的表述,并没有理论解释力,这也意味着,目前主流的社会工作知识体系缺乏深厚的理论基础,专业属性也不明确,尚未划定自己的专业领地,特别是没有摆脱社会学、心理学的阴影。理论的整合要求有"体系精神",因为没有体系精神,社会工作知识库将会一盘散沙,最后只能以所谓的"价值观"作为与其他专业的唯一区分,这不利于社会工作的专业声誉与学科地位的建构。目前社会工作界普遍缺乏理论体系的野心。

第三,过度的实证主义倾向。随着证据为本的兴起,美国的社会工作有过度的实证主义倾向,对个人体验的感知与阐释关注不够。但是,社会工作的知识体系需要亚历山大倡导的多维视角:科学是两极之间的连续体,"这个科学连续体的一端是抽象的、概括性的,形而上学的因素,另一端则是具体的、经验性的、事实性要素,而科学话语的其他因素,包括意识形态、模型、定律、命题、方法论假设和观察性陈述等,则位于这两端之间"。②这一段引述对社会工作具有重要的启示意义,因为社会工作的知识体系既牵涉形而上的、意识形态的要素,又关乎微观的、实践的命题,它试图连接经验观察到的世界与非经验的形而上学世界这两极。

---

① Specht, H., & Courtney, M. Unfainthful angels: how social work has abandoned its mission. New York: Free Press, 1995.

② [美]杰弗里·亚历山大:《社会学理论的逻辑》第 1 卷,于晓等译,商务印书馆 2008 年版,第 38 页。

一个完整的社会工作知识体系应包含了科学的不同层次。循着这一思路，社会工作学的知识体系建构需要这样的多维视野：既要重视形而上学的理论探索，又要关注科学知识的实践取向，这样就可以回应西方社会工作理论本身的不足。

4. 这是社会工作寻求"以中国为中心"的理论自觉的要求

随着中国的崛起，中国在世界结构中的位置发生了根本性变化，中国对西方"仰视"的时代已经结束，现在已经进入一个中西"平视"，即平等对话的阶段，因此需要从"以西方为中心"转变为"以中国为中心"。①中国的经验的确很难在西方的理论框架之中得到全部解释，因此需要建构自主性的知识体系。这是对中国社会科学的期许，也是社会科学工作者应有的理论自觉。

社会工作作为舶来品，我们无疑必须学习西方的理论和经验，这是不可或缺的阶段。但需要在学习西方理论的同时，要警惕西方概念或西方的价值观念对中国经验或实践采取霸权主义的态度，以及由此而带来的本国专业共同体的失语状态。西方的社会工作理论可以成为中国社会工作实践的参照体系，但中国的社会工作实践不应被贬低为西方社会工作理论的简单应用或成为西方社会工作理论之中文化敏感性的一个注释。因此，我们需要解读中国的社会工作实践并由此提炼出中国的社会工作理论。

二、 中国社会工作理论的建构性要素

洞见到建构中国的社会工作理论的必要性之后，本文试图指出中国社会工作理论的建构性要素包括：实践智慧、科学研究、本土思想和制度传统，它们是建构中国社会工作理论的出发点。

1. 实践智慧

应该说，社会工作在中国的有效推进，其中包含了很多在教科书之中不曾言明的实践智慧。但反讽的是，消灭实践智慧往往变成了专业知识或科学知识的使命，并且是以科学或专业化的名义展开的。这显示其后隐匿的是专家及其机

---

① 曹锦清：《如何研究中国》，上海人民出版社 2010 年版，第 67—70 页。

构争夺制度霸权的政治斗争,这是因为,争夺知识的话语权和掌控权就是获得和践行权力的重要合法性基础。尽管证据为本的实践,有利于强化社会工作的科学性。但它也遮蔽了实践智慧在具体情境下的重要意义。虽然证据为本的实践尝试退缩其立场,愿意在证据的名单里加入临床工作者的实践智慧和服务使用者的反馈,但它们始终处于证据层次的最下端,这是当代西方社会工作的偏狭所在。

在斯科特看来,实践智慧就是将"蕴含于地方经验中的各种知识形式与国家及其机构所使用的更一般的和抽象的知识进行比较的手段"①。这个概念包括了人们在对不断变动的自然和人类环境作出反应的过程中形成的广泛实践技能和后天获得的智能。如此知识的特点是不可言传和经验,这表明将其简单化为可以通过书本学习获得的演绎规律很困难,因为它起作用的方式非常复杂且不可重复,不能应用于任何正式的理性决策,也很难进行量表测量。实践智慧没有任何公式,而科学知识却可以通过死记硬背学会。认识到实践智慧对建构理论的重要意义是必要的,这是建构中国社会工作理论的一个重要路径,而西方的理论体系往往容易忽视实践智慧。

重视从实践中获得认识是中国智识传统,从而通过民众的生活实践,而不是以理论的理念来替代人类迄今未曾见过的社会实际,来理解中国的社会、经济、法律及其历史,这样我们就要到最基本的事实中去寻找最强有力的分析概念。②实践智慧之中就蕴藏了很多这样的概念。更为重要的是,"让生活本身,经验本身,让民间话语本身获得一种对输入的话语及理论对抗的权利。然后根据它,我们来修正一些概念,来解释一些现象"。③从经验本身衍生出的实践智慧,如能加以言说纳入理论体系,一定是扎根于中国现实的。

2. 科学研究

社会工作为了确立自己的专业地位和建构自己的专业理论需要自己独特的知识贡献和理论建构,科学研究在这个意义上是至关重要的。在美国,自 20 世纪 90 年代开始,社会工作学院相继建立研究中心整合学术资源以提升研究水

---

① ［美］斯科特:《国家的视角》,王晓毅译,社会科学文献出版社 2004 年版,第 426 页。

② 黄宗智:《认识中国:走向从实践出发的社会科学》,《中国社会科学》2005 年第 1 期。

③ 曹锦清:《如何研究中国》,上海人民出版社 2010 年版,第 35 页。

平,不少研究中心更是获得来自政府和民间基金的大量资助。社会工作的研究(尤其是实践为本的研究)水平得以提高,并且回击了外界对社会工作缺乏学术性的质疑。

从建构中国的社会工作理论的角度而言,科学研究的目的在于两个方面:一方面,需要经由科学研究去修订和完善西方的社会工作理论,从而将这样的研究结果转化为中国的社会工作理论的一部分;另一方面,需要不断深入研究中国社会工作发展面对的实务、政策和管理问题,从而提炼出理论议题,并探究理论议题之间的关联,从而形成体系或框架。

目前中国社会工作界科学研究的能力还较弱,更是缺乏必要的文化自觉和理论关怀,这一局面必须扭转,社会工作者不能只是重复研究不是问题的问题,而是要真正致力于累积专业知识,循着科学研究的逻辑为理论的建构提供知识储备。

3. 本土思想

中国的社会工作实践不能脱离其特定的脉络,其中一个不可忽视的维度是那些深藏在中国人的日常生活方式和行为模式之下的思想模式,它是中国社会工作的构成性因素,在社会工作的实践环节以不同的方式呈现,在一定程度上挑战了"引进"的社会工作理论,因此一线实务工作者迫切需要更加贴近中国实际的社会工作理论,而这样的理论离不开本土思想资源的支撑——正如西方的社会工作理论离不开其古典思想传统。沟口雄三指出,需要"再度发掘中国思想文化的深层传统中蕴藏的中国的原理,从而面向为回答 21 世纪的课题构筑新的原理。"[①]也就是说,社会工作要有文化自觉,要致力于从自己的思想资源之中寻求支持。

重视本土思想资源,目标不在于重审国粹,而是对传统进行"创造性转化",寻求一个可与国际同行对话的、具有一般意义的理论体系。在建构中国的社会工作理论之前,需要考察本土思想资源与社会工作的相关性。中国传统上从来就不缺乏关于如何助人,如何化解生活困境,如何践行关爱、慈善和福利的论述,这些都是社会工作理论的聚焦所在。有必要指出的是,此处思想资源不仅仅包

① [日]沟口雄三:《中国前近代思想的屈折与展开》,龚颖译,三联书店 2011 年版,第 43 页。

括思想家的论述,而且也包括流行于民间的思想观念,因为精英群体的思想只有渗透到民间的"小传统"之中才可以有坚实的根基。社会工作要明确关注民众的知识体系和思想观念,因为社会工作面对的正是这样的群体。检视社会工作的本土思想资源无疑具有重要的理论意义,它可为中国社会工作的发展提供智识支持;它也会为反思华人社会的社会工作实践提供理论框架;从更为广泛的意义而言,它可能为建构一个本土性和世界性兼有的社会工作知识框架提供基础。①

4. 制度传统

尽管社会工作在中国是一个新兴的专业和职业,但不能忽视中国过去60多年的历史实践之中蕴含着的与社会工作有着密切关联的制度传统。诸如群众工作、对口支援这样的制度在实践中已形成一套理念、机制、套路和方法,它们在一定程度上可以转化进社会工作的知识体系。

中国过去农村的"赤脚医生"制度,就很好利用了社区人力资源,本地的"赤脚医生"使得医疗服务的提供在地化和可接近成为可能。即便从现代的观点而言,这可能也是中国农村最为有效的服务提供方式之一,今天的农村社会工作依然可以从培养本地的人力资源入手,从而化解科层制和外部输入带来的很多困扰。又如,我们有着深远的调查研究传统,中国社会工作机构的一线社工也进行课题研究,不少机构也出版专著,这在国际社会工作界并不多见的,这样的研究尽管从学院派的角度是不严谨的,但也可能提出很多好的洞见,且是最贴近实践或案主的创见。

我们为了引进"新"的社会工作理念和方法,可能忽视了中国自己制度传统之中的经验,并没有很好地加以研究和总结,反而认为需要取而代之。但实际上,任何的制度传统都有可能导致"路径依赖",因为民众和政府可能习惯于以特定的方式处理相应的事宜,而这个特定的方式是可资改进加以利用的。善用这样的传统是一个建构理论的可行选择。

三、 以"关系"为中轴概念的社会工作理论构想

社会工作与心理学、社会学不同之处在于,其干预的目标是个人与社会的交

---

① 何雪松:《重构社会工作的知识框架:本土思想资源的可能贡献》,《社会科学》2009年第7期。

界面,既重视个人,又重视社会,具有个人与社会的双重聚焦。结合国内外社会学、心理学的最新研究进展,本文提出一个以"关系"为中轴概念的理论构想,这一构想受到潘光旦"点线面体"论述的启发。

1. 社会工作的"点线面体"

潘光旦的《社会学的点线面体》一文对社会工作的理论建构很有启示意义。①在潘光旦看来,点是每一个人。社会工作理论首先要考察人以及人性,这是基本的出发点,特别涉及价值观、权利、需求等重要理论议题的讨论。

"点"与"点"之间连结就是"线","线"就是关系,是"点与点之间的刺激与反应"。中国人传统上讲伦常,实际上重视的就是人与人之间的关系,这说明社会工作需要有关系视角。由此,"关系"社会工作理论建构的"中轴",因为社会工作干预的核心就是关系的改变。

"点和线的总和即为面"。"面"实际上就是更大的社会环境。社会工作讲人在情境中,也就是说要将"点"放在"面"里进行理解。对于社会工作而言,的确不能仅仅关注"点"或"线"的面向,而是要看到宏观的社会结构对人的影响。实际上,面就是一个更大的"关系"的网络,即社会工作所言的"情景"。

"面的累积就是体",这就是要引入时间概念。实际上西方社会工作理论除了在人的发展理论里引入生命历程这样概念之外,很少系统性地讨论时间问题。中国面临的社会问题或个人面对的困境很可能需要放到时间的框架或历史的维度里进行解释,因为中国正处在社会转型之中。不了解社会转型的历史脉络,很可能就无法完全理解我们面对的挑战,也无法有效地以专业的方式回应这样的挑战。因此,需要关注中国社会的动态变化,将历史的维度引入中国社会工作的理论框架,这一维度丰富了我们对人和事的理解。比照中国的现实而言,西方的社会工作还存在一个明显的缺陷,那就是中国正在建构社会工作,这需要一套理论来解释这一建构过程之中的发展性、过渡性与阶段性,不能简单与西方的成熟专业体制与职业体系进行对照,这需要新的理论视角。

潘光旦提出的"点、线、面、体"四个字,实际上正好暗示了社会工作理论的四个层次:个体的、人际的、社会的与历史的。这四个层次,是中国社会工作理论体

---

① 潘光旦:《潘光旦文集》第10卷,北京大学出版社2000年版,第258—261页。

系化的基本线索。与美国的社会工作理论不同，中国社会工作理论要特别强调"面"与"体"的面向，这实际上是"关系"在时空维度的延展与叠加。要而言之，关系可能是中国社会工作理论建构的中轴概念。

2. 方法论的反思

要建构以"关系"为中轴概念的社会工作理论，可能需要寻求认识论和方法论的突破。在这一点上，中国的传统可能是有益的。比如，费孝通就认为理学的方法对于感知与觉悟的重视是有意义的。"理学讲的'修身'、'推己及人'、'格物致知'等，就含有一种完全不同于西方实证主义、科学主义的特殊的方法论的意义，它是通过人的深层心灵的感知和觉悟，直接获得某些认识，这种认知方式，我们的祖先实践了几千年，但和今天人们的思想方法无法衔接，差不多失传了。今天的人，包括我们自己在内的绝大多数学者，大多不知道这究竟是一种什么感受。但我们不能简单地说这些方法都是错的、落后的、应该抛弃的。它们不仅在历史上存在了那么长时间，而且更重要的，这一套认识方法，已经变成一套理念，变成一群人的意识形态和信仰，确实解决了一些我们今天的很多思想方法无法解决的问题。"①推己及人、将心比心可能是感知案主、认识社会的方式，唯有这样，才有可能进入真正认识关系的深层结构，只不过我们以往对此重视不够，这是以后需要纠偏的一个方向。

由此可见，需要在实证主义强调的"科学"方法之外为进一步理解社会工作所面对的"关系"提供一个新的途径，这样的途径是内在于中国文化传统的，但需要我们进一步努力将这样的方法操作化、具体化。这样就可以逐步厘清"点线面体"的所指，从而建构理论体系。

四、结　语

毋庸置疑，建构中国的社会工作理论体系，不可能毕其功于一役，这一目标不可能在短期内实现。因此，我们需要一批从事社会工作知识生产的研究者，推进社会工作的理论累积。这个体系是建立在西方已有社会工作理论的基础之

① 费孝通：《文化的生与死》，上海人民出版社 2009 年版，第 255 页。

上,以文化自觉的态度审视它们在中国的适用性,这需要经由经验研究对它们进行验证,被确认有效的就需要纳入中国的社会工作理论体系的范围之内。与此同时,要从切己的关怀出发,从一个个具体的问题领域、实践领域与政策领域生产社会工作的"中层理论","中层理论"的叠加和整合就有可能实现理论的体系化。如此,建构中国的社会工作理论不仅是可能的,也是可行的。唯有这样,中国的社会工作知识体系与实践框架才可能是连通中国与世界的。

（作者单位：华东理工大学社会工作系）

中国社会工作百年成长与学科自主性研究①

彭华民

摘　要:社会工作学科建设是该领域百年成长和百年论争的核心议题。中国社会工作学科已经走过萌芽初创成长、民政社会工作和专业化快速发展阶段,在社会工作专业发展主要目标上一直是宏观社会变革与微观个体治疗并重。中国社会工作学科在社会工作高等教育、社会工作学科准入、社会工作知识基础建设、社会工作专业成果发表、社会工作学科伦理规则、社会工作专业报酬等多个方面不同程度地缺乏专业自主性。化解社会工作学科的弱势因素,强化社会工作学科的自主性,才能使中国社会工作真正成为专业化和本土化结合、学术和实务结合的学科体系。

关键词:社会工作,专业社会工作,专业标准,专业自主性,学科建设

在中国社会治理的背景下,加快构建中国特色哲学社会科学,不断推进学科体系、学术体系、话语体系建设和创新,努力构建一个全方位、全领域、全要素的哲学社会科学体系,成为推动社会治理的重要任务之一。社会工作是哲学社会科学的重要分支和实践领域。推进中国社会工作学科体系建设、建构本土社会工作理论话语体系和支持体系,是社会工作发展必须坚持的方向。在具有实践取向的社会工作学科领域中,社会工作专业、社会工作教育、社会工作实务都是与学科内容互相重叠又各有不同的概念②。社会工作专业构建

①　本文系国家社科基金项目"残疾人家庭抗逆力生成机制的社会工作研究"(项目编号:16CSH065)和紫金智库"社会治理背景下社会工作介入信访矛盾化解研究"的阶段性成果。发表在《社会科学》2017年第7期。原文标题为《中国社会工作学科:百年论争、百年成长与自主性研究》。现文有调整。

②　按照教育部学科体系分类,社会学一级学科下设七个方向,其中之一是社会工作。社会工作专业是指培养社会工作本科生的体系,社会工作学科是指专业知识体系建设和研究生培养体系。在国际社会工作领域,有关社会工作专业的讨论和社会工作学科的讨论高度重叠。

专业理论与方法知识,培养人才的社会工作教育传递专业理念方法,实践知识并产生新知识社会工作实务指向社会服务。它们共同构成社会工作学科体系。

一、百年论争:社会工作专业之主要目标

按照费孝通先生的观点,中国社会工作学科建设中的专业理论与方法的知识体系、大学社会工作本科和研究生教育体系、社会工作专业的行业协会、社会工作专业期刊都已经建成,中国社会工作学科体系已经形成,但是,社会工作学科建设的道路还很长,还有很多值得探讨的地方。

与国际社会工作发展一样,我国社会工作专业的主要目标是促进社会改革还是从事个体治疗,是百年来争论不休的尖锐问题。这个论争直接影响到社会工作学科建设,由此,社会工作者有必要回顾这个跨世纪的百年论争。19世纪末到20世纪初,社会工作实务以慈善组织运动(the charity organization movement)和睦邻友好运动(the settlement house movement)为代表;其间以马里·里士满(Mary Richmond)为代表的强调科学、理性的专业化的个案服务模式和以简·亚当斯(Jane Addams)为领袖的注重融合、公平的能力导向的社区发展模式对今天的社会工作实务模式仍然有重要影响。在20世纪三四十年代,早期的睦邻友好运动逐渐转变成社区组织的活动方式,并且和小组工作一起成为社会工作实务的一部分;同时出现了部分小组工作和社区组织也逐渐朝向个案工作的治疗修补的发展方向。1955年,由七个独立的社会工作专业组织组成美国社会工作者协会(The National Association of Social Workers, NASW),1956年成立专门的委员会,由哈丽雅特·巴特利特(Harriet Bartlett)领导,积极地寻找社会工作实务的主要要素——价值、目标、权威、知识和方法。全美社会工作者协会伦理准则:社会工作的专业目标是增进人类福祉,帮助实现所有人的基本需求,特别关注弱势群体的需要和赋权。社会工作的专业传统和最典型特征是关心社会环境中个人的幸福和社会的健康。准则以弱势群体为焦点将个人幸福和社会健康的两个目标整合在一起。然而,社会工作专业目标的争论往往强调两个目标的相互排斥性而非内在统一性。

1994年美国社会工作者协会年会,受邀做主题演讲的哈里·施佩希特(Harry Specht)因身体不适无法出席。卡伦·海恩斯(Karen Haynes)临危受命,决定采用与施佩希特演讲文稿对话的方式进行演讲①。施佩希特等严肃批评了社会工作对社会福利和公共事务的忽视和不作为,认为社会工作背叛了专业使命。这一批评将社会工作专业目标的争论推向了高潮。海恩斯认为,社会工作专业在政治上的不作为确实让人失望,但这种批评在某些方面是不准确的。如果把花在个人治疗方面的资源花在社会改革方面,社会能从中获益很多。社会工作的先驱者们亚当斯和里士满对专业目标是相当明确的。他们都关心社区改善和社会变革②。

这个论争在中国也存在,但与欧美特别是美国的情况相反。不少社会工作研究者的背景是社会学或者社会保障等,一开始进入社会工作领域时缺少微观社会工作的专业训练,直接进入宏观社会工作领域(包括社区社会工作、社会福利与社会政策)。不少社会工作者在学科建设过程中重视宏观社会工作,忽视微观社会工作;但是也存在一些学者注重社会工作的治疗功能,忽视社会工作的改革功能;关心个体与社会的关系与互动,忽视社会结构之间的关系和互动的问题。最近一些社会工作者不断强调个人与社会的双重聚焦、促进科学知识与实践智慧的融合、倡导全球视野与文化自觉的结合、推动理论整合与学科对话的综合。社会工作追求专业化不能以放弃社会性为代价。自上而下的主动变革和自下而上的社会抗争是社会工作转向社会导向的必要条件。改变对社会工作专业和目标的认识,就是对这些问题的反思③。总体来看,中国社会工作学科建设过程中学者们对这个问题的讨论声音较弱,参与者不多。

---

① 哈里时任加州大学伯克利分校社会福利学院院长,主要关注社会福利政策;卡伦时任休斯敦大学社会工作研究生院院长,主要关注政治倡导。

② Karen S.Haynes, "The One Hundred-Year Debate: Social Reform versus Individual Treatment", *Social Work*, 43(6), 1998, pp.501—509.

③ 王思斌:《社会工作在构建共建共享社会治理格局中的作用》,《国家行政学院学报》2016年第1期;何雪松:《社会工作学:何以可能? 何以可为?》,《学海》2015年第3期;郑广怀、向羽:《社会工作回归"社会"的可能性——台湾地区社会工作发展脉络及启示》,《社会工作》2016年第5期。李迎生、李冰:《走向系统:近十年来中国社会工作政策发展的轨迹》,《社会科学》2016年第12期。

二、 百年成长:中国特色社会工作学科建设之轨迹

在美国社会工作界百年来激烈讨论个人治疗还是社会改革的同时,中国社会工作学科发展起来了。其百年发展史有着不可替代的地位与作用。它界定社会工作本土化的理解和概念,规范社会工作理论、方法和实务,提出社会工作实践的领域,建设社会工作的学术组织,出版社会工作专业成果,是社会工作学科建设的一个重要组成部分。

第一阶段,萌芽初创成长初期。中国社会工作学科建设工作开始于民国政府时期,距今已经近百年。中国社会工作学科建设与社会工作服务是两条相互交错又相互独立的发展脉络。1912 年,美国传教士、北京基督教青年会干事步济时(John S.Burgess)创办了北京社会实进会,目的是组织学生参与基督教的社会服务工作,以改造社会和救治中国。北京社会实进会是一个以从事社会福利事业及服务行业为任务的青年组织,是中国社会工作服务的开端。步济时还创办了燕京大学社会学系。燕京大学社会学系于 1925 年改称社会学及社会服务学系,开设个案工作、团体工作、社会行政、精神健康社会工作、社会福利等课程,培养了我国第一代社会工作者。他是中国的社会工作专业教育主要开创者之一,因而称为中国社会工作之父。上海沪江大学也是最早开展社会学实验和社会工作的学校之一。1913 年,沪江大学在杨树浦眉州路创设沪东公社(The Yangtzepoo Social Center),这是一个以宣传基督教教义为主,同时兼办社会福利的教育机构①。

同一时期,金陵大学和金陵女子大学也开设了社会工作和社会福利课程。金陵大学建立了儿童福利系,是中国最早建立社会福利专业的学校。为适应抗日战争需要,金陵大学和金陵女子大学西迁内地后采取了新的办学措施。社会学教学团队共分五组,即普通社会学组、都市社会学组、乡村社会学组、边疆社会学组和社会福利行政组(社会工作)。此时金陵大学社会福利行政组开始独立招收学生。1942 年,鉴于抗战时期社会工作人才缺乏,为加强大学生对社会福利事

---

① 周淑利、彭秀良:《沪江大学和沪东公社》,《兰台世界》2009 年第 23 期。

业之认识及贡献,金陵大学增设社会福利行政特别研究部,招收大学毕业生提供一年至二年高阶训练,以应社会之需要。金陵大学还在联合国善后救济总署社会工作组的支援下、培养了十余名社会福利专业研究生,又于1948年专门设立了社会福利行政系,招收社会福利本科生,成为当时中国唯一的研究宏观社会工作、社会政策、社会福利制度的系。该系还被国际社会工作协会及国际社会福利研究院联合委员会接受为会员。1928年中央大学社会学系开始设置的社会工作专业的探索,之后建立了儿童福利院等四个实习基地,组织同学到福利院等机构实习。

在上述工作的基础上,20世纪40年代,当时任国民政府教育部高等教育司司长的孙本文先生组织编写了部颁社会学教学大纲,将社会工作专业与社会学专业并列,为规范大学社会工作专业发展起到了积极作用[①]。建立专业组织,开展研究,出版专业成果[②],培养专业人才,这是中国社会工作学科建设的萌芽初创成长时期的主要贡献。需要指出的是,当时的社会工作专业虽然在大学建有独立的系所,但仍然存在对社会学的依附;社会工作专业设置范围窄小;社会工作人才培养数量不能满足社会需要。

第二阶段,民政社会工作发展阶段。1949年后,中国社会工作学科建设进入民政社会工作时期。大学社会工作专业被撤销,但与社会工作服务相类似的民政服务还在开展,积累了一些服务经验和专业知识。雷洁琼先生为了说明中国社会工作学科发展和中国社会工作服务发展的关系和异同,提出1949年后中国社会工作仍然在发展,其主要路径是民政部门开展的民政社会工作的著名观点[③]。民政社会工作主要是帮助弱势的儿童、老人和残疾人的服务和相关的制度体系。民政社会工作虽然没有直接推动中国社会工作学科的发展,但其服务理念、服务政策、服务体系、服务传递为专业社会工作实务的发展打下基础。

1979年,费孝通先生认真思考如何才能更好地完成社会学重建这一重任时,延续之前中国社会工作学科发展的传统,也把社会工作专业发展纳入社会学学

---

① 谢燕清:《孙本文与中国社会学学科建设》,《南京大学学报》2012年第6期。

② 娄海波、彭秀良:《挖掘社会工作的本土历史经验——〈社会工作学术文库〉第一辑选题策划实录》,《出版广角》2012年第12期;解其斌、彭秀良:《学术品牌图书如何对接大众市场? ——〈社会工作学术文库〉第二辑出版实录》,《出版广角》2014年第12期。

③ 王思斌:《雷洁琼的社会工作思想与实践》,《社会工作》2004年第9期。

科框架内。他认为一个学科的存在和发展必须要做一下五个方面的工作:设立专门研究机构;建系培养专门人才;建立学会开展学术交流;建立图书资料中心;创办刊物和出版机构①。费孝通先生在社会学重建过程中,组织海内外著名的社会学家担任南开社会学专业班的教师。他领导的团队在给南开社会学专业班讲授社会学概论课程教案基础上,经过多次讨论修改,完成并出版了《社会学概论》②。其中有一章为"社会工作",突出民政社会工作内容,分析中国社会工作发展的道路和特征。1986 年,著名的马甸会议召开,民政部领导和部分高校的教师参加会议,讨论了中国社会工作学科重建问题。

第三个阶段,专业化快速发展阶段。1994 年中国社会工作教育协会成立,中国社会工作学科建设走上专业化快速发展道路③。中国社会工作教育协会 2016 年以加快我国社会工作学科体系建设研讨会为主题,将社会工作学科建设意义提升到前所未有的高度。

按照费孝通的社会学学科建设五个方面的观点,这个阶段的社会工作学科建设中有诸多贡献:一是专门研究机构与社会工作研究。大学和社科院系统都建立了社会工作研究机构。社会工作理论一部分是内生,一部分是外借。中国社会工作学科建设中,汲取了不少本土概念和思想,丰富了社会工作学科体系中的理论,为社会工作理论的本土化作出了很多贡献,如民政社会工作与专业社会工作、社会建设、社会治理、社会组织、社会工作机构、三社联动等等。二是社会工作教育。现在全国有 300 多家高校设有社会工作本科专业,100 家大学设有MSW 硕士点,另外还有几所大学设有社会工作博士点。民政部下属高校和干部培训学校遍布全国。社会工作本科建设和社会工作专业硕士师资队伍建设都走过"先有后好"的道路。培养的社会工作毕业生源源不断地进入充实到教师队伍。中国社会工作教育协会不断组织各种专业化培训和国际交流,也提升了师资队伍的教学能力。三是学会和学术交流。在社会工作学科发展中,坚持结合

---

① 彭华民:《费孝通中国社会学重建战略思想与对消费社会学的启示》,载《消费社会学新论》,北京师范大学出版社 2011 年版。

② 费孝通:《社会学概论(试讲本)》,天津人民出版社 1984 年版。

③ 中国社会工作教育协会(以大学社会工作系和专业教师和学生为主)、中国社会工作联合会(以社会工作者和社会工作组织为主)和中国社会工作学会(以社会工作专业人才培训为主)在社会工作学科发展中各自起着不同的推动作用。

中国本土实际,坚持具有中国特色的学科建设道路。1994年成立的中国社会工作教育协会在边学边建的过程中,积极开展学术交流,借鉴香港等地的经验,先有后好,大学社会工作专业快速发展。这个过程中的确存在不少问题,如专业师资缺乏,专业教材缺乏,相关的实习基地配套不足等等,但一直秉承社会工作理念,不断反思借鉴和移植中存在的问题,不断调整发展战略。四是社会工作成果出版。中国社会工作教育协会主办的《中国社会工作研究》等专业学术期刊为社会工作学科建设贡献不少。我们将社会工作研究、学习与社会工作实务结合,将西方社会工作实务与中国社会工作实践结合,使用个案社会工作、小组社会工作、社区社会工作三大方法,以服务对象需要为社会工作介入的视角,不断将本土的社会工作案例引入社会工作教学和研究中①,建立基于本土实务的社会工作体系,其效果已经得到服务对象和社会的赞誉②。

中国社会工作学科建设极具独立特色,其成长过程与中国社会发展阶段和转型密不可分,与国家支持密不可分。雷洁琼提出1949年后中国社会工作仍然在发展,其主要路径是民政部门开展的民政社会工作③,建立了政府、实务和社会工作学科的链接关系。李克强总理在2017年《政府工作报告》中第三次提到专业社会工作,指出专业社会工作是社会治理创新包括健全基层群众自治制度、改革完善社会组织管理制度、志愿服务发展、加快社会信用体系建设等方面的重要内容。专业社会工作成为与民政社会工作并行发展互相支持的共发格局。中国社会工作学科发展获得国家政府层面的外部支持,外部支持与和社会工作学科(大学科研机构)内在发展紧密结合。这个本土特色的社会工作格局说明中国社会工作学科发展具有鲜明的独特性。

三、 专业自主性：国际与国内社会工作学科建设之论争

学科体系的核心是一个学科的内部框架结构,体现一个学科内部各个组成

---

① 王思斌主编:《社会工作硕士专业学位研究生(MSW)教学案例集》,北京大学出版社2016年版。

② 费孝通先生提出的学科建设第四点"图书资料中心建设",由于现在信息传播媒体发达,图书资料电子化,就不在这里单独分析了。

③ 王思斌:《雷洁琼的社会工作思想与实践》,《社会工作》2004年第9期。

部分之间的相互关系、以及凭借这些关系建构而成的有别于其他学科体系的总体标志。社会工作作为一门较为年轻的学科,需要不断的进行学科体系的建设。在吸收西方社会工作专业知识的同时,不断创新本土化的理论和话语体系,形成中国社会工作的学科体系。如何评价中国社会工作学科体系建设质量?如何评估中国社会工作学科体系的发展?要回答这两个问题,不能封闭,不能自拉自唱,必须回溯到社会工作学科建立之初的讨论。这个讨论是以社会工作是不是一门专业开始的,百年以来波澜起伏,从来未间断。这个讨论实际上的核心是在论证社会工作是否有独立的学科地位,由此可以用学科自主性来概括之。

社会工作是不是一个专业以及专业标准是什么?在一百年前全美慈善和矫治大会(National Conference of Charities and Corrections)上,亚伯拉罕·弗莱克斯纳(Abraham Flexner)发表题为《社会工作是一个专业吗》的著名演讲。[1]此演讲中,弗莱克斯纳首先提出衡量社会工作成为专业的六个标准:伴随着责任的智识性(intellectual)活动;构成素材来自科学和系统的学习;有实际和明确的目标;拥有可教育的方法技术;活动者是自我组织的;动机上是利他主义的。基于这些标准,社会工作在当时还不是一个专业,但具有发展成专业的可能。在弗莱克斯纳演讲之后不久,中国社会工作专业学科建设工作也开始了。按照弗莱克斯纳的标准,那时的中国社会工作专业,是弱智识性和专业权威,弱系统学习和教育体系,弱社会工作自我组织性等等。

波特·李(Porter Raymond Lee)的报告与弗莱克斯纳的演讲目的有相似之处,但他界定了一套专业的特征,并对照这套标准进行社会工作专业性的评估。他提出了社会工作专业的三标准:独特的实践技巧;科学的知识基础;以教授实践技术为重的教育学[2]。波特·李的三大标准对早期的社会工作专业发展产生了很大影响。如果借用波特·李的三个标准,现在中国社会工作学科建立并实

---

① Abraham Flexner, "Is Social Work a Profession?" 576—590 in Proceedings of the National Conference of Charities and Corrections at the Forty-second Annual Session held in Baltimore, Maryland, 1915, May 12—19. Chicago, Hilmann. (Abraham Flexner. "Is Social Work a Profession?" *Research on Social Work Practice*, 2001, 11, pp.152—165.)

② Porter Raymond Lee, Committee Report, The Professional Base of Social Work, 596—606 in Proceedings of the National Conference of Charities and Corrections at the Forty-second Annual Session held in Baltimore, Maryland, 1915, May 12—19. Chicago, Hilmann.

施了独立的实践技巧知识体系（社会工作三大方法），建立了社会工作科学的知识基础（社会工作理论以及关于方法的知识），建立了以教授实践技术为重的教育学，大学设立了社会工作本科、硕士研究生和博士研究生教育体系。通过上述三个方面的工作，中国已经建立了社会工作专业体系。

伊迪特·韦斯-盖尔（Idit Weiss-Gal）和佩内洛普·韦尔伯恩（Penelope Welbourne）基于对美国、英国、智利、德国、匈牙利、印度、墨西哥、南非、西班牙、瑞典10个国家社会工作的详细资料，提出社会工作的8个专业特征，即整合专业化的"特性取向"（attributes approach）和"权力取向"（power approach），其包括社会认可、垄断地位、专业自主、知识基础、专业教育、专业组织、伦理守则、声誉和报酬[1]。该指标中的专业自主是狭义的，本研究中的专业自主是广义的，是学科建设层面的。如果借用其观点来分析中国的社会工作学科的专业性特征，可以延伸出专业自主性的七个分析层面，即垄断地位对社会工作学科准入；狭义专业自主对社会工作专业成果发表；知识基础对社会工作学科知识基础；专业教育对社会工作高等教育；专业组织对社会工作行业组织；伦理守则对社会工作学科独有的伦理守则；报酬对社会工作学科从业者的专业报酬。[2]这些内容或许是中国社会工作学科建设中需要重视的问题[3]。

社会工作学科准入的专业自主性。中国多数大学没有十分准确的专业准入规定，没有明确大学和科研机构人员进入的社会工作学科教学研究专业许可程序和资格，对社会工作知识的专业性认同度低。2016年次教育部学科评估中没有社会工作（二级方向），导致大量的社会工作本科和研究生培养工作、科研工作无类可归。国家社会科学基金项目分类中只有福利社会学，没有社会工作，也说明社会工作学科的专业认可在国家教育和科研体系中存在认可度低、自主性低的问题，社会工作专业自主性受到严重挑战。

社会工作高等教育的专业自主性。与社会工作学科的专业认可问题同时并存的是社会工作教育体系的专业性得到普遍认可。教育部社会学教学指导委员

---

① Idit Weiss-Gal & Penelope Welbourne, The Professionalisation of Social Work: A Cross-national Exploration. *International Journal of Social Welfare*, 2008, 17, 281—290.

② 社会认可和声望是他设的，暂时不纳入本研究分析内容。

③ 作者计划联合同行就这八个方面进行国际比较的量化分析研究。

会(含社会工作)、MSW 教指委都积极推动社会工作教育的发展。社会工作教育的专业性得到大专、本科、硕士和博士教育层次的多种支持。2015 年底,中国有339 多家大学设立了社会工作本科专业,105 家大学设立了 MSW 硕士点,另外有不到 10 个大学得到教育批准自主设立社会工作博士点(二级),有 82 家大学有社会工作大专专业,拥有专业学位授予权。专业教育体系的外形已经形成,其主要的问题是中国的社会工作学士(BSW)、社会工作硕士(MSW)和社会工作博士(DSW)专业教育体系还不健全,对接国际社会工作教育体系,还有很大的发展空间;以实践为导向的社会工作教育如何有效实施? 社会工作实务和社会工作实习一直被质疑,社会工作实践智慧一直被忽视。专门化高等教育是学科建设的基本特征。执行特定任务需要特定的知识、技能和经验,而这些都需要通过专业教育才能完成。

社会工作专业成果发表专业自主性。一个学科必须有自己独立的有影响的专业学术刊物。社会工作学科的知识结构和其他学科不一样,其强调实践智慧和独特的实践技巧(社会工作三大方法),与临近的社会学、心理学、人类学等也有明显的区别。由于众所周知的原因,社会工作界严重缺乏专业发表自主。缺乏与一流期刊比肩的学术期刊。《中国社会工作研究》《社会建设》《社会工作》《社会工作与管理》等虽然作出很多努力,但专业发表自主性缺乏还是直接影响到了社会工作学科发展水平。

社会工作行业组织的专业自主性。社会工作专业协会承担维护会员的利益和维护服务对象利益的两大功能。社会工作的专业协会承担多种角色,如传播专业知识、制定并完善伦理守则、推动社会工作教育、改善公共形象、参与政策讨论等。国务院社会学学科评议组、社会学教指委、社会工作专业硕士(MSW)研究生教育指导委员会都积极推动社会工作发展。我国建立了三大协会。中国社会工作教育协会按照功能下设研究、实习、教学、对外交流四个委员会,按照专业发展下设 15 个专业委员会,按照地区下设华北、东北、苏皖、华中、华东、西南、西北七大片区社会工作中心,加上中国社会工作学会和中国社会工作联合会基本覆盖全部的从业人员和领域。中国社会工作教育协会建立了专业学科建设引领多种方式:年会、专业期刊(《中国社会工作研究》)、专业教材、专业培训、专业项目、三大专业奖励(中国社会工作教育协会优秀论文奖、中国社会工作大学生论坛优秀论文奖、中国社会工作专业硕士论坛优秀论文奖)等等。

社会工作学科知识基础建立的自主性。传统的社会工作学科知识主要包括社会问题、弱势群体、个体家庭小组社区和国家的干预技巧、有关个人和社会等因素的交互作用等方面。社会工作知识基础主要由"外来知识"和"本土知识"。中国社会工作学科建设在这两个方面均有贡献,但程度参差不齐。具有中国特色的社会工作知识包括社会工作概念和话语体系,如社会工作嵌入式发展、民政社会工作与专业社会工作(进入政府工作报告)、社会工作教育先行模式、社会建设(进入政策)、三社联动(进入政策)、适度普惠社会福利(进入政策)、贫困群体社会工作服务(进入政策)等,已经成为本土领域的重要贡献;外来知识随着社会工作教育培训、发表出版、项目实务的推进,快速传播,也构成中国社会工作学科知识基础。总体来说,这个方面自主性快速成长,但需要重视本土知识建构。

社会工作学科独有的伦理守则。全世界绝大多数国家都建立了统一的、正式的、全国通行的社会工作行为和伦理准则。德国、瑞典和西班牙等等基于国际社会工作者协会(International Federation of Social Workers, IFSW)的伦理守则制定本国的伦理守则,美国、英国和匈牙利制定自己独立的伦理守则。伦理守则的执行有不同的强度。现在有中国社会工作联合会的《社会工作者守则》内容比较简单。中国社会工作教育协会尚未制定社会工作学科需要的伦理守则,特别是社会工作专业成果发表的伦理守则,急需制定。

社会工作学科从业者的专业报酬。社会工作专业地位低的原因主要有:社会工作的定义太泛、没有受过社会工作专业训练的人士从事社会工作服务、公众对社会工作的功能缺乏认识、使用社会工作服务的人士多是地位低下的弱势群体。社会工作学科内从业者的专业报酬主要问题是大学社会工作专业教师低薪(当然不仅仅是社会工作专业教师),其主要原因有:未认识到社会工作专业的老师需要理论、方法、服务三个方面的多元化专业训练,社会工作教师在大学里倡导力弱,缺乏国家层次的就业政策和工资支持标准等等。

结　　语

中国社会工作学科在追求实现个人治疗还是社会变革目标的争论方面的讨

论声音较小,实际上的发展是社会变革和个人治疗并重。中国社会工作学科分为萌芽与初创、民政社会工作、专业化与本土化三个阶段,走过了近百年的道路。如果按照费孝通先生学科建设的五个方面,改革开放后重建的中国专业社会工作学科在设立专门研究机构、建系培养专门人才、建立学会开展学术交流、创办学术刊物等方面作出了不小的贡献。如果按照波特·李三个指标,中国社会工作学科在独特的实践技巧(三大社会工作方法)、社会工作科学的知识基础(社会工作理论以及关于方法的知识)、以教授实践技术为重的教育学(社会工作教育)方面都取得不少成果。通过采用广义专业自主视角分析并结合韦斯·盖尔和韦尔伯恩指标即社会认可、专业准入(垄断地位)、知识基础、专业教育、专业组织、伦理守则、声誉和报酬的延伸分析,可以看到中国社会工作学科体系建设还有很多工作需要做。把社会工作专业自主性与指标结合起来进行分析后发现,中国社会工作自主性有高有低参差不齐。社会工作行业组织的专业自主性和社会工作高等教育的专业自主性较高,社会工作学科准入的专业自主性、社会工作专业知识基础建立的自主性处于中等水平,社会工作专业成果发表专业自主性、社会工作学科独有伦理规则、社会工作专业报酬处于评价指标最低端。当然,中国社会工作学科建设中的问题不仅仅是弱自主性,但对于一个已经拥有近百年历史和广覆盖的高校人才培养体系的学科来说,弱自主性是其发展最大的障碍之一。

在中国社会科学学科建设的过程中,一方面要强调社会工作学科自主性建设,一方面要抓紧推动社会工作学科内涵式发展。为了解决严重缺乏专业准入(垄断地位)标准的问题,逐步建立社会工作专业毕业生才能进入大学社会工作教学和研究岗位的标准。逐步过渡到新进入大学的社会工作教师必须获得社会工作学位才能在岗教学和科研。大学社会工作老师的教学、科研和实习应该分离,分成教学岗、科研岗以及实习督导岗。建立与一流期刊比肩的学术期刊,多方提升社会工作学术刊物的学术地位和学术影响。逐步建立社会工作学科独立的科研体系,推动大学和相关科研机构真正成为社会工作知识体系的重要建设者。建设具有中国特色的社会工作专业教学体系,培养专业基础扎实、对社会工作高度认同的毕业生。全面提升对社会工作实践智慧的理解,提倡和推动社会工作实务转化为研究的工作。引入循证社会工作研究,推动证据为本的社会工作实务（EBP），推动基于证据的社会工作实务（PBE）以及相关理论知识的建设。

　　总而言之，在中国社会工作学科发展近百年历史的基础上，借鉴国际社会工作学科建设经验基础上，重点在社会工作高等教育、社会工作学科准入、社会工作知识基础建设、社会工作专业成果发表、社会工作学科伦理规则、社会工作专业报酬等多个方面加强建设，化解社会工作学科的弱势因素，强化社会工作学科的自主性，使中国社会工作真正成为专业化与本土化结合、学术与实务结合的学科。

　　　　　　　　　　　　（作者单位：南京大学社会建设与社会工作研究院）

中国社会巨变的本土化经验与社会学学术话语体系之演进

杨　雄

摘　要:改革开放以来的中国社会巨变为新时期社会建设的进一步展开提供了背景和条件。随着社会主义市场经济体制的确立,我国从"计划社会"逐步转向"市场化社会"。中国社会结构最根本的变化是由总体性社会向分化性社会的转变,从传统社会向现代社会的转变步伐加快。党的十八届三中全会以来,社会建设和社会治理已经成为最具有中国特色的两个社会学概念,围绕这两大概念的理论思考,不仅成为国家治理体系现代化的重要标尺,也成为观察我国社会学演进发展的一条主脉络,体现了中国社会学的本土特征。社会建设的核心仍然在于"社会",即如何促成社会关系的建构与社会秩序的形成,由此也就提出加快社会体制改革的现实需求。如果说社会建设聚焦于民生问题的解决,那么社会治理则关注社会活力的激发。正确理解、把握传统及当代社会治理的内在逻辑,有助于我们把握其未来走向。随着全球化趋势的进一步深化与中国社会的开放性增强,现有社会治理所面对的问题具有较为复杂的特征,这也使得创新社会治理在当代中国有着广阔的实验、探索的社会空间。

关键词:结构分化,社会转型,社会建设,社会治理

一、　中国社会发生了巨大深刻变革

改革开放近40年来,我国社会结构发生了巨大而深刻的变化,中国社会结构的最根本的变化是由总体性社会向分化性社会的转变,从传统社会向现代社会的转变步伐加快。结构分化作为社会变迁的主要形式之一,其对现代化的影响主要通过两个机制,即由异质性所体现的社会分工和专业化组织对生产效率的促进作用,以及角色多元化和职业等级差异对阶层多元化、社会流动和教育普

227

及的引发及促进作用。可以说,社会结构的分化程度是衡量一个国家现代化水平的主要指标之一,是观察和描述一个社会发生巨变程度的一个重要方面。

中国社会的巨变,具体表现为:一是中国社会正由农业社会逐步走向城市社会,社会结构也由简单的板块式结构转变为复杂的层化结构;二是中国社会正在经历空前的市场化,"单位制"被打破,社会成员从"单位人"转变为"社会人",这预示着中国社会正由总体性社会演变为个体化社会;三是中国已经从一个封闭半封闭的社会转变为一个开放的社会,打开国门融入世界,中国已经成为人流、物流、资金流规模空前的流动社会;四是中国社会最终消费对经济增长的贡献已反超投资,这表明我国已从不断的生产型社会转变到消费型社会;五是网络正在改变中国人的生活与工作方式,种种数据表明,中国社会已经成为一个开放的信息社会。

进入 21 世纪以来,随着全球化进程的加快,以及我国加入全球一体化经济社会的程度不断加深,我国的社会发展日益深刻地嵌入到全球社会的进程之中,既受到全球化趋势的影响和作用,同时也以自身的转型实践为人类现代性发展提供了中国经验,这成为国内学术界从总体上认识中国道路的理论基点;与此同时,近十年来,随着社会转型的进一步深入,我国社会结构也不断调整并重组,不同阶层与利益群体的生产与再生产,直接影响了社会秩序的重新整合。正是在社会初步发育的基础上,中国社会建设与社会治理创新,不仅在社会体制、社会组织等方面更注重本土化理念的践行探索,而且也不断从社会政策、社会工作的视角,推进和积累了社会发展的实践经验。

党的十八届三中全会以来,社会建设和社会治理已经成为最具有中国特色的两个社会学概念,围绕这两大概念的理论思考,不仅成为国家治理体系现代化的重要标尺,也成为观察我国社会学演进发展的一条主脉络,体现了中国社会学的本土特征。总体上看,社会学领域的理论与实证研究紧紧围绕中国社会发展的现实状况,在归纳和总结中国转型实践的同时也正在形成具有中国特色的学术话语,并力求与西方学术界形成对话与讨论。

二、 深度转型推动社会不断进步

改革开放以来,随着社会主义市场经济体制的确立,我国从"计划经济社会"

逐步转向"市场经济社会"。这不仅深刻地影响了经济关系的变动,同时更深入社会生活领域,并由此为新时期社会建设的进一步展开提供了背景和条件。在中国经济社会发展取得巨大成就的同时,也产生了如何认识中国社会、如何认识中国社会转型的现实问题。"社会转型"理论客观地说是中国现代化发展的需要推动、在有所借鉴的基础上提出的,十几年来我国社会学家以自己独特的学科视角对社会转型理论进行了阐释,对中国社会转型的特点、动力、运行机制、政策等问题进行了可贵的探索。从近年来国内学术界的讨论来看,也已逐渐摆脱了西方学术话语的藩篱,开始形成基于本土发展实践的理论总结,在讨论中国社会转型实践过程及其内在逻辑的基础上,将其纳入中国道路和中国经验的分析中来。

1. 复杂性社会转型及其难题

长期以来,在分析中国社会转型与发展模式时,往往采用的是源于西方学术界的"国家与社会"关系分析范式。"国家与社会"是近年来国内外学界研究中国社会变迁的主导性视角。但当运用这一研究范式于本土实践时,往往会发现其先入为主地预设了"国家"和"社会"这两类系统的存在,由此可能忽视西方社会理论建构中复杂和严苛的理论前提,而仅仅关注社会变迁的某些片段,而略过了其复杂过程,较少深入分析其内部的分化和冲突及其对外部关系的影响和作用机理,从而简化了现实情境中正式权力与其施加对象之间的复杂关联。当代中国正经历着深刻的社会转型,显然是不同于西方发达国家的自然历史演进,中国社会转型既有从前现代向现代的转变,从农业社会向工业社会的转变,也有后现代社会、后工业社会的因素,即呈现出前现代、现代、后现代三种因素"时空压缩"的现象,使得中国社会的转型既是建构性的,又是共时态的。基于这一认识,在对中国社会转型实践及其内在逻辑的分析上,应该进行理论方法上的创新,力求更贴近中国社会发展的现实,在全面展现中国社会转型的整体面貌的同时,把握其本身特征及其内在逻辑。

从某种程度上看,改革开放三十多年来中国经济社会的快速转型,并不是一个完全被理论设计所主导的实践过程,而是应在中国国家与社会的持续互动过程中,针对各个阶段不断出现的各种社会问题,转换思维视角与认知方式,梳理清楚"国家权力"与"社会活力"之间边界、功能,并在不断破解社会难题的同时,推动下一阶段新的社会创新,以社会体制与社会治理的变革作为主导性因素,由此推动下一步的中国社会转型与社会进步。

2. 社会转型动力来源及其机制

正在进行中的中国经济转轨和社会转型可谓是人类历史上最为壮丽的现代化发展过程。在短短三十多年的时间内,中国实现了经济领域从计划向市场的跨越式转变,与之相应的是政治、文化以及社会等领域的现代性转变,并由此共同构成经济社会的结构与制度性变迁。对于推动中国社会转型的社会机制的分析,自 20 世纪 90 年代以来就成为社会学界关注的焦点之一。改革开放三十多年中国经济转轨、社会转型之所以取得明显进展,主要取决国家力量与民间力量的"双向动力"配合。就社会内部的驱动力而言,现代化社会的转型往往既需要国家的推动,也需要民间力量支援。这两种力量的很好配合是一个关系现代化成败的关键性问题。这意味着,一方面国家力量的推动必须转换成广泛的深入的民间社会动员,另一方面民间的各种力量也必须被纳入国家的理性目标。

而在新的历史起点上,当前面临的挑战是,虽然中国经济发展极快,但是社会结构相对落后,跟不上经济发展尤其是市场经济发展的要求。而市场经济不只是经济,它会带来文化的变化,很多人观念变了,社会越来越多元,利益开始多元化,导致社会结构与经济结构间的"脱嵌",这倒过来制约了经济进一步健康发展。因此,解决好社会发展滞后于经济增长的问题,使社会与经济保持平衡发展是下一步深化改革、激活社会活力、破解转型动力不足问题的关键,且已迫在眉睫。

3. 本土经验与中国发展模式意义

中国社会转型既是在全球化的背景下展开的,同时也有着基于本土实践的特殊性,其所处的独特的历史背景也在一定程度上决定了中国社会发展的道路既要受到全球化经济社会发展趋势的影响,同时也有着本土实际所产生的独特性。一个 13 亿多人口的大国实现现代化,在人类历史上没有先例可循。这就注定中国的发展要走一条属于自己的道路。从这个角度来看,中国社会发展道路与中国经验,是向人类社会现代性发展所提供的重要贡献。

从国内外学术界对三十多年来中国社会发展的解读上看,也经历了一个转变过程。经由 20 世纪 90 年代以来快速的市场化过程,社会主义市场经济体制已经在我国得以确立,但其市场发展的道路呈现出与西方明显不同的特征。与"华盛顿共识"相对应的,将中国三十多年来所取得巨大成就的经验,概括为"北京共识",即:其发展途径的驱动力,在于对公平和高质量增长更基本的要求;从策略上来说,坚持进行革新和试验、积极维护国家利益、寻找不对称、独特的发展动力。同时,也有学者将之概括为"中国模式",其特征在于向市场经济过渡过程中,市场经济体制主要不是依靠从西方"引进的"政策和规则,而是根据国情和改革进程中形成的政策、规则、路径和方式,逐步实现国家的新制度安排。在这个过程中,中国在许多方面遵循了自由市场经济的发展模式,但在正式或非正式制度结构上,仍然带有从中央计划经济向更加市场经济转型的印记。当然,无论是中国经验还是中国道路,目前仍然处于探索过程之中,并没有形成相对稳定的模式,这也体现了其开放性、实践性的特征。

三、 结构分化与社会建设理论提出

社会建设理论的提出,一定程度上是国家决策层面对市场经济与深度转型带来的阶层分化加剧的某种回应。这表明社会生活领域中出现的收入分配差距特别是城乡差距、行业差距拉大等问题已开始得到重视,不同利益群体出现,以及利益群体之间错综复杂的矛盾进入党和政府的治理视野。之后,社会建设逐步从理论进入实践层面。同时,不仅仅关注物质层面,社会心态层面的共享价值观重建也提上了议事日程。

面对经济社会快速发展所带来的深层次社会问题与社会矛盾,2004年党中央提出了"构建社会主义和谐社会"的战略目标。其目标在于扭转以往重视经济建设、重视市场推进的偏颇,转而强调社会建设。在党的十七大报告中,首次将社会建设同经济建设、政治建设、文化建设并列。

1. 社会结构分化及其后果

社会结构变迁作为中国社会转型的核心所在,迅速成为社会学界最为关注的焦点。围绕着当前社会分层结构的现状及其趋势,多数学者承认中国社会阶层发生了显著的分化,但他们对于分化的后果及未来的发展走向则有着不同的估计,在某些方面甚至是相互对立的判断,这成为当今社会分层研究领域争论的焦点。基于不同的理论分析,社会学家对中国社会阶层结构的变动存在两种大致的判断,即所谓的"阶层化"与"定型化"。

较为乐观的判断认为中国的阶层结构正在"阶层化",工业化和城市化提供了社会成员上升流动的机会,社会阶层结构正在形成一个以中间阶层为主体的现代社会阶层结构。而另一种判断认为中国改革后,阶层之间的继承关系在阶层相对关系模式中占据主导地位,原有的阶层再生产模式在城市社会的制度转型过程中被持续地再生产出来;而更为悲观的看法认为社会阶层关系出现了"断裂",社会地位的差距形成了相互隔绝的上层社会和底层社会。其实,无论是"阶层化"还是"定型化",都认为当代中国社会结构在经历了快速分化过程之后,正在进入重组并逐步趋于新的结构形态,并对社会经济、政治与文化活动产生了影响。相对于西方较为稳定的社会结构,我国社会结构的变动性特征仍然较为突出,中国社会由于经济社会仍处于快速变动过程之中,尚未完全形成"常态社会",阶层的生产与再生产往往与阶层的固化同时并存,并由此形成了中国社会结构的复杂性特征。

2. 结构分化与新阶层、新群体出现

与社会结构变迁直接相关的是阶级或阶层的再生产。近年来,社会分层研究开始摆脱阶层研究的方式,开始向阶层分析回归,开始关注到阶层的生产问题。与阶层生产相对应的趋势是出现了阶层分化与固化现象。即在社会结构快速分化的同时,20世纪90年代以来开始出现了阶层固化的趋势。从相关经验研究来看,主要体现在对于精英如"官二代"、"知二代"以及"富二代"的研究,以及相对于底层如对新生代农民工、"蚁族"等的研究。这些研究基本上关注的是阶层地位在代际之间的传递和流动,主要的发现也基本说明阶层存在着相当程度的固化效应。从某种程度上看,阶层生产与阶层固化均基于财富分配逻辑,由此形成推动社会分化的结构性力量。阶层固化造成的贫富差距拉大则会对社会稳定带来不确定的风险与挑战,这是大家最不希望看见的社会后果。

3. 以民生为重点的社会建设

从某种程度上看,社会建设的提出,意味着党和国家的指导理念发生了转变,即从以往的强调经济建设逐步转向经济与社会发展并重的思路。从总体上看,社会建设的核心仍然在于"社会",即如何促成社会关系的建构与社会秩序的形成,由此也就提出加快社会体制改革的现实需求。从某种程度上看,社会建设意味着社会关系结构与制度框架的转型,在这个过程中,需要破除以往制约社会和谐发展的制度性瓶颈,从而真正实现以人为本,以社会为依归的社会实体性发展。正是从这个意义上看,作为纵横两个维度的社会体制的新旧转换以及城乡发展一体化成为日后社会建设展开的逻辑所在。

作为社会建设的重要指向,政府进一步加强了"以民生为重点的社会建设",相继在教育、医疗卫生制度、劳动就业、社会保障与福利制度等领域推出了一系列社会政策和制度安排,在满足民众社会生活需求的同时在一定程度上缓和了社会矛盾。社会保障具有重要的基础性地位,是其物质性基础与保障,并最终导向抵御风险、建设安全社会、提高人们福祉、为人的自我实现增能的社会质量,但也防止"社会福利"对"市价准则"的扭曲。中国虽无欧美政治制度下迎合选票、派发福利的压力,但"以人为本"的发展理念,共享改革发展成果的目标,也会对政府扩大提高福利保障线,拉近由历史造成的"双轨制"社会养老保障、城乡收入差距带来巨大挑战。人民要求提高"幸福线"、增进"获得感",而作为行政主导型国家,社会公共政策制定的科学性、可持续性,要科学地体现在政府基本公共服务供给维持公平与效率间平衡的政策设计。

4. 社会心态、预期引导与共享价值

要推动社会建设的进一步深化,不仅仅要关注社会保障与社会政策,更要关注社会心态的变动与共识凝聚。随着社会结构和群体利益的分化,不同群体的社会态度差异性逐步扩大,一些原有的共识被消解,而新的认同并未建立。如何重新凝聚共识、建立和谐良性的群体互动模式,已经成为当前亟待解决的理论和现实问题。据此而论,国内学术界关于社会心态与社会认同的研究逐步兴起,更加关注社会建设的心理层面,在描述转型期社会心态多样化的同时,也提出了重建共享价值观与社会认同的现实路径。

正基于此,要进一步推进社会建设,就必须关注日益分化的不同利益阶层的社会心态,寻找改革共识,重建社会共享价值。而社会共享价值观的重建必须达到主导价值、主流价值与主体价值之三者间的相互包容、接纳与趋近。在尊重个体价值观的基础上引导社会共享价值观的形成,使得社会共享价值观的建立进入良性运行,提高社会凝聚力,推动社会不断发展和进步。从这个意义上说,新时期社会建设的关键在于,能否推动社会改革共识与积极社会心态的形成,以此为社会稳定与社会进步提供共享发展成果的价值支撑。

四、从"社会管理"到"社会治理"

进入 21 世纪以来,随着中国日益融入全球经济体系,外部环境对国内经济社会的影响日益显著。与此同时,市场经济的进一步发展也带来了许多"市场失灵"现象,出现了许多社会问题与矛盾冲突。此外,随着信息技术的普及给人们日常生活、工作带来巨大影响,使得社会公共领域出现了现实社会与虚拟社会的分离。这些都使得波兰尼所说的"社会保护"显得格外重要。在这样的社会大背景下,党和国家于 2004 年提出了"建设社会主义和谐社会",2006 年进而明确提出要形成"社会管理"新格局,2013 年则强调要"构建国家治理体系和提升国家治理能力"。由此,也意味着中国社会建设逐步从"管理"转向"治理"新阶段。从学术界的相关研究来看,主要围绕创新社会管理与社会治理及其相关领域展开。

1. 社会矛盾、利益协调与风险控制

随着改革开放进入深水区,一些经济社会高速发展所累积下来的矛盾日益显现。随着社会开放性程度与流动性的增强,由快速流动性带来的个体的"脱嵌",个体身份重要性增加和身份认同政治,以及新型社会结构的出现,即作为个体的个人之间的社会互动的"个体化"日趋明显。由此,社会矛盾的显现与个体自主性增强的交互作用,使得社会整合与社会秩序面临着结构性的风险。而后工业社会中的高度风险性、高度不确定性而引发的种种社会危机使得传统社会管理模式已经捉襟见肘,这就要求政府适应后工业社会来临的现实,推动从"行政管控型"社会管理向"协商共治型"社会治理转向。

20 世纪 90 年代中期以来,在市场化取向的改革不断向纵深发展的同时,一些深层次的社会矛盾与风险也在不断积累和暴露:利益失衡、分配不公、公德失范、信用失序以及权力腐败等社会问题日趋严重,这些问题最后汇聚成社会群体性抗争行动数量剧增。尤其是在当下面对正处于快速转型中的中国社会,社会矛盾的增多以及社会风险的集聚更加突显出协调利益格局、创新社会管理与协

同治理的意义与价值,如何在保持社会活力的同时,控制社会风险、维护社会秩序将始终成为社会学研究最重要的议题。

2. 社会管理体制改革与创新

随着经济发展导致社会成员利益诉求多元化,要求社会运行和管理方式作出相应改变,逐步构建起新的社会结构。由此,创新社会管理开始成为党和国家社会建设战略的重要组成部分。自党的十六届四中全会提出要"建立健全党委领导、政府负责、社会协同、公众参与的社会管理格局"以来,党和国家开始着力将创新社会管理作为推动社会建设的关键所在。社会建设的内涵进一步丰富,从原先的以民生——与民众生活相关的各种物质性利益的分配逐步转向了社会利益关系的协调和社会秩序的重建,社会管理体制的改革与创新应很好地回应了社会建设的主题。简言之,社会建设必须关注社会关系的重建与社会秩序的稳定有序,既要能够激发社会内在的活力,推动社会主体参与到社会管理格局中来,又要创新社会机制,实现社会的和谐稳定与发展。

3. 从"社会建设"到"社会治理"

如果说社会建设聚焦于民生问题的解决,那么社会治理则关注社会活力的激发。从我国社会建设理论的发展看,2004年党的十六届四中全会首次提出推进"社会管理体制创新",重视对于社会事务、社会问题的处理。我国是超过13亿人的超巨型人口社会,而且处在大规模工业化、城镇化进程中。在这样一种现代化转型过程中进行社会治理,难度巨大。近年来,伴随经济社会中原先积累着的许多深层次问题逐步显现,再试图仅仅靠政府在民生领域投入更多钱已难以解决。市场化转轨所带来的经济主体的多样化,与日益兴起的民间社会组织的出现,使得社会权力结构日趋复杂化。同时,经济社会领域事务和问题的复杂性程度不断提升,单一主体已经难以有效应对。由此,从党的十八届三中全会《关于全面深化改革若干重大问题决定》起,中央文件中用"社会治理"的概念取代了以往的"社会管理"概念。这说明,通过比较长时间的实践探索,通过正反两方面的经验教训,传统社会管理的思路逐步被社会治理的思路所取代,并且随着全社会对经济社会领域治理实践共识的形成,建构国家治理体系和提升国家治理能力指导思路最终成为党和国家新时期的重要任务,并由此为社会治理创新提供了理论指引和现实基础。

　　综观全球,西方国家20世纪90年代以来的"治理"（governance）转型,主要是为了应对西方国家出现的"市场失灵"与"政府失灵"所出现的"合法性危机"。但在本土语境中,社会治理概念的应用有着一定的差异。虽然由于市场取向,中国改革也遇到了与西方发达国家相类似的市场失灵和政府失灵,但是这种市场失灵和政府失灵更多地表现为市场不完备,制度不健全,法治缺失以及行政体制僵化等因素导致的治理危机。因此,在中国研究社会治理内涵与实践,特别需要考虑到全球化与本土化的背景性因素、传统与现代的承继与互动、国家与社会在其中的权力关系以及治理与秩序之间的依归与导向。因此,正确理解、把握传统及当代社会治理的内在逻辑,有助于我们把握其未来走向。随着全球化趋势的进一步深化与中国社会的开放性增强,现有社会治理所面对的问题具有较为复杂的特征,这也使得创新社会治理在当代中国有着广阔的实验、探索的社会空间。

（作者单位:上海社会科学院社会学研究所）

技术治理的极限及其超越[*]

黄晓春

摘　要:技术治理已成为当前中国社会治理领域改革和政策实践的主导逻辑,基本特征是强调风险控制、事本主义原则以及工具主义的动员社会。其形成有着复杂的制度性缘起,与宏观政策模糊性、政策执行中控制权的碎片化以及自下而上的社会压力不足等因素密切相关。这一总体性转型逻辑虽对改革初期的启动具有重要意义,但近年来开始引发治理转型深层次瓶颈,本文进而提出了超越技术治理的一些基本理论思路。

关键词:社会治理,技术治理,总体视角,转型

一、 引言：回到治理转型的总体视角

当代中国社会治理模式转型已有一段时日,[①]学术界围绕治理转型的不同领域也已形成许多研究成果。但总体而论,既有研究虽在一些具体、精致的层次做了不少工作,却鲜有透过复杂现象来探究治理转型总体逻辑和制度精神[②]的尝试。这在知识积累上突出表现为两点:一是治理转型各领域的知识处于相互

---

* 本研究受到上海市教育发展基金会和上海市教育委员"曙光计划"资助(15SG37),是国家社会科学基金重大项目"我国城市社区建设的方向与重点研究:基于治理的视角"(15ZDA046)子课题阶段性成果。原文发表于《社会科学》2016年第11期。

① 中国社会治理模式转型的一个重要标志是党的十六届四中全会(2004年)首次提出"建立健全党委领导、政府负责、社会协同、公众参与的社会管理格局";此后的十七大(2007年)提出"加快推进以改善民生为重点的社会建设"、"推进社会体制改革";十八大(2012年)进一步强调"形成政社分开、权责明确、依法自治的现代社会组织体制";十八届三中全会(2013年)提出"创新社会治理体制"。至此,可以说中国社会治理模式转型的实践与探索已经走过了十余年。

② 这里说的"制度精神",指的是超越具体制度形式和实践环节的一种基本认知和思维模式。这也是社会学新制度主义所强调的"制度化"之基石。相关研究可见［美］W.理查德·斯科特:《制度与组织——思想观念与物质利益》,中国人民大学出版社2010年版,第43—52页。

分割的碎片化状态。学界关于社会组织发展、基层民主创新、政府改革的研究彼此间难以碰撞、融通从而形成更高层次的知识积累。二是对于改革难题和挑战的认识往往局限于具体领域，难以深究其后更为本质的原因。其后果是，我们对于该领域的知识积累在精细化的同时却缺乏总体性的提炼，在资料和数据丰实的同时却缺乏对变迁特质的深入解读，这导致治理转型丰富经验的总体构成日趋成为"黑箱"。正是在这个意义上，富有洞见的研究呼吁重塑一种总体性的研究视角，对复杂转型现象中那些更为本质的制度逻辑展开深入分析。①

近年来的研究表明，治理转型不同领域虽指向不一，面临的挑战也不尽相同，但却表现出了一些相似的实践逻辑：即将体制和结构层次的问题化约为行政技术的问题；将"存量"改革转化为"增量"创新；将事关价值与关怀的制度安排转变为以成本、收益衡量的机制设置。例如，社会组织领域的研究发现地方政府在面对社会组织这一结构性治理主体时倾向于"行政吸纳社会"，②基层政府在推进社会组织领域改革时也喜欢以工具主义的思路"灵活治理"；③基层民主和公众参与领域的改革总难以深入内核，④实质性"赋权"常被形式上的制度创新所取代；⑤政府体系内诸如"条""块"关系调整和公共服务体系完善等体制性问题正迅速地被转化为事本主义和技术主义的"项目治国"。⑥这些横跨多个领域的改革实践背后呈出相近的实践逻辑和制度精神，突出表现为以工具主义的技术逻辑来应对、吸纳和化解总体结构层次的改革压力。这种逻辑既区别于改革前的总体性治理模式⑦又区别于改革以来经济领域大刀阔斧的体制变革，我

① 见渠敬东：《返回历史视野，重塑社会学的想象力》，《社会》2015 年第 1 期。

② 康晓光、韩恒：《行政吸纳社会——当前中国大陆国家与社会关系再研究》，*Social Sciences in China* 2007 年第 2 期。

③ 黄晓春、嵇欣：《非协同治理与策略性应对——社会组织自主性研究的一个理论框架》，《社会学研究》2014 年第 6 期。

④ 李友梅、肖瑛、黄晓春：《当代中国社会建设的公共性困境及其超越》，《中国社会科学》2012 年第 4 期。

⑤ 刘奇：《防止基层民主形式化》，《北京日报》2015 年 7 月 16 日。

⑥ 周飞舟：《财政资金的专项化及其问题：兼论"项目治国"》，《社会》2012 年第 1 期；渠敬东：《项目制：一种新的国家治理体制》，《中国社会科学》2012 年第 5 期。

⑦ 相关研究见孙立平、王汉生、王思斌、林彬、杨善华：《改革以来中国社会结构的变迁》，《中国社会科学》1994 年第 2 期。

们可称其为"技术治理"的实践逻辑。

这种技术治理的实践逻辑凸显了当前社会治理各领域改革者遭遇的相似境遇及其对改革最优策略的理解和认知,也从深层次勾勒了当前社会治理转型的总体轮廓。进一步看,技术治理现象背后实际上折射了某种总体性的改革约束与挑战,反映了当前国家治理体系内部运行机制的深层特征,其中蕴含的组织学道理具有超越具体微观情境的厚重性特征。因此,可以说离开对这种技术治理逻辑的深刻揭示,而单纯在治理转型的微观行为领域积累知识难免陷入"一叶障目"的困局。

已有研究已从中国改革的历史脉络出发,指出"从总体支配到技术治理"的当代治理转型特质,且指出"行政吸纳政治"、"追求经营性效果"等技术治理的典型特征。①但质言之,现有研究仍缺乏对技术治理的深层组织学肇因进行细致剖析,也就难以进一步讨论其复杂影响。本研究试图在总结、梳理社会治理领域新近研究成果的基础上,剖析技术治理现象的源起、对社会领域改革的影响以及改革优化的理论思路。

二、 技术治理的源起与表现形式

对比20世纪80年代以来经济领域的改革,我们能清晰地感受到当前社会治理领域改革迥然相异的情境,比如,同样在宏观政策信号模糊的背景下,地方政府面对经济改革展现了"打左灯,往右转"的改革力度,但对待社会领域改革却是"绕开存量,走增量";同样在面对不确定风险时,经济领域常有"打擦边球"的实践推进举措,②社会治理领域却总体追求风险控制的政策执行思路。③这种改革实践路径的鲜明差异促使我们追问技术治理逻辑背后的组织学原理,这就势必要对当前社会治理转型领域改革的独特性进行深刻剖析。基本的理论线索可以从以下方面解读:

---

① 渠敬东、周飞舟、应星:《从总体支配到技术治理——基于中国30年改革经验的社会学分析》,《中国社会科学》2009年第6期。

② 孙立平:《实践社会学与市场转型过程分析》,《中国社会科学》2002年第5期。

③ 黄晓春:《当代中国社会组织的制度环境与发展》,《中国社会科学》2015年第9期。

首先,宏观政策的模糊性及其导致的"模糊发包"政策实践是技术治理的重要导因。近年来,国家一直在强化推动社会治理转型的宏观政策信号,尤其注重激发社会活力,推动"政府治理和社会自我调节、居民自治良性互动"。①但在相应政策信号频频发布的同时,宏观层次并未形成关于社会领域体制改革目标、方向、基本路径的清晰路线图。一些重要的政策关键词(如"社会体制"、"社会组织体制")甚至并未形成操作化和具有普遍共识的政策工具。此外,宏观政策中有时还存在一些暗含张力的要求,比如在社会组织领域一方面希望发挥其协助党和政府开展社会治理的功能,因而强调发展;另一方面又担心其发展失控,影响社会稳定,因而强调引导和管控。在宏观政策具有一定模糊性的背景下,中央政府推动地方政府改革探索就具有典型的"模糊发包"政策实践特征,即地方政府承担一定的治理风险,同时又面对弱激励。②此时,地方政府普遍缺乏动力在改革的内核与深层领域开展探索,也避免对体制和结构层次的存量问题作出系统性调整,而是用技术主义的行政管理创新来承载改革的战略目标。在此情境下,我们也就不难理解"绕开存量,走增量"之类的技术治理逻辑为何普遍存在。

其次,社会领域政策实践中"控制权"的碎片化分布模式强化了技术治理逻辑。宏观政策的模糊性导致地方治理实践中不同职能部门、不同层级政府可能从不同角度来理解政策环境中的不同要素,并形成相异的实践做法。以基层民主领域为例,关于民主的推进速度和改革进程,民政部门、基层政府以及更高层次政府可能会有完全不同的看法,进而形成多重制度逻辑。③近年来,随着以改善民生为重点的社会建设不断提上政策日程,越来越多的政府部门都开始介入社会领域政策执行。此时如何协调、整合跨部门的政策执行就是一个无法回避的新问题。现实中,这种协同机制的建立面临着极大的挑战,我们可以借由中国政府行为研究中最近发展出的"控制权"理论进一步理解这一点。周雪光在研究中国政府的治理模式时,引入了控制权这一维度来分析不同层次政府机构之间的权威关系,他借鉴经济学不完全契约和新产权理论的视角把不同层次政府机构间的控制权概念化为目标设定权、检查验收权以及激励分配权。④控制权的不

① 《中共中央关于全面深化改革若干重大问题的决定》,2013年11月12日。
② 黄晓春:《当代中国社会组织的制度环境与发展》,《中国社会科学》2015年第9期。
③ 周雪光、艾云:《多重逻辑下的制度变迁:一个分析框架》,《中国社会科学》2010年第4期。
④ 周雪光、练宏:《中国政府的治理模式:一个"控制权"理论》,《社会学研究》2012年第5期。

同配置模式不仅是理解中国政府上下级权威关系的关键,而且还是理解政府协同治理行为能否有效运行的重要切入点:对那些涉及多部门的治理行为而言,只有当目标设定权集中归属某一核心部门,且检查验收尤其是激励分配权的设置也高度支持这一治理目标时,不同部门才可能开展协同治理。但在社会治理领域,上述三种控制权的配置是高度碎片化的:一方面并不存在类似经济领域发改委(或改革早期体改委)的目标设定中枢;另一方面"条"、"块"分割的现状也导致检查验收和激励权难以跨体系实施。在这种情境下,各部门都很难跨行政系统推动更为系统性、整体性的改革,"一事一议"的项目制技术治理模式也就变得日趋普遍。

再次,自下而上的压力机制不足为技术治理不断自我强化提供了重要条件。在一个自上而下的压力型体制内,各级政府和职能部门的行为与激励设置有着密切关联,[1]在锦标赛体制的激励模式下,[2]政府各部门更注重的是短期化、外显化的经营化治理绩效,这些绩效更容易被上级政府识别出来。相对而言,改革者对那些需要长期投入、效果外显度低,甚至有一定不确定性的治理领域则缺乏积极性。而社会领域的核心改革大多具备后者意义上的特征,因此如果不能形成强有力的自下而上压力机制和公众导向的政绩评估模式,社会领域的政策实践就很容易长期停留在"外围突破,内核浅尝辄止"的状态。近年来,国家一直强调基层政府要对下负责,并引入自下而上的公众监督机制。但总体来看,这些方面的改革尝试仍处于起步阶段,这种自下而上压力机制不足的现状导致基层政府在社会领域改革中缺乏长期、累积性的推进思路,这进一步强化了技术治理的实践逻辑。

上述三个方面的因素相互缠绕、互为强化,导致社会领域技术治理的实践逻辑不仅成为科层体系内符合工具理性的最优选择,而且日趋成为一种具有普遍影响力的观念制度。在这个意义上,以行政技术的调整、优化来应对体制转型压力已经成为一种实践者视之当然的观念并开始发挥日益稳固的制度内化

---

① 相关研究见周黎安:《转型中的地方政府:官员激励与治理》,格致出版社·上海人民出版社2008年版。

② 周黎安:《中国地方官员的晋升锦标赛模式研究》,《经济研究》2007年第7期。

作用。①比如，我们常会发现"绕开存量"的做法已成为当前许多部门推动改革的默会知识；在制度形式上和运行机制上精雕细琢却不涉及改革内核的做法也日趋普遍。

建立在上述梳理的基础上，我们可以进一步概括技术治理的实践形态与表现形式，从而使这个概念从长期相对模糊的表述向一种具有分析效力的"术语"转变。着眼于技术治理的源起，可以从以下几方面来勾勒其形态：

以风险控制为优先原则。由于社会领域宏观政策存在模糊性，风险结构向下配置，而地方政府又缺乏强有力的激励来对冲风险，因此风险控制就成为优先的治理原则——这是技术治理的基本逻辑之一。这一逻辑会将治理创新长期锁定在风险系数较低的行政技术层次，倾向于以行政技术的革新来应对各种体制性难题；同时也会精巧地选择改革的切入点，回避那些存在不确定效应的改革领域。回顾近年来社会治理转型各领域的前沿研究，无论是社会组织发展中的公共性困境，②还是基层自治组织出现的内卷化趋势，③抑或基层政府改革中的"避重就轻"，④实际上都与改革推进部门过于注重风险控制，因而在社会领域赋权不足有关。从这个视角看，技术治理表现出和改革初期经济领域进取型治理逻辑显著不同的特征。

强调"事本主义"的改革观。社会领域政策执行中的控制权碎片化配置模式导致跨部门、系统匹配的制度创新面临很大的挑战。在激励不足的背景下，各行政部门都没有积极性去构建更具全局性的制度安排，而是倾向于用"事本主义"的逻辑绕开治理结构层次的改革，以项目化的方式来解决问题。这种逻辑一方面兼顾了解决问题的灵活性，另一方面又导致治理体系内的横向协同变得日益困难。受这一技术治理逻辑的影响，近年来，注重单一工具理性的项目制已成为体制内、外日益盛行的一种问题解决机制。其后果是项目愈来愈多，各种临时性

---

① 关于观念制度的作用及视之当然的认知要素形成，可见 Meyer, J.W. & B.Rowan 1977, "Institutional Organizations: Formal Structure as Myth and Ceremony." *American Journal of Sociology* 83(2)。

② 李友梅、肖瑛、黄晓春：《当代中国社会建设中的公共性困境及其超越》，《中国社会科学》2012年第4期。

③ 何艳玲、蔡禾：《中国城市基层自治组织的"内卷化"及其成因》，《中山大学学报》（社会科学版）2005年第5期。

④ 李慧凤、郁建兴：《基层政府治理改革与发展逻辑》，《马克思主义与现实》2014年第1期。

的设置叠床架屋,但体制的总体优化却变得更为困难。以近年来各地盛行的政府购买社会组织服务为例:理想的情境下,市、区层次政府应设立统一采购社会组织服务的平台,从而将分属不同部门的财政资金集中起来面向社会统一招标——这样既可以提高财政资金的使用效率,又可以推动社会组织间的适度竞争。但由于上述改革涉及众多部门的资金,且统一采购还需要形成跨部门的联动机制,因此往往无法推动。最终后果是各地普遍形成部门主导的项目化购买社会组织服务模式,整体的公共服务外包体系则无法成型。这个例子清晰地呈现了技术治理的"事本主义"实践特征。

工具主义地动员社会。近年来各地政府普遍注重在社会治理中动员社会力量,譬如,围绕环境整治、交通秩序维护等专项活动发动志愿者、开展社区动员等。这种社会动员往往是围绕某些具体治理目标而展开的,动员者更注重的是社会动员的规模以及解决问题的效率,但相对而言不太注重此过程中社会主体性的培育和公共性的构建。作为后果,这种社会动员的累积性效应大多有限,可称为"工具主义"的社会动员方式,这也是技术治理的又一表现形式。其实质在于基层政府更注重社会机制之"形",但却较少关注社会主体之"实"。这种治理模式背后的深层原因在于,各级政府主要受到自上而下压力的推动,因此其动员社会往往也是围绕着体制内治理压力的指挥棒运转。自下而上社会压力不足的现实导致技术治理逻辑在深层次上并不关注社会自我协调能力建设和"社会本位"的价值导向,进而导致中国社会的自我组织、自我协调能力长期处于较低水平,这也是当前社会领域改革深层瓶颈的重要原因。

经过十多年的发展,具有上述鲜明特征的技术治理逻辑在社会领域已经成为主导性的政策执行和改革推动逻辑,并对诸如社会组织发展、基层民主建设、政府运行体系改革等治理转型领域产生了深远影响。可以说,离开对这种技术治理逻辑的条件、边界的深层揭示,我们也就难以对社会领域改革中的深层问题作出准确的理论回应。

三、 新视域下的治理转型及其深层问题

近年来国内政策研究和理论部门已逐渐形成一种过度制度主义的改革研究

思路,即但凡遇到问题就把问题的源头直指各项政策文本"不合理",进而提出新的改革思路。这种解读过于夸大了政策文本在国家治理中的作用,①相对忽略了那些影响政策执行者判断以及政策执行逻辑的深层次治理机制。可以说,技术治理逻辑就是这样一种相对隐蔽,却发挥着总体性作用的改革实践逻辑,其一旦形成就会以各种形式不断自我强化,并紧密嵌入当前治理转型各领域改革之中,最终以隐蔽形式影响治理转型的方向与进程。

历史地来看,技术治理改革逻辑的出现有一定合理性,其呼应了那些"小步走改革"和"渐进式转型"的变革观念。尤其是对一个疆域辽阔、广土众民而地区发展又极不均衡的特大国家而言,技术治理的改革推进模式有助于形成平稳的转型格局。具体而言,技术治理服务渐进式转型主要表现为以下三点:

一是有助于控制改革中的不确定因素。社会治理转型不仅涉及公共服务、公共管理、公共安全领域的制度建设,在深层次上还涉及治理结构中不同权力主体的关系形态、合作模式以及力量配置。这些深层次问题的调整不是一个自然而然的过程,很容易引发一国政治体制和权力结构层次的重大变化,在处理不好的情况下也有可能把治理转型问题转变为政治危机。技术治理的改革逻辑强调风险控制,倾向于把体制、权力结构调整等容易引发不确定因素的改革化约为更为可控的行政技术层次问题,通过机制改革的不断完善来解决问题。这种做法相当于形成了一种自上而下、一以贯之的改革"风险过滤器",有助于将已有体制的灵活性和潜力最大限度释放,因而有助于平稳转型。

二是降低了许多改革的初始门槛条件。诸如社会组织发展等一些焦点领域的改革,通常需要一国在立法、宏观政策框架上形成立足长远、稳定的结构性安排才能有效推进。但在渐进式改革的背景下,这些结构性安排总是难以实现。这时技术治理通过从行政合理性着手,无形中为这些领域改革提供了更低门槛的进入条件。举例来说,我国迄今为止仍未形成社会组织专项立法,②很多宏观政策也不够清晰,但近年来地方层次的许多政府职能部门从公共服务优化的事

---

① 孙立平曾指出相近的观点,即:中国转型的特殊性很多时候不能单纯从制度和结构层次来分析,而是要深究转型过程中的深层机制。见孙立平:《实践社会学与市场转型过程分析》,《中国社会科学》2002 年第 5 期。

② 目前的《社会团体登记管理条例》等都属于国务院颁布的行政法规。

本主义角度扶持社会组织,并推动了社会力量的发展。虽然有研究指出这种推动中仍带有行政对社会的"反向嵌入",①但这毕竟提供了社会力量生长的一种可能,也为今后的进一步改革提供了初始条件。

三是提供了一种总体性的控制机制。借助技术治理的工具和手段(如行政体系内的目标考核责任制、层层加码的压力机制以及数字管理技术),上级政府可以更为便利地对基层民主体系建设、社会组织发展、协商民主改革等领域的改革节奏和速度进行调节,最终实现一体化的协调与管理。②

概括来看,技术治理的改革逻辑至少在社会治理转型的改革初期具有重要价值,其对于风险控制和改革启动都具有较好的实践作用。但面对当前日趋多元、流动和分化的社会形态,传统社会治理模式的潜力已释放到极值,在此情境下,技术治理改革逻辑不断自我强化开始引发一些深层次的挑战和瓶颈。

首先,系统改革困难重重。社会治理是一个系统工程,需要跨部门形成总体联动、相互合作的政策执行框架。但"事本主义"逻辑的不断强化导致体制内每个治理单元仅关注本部门治理任务的最优配置,不关注跨任务、跨系统之间的横向对接。许多改革都仅仅围绕单一目标推进,不考虑多目标之间的协调与整合。久而久之,许多最初本可以用较小改革成本来解决的协同问题在经年累月的"绕开存量走增量"改革后变得越来越难应对。这也导致系统改革常常停留在宏观规划层次,实际执行难度极大。

案例1:电子"孤岛"日趋强化。中国政府从21世纪初就表现出了建设电子政府的极高兴趣,国家甚至把2002年命名为"电子政务年"。新一代ICT技术可以更为便捷地帮助政府部门提高公共服务效率,也可以提升部门横向信息交流与合作的效率。③但长期以来,各部门都仅在自身业务领域内以"事本主义"逻辑发展电子政务,如海关、公安等部门推动的"金关"、"金盾"等工程都极大地推进了业务部门系统内的电子政府建设水平,但跨部门的信息整合却变得越来越困难。这些专线、专网的技术体系构成比以往信息孤岛更难跨越的电子"孤岛",这

---

① 管兵:《竞争性与反向嵌入性:政府购买服务与社会组织发展》,《公共管理学报》2015年第3期。

② 王汉生、王一鸽:《目标管理责任制:农村基层政权的实践逻辑》,《社会学研究》2009年第2期。

③ 黄晓春:《理解中国的信息革命:驱动社会转型的结构性力量》,《科学学研究》2010年第2期。

使得更为整合、高效配置资源的电子政务系统建设遭遇深层困境。①

其次,社会力量和社会机制的主体性效应难以成型。现代多元治理体系中社会力量和社会机制具有不同于政府的重要作用,是社会横向秩序整合体系的重要构成。②而社会力量和社会机制要发挥这些重要的治理功能,首要前提是在现有治理体系中占据重要的主体性位置。但在技术治理的运行逻辑下,基层政府以体制内目标为出发点培育社会力量、购买社会组织服务;更注重基层民主等社会表达机制的制度形式建设却疏于实质性的社会赋权——这些做法一方面导致社会力量在围绕行政部门运作的同时与社会诉求、价值日趋分离,另一方面导致社会机制始终处于辅助性地位。因此可以说,技术治理逻辑若不改变,实质性意义上的"多元治理"结构就难以成型。

案例2:城市基层民主长期面临深层瓶颈。作为城市基层民主核心构成的居委会制度长期以来一直处于一种"名"、"实"分离的悖论性情境中。根据《中华人民共和国城市居民委员会组织法》,居委会是"居民自我管理、自我教育、自我服务的基层群众性自治组织",但现实中其却日益成为行政部门开展工作的"末梢",具有很强的行政组织属性。21世纪以来,国家高度重视居委会的自治建设,并先后颁布一系列文件。但在实践中,基层政府更注重从技术治理的逻辑发展出居委会自治的制度形式——时至今日,这些自治制度叠床架屋已变得日趋丰富。相比之下,基层政府却很少把公共资源配置、重大公共问题的决议等功能赋予居委会,这导致居委会自治制度形式上的丰富性和实质性授权的匮乏形成鲜明对照。

第三,治理成本日趋高昂。技术治理把许多原本需要体制改革解决的问题化约为一事一议的行政技术问题,这意味着这种治理模式不太注重在规则和制度化的框架下形成一揽子方案,也难以形成普遍主义的规则意识,而是高度依赖特殊主义的应对机制。而后者作为一种非制度化的问题解决方案,往往意味着极高的治理成本,对行政体制也会造成很大的工作压力。近年来,许多地区政府

---

① 黄晓春:《技术治理的运作机制研究——以上海市L街道一门式电子政务中心为案例》,《社会》2010年第4期。

② 李友梅:《中国社会管理新格局下遭遇的问题——一种基于中观机制分析的视角》,《学术月刊》2012年第7期。

即使把工作强度提升到"五加二,白加黑"的水平,也难以应对辖区内的治理压力,这就是治理成本日趋高昂的表现。尤其是,当前我国在劳资、征地、环境保护和城市建设领域,一直未形成社会多元利益表达和利益协调的体制性安排。有关部门总是试图在行政体制内解决所有问题。其后果是,这些领域出现的各类问题都高度依赖各级地方政府"做工作"——这常常意味着一系列个案化、特殊主义的问题解决方式,甚至存在许多非制度化的谈判与妥协。这些领域逐步形成"小闹小解决,大闹大解决"的社会运行惯习。而基层政府在付出极大治理成本的同时,自身公信力也受到严重影响。此外,"行政吸纳政治"和"行政吸纳社会"的不断强化,必然导致各级政府直面所有的社会矛盾和社会问题,这无形中进一步导致治理成本的急剧上升。

案例3:"邻避"效应背后的体制缺位。近年来,全国各地频发邻避运动,许多对城市公共事业具有重要作用但可能影响附近住户的公共设施(如养老院、垃圾处理设施、卫生机构)都遭到了社区居民的抵制,基层政府只得四处"救火",在花费极大治理成本的同时甚至还无法收回已经投入的公共设施成本。其后重要因素在于:有关部门一直未形成由社区居民和多元主体参与城市设施规划、选址以及补偿联动机制,往往是居民抵制后再被动地以"一事一议"的方式开展工作。这种技术治理的做法已经导致日趋增多的邻避运动。

第四,改革进程被逐步锁定。一方面,技术治理强调风险控制的特质导致该逻辑主导下的改革具有很强的路径依赖特征,改革者往往避免对既有体制的核心部分产生冲击,而在外围推动行政技术创新,或是在面对新事物时却自觉不自觉地将其吸纳到既有成熟经验中去。这显然导致社会治理领域深层次改革难以有效推进。另一方面,考虑到技术治理源起的重要因素,当宏观政策模糊且激励不足时,基层政府也没有动力探寻那些需要投入大量成本的实质性改革举措。这导致社会治理领域的改革很容易停留在"形式创新"、"文本创新"的层次。近年来一些改革前沿城市的公共服务投入水平越来越高,但"精准服务"、"需求导向服务"却始终难以实现,就是这种改革被低水平锁定的表现。

案例4:社区委员会制度的"空转"。近年来,在中国基层治理转型前沿的一些城市出现了社区委员会这一制度框架。在上级政府看来,其代表着社区多元力量共商、共议社区发展的新机制,因而富有很强的改革意蕴。但实际执行中,基层首先考虑的是这种多元共治平台与街道办事处之间的权力边界问题。出于风险控制的考虑，许多地区在实践中并未赋予该委员会实质性的治理功能与资源。比如，某市出台的《社区委员会工作条例》中明确指出该委员会不具备公共决策权限，于是这项原本寄托改革新思维的制度在实际运行中就变成了"议而不决"的状况。其后果是，街道层次的多元治理结构改革长期处于形式化空转的闭锁状态。

上述讨论表明，技术治理作为社会治理转型领域的一种总体性实践逻辑在以低成本启动改革的同时也为转型带来了许多深层挑战。某种意义上，技术治理的持续自我强化使得科层制的运行规则和工具主义的治理逻辑广泛地嵌入社会运行的各个系统，使社会生活出现"泛行政化"的态势。另外，技术治理从中观层次构建了一种以行政技术过滤宏观改革目标的政策执行机制。因此，如果我们的研究不能从中观维度提出超越技术治理的政策思路，宏观体制改革就会持续遭遇难以"落地"的问题。

四、 超越技术治理的基本思考

如果我们深刻理解了技术治理所植根的组织和制度条件，就会发现超越技术治理实际上是一个非常严峻的改革挑战。许多常被提起的改革思路都低估了相关领域改革的难题，比如，理论界常呼吁国家要形成一套社会治理转型的系统顶层设计，这实际上忽略了宏观政策模糊性的根源所在。宏观政策中之所以蕴含多种政策信号，这并非工具理性不足所致，而是折射了中国现代转型中的深层挑战之根源。如孔飞力所述，中国现代国家的发展中涉及三个根本性问题——其中第一个问题即为"政治参与的扩展与国家权力及其合法性加强之间的矛盾"。[1]这个问题在过去上百年的实践中一直未找到恰当的均衡点，在此情况下清晰、明确、系统设计的宏观政策自然也就难以自上而下依据某种理性形成。因此可以说，试图以自上而下的改革来厘清技术治理的模糊性难题具有相当的困难。相比而言，可行性更高的改革着力点实际上要落在技术治理另外两大导因之上：

---

[1] 孔飞力：《中国现代国家的起源》，陈兼、陈之宏译，生活·读书·新知三联书店 2013 年版。

第一,运用政党跨领域、跨体系组织优势推动系统改革。社会治理领域控制权"碎片化"的现状导致政策执行时"事本主义"逻辑不断强化。面对这一问题,单纯通过政府改革来实现优化是比较困难的。中国政府"条块"分割、"职责同构"①的组织构架特征,必然会导致诸如激励设置、检查验收等控制权难以跨体系整合。比较可行的思路是通过发挥政党组织的政治和组织覆盖优势,推动不同行政部门之间、行政部门与社会力量之间的跨体系协同,最终推动社会治理领域的系统改革。中央有关部门近年来在各地推动的"城市大党建"就蕴含着这一改革思路。这就要求地方党组织围绕城市治理的核心难题,形成以政党组织优势为依托的"互联、互补、互通"系统改革框架。

第二,努力推动地方政府尤其是基层政府向下负责。这一改革的实质在于使自下而上的压力机制成为地方政府推动社会治理改革的重要动力。由于公众更容易识别出实质性的改革举措和"虚而不实"的改革花架子,因此当这种自下而上的压力机制足够大时,基层政府就有动力推动相关领域的实质性改革。这就势必需要改革地方政府层次的政绩考核指标、官员任用标准、政府绩效评估模式,并引入相应的民调技术。近年来,一些转型前沿的城市已经开始这方面的探索。比如,上海市自 2015 年全线上收街道办事处的招商引资权,使街道政府的工作重心从经济工作方面转移到公共服务、公共管理、公共安全领域;同时改变街道政府的政绩考核模式,从以往更注重上级委、办、局打分评估,转向开始注重公众自下而上的社会评估。这项改革实施以来,基层政府在社会压力推动下开始更大幅度地向社会领域赋权,②一些技术治理的传统思维得到一定限度的扭转。

从更为本质的角度来看,技术治理蕴含的以行政技术和工具理性吸纳社会领域价值诉求的问题或许需要相当长时间、更为艰巨的认知领域的变迁才能化解。这就需要公共领域和话语体系的相关改革予以深层次呼应。

(作者单位:上海大学)

---

① 相关研究可见朱光磊:《"职责同构"批判》,《北京大学学报》(哲学社会科学版)2005 年第 1 期。

② 例如,上海的基层政府开始普遍地向居委会赋予"自治金"等自治资源;许多街道开始突破以往改革的限度,尝试建立代表社会诉求的"社区基金(会)"。

新时期治国理政过程中的"概念先行"

——对我国话语体系建设的思考

周 怡

摘 要:"概念先行"是"话语体系建设"倡导下涌现的社会事实。尽管每一时代都有顶层设计,但用通俗易懂的百姓话语,而不是用规章规范,去唤起行动却是如今时代独特的方面。这种先于行动过程的思想观念之所以在中国特别奏效,是因为(1)社会普遍存在的权威主义文化为"概念先行"铺垫了绿色通道;(2)顶层设计中使用的民生话语、传统文化话语及新知话语,则为夯实观念与行动、上层规划与基层响应间的一致性提供了长程的文化资源。

关键词:概念先行,治国理政,话语体系建设

一、 引言及研究问题

理论上或现实中,话语体系建设基本被设定为两套路线:一套是代表国家意识形态的政府话语体系;另一套是表征民间经济利益的市场话语体系。大多数研究都会在政府抑或市场的二元分野里研讨各种社会现象①。但一些研究指出,中国近40年来所成就的经济快速增长得益于改革初期的"政府即为厂商"②、

---

① ［美］布里安·P.辛普森:《市场没有失败》,齐安儒译,中央编译出版社2012年版。

［美］查尔斯·沃尔夫:《市场,还是政府》,重庆出版社2009年版。

曹正汉:《国家与市场关系的政治逻辑:当代中国国家与市场关系的演变(1949—2008)》,中国社会科学出版社2014年版。

② Walder, Andrew. 1995. "Local Governments as Industrial Firms: An Organizational Analysis of China's Transitional Economy." *American Journal of Sociology* 101:263—301.

Oi, Jean C.1992. "Fiscal Reform and the Economic Foundations of Local State Corporatism in China." *World Politics* 45:99—126.

Oi, Jean C.1999a. *Rural China Takes Off: Institutional Foundations of Ecinimic Reform*. Berkeley: University of California Press.

Jefferson, Gary H. and Thomas G. Rawski, 1994. "Enterprise Reform in Chinese Industry," *Journal of Economic Perspectives*, American Economic Association, vol.8(2):47—70, Spring.

后期的"政府购买服务"①,以及新时期的"顶层设计"②。也就是说,政府与市场的两套话语体系在中国社会有直接或间接的高度相关,它们互嵌双赢③造就了中国特色的市场经济④。

"对立"也好,"关联"亦罢,以往的研究仅涉及政府与市场的两方。实际上,完善话语体系建设,或者实现某种话语体系的落地问题,光考虑政府和市场不够,还需要考察其间种种的社会因素,如社会结构、社会秩序、伦理和文化等因素。这些社会因素在对政府抑或市场话语产生实际影响的同时,也形成自身的话语体系——社会话语体系。相对政府、市场话语表现为文化生产中支配者的权力向下运作来说,社会话语更多表达为文化接受过程中被支配者的权力向上运作抑或响应。两相结合才有可能真正达成社会整体意义上的"思想共识",形成政府、社会和市场三位一体的综合治理(见下图)。

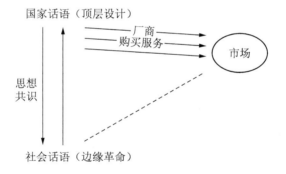

三位一体的综合治理模式

本文关注"社会"。拟在话语体系建设的主题下,探究我国进入新常态发展时期而出现的(我称之为)"概念先行"的治国理政现象。需要回答的研究问题是:(1)"概念先行"的背景现实;(2)"概念先行"的理论依据;(3)"概念先行"的

---

① 魏静:《中国地方政府购买服务》,《理论与实践研究》,上海交通大学 2008 年版。

杨秋霞、张业清:《地方政府购买服务构成要素优化体系研究》,《思想战线》2011 年第 2 期。

② [英]科斯、王宁:《中国变革:市场经济的中国之路》,中信出版社 2013 年版。

③ Zhou, Yi. "State-society Interdependence Model in Market Transition: A Case Study of the Farmers' City in Wenzhou the Early Reform Era", *Journal of Contemporary China*, Vol. 22(81), 2013: 476—498.

④ Zhou, Xueguang. 2001. "How Institutions Think." *Reading*(Dushu) 4:10—19. Beijing.

社会基础。

二、 话语体系与概念先行的背景现实

话语体系建设是 2013 年以来以习近平同志为核心的新一届党中央领导集体的重要倡导。

2013 年 8 月 20 日,习近平在全国宣传思想工作会议上发表重要讲话,提出要加强话语体系建设,着力打造融通中外的新概念、新范畴、新表述,以增强国际话语权。

那么,学理上什么是话语体系? 话语(discourse),简单的字面意思是人说出来或者写出来的言语,是特定社会语境中人际间进行日常沟通的具体言语行为。福柯(Michel Foucault)终其一生的"知识权力观"论述非常重视话语与权力的分析,认为话语实际是社会权力的表演;意指与社会权力关系相互缠绕的具体言语方式,反映复杂的具体社会形态①。话语体系(discourse system)则指话语运用的范式;既表达说话主体的意志及其思想建构,也包括说话主体与受话人、文本、语境等要素进行互动的整体模式。依这些学理去理解"话语体系建设"的国家政治内涵,就意味着每一文明国家及其不同的发展阶段都需要拥有自己独特的话语体系。其目标功能是:(1)对外展现国家软实力的本土象征,在国际舞台上"说好中国故事";(2)借用话语体系指引、规范或折射本国具体的发展道路。

这样我们不难看到,作为中国话语体系文本要素的而以"中国梦"开启的系列标识性概念,已经成为当下中国新常态时期治国理政的道路指示。近些年频繁出现于媒体且完全出自"顶层设计"的标识性概念可以归纳为如下几个层面:

国家理想:"中国梦""一带一路""强军强国"

地方政府:"打通中间一公里""精准扶贫""经济适用房"

---

① Foucault, Michel. 1990. *The History of Sexuality*. Trans., Robert Hurley. New York: Vintage Books.

市场结构:"供给侧""去产能""共享经济""创新驱动""补短板、惠民生"

个体/集体价值:"不忘初心,继续前进""撸起袖子加油干"

专业知识:"智库""大数据"

显然,这些紧随"话语体系建设"之后出现的标识性概念是全新而先行的。姑且先不问概念的源头抑或理据在哪里?现实告诉人们:这些概念一经提出并传播,便顷刻成了中国人(受话人)参与治国理政的具体行动。例如,"一带一路"的概念,推动中国依靠与相关国家既有的双边和多边邻里机制,借助区域合作平台,发展了与沿线国家的经济合作伙伴关系及命运共同体和责任共同体。"一带一路"既体现了<u>丝绸之路经济带</u>和 21 世纪<u>海上丝绸之路</u>的传统,又赋予鲜明的时代特征,还引起了国际社会的关注和充分认同。又如,"智库"和"大数据"的概念,促发了全国高校及科研机构智库组织的迅猛发育和成长,催生出大数据分析技术及其"云产业"的勃勃生机。再如,在"共享经济"的概念中,有了"ofo 共享单车"这样一种分时租赁交通的新模式,也有了"airbnb 共享民宿"这种便捷经济的旅舍,等等。这些由概念驱使行动的种种现象,本研究称之为"概念先行"的社会现象。

很明显,"概念先行"是中国新常态时期"话语体系建设"倡导下涌现的社会事实。相比邓小平时代用"摸着石头过河"形容改革较多源自底层百姓试错式的"边缘革命"来说,今天"中国梦"时代出现的社会事实更多为"顶层设计"的直接结果,是"国家治理"取代"市场分化"的象征。尽管每一时代都不免有顶层的制度设计,但用话语概念,而不是用规章规范,去动员和唤起行动却是如今这个时代让人汗颜的方面。人们对这样一种"概念先行"的体验是全新的:醒来,一堆儿明白的也有陌生的新概念扑面而来:"供给侧""去产能""大数据"等等,通过学习弄明白,付诸行动,逐渐成效。

三、"概念先行"并非没有理论依据

在处理思想观念与社会行动时,一般取两种简化模型:一种是马克思主义的,将思想观念看作实际生活的反映;另一种是韦伯式的,将观念当作社会行动的原因。然而,这两种简化都忽略了两者互动的事实。①如何能结合马克思和韦伯去研讨观念与行动之间的互动? 困难不仅在缺乏清晰的概念来操作这种互动,还在于人类一直以来特有的对观念价值的健忘。即任何概念抑或观念一旦内化于心就会成为想当然的潜在力量去支配人的行动,并不为行动者所察觉。援诗人海涅(Heinrich Heine)有关"观念先于行动,有如闪电先于雷声"②的人生感悟去看,被喻为闪电的观念与作为雷声的行动,不仅有先后关系,也具有互不可分的毗连关系。但现实中诸多社会发展与治理的研究,大多侧重行动作为历史事件雷声的长程影响,而忽略支配行动的观念,即观念容易在学者的研究视线中如闪电般消失得无影无踪。这使得揭示这种先于行动或镶嵌于行动过程中的思想观念变得十分重要,它构成文化社会学研究的目标之一。因而,这里"概念先行"的理论依据大多出自文化社会学的界说。

马歇尔·沙林斯(Marshall Sahlins)有关"食物作为象征符号"的经典研究认为,日常饮食的可食与不可食性,并不以物的有用性来裁定,而是取决于物对人的意义。人对物的情感及其业已形成的观念支配着美国人的饮食习惯。意义不仅决定生产什么食品,也决定全球的食品市场价格。例如,不食也不能生产狗肉,因为认知情感中狗为美国人心中的宠物;猪肉比牛肉便宜,是因为美国人观念中牛比猪更亲近一些。即标识性概念抑或意义符码决定了人的饮食行为。③

杰弗里·亚历山大(Jeffrey C.Alexander)在《社会生活的意义》一书中,以水门事件、大屠杀、总统选举、电脑科技等一系列经验的个案研究为例,看到也强调了话语体系,尤其是深嵌人们头脑中的二元符码等无形的文化结构,对美国社会的政治事件、社会制度以及群体行动的建构和支配④。显然,他们的研究都高度

① Swidler, Ann. 1986. "Culture in Action: Symbols and Strategies." *American Sociological Review* 51 (2): 273—86.

Vaisey, Stephen, 2009, "Motivation and Justification: A Dual-Process Model of Culture in Action", *American Journal of Sociology* 114(6):1675—1715.

② 转引自金观涛、刘青峰:《中国现代思想的起源》,香港中文大学出版社 2000 年版,第 8 页。

③ Sahlins, Marshall, 1990: 94—104, "Food as Symbolic Code", in Jeffrey C. Alexander. Ed. *Culture and Society: Contemporary Debates*, Cambridge: Cambridge University Press.

④ Alexander, C.Jeffrey, 2003. *The meanings of Social Life: A Cultural Sociology*. Oxford University Press.

肯定了观念、概念抑或话语文本能够对人的行动产生支配抑或积极的干预作用；在因果解释链上他们置"概念"为因，"行动"为果；概念或者观念作为自变量而先于行动得到了阐释。两者的区别仅在于论述的研究对象不同：沙林斯关注日常饮食习惯，亚历山大侧重在社会政治事件。

其实，正如闪电和雷声总相伴发生那样，任何一种社会行动都是观念支配下的行动，同时，价值观念的追求一定会通过行动加以表现，观念和行动本是水乳交融、密不可分的。大凡观念总是归咎为思想，研究思想与社会的互动模式应该是当前中国社会话语体系建设的重中之重。在这方面，作为新马克思主义者的安东尼·葛兰西(Antonio Gramsci)的文化霸权理论就涉及了支配与被支配之间如何达成"思想共识"而付诸行动的互动议题。像传统马克思主义的观点一样，葛兰西赞同上层可以对下层阶级行使至高无上的统治权；但他认为这个上层统治权是通过赢得下层许可而获得的，即需要有下层的"赞同"；只有上层和下层达成共识的思想，才可能真正组织起整个国家或社会的整合。他的分析首先将国家区分为两类：一类是"守夜人国家"(night-watchman state)，作为一种依赖于军队、警察和司法系统的压迫工具；另一类是"伦理国家"(ethical state)，在公民形成和赢得同意中发挥教育和形塑的角色。接着，他把统治亦一分为二：一种叫控制或支配，通过使用军队、警察的暴力控制；另一种被称作霸权，为构建合法性、发展共同理念和共享价值而组织起赞同的霸权。葛兰西始终强调教育和赢得同意的霸权，而不是野蛮暴力的控制权力；因为在他看来，虽然暴力仍然是社会控制的一种重要手段，但在稳定时期暴力控制让位于意识形态(话语体系的一部分)的统领作用：(1)意识形态提供给人们实践行为和道德行为的准则。意识形态是生活的经验，也是观念的体系，其作用是能够组织并整合各种不同的社会元素，以形成霸权集团和反霸权集团。这里，霸权和反霸权是通过一系列话语建构的主体和利益群众的战略性联盟形成的。(2)意识形态植根于大众的日常生活中，意识形态霸权涉及意义的决策过程。人们会通过常识、大众文化和流行文化来组织他们的生活和经验；这些常识和流行文化往往成为意识形态论争的重要场所。(3)知识分子在意识形态动员及其组织起大众中发挥重要的作用①。

---

① Gramsci, Antonio, 1968. Prison Notebooks. London: Lawrence & Wishart.
　[英]克里斯·巴克：《文化研究：理论与实践》，孔敏译，北京大学出版社2013年版。

显然，葛兰西文化霸权观从伦理国家的意识形态统领民众的角度，为我国新常态期倡导"话语体系建设"提供了马克思主义经典意义上的理据。尽管葛兰西强调的是意识形态而非本文论述的话语体系，但在福柯的"权力知识观"看来，意识形态等同于"各层次社会权力关系中具有特定后果的话语"，或可以被理解为"对政治、对任何社会组织、社会群体起凝聚和合法性作用的观念系统"。国家通过观念系统（话语体系）向民众提供一套建构社会秩序、实现社会整合的原则①。因此，回到本文关注的议题，葛兰西给今日"中国梦"时代的"概念先行"现象所提供的理论支点可简括为：（1）"概念先行"的话语体系建设反映国家意识形态的统领作用；（2）概念抑或观念可以通过动员、通过意义的合法化过程，下传到社会组织、社会群体抑或个体层面，获得民众的赞同，以形成全社会的"思想共识"及其行动；其间，（3）在以"科学知识概念"为说服工具的互动过程中知识分子会扮演重要角色。

四、"概念先行"的社会文化基础

概念抑或话语先行在中国何以可能？有其不能不提的社会文化基础。归纳起来大致有如下三方面：

第一，中国人心灵深处业已固化的权威主义文化及其人格。在谈论中国传统的本土特征时基本有两种说法已然成为共识：一种说法认为"家国同构"塑造的家长制国家（patrimonial state）历来是中国社会的制度性结构；另一种说法自汉代始"儒家思想"就被尊为国家意识形态而长期执掌中国文化②。作为结构要素的"家国同构政体"与作为文化价值要素的"儒家思想"合为一体，生成了所谓"制度化儒学"③的国家治理体系。这种体系使得中国人在道德伦理上长期受威

---

① ［美］克拉莫尼克、华特金斯：《意识形态的时代：近代政治思想简史》，章必功译，同济大学出版社 2006 年版。

② 金耀基：《中国政治与文化》，牛津大学出版社 2013 年版。

金观涛、刘青峰：《中国现代思想的起源》，香港中文大学出版社 2000 年版，第 8 页。

刘再复、林岗：《传统与中国人》，牛津大学出版社 2002 年版。

③ 制度化儒学意指"儒学被提升到国家意识形态的地位，与浓重的法家色彩的政治结构结为一体，即制度与文化的复合体"。见金耀基：《中国政治与文化》，牛津大学出版社 2013 年版，第 239 页。

权主义顺从文化的影响①。具体来说,当中国人考虑用什么办法能够将一个个分散的个体组织、整合起来时,最初始、最深厚的可资利用就是血缘关系,亲代对子代的抚育中就蕴含使之服从的因素。早期的人类利用血缘关系实现初民社会统治乃属天然之事。逐渐地,随经济社会的发展这种天然的恩赐由家拓展到家族及家族外群体,由宗法制度延展进今天的科层制度,复制或衍生到了国家的统治或支配模式。不少研究证实,"家"与"国"同构作为儒家社会伦理中存在的对偶现象之一②,长期左右着中国以及东亚地区的文化政治③。制度化儒学型塑出中国人普遍存在的权威主义人格和心态④。这就是,在君臣权力关系中,臣子对君主的"忠信"及顺服历来被当作重要的个人美德,而被内化于心,再付之于行动的。如改革开放前"以政治秩序为轴心"⑤的中国百姓凡事都习惯于顺从政府的统一分配和安排,对国家、对单位组织具有极强的依附。改革开放后,尽管社会的主导理念已经转向"以经济建设为中心",几乎每一位中国人被推入相对自主的市场环境,但现实告诉我们,发生任何大小事情或任何社会问题时,国人第一时间呼吁的是"政府为啥不管","政府应该出面采取措施"等,基本没有主动或自主的参与意识。说到底,他们还是习惯了对政府、对国家及其组织的强烈依赖和顺从。近期一些研究也表明:政府的意识形态、政府的社会动员依旧起支配性的强作用力量⑥。另据全球爱德曼公关公司(Edelman Global Public Relations)2011 年信任度调查报告显示,中国民众对政府的信任度达到 88%,位居全球第一位,之后几年中国公众对政府的信任度一直在 80% 左右徘徊,居全球前三位⑦。

①④　杨国枢:《中国人的蜕变》,中国人民大学出版社 2013 年版。

②　Schwartz, Benjamin, "Some polarities in Confucian Thought", In David S. Nivison, Arthur F. Wright ed. *Confucianism In Action*, Stanford: Stanford University Press, 1959, pp.50—62.

③　金耀基:《中国政治与文化》,牛津大学出版社 2013 年版。

殷海光:《中国文化的展望》(上),台湾大学出版社 2009 年版。

⑤　Schwartz, Benjamin I., "The Primacy of Political Order in East Asian Societies," in S.R.Schram, ed., *Foundations and Limits of State Power in China*, Hong Kong: The Chinese University of Hong Kong Press, 1987, p.1.

⑥　Perry, Elizabeth J., 2007: 1—24., "Studying Chinese Politics: Farewell to Revolution?" *The China Journal*, No.57.

⑦　周怡:《信任模式与市场经济秩序:制度主义的解释路径》,《社会科学》2013 年第 6 期。

周怡:《信任与公平:发展语境下的两个中国现实》,《江苏社会科学》2015 年第 3 期。

政府持有稳定而强有力的社会动员力量,以及民众居高不下的政府信任,其实以两个当下的社会事实呼应了中国人一以贯之的顺从权威、依附权威的深层文化特质。显然,社会成员具备这类文化特质,容易通过崇尚"'国'是'家'"、"个人应该服从集体、服从国家"的思想理念,将自上而下的新观念、新概念、新话语视作当然的制度安排而付诸实际的行动。

第二,话语体系建构中的民间流行元素。显然,由概念抑或观念组成的话语体系需要有"接地气"的民间元素才更易于产生实际的影响和秩序。话语体现民间元素通常有两种路径:一是与民生需求元素相对应的路径,叫民生路径;二是与文化传统元素相对接的路径,称为传统路径。两种路径说到底都是社会动员过程中必要的文化定位(cultural positioning)策略①。也就是把百姓需要的、熟悉的文化资源加以整合,用定位在民生的话语体系,来为社会建设、社会整合服务。让民众深感政府的话语概念及其政策是倾向于改善百姓生活质量的明示努力,即正在发生的和将要努力去做的一切完全是老百姓自己的事情、是对老百姓有利的事情。这样一种文化定位抑或文化置换,一直明显出现在中国社会。例如,改革开放初期,国家在想"走中国特色的社会主义城市化道路"时,首先把制度建构的参照点放在"农民需要富裕,向往成为城市人"这样的民间话语层面②。又如,当前体恤民生的概念包括"打通中间(最后)一公里"、"精准扶贫"等。在"打通中间(最后)一公里"的观念下,我们看到2016年2月中旬国务院已取消272项职业资格,还取消了152项中央制定地方实施的行政审批事项。而在"精准扶贫"概念下,我们读到习近平总书记多次围绕此概念所作的具体阐释:"立下愚公志,心中常思百姓疾苦","扶贫需要少搞些盆景,多搞些实惠"、"坚决阻止贫困现象人际传递","民生工作要一诺千金,不要狗熊掰棒子。"③定位于民生的话语显然有唤起民众积极响应的力量,可以使"概念先行"的行动如期达成。同样,在改革和建设的任何时期,传统文化作为百姓熟悉的重

①　Perry, Elizabeth Jean, 2012, *Anyuan: Mining China's Revolutionary Tradition.* University of California Press.

②　Zhou, Yi. "State-society Interdependence Model in Market Transition: A Case Study of the Farmers' City in Wenzhou the Early Reform Era", *Journal of Contemporary China*, Vol.22(81), 2013: 476—498.

③　见 http://cpc.people.com.cn/xuexi/n/2015/0315/c385474-26695056.html。

要文化基因而被纳入中国话语体系的实例亦屡见不鲜。因为历史上中华民族产生过儒、释、道、墨、名、法等各家学说,涌现过老子、孔子、庄子、孟子等一大批思想家,留下了浩如烟海的文化遗产。善于利用这些中国本身的传统文化、符码和习俗来动员群众,让群众感到中国的改革及其建设是“中国的”,更容易获得接受和认可。比如,作为诠释中华文明复兴的“中国梦”概念的梦娃系列,其传导的核心价值观“国是家、善作魂、勤为本”,“俭养德、诚立身、孝为先、和为贵”均出自儒家典籍。而习近平2013年11月对曲阜孔府的访问,以及他在不同场合的讲话中对中国传统文化典句的直接引用,例如,在从严治党的论述中他用到“明制度于先,重威刑于后”,出自《尉缭子·重刑令第十三》;“千里之堤,溃于蚁穴”,典出先秦·韩非《韩非子·喻老》等等①,都通过“重访”中国传统文化符号,向民众传递出当代中国政治对传统文化的认同和强调,语义是中国人在以自己的本土文化符码解决中国的事情。本土符码的语义表达显然能引起民众的共鸣。

第三,概念能够先于行动,还在于由概念建构的话语体系与新知识、新技术的结合。用民间流行话语去建构话语体系所处的民粹立场,一旦过度被使用,则可能导致或加速文化世俗化的趋势②。尤其在现代化发展的市场利益面前,源于商品市场发展的文化世俗化与国家主导的政治文化之间会产生矛盾抑或冲突。大多数国家会通过强调复杂社会世俗化的变化来实现改善人民生活的诺言;而世俗化的变化取决于社会发展过程中的新知识和新技术;其中,新知识和新技术概念的提出却源于知识精英的参与和诠释。假如把“话语权”分为政治话语权(即意识形态领导权)和学术话语权(即构成体系的学科理论和概念)两类的话,今天的中国社会更常见的是政治与学术话语权的两相结合抑或两相合作。“智库”的风起云涌、“大数据”的实际参与、“供给侧改革”概念的提出等都实在反映了政治政策话语与学术研究话语的联手。比如,“供给侧”属于老百姓完全懂懂的经济学学术话语,“改革”即有政府政策之意。“侧”为“端”解时,相对于需求侧而言,供给侧改革意指从供给方面进行改革。可喜的是,“供给侧改革”概

---

① 见 http://cpc.people.com.cn/xuexi/n1/2016/0218/c385474-28132380-4.html。

② [美]加布里埃尔·阿尔蒙德、宾厄姆·鲍威尔:《比较政治学:体系、过程和政策》,曹沛霖等译,东方出版社2007年版。

念一经提出,在供给方面就出现了简政放权、金融改革、放松管制及其国企、土地改革等政策行动,使老百姓得到实惠及市场利益。再比如,"一带一路"(The Belt and Road)概念,它是中国在全球化市场中给出的新概念、新表述,同时也是提炼于历史、经济、地球学科体系的标识性概念。即它今天的意涵是"丝绸之路经济带"与"21世纪海上丝绸之路"。这个概念及其论证是政治文化与学术新科技文化相结合的产物。因为在"一带一路"倡议下,我们看到了新型"中欧班列火车"的启动、新"灵渠"对中亚邻国的连接、"2017年国际合作高峰论坛"的成就,以及全球100多国家对"一带一路"建设的参与和支持,等等。很显然这一作为中国高层推动的国家理念已经成为行动,行动者既包含决策者,也包含知识技术精英和一线工作的百姓。知识与权力相结合的理念,容易被普通民众在不假思索的无意识中加以接受和认同的事实,早在福柯的"知识权力观"①里有过生动的阐发。而对中国革命、中国政治颇有深度关切的学者裴宜理(Elizabeth Jean Perry)亦看到,革命初期中国当时的青年知识分子,作为社会精英和知识精英的身份出现在老百姓中,把他们的新理念、新知识带给乡村的上层绅士,通过他们让下层的老百姓接受。即她看到了知识分子把教育及其知识从大学传导到民间的参与革命的过程,并认为没有一个国家的地方革命,能像中国这样强调革命家作为教育家的功能②。相对文化定位或置换来说,裴宜理称这样的新文化传导为文化援助(cultural patronage)策略,国家主动去操控文化,构建新的文化符码和形象,并使之深入日常生活层面。其中,文化援助的手段来自新知识或新技术。毫无疑问,今天我们的国家经过近40年的巨变,新媒体网络、手机微信、支付宝金融等新技术的普及应用远超发达国家,这种创新驱动能够如此之广泛,与知识分子参与话语体系建设密切相关。知识分子用科学技术去告诉老百姓"这是科学的、实用的,应该这么做,不应该那样做"等等这番界说,与其革命时期传播新思想而发生的文化援助如出一辙。

如果说,社会普遍存在的"权威主义文化及其人格"为话语体系建设中"概念先行"铺垫了绿色通道,那么,顶层设计时使用民生话语,或传统文化话语,再

---

① ［法］福柯:《规训与惩罚:监狱的诞生》,刘北成、杨远婴译,三联书店1999年版。

② Perry, Elizabeth Jean, 2012, *Anyuan: Mining China's Revolutionary Tradition*. University of California Press.

或使用知识话语,则为夯实概念与行动、顶层设计与基层响应间的一致性提供了长程资源。因而,我国新时期治国理政过程中的"概念先行"现象有其合理合法的现实的社会基础。

(作者单位:复旦大学社会学系)

中国社会学的想象力、本土化与话语权

冯仕政　魏钦恭

摘　要：本文讨论了中国社会学的国际话语权问题。随着中国的崛起和中国社会转型的不断深入，中国社会学的国际话语权问题越来越突出。话语权本质上是一种软实力，其获得必须以足够的硬实力为前提和基础。中国过去30多年中经济和社会的快速发展，为中国社会学获取国际话语权提供了强大的硬实力基础。但硬实力与软实力毕竟是两种不同的权力形态。要把硬实力转化为话语权，中国社会学必须扎根中国经济和社会发展的实际，通过加深本土化丰富想象力，提升话语权。

关键词：社会学，话语权，本土化，想象力

随着中国社会转型的不断深入和现代化的快速推进，社会学的话语权问题显得越来越突出。社会学的话语权，可以从两个方面理解：一是社会学作为一门学科与其他社会科学，主要是与经济学相比而产生的话语权问题；二是中国社会学与国际社会学，主要是与西方社会学相比而产生的话语权问题。这两种比较之下形成的话语弱势地位之所以成为问题，主要是因为，一方面，无论是国内还是国际形势的最新发展，都特别需要社会学；另一方面，社会学无论在学术研究，还是在公共政策和社会舆论中的话语权，远远落后于经济学和西方社会学。

首先，就国内而言，长期以来强调经济建设，经济与社会发展失衡，社会建设滞后。这样一种状况，不仅已经影响到整个社会的可持续发展，甚至威胁到社会稳定。整个社会都已经意识到社会建设的重要性，党和国家也把社会建设列入重要政治日程。社会建设需要社会学充分发挥作用，然而，不管是在学术地位、政治地位还是社会地位上，社会学都远远落后于经济学，在经济和社会发展等各个方面都缺乏话语权。这样一种状况，严重妨碍了社会学在社会建设中发挥作用，也严重影响了社会建设的进度和效果。

其次,从国际上说,中国的经济建设尽管取得举世公认的成就,但中国的社会发展模式和道路在西方却遭到许多质疑。正如习近平同志所指出的,我们先后解决了"挨打"的问题和"挨饿"的问题,但现在还没有解决"挨骂"的问题。[①]要解决中国发展模式和道路在国际上"挨骂"的问题,就必须深入研究中国的国情,揭示因此而来的道路选择的历史和现实依据。然而,在这个问题上,目前国际社会的话语权仍然掌握在西方手中,研究者往往从西方的兴趣和理念来观察中国问题,得出许多似是而非甚至南辕北辙的结论。要改变这种状况,亟需中国的社会科学工作者基于自己的研究发出自己的声音。其中,不仅少不了而且必须包含中国社会学家的声音。然而,相对于西方社会学,中国社会学的声音依然弱小,与中国的经济实力和综合国力严重不相称。

总而言之,无论国内还是国际形势都期待中国社会学发出自己的声音。为此,中国社会学必须争取话语权、扩大话语权。

尽管社会学的话语权问题同时包含国内话语权和国际话语权两个方面,但这两种话语权的产生和运作的逻辑有很大差别,并且相对来说,争取国际话语权的问题在当前更为紧迫。有鉴于此,同时因为篇幅所限,本文将只讨论中国社会学的国际话语权问题。

那么,中国社会学怎样才能在国际上获得应有的话语权呢? 本文从三个方面来回答这个问题:首先,是揭示国际话语权形成的一般逻辑;然后,基于这样一个一般逻辑,考察在中国崛起的特殊背景下,中国社会学应该怎样获取自己的国际话语权;最后,从政策的角度考察中国社会学获取国际话语权的现实路径。

一、 国际话语权形成的一般逻辑

社会学要争取国际话语权,首先要明白国际话语权形成的一般逻辑,也就是说,要明白国际话语权到底是怎么来的。在这个问题上,首先要确认一个前提:话语权归根到底也是一种权力,只不过是一种特殊形态的权力,即所谓"软实力"

---

① 习近平:《在全国党校工作会议上的讲话》(2015 年 12 月 11 日),《求是》2016 年第 9 期。

(soft power)。因此,关于话语权,可以放在关于权力的形态以及相互关系的一般理论框架下来探讨。

既然话语权本质上是一种软实力,那么,从权力的形态及相互关系的角度来看,话语权是怎样形成的呢? 显然,首先涉及的一个问题是软实力与硬实力的关系。那么,软实力与硬实力是什么关系呢? 我们的一个基本观点是:软实力从根本上取决于硬实力,没有硬实力就没有软实力,软实力只是硬实力的流露和体现,甚至只是对硬实力的包装。因此,获取话语权绝非只是把故事讲得动听一些,关键还是要增强硬实力。尤其在国际政治生活中,西方列强长期推行弱肉强食的殖民主义和帝国主义政策,尽管经过第三世界国家的长期斗争,现今国际政治秩序有所改善,但由西方国家占主导地位的世界政治经济格局并没有根本改变。在这种情况下,争取话语权绝不能犯幼稚病,必须牢牢把握硬实力决定软实力这个根本点。

硬实力为什么能够决定软实力呢? 我以为主要可归结为三个原因:

第一,硬实力能够从根本上影响人类注意力和认同的配置。话语权首先是一种"议程设置"(agenda-setting)能力。人和动物不一样,动物是按本能生活的,而人是按议程生活的。人类总是倾向于把川流不息的工作和生活变成一个个可感、可控的议程,然后一一去实现。议程代表着人们对生活的规划和预期。尽管并不是每个议程都能实现,但议程却实实在在地引导着人们注意力、精力和资源的投向。因此,议程设置能力,本质上是影响他人注意力和认同的能力。

注意力是一种稀缺资源,人们在同一个时间内能够关注的事情是有限的,因此就有一个注意力竞争的问题。与此同时,认同意味着情感和精力的投入,而人的情感和精力也是有限的,因此,对认同也存在一个竞争的问题。要取得话语权或提升软实力,撇开别的内容不谈,有两个方面是必不可少的:一方面,是你能够引起他人的注意,能够让他人在分配注意力的时候把更多的注意力投注到你身上,但是注意力的投注并不会自发增加,而是存在着一个竞争分配的过程。另一方面,是你能够得到他人内心的认同,即让他人服膺你的价值理念或认知方式。就这两个方面而言,从得到别人注意到获得他人的认同,是一个递进的过程,但就其基础前提而言,只有强大的硬实力才能保证在注意力和认同的竞争中获得更多"份额"。也就是说,作为"软实力"的话语权,是在硬实力竞争的过程中,使人们不得不接受竞争秩序中的角色和定位,进而自觉或不自觉地分配注意力和认同,并逐渐塑造态度、认知与偏好。

如果将话语权的争夺看作拳击比赛,那么关键的力量在于"拳头"而非"手套"。任何的言辞和修饰,在没有硬实力支撑下,只会显得更加苍白和无力。比如前些时日关于新加坡是否应该遵循"小国外交"之道的争论,看似是新加坡关于自身国际外交定位的争辩,实质上是国际秩序和角逐力量变革之下,新加坡在"后李光耀"时代对国际地位下移的担忧,反映的是硬实力不足之下话语权本身的脆弱性。

第二,表现硬实力的器物是文化软实力的附着载体和传输载体。当我们衡量一个国家的实力之时,可感、可视的器物往往要先于难以名状的文化。一方面,器物本身具有文化传输功能;另一方面,文化自身并不具有稳定性,文化也非基因可自动遗传,而是通过制度、组织、器物等得以发展延续。正因如此,从人类历史的发展进程来看,一个国家即使有着悠久的历史,但当在器物的竞争中处于劣势地位时,也难以摆脱失语的困境。而如美国,虽仅有两百多年历史,但由于其在诸多器物的竞争中取得优势和主导地位,也同时提升了文化软实力与话语权。

应该意识到,器物本身不仅是文化的组成部分,而且器物亦具有文化传输功能。每论及传统中国的世界影响,我们就会提到"四大发明",而指南针、造纸术、火药和印刷术本身就是作为器物的存在而影响他人的。在这个意义上,器物的输出本身就是文化的输出,器物的竞争也同时是文化的竞争。当我们在讨论战后美国文化的输出与成功之时,其实美国化在很大程度上是工业化产品的扩散。如畅销全世界的可口可乐、苹果手机、微软产品等作为日常消费器物,其自身亦具有美国文化输出和传播的功能。西方国家为争夺国际话语权,不仅极为看重文化观念的缔造,也十分注重将文化与器物相结合。随着各种器物在世界各地的传输、销售和使用,其所承载的文化也被潜移默化地接纳和认同。

当然,器物与文化的融合并不会自发实现,其首要取决于在某类或某个领域的器物竞争中是否具有优势地位,且这种优势地位的形成大多是累积性发展的结果。比如,虽然中国生产的不少产品在全世界广泛销售,但由于其并未形成优势地位,只是被贴上了"中国制造"的标签。但同样的机械产品,德国生产则被赋予严谨可靠的文化色彩;同样是电子产品,日本生产则被认为是创新先进的文化体现。究其原因,由于器物本身的差异,制造者亦被赋予了不同的文化意义,产生的文化影响效力也相差极远。

第三,硬实力为符号、概念、理论和文化的创造提供条件。毫无疑问,软实力最终表现为符号、概念、理论和文化体系,但需要硬实力作为支撑,在物质基础没有得到很好解决的前提下,遑论文化软实力的打造。这种支撑不仅是因为文化创造本身就是生产过程,而且是因为作为非物质性文化的创造有赖物质基础提供条件。正如恩格斯《在马克思墓前的讲话》中所提到的,"人们首先必须吃、喝、住、穿,然后才能从事政治、科学、艺术、宗教等等;所以,直接的物质的生活资料的生产,从而一个民族或一个时代的一定的经济发展阶段,便构成基础,人们的国家设施、法的观点、艺术以至宗教观念,就是从这个基础上发展起来的,因而,也必须由这个基础来解释,而不是像过去那样做得相反。"①

简而言之,物质基础决定上层建筑。回顾中国历史和世界各国历史,但凡产生过广泛文化影响的历史朝代都是物质极为丰裕的时期。文化的创造创新需要物质基础提供的条件并以物质为支撑,即使面对业已形成的文化优势地位,没有硬实力的支撑,也难以维系持续广泛的影响力。

当然,应当明确,硬实力不会自发转化为软实力,这也正是我们当下积极推进话语体系构建和话语权提升的意义所在。如前文所述,将话语权视为一种软实力,那么与其他权力类型相比,则有着不同的特征和生成运作逻辑。迈克尔·曼在《社会权力的来源》一书中提出了权力的四种基本类型,即意识形态权力、经济权力、军事权力和政治权力。如果按照这个框架,那么文化软实力无疑属于意识形态权力。根据曼的观点,在上述四种权力中,军事权力和政治权力是集中性权力(centralized power),而经济权力和意识形态权力是分散性权力(decentralized power)。②作为集中性权力的军事竞争和经济竞争,输赢强弱清晰

---

① 《马克思恩格斯选集》第 3 卷,人民出版社 1995 年版,第 776 页。

② 见[英]迈克尔·曼:《社会权力的来源》第 1 卷,刘北成、李少军译,上海人民出版社 2007 年版。

可分,而具有分散性特征的文化权力则没有放之四海皆准的标准去判别孰优孰劣、谁强谁弱,也更难保证自己所认为合理正当的文化价值在他人那里也是正确可信、被自觉认可的。

更进一步,我们应该看到,硬实力和软实力并不是完全的正相关关系,作为文化构成要素的符号、概念、理论是否被别人所认同和服从,要复杂和漫长得多,也更需要一个从硬实力向软实力的转化和锻造过程。这也正是我们传统文化中所讲的"远人不服,则修文德以来之"的道理所在。如葛兰西所讲的"文化霸权"那样,文化沉浸在日常生活中,是抓不住看不到的,以符号形式存在于人的头脑中,是没有办法摧毁的。

还需要注意的是,文化权力虽然依附于硬实力,但又是其他权力的合法性保证。当在经济、军事等硬实力的竞争中取得优势和主导地位后,就需要通过文化和意识形态的构建进行合法化。正如卢卡斯所提出的第三种面向的权力,这种作为支配的权力是关于思想意识控制的权力,即通过塑造另一方的认知、偏好从而使其接受、相信或自愿服从现有的秩序状态。①故此,我们看到,西方发达国家在取得优势地位之后,不仅通过器物的输出,也同时通过文化价值的输出,以不断确立和巩固其优势地位和既得利益。

二、 中国的崛起与社会学的话语权

近年来,随着我国国力的不断增强,有关学科和学术话语权的讨论日益增多。从 Google 图书(Google Ngram Viewer)和知网(CNKI)文献数据库的统计结果来看,以"话语权"和"话语体系"为关键词的图书和论文呈现"井喷式"增长态势(见图 1 和图 2)。这一方面反映的是硬实力增强之后,对软实力未能同步提升的反思和急迫心理;另一方面也体现出话语权的争夺和话语体系的构建亦是一个从无意识到有意识逐步增强的过程。但我们同时也看到,严格从学科意义上对话语权和话语体系构建的讨论仍显匮乏。

---

① 见[美]史蒂文·卢卡斯:《权力:一种激进的观点》,彭斌译,江苏人民出版社 2012 年版。

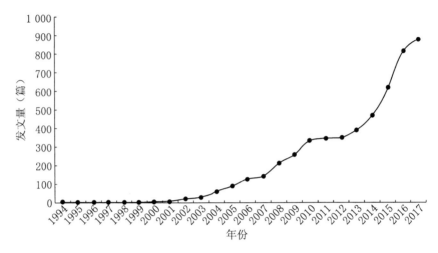

图1 知网论文中"话语权"和"话语体系"文献统计结果(1980—2008年)

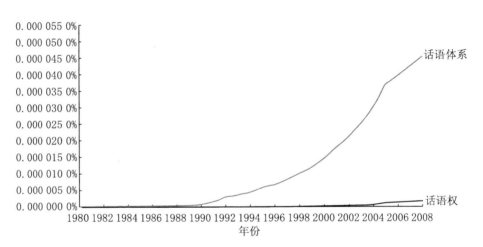

图2 Google 图书中"话语权"和"话语体系"文献统计结果(1994—2017年)

一个时代有一个时代的独特性,一个时代有一个时代的学术使命。2016年5月17日,习近平在哲学社会科学工作座谈会上的讲话指出:"当代中国正经历着我国历史上最为广泛而深刻的社会变革,也正在进行着人类历史上最为宏大而独特的实践创新。这种前无古人的伟大实践,必将给理论创造、学术繁荣提供强大动力和广阔空间。这是一个需要理论而且一定能够产生理论的时代,这是一个需要思想而且一定能够产生思想的时代。"①

---

① 习近平:《在哲学社会科学工作座谈会上的讲话》(2016年5月17日),人民出版社2016年版。

构建中国学术的话语体系,更好地掌握学术话语权,既离不开中国自身的历史和现实情境,也离不开国际学术的发展环境。在这个意义上,话语权并非孤立和空洞之物,也并非自说自话,而是要在积极借鉴和吸收古今中外各种优秀文化成分的基础上,在立足中国社会发展变革的历史进程中,在不断的理论反思和理论自觉的行进之中,在学科自身繁荣发展的前提下,以开放的心胸和气度来看待话语权问题,才能实现理论创新、思想创新和话语体系创新。

中国的社会学自发轫至今,已走过逾百年历程,虽然其间经历了取消和中断,但改革开放后,中国社会学在挫折和困境中奋起,恢复重建至今已近 40 载,越来越焕发出勃勃生机。但愈是发展,关于学科话语权的问题却愈加凸显;愈是发展,挣脱西方学术话语束缚的渴望愈加强烈。但我们还是应该清醒地认识到,如何在国际社会学学科体系中争得一席之地,并逐步占据话语权的高点还有漫长的路要走。此处,主要从中国社会学学科的现实发展基础、硬实力向话语权的转化以及本土化与想象力的关系几个方面进行简要探讨。

第一,中国的崛起为社会学的发展奠定了"硬实力"基础。

前文已经阐述了硬实力基础对文化软实力或话语权的重要性。同样地,社会学话语权的形成与提升也离不开其所根植的中国土壤和其所依存的基础条件。总体而言,中国的快速崛起从三个方面为中国社会学的发展奠定了"硬实力"基础。

一是中国自身实力的增强,吸引了更多外部注意力。我们知道,话语权的形成不是"闭门造车",是在与外部沟通交流的过程中为人所知的。正因如此,能否以及是否被国际学界所关注并能参与交流之中是提升话语权的重要契机。从国内高校国际交流合作的状况可以看到,与 10 年前我们与国外主动交流合作,到今天国外诸多高校和研究机构纷至沓来,这种"反客为主"的现象在很大程度上说明中国自身实力的增强为学科话语权的提升搭建了更多平台。

二是中国社会的快速发展和急剧转型为社会学研究提供了丰富的材料和鲜活的对象。一个学科的发展离不开其所研究的对象和所能获得的材料,而中国社会学恢复重建至今的快速发展同样离不开中国社会自身的发展变动。无论是关于总体性结构的探讨,还是各种中层机制的分析,再到微观案例的挖掘,在中国社会总能找到差异性(variation)足够的素材。在这一意义上,中国社会学科的发展与中国社会的发展相同步,中国社会的发展为社会学的研究提供了广阔空间和充足养分。

三是一个学科的发展不是完全靠"手卷笔耕"就可以实现,在当下的学科发展中,亦离不开学科基础体系的支撑。费孝通先生曾经提出,成立一个学科要有"五脏",指的是会、所、系、图书资料、刊物和出版社。①现如今,一个学科发展还需要国际交流、学术会议、课题项目等方面的支撑,"五脏"已扩展为"八柱",而这些方面都需要大量经费的保障。也就是说,学科的发展和话语权的构建不是靠情怀就能实现,而是需要"真金白银"的投入。在这一方面,随着我国经济实力的不断增强,科研经费的投入亦在稳步增长。根据相关机构统计,2012年至2016五年间,中国大陆一流大学的师均科研经费从9.93万美元增加到13.15万美元,尽管仍落后于英美澳一流大学的均值(2016年均值为52.79万美元),但已逐步接近亚洲一流大学的均值(2016年均值为17.96万美元)。②虽然没有详细的资料说明国内高校和研究机构社会学学科科研经费投入的状况,但毋庸置疑的是,学科发展所需要的基础条件在显著改善。

第二,中国社会学发展的关键是将"硬实力"转化为话语权。

就中国社会学学术话语的总体现状来看,如有学者所认为的,更多表现出碎片化的特征,并未形成能够有效解释中国社会变迁的脉络、机制的整体性学科体系、学术体系和话语体系。③当然,这种现状或局面的形成既有学科发展仍不成熟的原因,也在很大程度上反映当下中国社会学发展面临的"跃迁"困境。

这种困境,一是表现为社会学不同研究取向之间分化和隔离的倾向日益严重,理论取向、定量取向、质性取向和实践取向的研究"分道扬镳",甚至相互鄙薄,学科内部呈现分裂态势,形成各自为阵的鄙视链条。④二是表现为不同研究立场之间的关系紧张,主要是以西方学术标准和规范为主导的研究与立足于本土经验的研究之间扞格不入。三是表现为过于细碎化的研究和直面总体性社会

---

① 费孝通:《建立我国社会学的一些意见》,《社会学纪程 1979—1985》,中国展望出版社 1986年版。

② 见《浙大智库系列报告:国内外一流大学 5 年段数据对比分析·科研经费》,http://www.sohu.com/a/146874055_99896482。

③ 李友梅:《中国特色社会学学术话语体系构建的若干思考》,《社会学研究》2016 年第 5 期。

④ 成伯清:《中国社会学的三种趋向》,《中国社会科学报》2017 年 1 月 11 日。

问题研究之间的脱节,如更多研究在倾注心力于具体目标对象之时,如同将一块完整拼图的一小块抠出来放大呈现,并未抽身反思和透视具体对象所处的结构环境及其在总体社会全貌中的位置和意义。四是表现为现实问题研究和历史发展脉络之间的割裂,任何当下问题呈现的背后都有着复杂的历史形成逻辑,不溯源便失去了生命力,这也是不少研究一经完成便告结束的主要症结所在。凡上述种种表现,不一而足。这些困境的存在当然不是中国社会学所独有,但却是话语体系构建过程中需要一一反思的问题。

那么随之而来的问题是,如何超越这些困境,顺利实现中国社会学话语权的跃迁? 现有不少富有见地的文章都对这一问题从不同层面进行了反思和讨论,如倡导"文化自觉"和"理论自觉",提出对"中国理念"的总结和"中国经验"的概括,强调"直面总体性问题"和"返回历史视野",注重"提炼标志性概念"和"打造原创性理论",呼吁"增强历史担当"和"学术使命感"[1],等等。要达到这样的境界,关键是将"硬实力"转化为"软实力"和话语权。而这离不开具体的学术实践和几代学人的共同努力。

第三,话语权从根本上取决于中国社会学的本土化和想象力。

习近平总书记指出,哲学社会科学的特色、风格、气派,是发展到一定阶段的产物,是成熟的标志,是实力的象征,也是自信的体现。[2]

构建中国特色的社会学学科体系、学术体系和话语体系,自然也是中国社会发展到一定阶段之后的内在要求,但这一目标能否顺利达致,受到诸多因素影响。在众多因素中,中国社会学的本土化和想象力是实现这一转化过程需要多下功夫的方面。这不仅是因为中国社会学的特色和优势离不开中国独特的发展

[1] 费孝通:《文化与文化自觉》,群言出版社 2010 年版;郑杭生:《学术话语权与中国社会学发展》,《中国社会科学》2011 年第 2 期;林聚任:《理论自觉与中国社会学话语体系构建——从郑杭生的理论自觉观谈起》,《社会学评论》2017 年第 2 期;黄宗智:《认识中国——走向从实践出发的社会科学》,《中国社会科学》2005 年第 5 期;郑杭生、黄家亮:《"中国故事"期待学术话语支撑——以中国社会学为例》,《人民论坛》2012 年第 12 期;李凌静:《拓展社会学的历史视野 直面"总体"社会科学》,《中国社会科学报》2012 年 11 月 16 日;渠敬东:《返回历史视野,重塑社会学的想象力》,《社会》2015 年第 1 期;宋林飞:《增强社会学话语体系的中国特色》,《社会学研究》2016 年第 5 期;李培林:《中国社会学的历史担当》,《社会学研究》2016 年第 5 期。

[2] 习近平:《在哲学社会科学工作座谈会上的讲话》(2016 年 5 月 17 日),人民出版社 2016 年版。

道路、本土文化和生活实践；而且是因为，一旦失去社会学的想象力，研究者势必沉陷于一个个微小问题之中，更加无力处理各种复杂的根本性问题，更加难以提炼出自己的学术概念和理论体系，也就更难以摆脱为西方话语体系所主导的尴尬境遇。

一是增强自主能力，摆脱边陲意识。不可否认，中国的社会学是"西学东渐"的产物，但这也在一定程度上导致中国社会学长期以来对西方学术理论和研究方法过度"移植"的路径依赖。在中国社会学恢复重建近40年的今天，这种"中心—边陲"的意识和角色定位并未有根本性改观。在西方学术话语体系的强势压力之下，我们不仅对自己社会的认知失去了原本应有的本土意识，反而在不少研究中异化为西方话语的"应声虫"，出现如言必称西方诸家、紧趋西方研究动向、使用西方理论随意裁剪中国事实等现象。当然，导致中国社会学长期处于国际学术格局边缘位置的原因十分复杂，但缺乏学术自主能力是根本原因。也就是说，如果没有学术自主能力，即使我们一再倡导增强学术话语权，也只不过是"无力的呐喊"。

从学科角度而言，学术自主能力的提升是增强中国社会学自主性和改变边陲意识的必由之路，但从当下的条件而言，这条路依然很长，不能指望一蹴而就。确切而言，学术自主能力的提升是一项"系统工程"，要内外兼修，从制度条件、外部资源、组织模式和意识观念等诸多方面进行改进和更新。就外部条件而言，虽然我们在科研经费、研究设施等方面已有很大改善，但在促进学术创新和自主发展的制度条件和组织方式上还有诸多需要完善和提升之处，如减少过多的行政干预、创造宽松的学术环境、完善激励机制等。从内部条件而言，应注重主体意识的培养，没有主体意识，就不会有谋求创新发展的自信，而没有自信就不会谋思改变现有学术格局，也更难以破除"边陲思维"。这种主体意识的培养应贯穿于知识传授和学术研究之中，既要吸收、融通国外各种有益资源，也不能妄自菲薄，否认本土学术概念和理论知识；既要借鉴西方，又要跳出西方，以更广的视野在更大的范围内找准学术研究定位。只有如此，才能在总体目标上实现中国社会学的自主发展和主体地位确立。

二是只有足够"土"，才能足够"洋"。无须讳言，中国社会学今日的蔚然发展离不开几代学人的本土化实践和积极探索，可以说，西方知识的引入和本土化的学术研究共同支撑着中国社会学的发展。在中国近代剧烈的社会变迁过程中,为了能够透视和更为贴切地解释繁纷复杂的社会问题,学者们一方面在反思西方理论的适用性,另一方面深入田野、获取各种数据资料、深入挖掘历史制度文化资源,由此生发出不少具有中国特质的学术概念,如"差序格局""关系""单位"等概念。但在总体意义上,我们的本土化成果不是太多,而是太少;我们对中国社会自身发展的认识不是看得太清,而是仍然不够;我们可用以构建中国社会学话语体系的现成原料不是充足,而是还很匮乏。这种情况使得我们在国际学术话语的争夺中,因为自身"法宝"乏善可陈,越是要突出自身的正当性和被认可度,就越是亦步亦趋于他人,而越是移植他人概念和理论就越失去了本土化的勇气和机会,由此陷入循环往复而难以自拔的尴尬境地。

要破解这种死循环式的迭代模式,还是要回到本土化之路上去。本土化就是将中国自身的事情说清楚,逐步形成和发展出能够解释和解决中国问题的本土学术理论和研究方法,提炼出能够反映中国社会发展经验和发展规律的新概念、新范畴和新表述。

如前文所述,现在我们的外部条件和硬实力已经具备,也已经有足够的自信吸引西方和国际学界对中国的关注,而在学术研究中,这种转向和趋势也开始呈现。以国际社会学界较为公认的"美国社会学杂志"(AJS)刊物为例,其上面发表的论文开始引用中国学者的论文。这种做法足够说明,我们认为很"洋"的东西,很"高大上"的刊物,很"一流"的研究,在对中国问题解释的过程中,也逐渐意识到要更多关注中国本土研究的成果。这在以前是很难想象的。以往在关于中国问题的研究上,不仅西方学者不看中国本土学者的研究,而且中国学者也更多是照搬和套用西方的概念和理论解释中国问题。

现在这种研究趋势的改变和转向在很大程度上说明,要提升中国社会学的话语权,不能一味求"洋",只有我们把自身的问题研究清楚了,把自身的研究能力和水平提升上去了,才能赢得外部的关注和尊重。换句话说,本土化和国际化本身就是辩证转换的关系,不能认为本土的研究就上不了台面,西方的研究就自然高出一等;换个视角来看,我们认为"洋"的东西也只不过是别人本土化的成果,而我们认为"土"的东西恰恰也有可能是别人认为"洋"的东西。

三是只有增强想象力，才有影响力。本土化是实现中国社会学自主发展的必经途径，但也应该意识到本土化不能陷入到碎片化之中，即只埋头于对中国社会发展变迁中微小问题的研究和对各种片段的详尽描述，而忽视其所嵌入之中的总体社会结构及其连带的总体性问题。要真正实现本土化，就必须增强我们的想象力。

此处强调的想象力，是指能够将我们所处时代在巨变过程中发生的各种看似片断、偶然和孤立的现象与社会发展的大态势联系起来；能够将个体经历和心理感受与所处的时代特征和周遭环境联系起来；能够将对当下问题和细小现象的理解与历史背景、空间地域和时间脉络联系起来；能够将中国问题与全球化和现代化的进程联系起来，也就是实现米尔斯所言的"视角转换能力"。

进而言之，想象力是社会学研究本身应该秉持的思维方式和研究取向。"应该始终蕴含着一种冲动，要去探知置身于这个社会、这个时期，并被赋予其品质和存在的个体，在社会维度和历史维度上具有什么意义。""任何社会研究，如果没有回到有关人生、历史以及两者在社会中的相互关联的问题，都不算完成了智识探索的旅程。"①借助社会学的想象力，我们就能够更好地处理和把握个体与社会、微观与宏观、小问题与总体性问题之间的关系，进而不断推进本土学术概念、理论和知识体系的跃迁。

在这里本土化与想象力不可分割，本土化是想象力的基本前提，而想象力是本土化的实践指引，两者共同构成中国社会学话语权提升的必要条件。但也应该强调，社会学的想象力不是"任意遐想"或"随意关联"，更不是随心所欲地编造学术概念，而是应该建立在本土实践经验和已有的学术知识基础之上。

也就是说，我们在本土化的过程中，借助想象力，目的在于更好地说清楚自己的事，并且在此过程中，努力形成能够为学术共同体所理解和接受的知识体系，进而推动某一方面或某一领域的发展，提升自身影响力。反过来，我们很难指望，在没有认清中国社会自身的前提下，企图通过"拍脑袋"提出一个个全新的概念或构建一套套全新的理论体系，就能够被学界所认可。一方面，社会的复杂

---

① 见［美］C.赖特·米尔斯:《社会学的想象力》，李康译，北京师范大学出版社 2017 年版，第6—7页。

性使得对同一问题和同一现象的理解在不同研究者视域中相差万千,不可能如自然科学有较为统一的衡量和评估标准,更难以形成一致性共识;另一方面,社会科学中的许多概念、分类机制和理论框架所指涉对象的本体性本身就存在很大争议。①这些特征使得要切实提升中国社会学的话语权和影响力,就不能是闭门造车,完全就"本土"论"本土",而是应该放置在国际学术新秩序重塑的背景之下进行认识和重构。唯有如此,我们的本土化才能有生命力,我们的想象力也才能有影响力。

三、 中国社会学话语权提升的现实路径

"集中力量办大事"是中国经济和社会发展的重要模式,也是一个重要经验。但在软实力方面,要想在短期之内实现突破性发展并不现实。学科话语权的提升既要积极主动去构建,但也有其自身的发展形成规律。对此,我们应该抱持一种理性平和的心态,坚持久久为功,争取快、准备慢,在持续的学术实践过程中不断提升国际话语权。其原因在于:

第一,认知和认同的转变需要一个过程,甚至需要依靠代际更替。话语权得以确立的基础是得到他人的认同。前文已经强调,文化权力与经济、军事权力不同,在竞争的过程中不会输赢立见,也难以通过说教就能让别人轻易信服,而是要在硬实力确立的前提下,在不断的输出过程中,逐渐为别人认知和接受。

人的认知存在着"刻板"印象,由于中国社会学长期以来在国际学术体系中处于边缘位置和失语状态,要改变这种境遇,自身研究实力的提升自不待言,要深刻改变他人根深蒂固的观念同样需要假以时日。行为经济学在对人们的决策和判断研究中,提出了一个概念,叫"锚定原则",即人们的认知会沿着自认为正确合理的锚点展开,但由于人往往通过直觉思维系统进行认知,这就导致评判结果与现实状况之间经常存在着很大的偏差。

事实上,对于中国社会学在国际上能否得到他人的认同,同样需要内外部环境的变化来逐渐克服他人认知中存在的锚定偏差和刻板印象。也就是说,即使

---

① 赵鼎新:《社会科学研究的困境:从与自然科学的区别谈起》,《社会学评论》2015年第4期。

在短时间内,中国学者的研究成果在国际学术刊物的发表量大幅增加,中国学者研究成果的被引用率不断提升,但是从研究实力到话语权的确立却是一个心理和观念层面的漫长转换过程。在这个意义上,我们没有更多的捷径可以走,甚至需要依靠代际更替来完成。

第二,符号、概念、理论、文化的创造是一个缓慢的过程,越急越不得。本质上,话语权的构建和提升就是权力控制方的知识文化生产和输出过程,而作为知识文化构成要素的符号、概念和理论创造却是一个缓慢的过程。我们常言,"板凳要坐十年冷,文章不做一字空",这首先表明知识的生产是一项极为复杂、耗费时力的过程。物质产品的生产可以制定明确的计划和目标,只要各项生产要素具备了,就能不断地生产出来。而知识的生产具有很大的不确定性,纵览古今中外的学术经典,莫不是苦心孤诣、穷经皓首之作。就此而言,中国社会学的研究仍然缺少为国际学界所认可的学术作品,而这又是一个缓慢提升的过程,难以按照既定期限、既定计划来完成。甚至越是急切,越是不得。

还需要思考的是,我们的知识生产体制和各项制度规范是否有利于更好地产出有影响力的学术精品? 如果学术研究都要求按照预先的计划来操作实施,学术考核都比照数量和发文刊物来评估,学者的生计都系于可计算性的指标之上时,那么一个研究者是否有足够的定力保持内心平静,为一项研究投入足够的心力甚至毕生精力。当我们在量的产出上已经不断逼近西方国家之时,如何提升学术研究的质不仅是学者需要思考的,也同样是政策制定者和科研管理者需要思考的重要议题。

第三,中国在硬实力方面仍然未取得压倒性优势。硬实力是确保文化软实力输出和影响力提升的物质形态基础。就目前而言,中国虽然在经济总量方面处于世界前列,但在诸多领域并未取得压倒性优势。反观历史,话语主导权的形成与硬实力优势地位确立一般都是相伴而生。以美国为例,我们现在都知道其无论在硬实力还是软实力方面都处于世界主导地位,但美国从硬实力地位的确立到取得压倒性优势仍然经历了一个漫长过程。美国的 GDP 在 1900 年左右就已经世界第一,但真正获得压倒性优势是在二战之后。二战之后,无论是经济、军事还是文化意识形态诸方面,美国都赶超了欧洲国家,确立了全球主导地位。

大家都知道，中国经济成就的取得是改革开放以来诸多因素结合的结果，保持几十年的高速发展自然有其内在的逻辑和独特之处。但直到 21 世纪大家才开始关注"中国模式"或"中国发展经验"。这充分说明，只有当累积性发展达到一定程度，硬实力取得充分的量变后，才会吸引别人的注意。而当我们反思话语权不足或文化软实力不强之时，除了话语体系的构建，仍要认真看待我们的硬实力基础还很不平衡、很不充分。比如关键领域的核心技术和标准仍然为美国或西方发达国家所掌握；一般的耐用消费品，我们的制造能力和产品质量仍然与国际先进水平有较大差距；科研经费的投入，中国大学与国际一流大学之间的差距仍然较大，等等。

这些都说明，在我们的硬实力还没有从量变实现质变，在未取得压倒性优势的时候，要先于硬实力实现话语的支配权，难度不言而喻。正因如此，话语权的提升与硬实力的增强是一体两面的发展过程，急不得也急不来。

小　　结

学科话语权是文化软实力的表征，而文化软实力的提升有赖于硬实力的支撑。社会学作为舶来品，近代以来，尤其是改革后恢复重建至今，其发展一直深深嵌入中国社会巨变的历史进程，根植于中国的现实土壤，俯首于揭示和解释中国社会转型发展中的诸多问题，呈现越来越繁荣的景象，但与此同时我们也深深困扰于为西方学术话语所主导的格局未有根本改变。

面对西方学术的强势压力，中国社会学在国际学术格局中的位置仍较为边缘，似乎陷入了一种两难的困境之中：一方面，不少学者的"中心—边陲"意识仍然强烈，常试图通过简单移植、照搬西方学术理论和方法解释甚至裁剪中国社会事实，在一定意义上成为西方学术的"加工厂"；另一方面，在本土化的过程中，虽生发出不少立足于中国本土实践和事实经验的概念、理论和研究范式，但却难以突破现有话语权力格局。面对这一困境，诸多学者从不同层面进行了深刻的检视和有益的探讨。这一问题在今天愈发突出，不是因为中国社会学本身未有发展，而是与中国的崛起和国际地位相比，其学科体系、学术体系和话语体系的建构仍然迟滞，学科话语权与国家硬实力很不相称。

对此，我们将话语权视为一种权力表现形式，认为对其的理解可以放置到权力的形态以及相互关系的一般理论框架中加以探讨。正是因为话语权力的特殊形态及属性特征，要求我们必须跳出一般的行动—目标关系逻辑来看待话语权提升问题。即硬实力向软实力的转化复杂漫长，这一过程没有捷径可以走，需要通过提升自主能力、不断的本土化和增强想象力来实现跃迁。知之非艰，行之惟艰。对于结构条件，中国的硬实力要进一步增强并能够逐步取得优势地位；对于行动主体，中国社会学者要增强历史担当，不断推陈出新，产出能够经受历史、现实和学术共同体检验的优秀成果。唯有软硬兼顾、两者相辅，才能从根本上解决中国社会学失语的问题。

（作者单位：中国人民大学）

文化自觉：主体性、实践意向与社会学中国化

周长城　张敏敏

摘　要："文化自觉"自提出以来引起学术界广泛的讨论、思考与对话。从哲学上来看，文化自觉具有强烈的主体性，即人的能动性、目的性、创造性等。从实际来看，具有很强的实践意向，不仅其产生于文化实践活动，由历史实践积累而成，其目的也是文化实践活动，促使文化形态的更新。同时，文化自觉所体现的对自己文化与其他文化的洞悉，能够切实地帮助社会学中国化的实现。

关键词：文化自觉，主体性，实践意向，社会学中国化

1986 年，许苏民先生提出了"文化自觉"的说法。1997 年，费孝通在北京大学举办的第二届社会学人类学高级研讨班上，具体采用了"文化自觉"这个名词。费孝通认为，文化自觉是指"生活在一定文化中的人对其文化有'自知之明'，明白它的来历，形成过程，所具的特色和它发展的趋向"，要求知道："我们为什么这样生活？这样生活有什么意义？这样生活会为我们带来什么结果？也就是说人类发展到现在已开始要知道我们的文化是哪里来的？怎样形成的？它的实质是什么？它将把人类带到哪里去？"而文化自觉则需要"各美其美，美人之美，美美与共，天下大同。"①自从"文化自觉"被提出以来，就引起了学界广泛的讨论、思考与对话。

一、 文化自觉的哲学主体性

虽然费孝通在进行文化自觉的论述时，是从社会学与人类学的领域出发并展开的，但文化自觉实际上具有哲学主体性的根基。费孝通曾经为文化自觉建

---

① 费孝通：《反思、对话、文化自觉》，《北京大学学报》（哲学社会科学版）1997 年第 3 期。

立了一个时间与空间结合的坐标轴,指出时间轴即纵轴为历史,要从传统与创造中看待未来;空间轴即横轴为全球视野,要关注全球语境,找出当前语境下文化的自我定位。①实际上费孝通已经意识到文化的主体性,但其并未深入阐述。文化自觉的起源则来自大众主体性的觉醒。文化自觉主体性的觉醒从现实上讲在于物质文化实践活动的累积而形成了精神层面的文化实践,而从理论上讲,其根基则在于哲学主体性。主体性即为人的自我意识运动,是实践的主体能动性、目的性和创造性等。哲学的主体性主要从三个层面展开,经济、政治与文化,文化自觉正是属于文化维度的主体性。哲学主体性之所以能够成为文化自觉的根基,首先在于两者的研究对象均为人,两者均研究人是如何认识世界、改造世界,将外在事物转化成为自己的物并加以选择和利用。其次在于无论是哲学还是文化,其目的都是尽可能地激发人类的潜能,全面提高人类的整体素质。哲学关注人的主观世界,通过改造人的思维、观念、认识等方式,让人们对客观世界进行改造,充分强调人类的主体能动性,在这一点上,文化与哲学不谋而合。第三,文化并不仅仅包含知识,更多的是人类的意愿、情感、意志、精神等主观因素,与一般的科学知识体系有所区别,哲学也是如此。

文化要转变为能够促进历史发展的动力,则需要转化为大众的文化自觉,需要文化自觉具有充分的主体性。起初,主体性与实践息息相关,当人们开始对实践活动进行自主创造时,主体性便开始觉醒,这种觉醒是文化从物质生产转向精神生活的关键,人们开始对文化现象进行反思、批判和建构,开始能够根据以往的历史经验来产生新的文化起点,开始能够将其他文化当作"他者"的存在进行比较。但这种觉醒只是人们开始有了自觉的主体性意识,仅仅如此是不够的,故而接下来则需将这种主体性在实践活动中充分发挥出来。蔡后奇曾言:"哲学主体性是文化自觉的理论起点,历史实践活动是文化自觉的现实起点。"②文化自觉的实践过程分为两步,首先需要一批具有时代领先精神的人文化自觉的主体性觉醒,并热衷于将其付诸实践,这样一批精英不仅能够分辨出文化的精华与糟粕,还有能力创造出新的更好的文化蓝图。其次,需要将小部分人的文化自觉主

① 费孝通:《关于"文化自觉"的一些自白》,《学术研究》2003年第7期。
② 蔡后奇:《文化自觉地主体性维度——对文化自觉"时间轴"的哲学反思》,《学术研究》2014年第3期。

体性转变为大部分人的文化自觉主体性,这需要靠上文所说的精英唤醒大部分还未能觉醒主体性的人,完成新文化的启蒙并带领他们一起进行主体性实践。最终,在大众文化自觉主体性形成以后,文化自觉则会反过来对主体形成作用,新的文化形态的形成,会使得人们安于现状、文化自觉主体性下降,这个时候文化自觉又能够时刻提醒主体对现实状况进行批判,保持其主体性,促使文化不断的发展与进化。文化自觉主体性的形成与保持,正是中华民族文化延续下来的保证,也是建设社会主义文化强国的动力。

二、 文化自觉的实践意向

文化自觉并不仅仅是一个理论概念,正如上文提到的,文化自觉的主体性来源于文化实践的积累,同时也作用于文化实践活动。"文化自觉是一个满含实践意向的理论概念。"[1]文化自觉蕴含着实践意向或者说现实性。文化自觉概念隐含的倾向即是希望人们在有了较高的自我意识水平之后,能够在对自己所处的文化状态有一个充分认识的基础上,发现现有文化语境的问题与不足,从而进行创造活动,其主要目的是使得文化呈现出更好的状态。文化自觉并不希望人们仅仅停留在"自觉"的态度与意识层面,更希望人们在理性的认识基础上,对文化进行反思、比较、批判、创新,文化自觉在主观意识之上,更多的是一种实践活动。通过实践形成自觉,也将这种自觉作用于实践。对于这种实践性,费孝通也作了阐释:"文化自觉是一个艰巨的过程:首先要认识自己的文化,理解所接触的文化,才有条件在这个已经在行程中的多元文化的世界里确立自己的位置,经过自主的适应,和其他文化一起,取长补短,共同建立一个有共同认可的基本秩序和一套各种文化和平共处、各抒所长、联手发展的共同守则。"[2]

文化自觉的这种实践性主要体现在以下几个方面。第一,对各类文化进行比较。当人们面对不同的文化时,实践活动就自然而然地开始了,人们会自觉地进行文化比较,从而对文化进行选择。文化比较能够帮助人们跳出自己的文化

① 王文兵:《文化自觉:一个满含实践意向的理论概念》,《思想战线》2008 年第 4 期。
② 费孝通:《反思、对话、文化自觉》,《北京大学学报》(哲学社会科学版)1997 年第 3 期。

传统，从"他者"的角度对自己的文化进行解读，是实践活动的起点。第二，对各类文明进行反思与批判。在比较的基础上，更容易发现问题和差距，促使人们对自己文化的来源与生成进行思考，同时也对他人文化进行思考，理解各种文化之间的关系，保证实践活动的顺利进行。第三，文化创新。这是文化自觉实践活动的关键。在对文化进行思考与批判之后，对其中存在的问题努力去解决，通过创新发展更新自己的文化，这也是文化自觉实践意向的价值体现。

三、 文化自觉与社会学中国化

一直以来，学者都致力于通过各种方式来实现社会学中国化，要么结合中国的具体国情来阐述社会学，要么用社会学的理论和方法为中国发展与建设服务。但无论哪一种，文化自觉都能帮助推进社会学中国化的进程。社会学中国化要求学者对自己的国家以及其他各个国家的社会学发展与国情均有一个清楚的认识，对西方国家的舶来品持有怀疑审慎的态度，结合中国具体情况进行取舍，客观地看待中国，客观地评析其他国家，理智地看待问题，避免因直接拿来造成的危险，真正反映出中国文化社会的实际情况。这种意识上的自觉与文化自觉是同源的。

（一）社会学中国化的文化意涵

20世纪30年代，孙本文最早创建中国化的社会学理论体系，致力于社会学综合学派，为早期中国社会学的建设作出了杰出贡献，其社会学中国化的思想带有明显的文化决定论的色彩。[1]孙本文曾言："文化为人类社会普遍的要素，无文化即无社会……文化实为社会成立的基本要素。"并且指出："社会变迁实只是文化变迁而已。"[2]故而在孙本文看来，要建设与中国国情相符合的社会学，并以此来推动中国社会建设和改造中国社会结构，了解促进人类活动的根本要素，就必须关注文化的四大要素"发明、积累、传播和调适。"[3]而在社会学中国化这一名

---

① 周晓红：《孙本文与20世纪上半叶的中国社会学》，《社会学研究》2012年第3期。

② 孙本文：《社会学原理》，商务印书馆1935年版。

③ Ogburn, William F.1950, *Social Change, with Respect to Culture and Original Nature*. New York: The Viking Press.

词出现并使用之后,对其的定义和含义理解也围绕着文化进行,比如林南认为,"社会学中国化是指将中国社会文化特征及民族性融纳到社会学里"。而"评判社会学中国化是否成功应该依据社会学里所获得的中国社会文化特征与民族性的多少而断定",而不是"使社会学适用于中国社会所获得的成就。"①大多数社会学家认为社会学中国化就是要具有中国特色,要以马克思主义为指导,要为社会主义服务。②即社会学中国化必须与中国社会文化背景相结合。徐经泽和吴忠民指出,社会学中国化之所以成为可能,其中一个重要的原因即为"各个国家文化背景的巨大差别"。而"社会学的中国化实际上就是要建立一个区域性的中国社会学流派,即植根于中国社会的特殊土壤之中,具有中国文化色彩的社会学体系"。③

孙本文作为第一个中国社会学界提出文化研究的学者,却并不是唯一一个。比如,吴文藻也认为文化即为社会:"现代社区的核心为文化……社会学便是社区的比较研究,文化的比较研究,或制度的比较研究。"④在接下来社会学中国化的进程中,文化论对其起到了巨大的推动作用。费孝通带着文化功能论的观点,将社会学中国化从理论转为了实践,用具体的社区调查开启了社会学中国化道路的探索,比如其对江村和禄村的调查。费孝通赞同马林诺夫斯基的观点,认为文化被人们所使用,同时对人们具有意义。⑤对中国社会的调查,就必须深入考察传统文化以及外来文化对各个要素的影响和作用。通过实地调查,费孝通指出,文化在中国社会各组织中通过微妙的搭配来实现其功能,而外来文化促进了中国传统乡土文化的变迁却也给其带来了强大的冲击。⑥周晓虹指出,《江村经济》正是费孝通对吴文藻社会学中国化实现路径的践行。⑦费孝通从文化的角度,对中国社会进行的实践调查开创了中国特色社会学理论体系的建设,建立了具有中国特色的社会学研究取向,将社会学中国化向前推进了一大步。

---

① 林南:《社会学中国化的下一步》,《社会学研究》1986 年第 1 期。
② 孙龙、风笑天:《近二十年来社会学中国化的理论与实践》,《社会》2001 年第 2 期。
③ 徐经泽、吴忠民:《关于社会学中国化的初步研究》,《社会学研究》1987 年第 4 期。
④ 吴文藻:《〈社会学丛刊〉总序》,载吴文藻:《论社会学中国化》,商务印书馆 2010 年版。
⑤ 费孝通:《论马氏文化论》,《费孝通文集》第 1 卷,群言出版社 1999 年版。
⑥ 费孝通:《费孝通文集》第 1—14 卷,群言出版社 1999 年版。
⑦ 周晓虹:《江村调查:文化自觉与社会科学中国化》,《社会学研究》2017 年第 1 期。

不论是从理论上还是实践上,社会学中国化从一开始都具有浓厚的文化意涵,而这种文化主体性意识才是推动社会学中国化的根本所在。郑杭生指出,在建设中国特色社会学理论体系的过程中,"社会学研究所必须坚持的一大基本原则,绝对客观化如绝对的价值中立是不存在的,欧美社会学知识不可避免的带有欧美社会的特色,在很大程度上是对欧美社会的理论性反映"。①由此可见,中国社会学知识,必须以中国社会文化背景为基本前提,不仅仅是为了建设一个对中国历史、社会和文化发展具有解释意义的社会学学科,同时也是为了在全球社会学体系内具有立足之地,为理解人类发展,提供另一种参考,意识到除欧美文化外,还存在中国文化,将中国社会学从欧美社会学体系中挣脱出来,能够独立地解决中国问题。

(二) 文化自觉:对西方学术话语霸权的反思

所谓自觉,是指个体有所认识而主动去做。文化自觉,从字面意思理解,即为要对自己身处的社会的文化有所认识并且要主动去认识。社会学中国化,无论是构建具有中国特色的社会学理论体系,还是对社会学中国化的实践探索,都是自觉意识作用的结果。这种自觉意识的觉醒,在于对西方社会学理论和方法的反思,对能否不考虑中国实际情况、直接照搬西方社会经验加以利用的质疑,对西方社会学学术话语凌驾于中国之上的批判,对西方文明发展进程即为世界所有国家、为全人类文明发展进程的反对。郑杭生指出,要想尽快社会学中国化,就必须:"避免在西方理论框架的笼中跳舞","要对西方社会学话语霸权深刻反思"。②社会学中国化进展的缓慢,正是由于西方学术话语权利太大,基本上形成了垄断,故而导致很多中国社会学者开始怀疑社会学能不能中国化,有没有必要中国化。对西方社会学理论、方法和价值观盲目崇拜,缺乏自觉意识,完全没有主体性,忽略中国具体情况,强行套用,甚至在明显无法套用的情况下,想要改变中国的结构迎合西方文化背景下产生的意识形态,不去质疑西方学术话语权,反而怀疑自身文明发展的形式和内容,对中国社会的发展产生极大的消极影响。一方面,是由于西方社会学话语体系确实比较成熟,具有强大的说服力和经验支

---

① 郑杭生:《社会学中国化的几个问题》,《学海》2000 年第 6 期。
② 郑杭生:《学术话语权与中国社会学发展》,《中国社会科学》2011 年第 2 期。

撑,而中国社会学源自西方,起初毫无根基,自然会受到其影响。另一方面,则是由于中国社会学者缺乏应对这种学术话语霸权、增强主体性的途径和方式,不知该如何创新。

文化自觉,正如上文所说,具有主体性和实践意向,同时由于社会学中国化所具有的文化意涵,故而文化自觉成了增强中国社会学主体性,反抗西方文化霸权主义的最佳有效途径。事实上,中国文化在历史上,也曾经有过强大的主体性意识状态,对其他国家的文化明显形成优势,比如唐朝以及汉朝时期,而随着后来清朝时期的闭关锁国,导致文化主体性意识的降低,西方文化以一种不可一世的姿态,强硬地闯入中国文化之中,给中国文化带来极大的冲击,中国文化初期抗争的无力,到后期的惨胜,以致后来重建的缓慢,不仅使得西方滋生了文化霸权主义和文化中心主义等优势心理,也使得中国对自身文化产生了否定,造成了新中国早期的崇洋媚外,缺乏文化自信与文化认同。无论是西方的霸权主义还是中国的自我否定,其实都是缺乏文化自觉地表现,对主体性的认识错误。导致西方文化主体意识过剩,在多元文化的交流和碰撞中,将其他文化均看成能够被控制和占有的客体,唯有自己才是中心主体;也导致中国文化主体意识缺乏,缺乏能动性与创造性,主动将自己当作客体,对外来文化不加考虑地全盘接受。文化自觉即在于端正态度,改变这种模式,将各国文化、各种文明置于平等地位,互为主体,强调理性的对待文化的交流、碰撞和融合,尊重自我,也尊重他者。在社会学中国化的进程中,反思西方社会学学术话语霸权,辩证地看待西方社会学理论和方法体系,争取到属于中国社会学的学术话语权。

(三)提升文化自觉,促进社会学中国化

吴文藻认为:"以试用假设始,以实地验证终。理论符合事实,事实启发理论,必须理论和事实糅合一起,获得一种新综合,而后现实的社会学才能根植于中国土壤之中,又必须有了本此眼光训练出来的独立的科学人才,来进行独立的科学研究,社会学才算彻底的中国化。"①文化自觉要求在承认本民族文化的价值观、精神、形态等主体地位的情况下,同时对其他类型的文化的合理性与合法

---

① 吴文藻:《论社会学中国化》,商务印书馆 2010 年版。

性给予尊重，并不主张对其他国家的东西过分崇拜，采取全盘照搬的做法，而是冷静对待，吸取精华，"美人之美"；也不主张固步自封，回归传统或者复原旧始，而是应发掘本身文化的闪光点，"各美其美"。文化自觉也是费孝通对社会学中国化的一个尝试。正是由于文化自觉所蕴含的这样一种态度，拥有较好的文化自觉能力，不仅能从理念上帮助研究者意识到中西的差异，不再产生茫然之感，形成清晰的概念图式；也能促使实践上的转变，拒绝生搬硬套，明晰中国文化、社会学与西方文化之间的关系，帮助社会学中国化稳步的实现。正如周晓虹所说："文化自觉保证了研究者从事研究时'进得来'和'出得去'，也赋予了他们在不同文化场景中相互切换，以'他山之石'雕琢中国之'玉'的学术潜能。"①

故而提升文化自觉意识，增强中国社会学的主体性，摆脱对西方社会学话语体系的依赖心理，是促进社会学中国化健康发展的必要途径。目前，社会学中国化已经取得一定的进展。首先，社会学中国化的理念已经为大多数中国社会学者接受并提倡；其次，已有很多中国社会学者不断尝试实际应用西方社会学理论来解释中国社会结构，建设中国社会；第三，有相当一部分学者运用西方社会学方法对中国进行调查，但会根据中国国情进行调整，并总结过程中遇到的困难和方法水土不服等问题，然后加以解决；第四，也有不少学者开始尝试依据中国国情构建社会学理论，并针对中国具体社会现象的调查越来越多，等等。但总的来说，社会学中国化还并未能发展到成熟阶段，中国社会学现阶段相对于西方社会学来说，仍然处于弱势地位，在全球社会学话语体系中，也并未能取得与其他国家平起平坐的资格。

那么，如何才能提升文化自觉呢？费孝通也给出了答案："用实证的态度，实事求是的精神来认识我们有悠久历史的文化，则是达到文化自觉地途径。"②第一，应立足现实，这是提升文化自觉地根本途径，不仅要立足于中国从古至今的历史文化现实，也要立足于现阶段国内外文化现实，直面影响中国文化与中国社会的困境和挑战，用理性的态度，正确的价值观去研究和调查。第二，应学会反思，具有批判意识，并形成习惯。反思中国的传统文化，反思如何创造更好的文

① 周晓虹：《江村调查：文化自觉与社会科学的中国化》，《社会学研究》2017 年第 1 期。
② 费孝通：《对文化的历史性和社会性的思考》，《思想战线》2004 年第 2 期。

化,反思如何应对其他文化的冲击,反思怎样保留自己的文化精髓,确保自己的文化安全等等,通过反思,发现自己文化的优缺点。第三,应学会创建。提升文化自觉意识的最好办法就是不断地创建符合社会发展和人民需求的文化,文化自觉地主体性和实践意向,要求文化自觉需理论指导实践,实践检验理论,通过这样一种循环往复的过程,能够及时发现文化的优势与弊端,及时针对调整,使得文化始终保持活力。第四,应开放心态,不要排斥与其他文化进行交流、碰撞和融合,在全球化的今天,要打开视野,开阔境界,格局要大,不要因为封闭自我而走极端,找到正确的文化定位。第五,要有责任感,视弘扬发展中国文化为己任,主动积极的去关注文化的发展动态,为文化的传承与创新贡献力量,能够有效提升文化自觉意识。如此等等。

总的来说,社会学中国化从一开始就隐含文化倾向,需要在注意文化背景与文化差异的情况下进行;同时社会学中国化即要避免被西方社会学学术话语权所控制,最终走出去,拥有自己的话语权和平等地位,而文化自觉正是反抗西方学术话语霸权的有效手段。通过提升文化自觉,从而能间接促进社会学中国化蓝图的顺利展开。

四、结　语

文化自觉的使命在于:"一是创造自己的文化,二是要处理好与其他文化的关系。"进而"要达到两个目标,即自主能力的加强和自主地位的取得"。①文化自觉基本上包含了文化所产生的方方面面的问题,是对自身文化与全球文化的整体把握,它是一种理论,具有哲学意义上的主体性;也是一种实践活动,是对文化进行更新创造,注入活力的方式;更是一种能力,帮助把握中外社会学与文化脉络,促使社会学中国化的稳步前进。

当然,文化自觉并不仅仅在于促进社会学中国化,更为重要的是,文化自觉是增强中国文化自信,促进文化繁荣发展的关键。党的十八大报告指出,我们应该"树立高度的文化自觉和文化自信,向着建设社会主义文化强国宏伟目标阔步

---

① 费孝通:《关于"文化自觉"的一些自白》,《学术研究》2003 年第 7 期。

前进。"①早在之前的十七大报告中,就已经提到:"我们必须以高度文化自觉和文化自信……以更大力度推进文化改革发展,在中国特色社会主义伟大实践中进行文化创造,让人民共享文化发展成果。"②近些年来,中国也越来越重视文化自觉的提升。改革开放初期,文化发展主要强调意识形态,随着改革开放的进行,也开始注重文化对经济的促进作用,推行文化体制改革;现如今中国一开始大力复兴中华民族传统文化,建设公共服务体系,力求提升国民物质精神文化水平,满足国民物质精神文化需求。整个过程,正是文化自觉的体现。目前,文化自觉已经成了中国社会发展的关键词,是促进中国特色社会主义文化发展,建设社会主义文化强国,促进社会主义文化大繁荣的重要方式。

(作者单位:武汉大学社会学系)

---

① 胡锦涛:《坚定不移沿着中国特色社会主义道路前进　为全面建成小康社会而奋斗——在中国共产党第十八次全国代表大会上的报告》,人民出版社 2012 年版。

② 胡锦涛:《在庆祝中国共产党成立 90 周年大会上的讲话》,人民出版社 2011 年版。

理论自觉与社会学学术场域的再反思

文　军

摘　要:理论自觉是社会学研究的根基。当前,我们必须强化中国社会学研究的理论自觉性和学术场域的反思性,这不仅对于我们重新认识社会学的学术品质及其研究者的学术实践具有十分重要的理论与实践价值,而且对于提升中国社会学的研究实力及其世界影响力具有积极意义。因此,从理论自觉出发,重构理论与实践的关系,通过理论自觉意识的培养,推动中国社会学理论和实践的协调发展,不断强化中国特色社会学学派建设,则是现阶段我国社会学研究者的一个重要任务。

关键词:理论自觉,学术场域,社会学研究

一、 理论自觉: 社会学研究的根基

20 世纪 90 年代以来,在经过一系列的"终结"和"转向"之后,标有各种"主义"与"后学"名目的西方社会学理论"狂欢化"的盛况,似乎越来越不那么令人乐观了。许多在 20 世纪 80 年代对各种社会学理论新观念趋之若鹜的人,早已感到了厌倦,"理论狂欢化"的热潮似乎越来越像是一种"理论的通货膨胀",在 90 年代最后时刻到来之前,就已身不由己地步入了所谓"世纪末"的状态。在世界人文社会科学知识体系中,对像中国这样长期处于"边缘化"或"半边缘化"状态的社会学来说,理论研究尤为重要。中国社会学要想取得在世界社会学体系中的"中心地位",没有自己的理论体系或特色是根本不可能的。比如,80 年代初,中国社会学自恢复重建以来,其在研究定位上就带有某种残缺,其中突出一点就是在复出伊始刻意追求经验研究的性格(当然个中原因也有令人可理解之处),但随着社会学研究的发展,这种显然易见的残缺在学科知识的累积中并没有得到根本的弥补,结果造成所谓的经验研究、应用研究大多停留在简单运用社

会调查统计技术进行描述性说明的层次上,无法在理论和思想上得以提升。

近年来,中国社会学界因大量没有理论支撑的经验研究、应用研究所带来的表面繁荣,其背后实际上潜伏着越来越深刻的危机,这一症状不仅需要我们首先在与应用研究相对应的理论研究层面下功夫,而且更需要我们在更为广阔而深厚的社会理论上做一些扎扎实实的基础性研究工作。社会学研究如果缺乏理论的想象和反思,就必然沦为对既定现实的无批判地肯定,这不仅就像一个先天不足而后天缺乏营养的孩子,难以在现代知识体系中立稳脚跟,而且势必造成社会学功能的丧失、根基的虚化和想象力的枯竭。[1]因此,在当前,大力提倡社会学理论研究的自觉性,加大学术场域的再反思,对于我们重新认识社会学的学术品质以及社会学家的学术实践无疑具有十分重要的理论与实践意义。

首先,社会学的理论自觉要求研究者不仅要对理论具有开阔的视野和深入的理解,而且对理论的起源语境和演变历史的"谱系学"具有批判性的把握。如果我们仔细审视社会学理论在今天面临的危机,一个突出的症状就是理论与经验的鸿沟之间在日益扩大。但究竟如何理解这个已经成为老生常谈的现象呢?事实上,这种鸿沟的实质是一个理论问题。具体来说,在科学哲学中,学者早已对经验研究本身蕴含的理论前提抱有一致,而在社会学界,无论是实证主义取向的经验研究,还是人文主义取向的经验研究,所使用的理论概念往往是未经系统理论反思的常识性概念,而研究过程中对概念的操作化步骤往往进一步加剧了概念的"去理论化"。这样,这些理论要么在不自觉中沦为社会中流行的实践无意识的"代言人",要么成为皮埃尔·布迪厄(Pierre Bourdieu)所谓"学究观点"这样的理论无意识的傀儡。因此,提倡社会学研究的"反思性"是研究者在不断面对"难题局面"的学术实践中获得的一种思维品格,一种对轻率圆说和逃避"惯习"的克服。而缺乏了这种思维品格和反思热情,社会学就很难达到真问题的发现与解决。也许正因为如此,安尼尼·吉登斯(Anthony Giddens)才提出"双重阐释"(double hermeneutic)这一带有明显"反思"意味的新概念和新方法,[2]其

---

① 文军:《反思社会学与社会学的反思》,《社会科学研究》2003年第1期。

② 其实,在社会学里,与经验研究相伴的概念创新(conceptual innovation)至少与有创意的理论解释一样重要。因为这种概念的创新开辟了看问题的新维度,这不是"非专业行动者"在观察问题时所能够采用的,它能揭示出一套既定制度所从未被怀疑过的方面,并表现了其各种潜力所在。

实,就其根本而言,这一概念与其说是指明了社会学的一种逻辑,还不如说是揭示了现代社会与社会学之反思性的一个重要特征。

其次,社会学家所处的生存条件和社会状况一时还难以改观,只有不断提升自己研究的反思性,强化理论自觉,才能维系学术共同体的知识与社会地位。随着社会经济的飞速发展和大量变迁中问题的出现,社会学家的社会地位似乎有了很大的提高,行动的自由度似乎很大,社会学家的自我感觉也不错。其实非也,这只是社会学家的一种错觉。社会学家的社会地位与其他科学工作者的状况无实质差异。从历史上来看,学问特别是社会学的学问,主要是有闲阶级酒足饭饱之后用以消遣的事情,其繁荣发展必须有一定的经济基础和物质条件。今天,如果仅靠工资生活,社会学家也许离贫困线并不太远,很多人在思考学问的同时,不得不为生计筹谋。同时,社会又对社会学家提出了巨大的需求(包括理论支持、政治宣传、政策咨询、经营策划等),似乎社会学家都可以提供现成的答案;社会学家指点江山,激扬文字,似乎思想可以自由驰骋,其实在很大程度上是被人牵着鼻子走。这一切就造成了社会学家个人的无意识和学术的无意识。无论是研究对象的构建,还是理论结论的提出,上述的一切都会渗入其中,发挥作用,因此,社会学家的真正自由是非常有限的,这也许还不是一个造就大学问家的时代。社会学家需要对自己生活的社会条件作出认真的反思,才能保持自己的独立人格和行动自由。英国社会学家齐格蒙特·鲍曼(Zygmunt Bauman)曾经指出,随着现代国家的不断理性化,原本作为知识与文化价值之立法的现代知识分子(主要是指社会学领域的知识分子)此时已成了多余。①不仅如此,随着全球化的推进,雅俗文化之间的界限的消失,知识分子在注释经典性文本方面的优势地位也丧失殆尽,这些无疑导致了知识分子(包括社会学研究者)的角色危机,人文领域内的知识分子面临着被淘汰的威胁。或许这正是他们提出诸如全球化、后现代等新时代、新话语的原因,以此能够使自己在一个社会学科已逐步被科学所取代的技术专制的社会中继续合法地保留其重要性。与科技专家相比,现代社会学家失去了重要地位,成了一个"解释者",他们在社会文化方面的权威地位

---

① Bauman, Z.(1987) *Legislators and Interpreters*: *On Modernity*, *Post-modernity and Intellectuals*, London: Cambridge University Press.

被安全地限制在学院内部。①

第三,社会学的学术场域中还存在着大量的失范现象,这在很大程度上影响到了社会学研究者的学术立场和理论反思能力。目前,整个社会学的学术场域还是一个相对比较混杂的场域,只要是在报刊上发表了某种观点或讨论社会现象的文章的人,似乎就成了社会学家,而官方和业界的一些人士也纷纷谋求一个学者的头衔。因而,在中国社会学的学术场域内,同样也是假冒伪劣充斥。随着中国改革开放的推进,民间研究机构的出现,社会学界打破了原来的一统天下,出现了各种各样的科学场域和子场域,开始形成一种竞争的态势。这对社会学的发展无疑是件好事。但是,由于学术批评和学术评价的制度与规则尚未完全建立,没有有效的评价、激励、筛选、淘汰机制,学者的学术实践和行为不仅会有很多失范之处,而且也缺乏必要的制衡和自觉。各个子场域之间的竞争,学者在学术场域的相互争斗,不仅与在社会场域中的地位有关,而且也为其在学术场域中的地位所决定,因为很多事情都与社会学家的利害相关,使其难以自拔。

最后,社会学家的各种研究"惯习"(habitus)令人忧虑,这将在很大程度上影响到了其理论自觉性和学术研究反思性的形成与发展。科学惯习是一种"造就人"的规则,是体现在身体层面上的规则,它根据科学的规范在实践中发挥作用,但并不明确意识到要把这些规范作为自己行动的准则。在社会学家的学术实践中,一方面,由于受实证主义社会学研究的影响,很多人往往认为,我们的认知对象和所有知识完全是客观的,而不是被建构出来的,只要消极被动地复制,不需要积极地创造。也就是说,不必提出一些既现实又易于处理的理论假说,也不必进行必要的思想实验和逻辑实证,就能从理论上再现现实社会生活的矛盾运动过程。另一方面,由于受极端的社会学研究的影响,一些人把知识分子所从事的理论研究工作看作一种唯智的工作,而不是一种实践建构活动。②而在社会学家之间的相互交往和学术讨论中,往往缺乏相互理解和彼此容忍的精神,不是

---

① [美]道格拉斯·凯尔纳、斯蒂文·贝斯特:《后现代理论——批判性的质疑》,中央编译出版社1999年版,第379页。

② 特别是由于受学究式思维定式的支配,一些人把实践建构活动看作是一种人为设计的产物,对个案研究和案例教学的忽视,对各种研究方法和分析工具随心所欲地使用,不能说与此无关。

你好我好,互相捧场,就是借以压倒和"超过"对方,致使很多学术探讨毫无结果。对此,我们在不断进行反思和保持必要警惕的同时,一要反对极端实证主义中不进行任何批判性考察就全盘接受以提供作自己概念的做法;二要反对那些视这种反思意向只是某种哲学心态渗透的常识性社会学。而这一切都必须从根本上依靠体现在身体层面的科学惯习来实现。

实际上,今天的社会学家已经陷入难以抉择的双重约束之中:一方面,为了保持自己专业的纯洁性和独特性,他不得不要承传自己所谓的专业知识,从而可能陷入只是简单机械地套用学究性知识来代替日常性常识的误区之中;另一方面,如果要抛弃过去所谓的专业知识,他又可能失去学术传统所赋予他的知识工具和话语方式,从而可能成为只能依靠自我启迪的业余的社会学家。对此,我们必须实现一种彻底的转换,一种新的关注方式。倘若没有这种真正的转换,没有思想的更新,没有精神的巨变,社会学家对社会现实的认识就无从谈起。

二、 强化社会学场域的学术反思及其价值

在社会学研究中,倡导"反思性"其实早就存在了,如现象学、阐释学、常人方法学以及后现代理论等,都特别强调社会学研究中的"反思性"的问题。①在社会学研究中,长期以来一直存在着"结构"与"行动"、"个体"与"整体"、"主体"与"客体"、"微观"与"宏观"等各种各样的二元对立命题。因此,要进行科学的研究,就必须反思性地考察研究对象以及从事研究工作的研究者自身。为此,从社会实践的主客统一性出发,在对语言交流和文化现实的反思性批判中,通过实践

---

① 比如,在社会学研究中,1970年美国社会学家古尔德纳(A.Gouldner)就在其《正在到来的西方社会学危机》一书中,就曾明确提出要建立一种"反思社会学",其基本假设就是:理论是由人们的实践以总体性方式所创造的,并为他们检验的生活所塑造。因此,他所说的反思社会学是以社会学家对自身及其在社会世界中的位置的知识为基础,要求一种自觉的自我指涉,以创造出一种新的文化生产者。并认为反思社会学的最终目标就是要深化社会学家在任何给定的时间与给定的社会中他是谁和是什么的自我意识,以及深化他的社会角色和他的个人实践如何影响作为社会学家的他的工作的思索。参见 Gouldner, A.W.(1970) *The Coming Crisis of Western Sociology*, New York: Basic Books, pp.483—490。

理论（praxeology）来建立一门类似布迪厄所说的"反思社会学"（reflexive sociology）的"反思性社会学"已显得十分必要。①而这种以实践为出发点，以反思性为基本原则的反思性的社会学，其独特性主要表现在：

从反思的主体来看，与仅仅把个人作为反思主体的其他学者不同，这种反思性的社会学，既要把个人作为反思的主体，又要把反思社会学作为一项集体事业，反思性概念所要求的"返回"超出了经验主体的范围，而要延伸到科学的组织结构和认知结构，因而，"反思的主体最终必然是要作为一个整体的社会学场域"②。从反思的对象来看，"其基本对象不是个别分析者，而是植根于分析工具和分析操作中的社会无意识和学术无意识"③。因为，每一个社会学家不仅受到他在社会结构中的位置的影响，而且为其在学术场域中的位置所左右，同时，每个人都带有天生的唯智主义偏见，这种偏见一方面会使学者在构建自己的研究对象时，不自觉地将其与对象的关系投射到对象之中，另一方面又使其陷入"学究式的谬误"之中，对深深嵌入我们对世界的思考的事实中的、内化于概念、分析工具和经验研究的实际操作中的预设缺乏警醒，以至于用理论的逻辑代替和否定实践的逻辑。从反思的目的来看，其不是要破坏社会学的认识论保障，而是要巩固它，不是要削弱它的客观性，而是要扩大社会学知识的范围，增强它的可靠性。④因此，在社会学的研究实践中，"反思"既是一个基本的理论概念和范畴，也是一个十分有效的实用技艺和武器，其作用和价值至少体现在：

---

① 需要指出的是，从现象学，尤其是海德格尔、维特根斯坦和戈夫曼那里，布迪厄了解到人们正是在其社会实践中掌握了日常生活复杂逻辑的重要性。因此，他坚持认为这种实践的掌握不应当只归结为有意识的干预或一种理论知识，而是在理论与实践基础上的一种统一。反思社会学正是基于这样一种认识而建立起来的。

② ［法］皮埃尔·布迪厄、［美］华康德：《实践与反思——反思社会学导引》，中央编译局出版社1998年版，第48页。

③ 同上书，第39页。

④ 这一观点是提出"反思社会学"的布迪厄所一直主张的，他提出的研究"反思性"与现象学、文本阐释学以及后现代形式的"反思性"明显不同。布迪厄倡导思维方式的多元性和从关系的角度来进行研究，并以双重（而非二元）运动规律的辩证关系——即"内在性的外在化"和"外在性的内在化"为基本假定所发展出来的"场域"（field）和"惯习"（habitus）等概念，来跳脱传统的二选一的二元论思维困境。他指出社会学研究必须抛弃传统的方法论循环：观察→假设→实验化→理论→再观察，取而代之的应是新的认识论秩序：（与常识的）决裂→（科学对象的）构建→事实检验（即验证）。

首先,"反思"有利于增强社会学研究的自主性。社会学要使自己不受任何粗暴无礼的干预和潜移默化的左右,避免成为社会力量的玩偶,就要增强和保持自己的独立性和自主性,而其是否具有独立性和自主性的判断标准是根据它的科学研究是否能够独立于各种世俗权力、独立于经济和政治权威的干预来加以判断的。"如果存在着一批共享的反思性手段,能被集体性地掌握和运用,这本身就是争取自主性的一种强大武器。"①当然,要保持自主性,不仅要有自主性的社会条件,而且要有自主性的科学资本(包括各种防御、建构、论辩的手段,以及得到认可的科学权威)。不过,社会学的特殊性质总是使其受到外来需求压力的支配,在社会场域,总有很多人自以为拥有对社会世界与生俱来的知识,拥有天赋的科学;在科学场域,总是存在着一些受"异治性"(heterronomy)支配而兜售常识的人,所有这些人的机会主义行为,也起着劣币驱逐良币的作用。反思虽然不能完全消除这些人,但却可以减少他们的危害。因此,必须和各种常识观念和盛行于学术界的各种理论理性的观念决裂,清楚地认识到理论产生的条件本身所包含的各种局限,从而在此基础上把握实践的真正逻辑。②

其次,"反思"有利于推动社会学研究的进步和知识的增长。社会学进步的重要障碍是,错误地认为自己有能力探究人类的所有实践,包括像科学、哲学、法学、艺术等实践,因而总是以一种具有"元"科学性质的姿态来审视社会的一切领域。社会学家这门职业,其无意识的动机之一就在于它是一门力图成为"元"科学的职业。就像布迪厄所认为的,社会学的"元"科学性质"始终应当是针对它自身来说的",它必须利用它自身的手段,对自己进行反思,确定自己是什么,自己正在干什么,努力改善对自己立场的了解。并坚决否定那种只肯将其他思想周围研究对象的"元"观念,因为那种"元"观念的唯一用途就是煽起毫无学术价值的争辩和毫无学术的建设性提升。③这样就能消除由于无反思所引发的各种偏见,努力探寻各种机制的知识,一方面推动科学的进步,另一方面进一步改善反思的条件。

---

① [法]皮埃尔·布迪厄、[美]华康德:《实践与反思——反思社会学导引》,中央编译局出版社1998年版,第198页。
② 杨善华:《当代西方社会学理论》,北京大学出版社1999年版,第274页。
③ 邓正来:《关于中国社会科学的思考》,上海三联书店2000年版,第12页。

第三,"反思"有利于社会学独立地建构起自己的研究对象。反思性原则于社会学来说之所以重要,不仅是由于社会学研究对象本身的结构和性质的特殊性所决定,还由于从事研究的学者本身具有思想、观念、精神世界等,必须在反思中不断把握其对象,并在把握对象的过程中,通过主、客体间的互动,即"互为主体性",进一步把握和理解自己,并调整自身与客观对象和环境的关系。对社会学研究者而言,更具有实践意义的是将关注视角首先转换到其自身的社会学研究这个问题上来,而其中最为关键的则是在其自身的社会学研究中科学而独立地建构研究对象。社会学研究中最能够体现其"艺术"水平的便是能在十分简朴的经验对象里考虑具有高度"理论性"的关键问题,而这一高度"理论性"的关键问题又是与研究对象的严格建构紧密相关的。当一种思维方式能够把在社会上不引人注目的对象建构成科学对象,或者能从一个意想不到的新奇角度重新审视某个在社会上备受瞩目的显赫的话题时,它的力量就会凸显得更为明显。而要科学地建构社会学的研究对象,不仅要与日常性常识(ordinary common sense)与学究性常识(scholarly common sense)划清界限,而且还必须做到对社会学家自己的操作过程和思考工具进行彻底质疑。①

最后,"反思"有利于消除幻觉,使社会学研究者获得更大的自由。社会学研究者往往自以为有知识而自视高明,认为自己全无幻觉,尤其是对自己全无幻觉。其实,由于社会决定机制无所不在,由于符号性的支配和对社会世界的信念式理解,社会学研究者同样存在着偏见和幻觉,不仅有对社会世界的幻觉,而且有对自己的幻觉。与此密切相关,社会学研究者喜欢独立思考,喜欢从个性解放中寻求自由,却忘记了社会学研究者自由背后存在的一种政治学。就像布迪厄所指出的,对于个人来说,无意识与决定论是彼此契合的,同样,社会学研究者的集体无意识是其与支配性的社会政治力量间契合关系的特殊表现。②提高社会学研究的反思性,可以产生更多的知识,发展自觉意识,扩大自由空间,从而把各

---

① 即一方面必须学习已经被检验过的现实建构工具(研究范式、问题框架、概念、技术、方法等),另一方面又必须具有一种严肃苛刻的批判性情,表现出无畏地质疑这些工具的倾向。因为,一个研究对象的科学建构,并不是能够通过某种开创性的理论行为,就能够一劳永逸地予以解决。

② [法]皮埃尔·布迪厄、[美]华康德:《实践与反思——反思社会学导引》,中央编译局出版社1998年版,第208页。

种历史可能性都包容在理性所及的范围之内,有助于社会学研究者走出他们的幻觉;同时可以使社会学研究者确定和识别自由的真正所在,即明白在哪些场所自己切实享有一定程度的自由,在哪些场所并没有什么自由,从而减少在自由问题上的盲目性。

三、 重构社会学研究中的理论与实践关系

理论自觉对于社会学研究者来说是不可或缺的。对于研究者来说,理论自觉包含对理论学习的自觉、对理论选择的自觉以及对理论反思的自觉。社会学研究中的理论自觉意识并不是将自身的理论研究和经验研究作为西方既有理论的案例或者验证,拥有兼具中西的专业理论意识和学会自觉运用理论于实务之中才是中国社会学研究者的追求。但在当前,由于我们的社会学研究中理论自觉的不足,甚至还存在某种"反理论"(anti-theory)的立场,其结果不仅导致许多社会学的研究流于经验表层或单一的说教层面,而且在很大程度上会导致社会学研究长期处于一种"理论欠缺"或"理论失语"的状态,从而最终会造成对社会学研究理论和实践的双重破坏。因此,从理论与实践的关系出发,培养社会学研究者理论研究和选择的自觉性才是打破理论欠缺,促进理论繁荣的重要手段。对此,我们亟待努力的是:

1. 培养理论自觉性,首要在于问题意识的培养

问题意识的凸显,是进入 21 世纪以来中国社会学研究的一个强音,但却因理论能力、学科壁垒、视野局限等因素的制约,并没有很好地转化为理论自觉,因此,应积极推进从学科建设为导向的研究模式向理论自觉为导向的研究模式的转变。[①]理论自觉要求研究者在面对专业问题时具有理论先导性意识,用理论的视角来发现问题、提出问题和解决问题。对于社会学研究者来说,在专业实践和学习过程中,要注重对经验技巧和既有理论知识的批判和反思。在专业实践中,将理论植根于实务工作者的各个环节之中,尤其要注重在实务工作评估的环节的理论嵌入,学会用专业理论的视角了解实践的专业化程度,反思专业化的问题。

---

① 邹诗鹏:《理论自觉与当今中国社会学研究》,《学术月刊》2011 年第 6 期。

2. 社会学研究者对于专业理论学习的自觉也是关键

长久以来，对于专业理论意识的培养往往是建立在对这一学科理论发展历史的不断了解的基础上。然而对于不同专业的社会学研究者来说，首先要善于学习和借鉴不同学科的专业理论，从而避免在建构自我的理论意识过程中出现迷惑。其次，在专业教育尤其是理论教学中，研究者对专业理论的学习中要一脉相承，用专业理论的发展历史来影响研究者的理论自觉意识，避免理论角色的"反主为客"。而专业研究者在理论学习的过程中不仅要对西方优秀的理论成果自觉借鉴，同时还要养成对本土理论中传统资源的自觉吸收意识。

3. 理论自觉意识的强化在于对理论的自觉运用

理论的学习在于培养研究者的理论兴趣，真正在实践中对理论的应用才能将理论自觉意识的培养推向纵深。在熟练地掌握一种理论的主要内容，把握该理论的主要精神的前提下，能够熟练地、灵活地运用这种理论，并能在运用过程中自觉地纠正不符合这种理论的错误倾向，这样才能提高专业理论自信。①理论自信以理论自觉为基础，同时它作为一种量变的过程，也是一种对理论自觉性养成的助推。社会学研究者应在专业实践中坚定地相信专业理论是科学的，是对实践大有裨益的，从而坚定地运用专业理论的框架和体系来勾画实践的轨迹。这种对专业理论的自信带来的理论自觉运用，无疑是在潜移默化中对社会学研究者的理论自觉意识产生了积极影响。

4. 理论自觉来源于反思过程中的不断创新

在对理论自觉反思的过程中，实践的变化性和经验技巧的多元性也使得社会学实践者对特定专业理论的适用性产生怀疑。对许多研究者来说，专业学习往往已经为其进一步的研究提供了一些可选择的理论模式。但我们可以使用这些理论中的一个，试着扩展它、挑战它或详细说明它，可以检测不同理论之间相互替代的含义，如果你觉得有企图心的话，我们甚至还可以混合不同观点的一些面向，提出一个完全不同的理论观点。②从这一角度上来说，社会学研究不仅要反思已成的理论在实践中的应用维度和效度，还要不断自觉地以自身为对象进

---

① 贺善侃：《论理论自信与理论自觉》，《思想理论教育》2013 年第 1 期。

② Russell K.Schutt（2008）*Investigating the social world：the process and practice of research*, 6th ed. Washington D.C.：Sage Publications Inc.

行反思,并自觉地反思自己的语言符号,才能确立、维护自己的科学地位和政治功能。①社会学应当将反思发展为必须要具备的专业理论品质,结合不同学科背景和发展所依存的客观历史条件,不断反思专业的实践模式、理论建构和经验表达,将理论和当下实践的特殊情况结合起来,在现实指导下自觉地对既有理论进行批判、扬弃和创新。

四、 以理论自觉加快中国特色社会学学派建设

学派是重要的学术共同体,是某一学科领域研究水平和影响力的重要载体和象征,而学派建设是在学术共同体中取得相应地位和产生学术影响力的基本路径。要建设中国特色社会学的学科体系、学术体系和话语体系,首先必须形成若干个有实力和学术影响力的学派团队。从某种意义上来说,学派建设是中国特色社会学繁荣发展的一个基本标志,也是中国社会学走向世界的铺路石,更是中国特色社会学强化理论自觉,彰显学术自信的具体展现。②而发展中国特色社会学,没有一定数量和质量的学派团队,就很难凸显其优势和特色,更难以在世界学术体系中树立一定的地位。为此,我们必须首先强化中国社会学研究者的历史使命和现实的担当,在立足当代中国社会实践的基础上,增强理论研究的自觉性和学术场域的反思性,这不仅对于我们重新认识社会学的学术品质及其研究者的学术实践具有十分重要的理论与实践价值,而且对于提升中国社会学的研究影响力,促进中国特色社会学学派形成具有积极意义。③

---

① 保跃平:《论社会学的理论自觉》,《学园》2009 年第 7 期。

② 社会学的繁荣是一个国家"成熟的标志,是实力的象征,也是自信的体现"。当前,我国社会学学科建设和学术研究虽然发展很快,在世界社会学舞台上占据的地位也越来越受关注,但其在学术命题、学术思想、学术观点、学术标准、学术话语上的能力和水平同我国快速增长的综合国力和国际地位还不太相称。

③ 从社会学发展历史来看,要形成一个有较大学术影响力的学派条件至少有:学术观点大体一致,研究领域和范式相对接近,学术团队相对稳定且具有再生能力,在学术共同体中能产生相对持久的学术影响力。学派的形成首先依赖于一定数量的学术团队持久不断的共同努力,而其团队所具有的主导性学术观点、核心研究理念和大体一致的研究风格则是学派形成的显著性标志,这也是学派形成的灵魂所在。除此之外,学派形成还需要一些基本的外部条件,比如,研究团队和核心人物的培养与传承,学术研究组织和平台的构建,具有影响力的学术成果发表阵地,等等。

就当前中国社会学研究而言,其主流的知识体系基本上是在西方话语体系和思想境遇中展开并向非西方国家扩散的结果。从某种意义上说,西方社会学特别是西方社会学理论对非西方国家具有无可比拟的话语霸权和学术影响力。可以说,近二三十年来,中国社会学在许多方面对西方学术研究具有较强的依赖性,这不仅表现在主要理论和研究方法上,而且还表现在学科的各种制度化建设方面。如何摆脱这种学术研究的依赖性,建构立足于中国社会实践和中国经验基础上的社会学学科体系、学术体系和话语体系,并由此提炼出具有中国特色的社会学学派已成为当前中国社会学界的一个重要议题和历史使命。而在当前,要建设中国特色的社会学学派,不仅要求我们必须立足于中国社会发展现实,在吸收中国传统优秀学术资源的基础上更加关注全球化、信息化所带来的社会现实和学术研究方式的变化,促使中国特色社会学学派无论在概念体系、话语方式还是思维模式、研究范式上都有所创新。在这方面,当前中国特色社会学在学派建设方面至少具有三个方面的有利条件:

一是中国历史悠久的思想文化传统可以为我们建设自己的社会学学派提供丰富的思想元素。中国传统社会思想一直强调"天人合一""万物一体"等观念,突出身心和谐、兼容并蓄、见利思义等思想,这不仅有助于我们打破西方长期以来占据社会学研究主流地位的"二元"思维模式,而且对我们系统性地认识丰富多变的当代社会提供了很好的思想元素,也为我们进一步辩证地分析各种复杂的社会现象提供了切入路径。

二是处于转型发展的当代中国社会实践为中国特色社会学学派的建立提供了较为理想的研究场所。伴随着当代中国的快速转型,各种社会问题也层出不穷,这不仅会刺激中国特色社会学研究的快速成长,而且也会导致许多新的研究领域和研究范式的产生,从而为新学派的最终形成奠定了良好的基础。

三是日益频繁的国际学术交流和各种跨学科资源的到来将为中国特色社会学学派的形成提供了很好的技术保障。目前,中国社会学不仅可以利用日益频繁的国际学术交流快速拉近与西方发达国家在学术研究上的种种差距,而且还可以凭借自己优秀的历史文化传统与当今得天独厚的经验研究环境取得社会学研究中的"后发优势"。同时,随着当今各种跨学科研究领域的日益兴起,各种跨学科的理论资源和研究方法运用越来越多,中国社会学研究完全可以利用本土的思想资源和先进的技术手段实现理论与方法的创造性转换,创造性地开辟自己新的研究领域与新的研究范式,从而为最终建立中国特色社会学学派创造条件。

然而,我国社会学还处于有数量缺质量、有专家缺大师、有些盲目跟风的研究状况。因此,必须首先彻底扭转社会学的评价体系和盲目跟从的学风,增强理论建构的自觉性和学术研究的自信性,走内涵式发展道路。同时,要立足于中国经验的本土实践,不仅要向全世界诠释好中国经验,讲好中国故事,在坚持理论自觉和学术自信的基础上构建出具有中国风格、中国气派的中国社会学学派。为此,可以在以下几个方面加快社会学的学术能力建设,推动中国特色社会学学派的形成:

一要具备准确研判现阶段及未来中国社会发展面临的各类社会问题的能力。社会学的研究不能仅仅停留在过去或者现阶段,还需要培养敏锐的学术眼光,洞察中国未来发展变化的能力,通过对现实问题的研判提升我们预测未来发展规律,并设计和规划理想社会建设方案的能力。

二要具备转化中国本土化学术语言,开展全球性对话的能力。这不仅需要我们跳出对西方学术话语保持长期依赖的"惯习",更要立足于中国本土实践,将各种具有中国特色的政治与生活概念提炼出来并加以推广,使之成为全世界学术界能够普遍读懂、理解并逐步接受的学术概念。这对当代中国社会学学者来说尤为重要。只有让全世界先读懂了中国,才能在平等的基础上开展全球性的对话。

三要具备从中国社会现实出发提炼出具有中国本土特色的社会学理论的勇气和能力。社会学知识虽然主要是从西方传入中国的,但社会学研究却不能人云亦云,更不能唯西方是从,而是要善于立足于自身的社会实践去挖掘理论要素和核心概念,从而建立起适合中国自身特征的社会学理论。

四要具备联合攻关、协同作战的"集体意识"和行动能力。这种学术共同体的"集体意识"及其行动能力既不是你好我好、大家都好的学术俱乐部,也不是你死我活、相互鄙视甚至学术攻击的角斗场,而是真正基于推动中国社会学繁荣发展的"学术共同体"。对此,我们不仅要加快社会学学术共同体建设,完善对社会学具有支撑作用的学科体系和学术体系建设,注重发展特色和优势研究领域,更要加快发展具有重要现实意义和发展前景的新兴和交叉领域的研究,使这些特色和优势研究领域成为中国特色社会学学派建设的重要突破口。

五要具备将社会学的知识反思性地运用到对现实社会的建构当中,从而"引导"与"建构"一种新的"社会事实"的能力。中国社会学研究者不应只是充当一个"解释者"的角色,而应该逐步自觉实现从"阐释者"到"立法者"的角色转变,通过为社会和学术"立法"而引领中国特色社会学的学派建设和学术发展。

总之,理论建设是一个国家社会学研究成熟的重要标志。一门学科如果没有自己独立的理论,无异于要取消其在学科体系中存在和发展的理由。一个国家的社会学研究,如果没有建构起自己的理论体系,无异于要取消自己在世界舞台上的位置,其将会在社会建设实践中寸步难行。今天,中华民族正处于一个全面复兴的伟大时代,特别是改革开放以来,中国人在自我富强的道路上已经汇集了具有丰富蕴含的中国经验,作为立足并擅长于经验研究的中国社会学而言,要想提高自己研究的专业化水平和学术影响力,就必须强化自己的理论研究意识与学派建设的责任,通过理论与实践的紧密结合来不断探索具有中国本土特色的社会学研究范式和学派风格,从而在理论自觉中获得更多的学术自信。正如2012 年李长春在"马克思主义理论研究和建设工程的工作会议"的报告中所指出的:"我们的一些理论研究和学术创新还落后于这一伟大实践,一些人没有立足于这一伟大实践进行理论研究和学术创新,而仍然习惯于简单套用西方的范畴、理念和结论,用西方话语来解释中国丰富独特的发展实践,削中国实践之足,适西方理论之履。"可见,提倡以理论学习、理论反思和理论自觉性的培养,已经成了现阶段中国社会学发展的关键。[①]对此,中国社会学要在探索西方理论发展历程中不断寻找理论在本土运用中的差异性,用本土性的理论自觉促进社会实践和理论的融合。

（作者单位：华东师范大学社会发展学院）

---

① 文军、何威:《从"反理论"到理论自觉:重构社会工作理论与实践的关系》,《社会科学》2014年第 7 期。

理论自觉与中国社会学话语体系构建[*]

林聚任

摘　要:中国特色的社会学话语体系构建,是一个理论自觉的过程,也是一个新的理论话语建构的过程。话语建构论致力于通过话语来揭示社会研究或知识生产的方式,强调话语在这一过程中的建构作用。本文结合郑杭生所倡导的理论自觉观和理论话语创新之路,从社会建构论角度探讨中国社会学话语体系的构建问题,提出通过立足于本土社会发展经验,发掘可利用的话语和社会文化资源,就有可能实现中国社会学理论话语体系的创新性发展。

关键词:理论自觉,中国社会学,话语体系构建

一、 理论自觉与中国社会学的发展之路

中国社会学自改革开放恢复以来,许多社会学家虽然为了学术创新与发展做了不懈努力,开展了大量针对中国现实问题的经验研究,但理论话语体系的创新与发展并不理想,很多研究仍然对西方社会学亦步亦趋,难以走出西方理论话语体系的羁绊。

具体而言,目前国内社会学研究存在的主要问题体现在:看重对社会现实问题的经验研究,忽视对学科基本理论与方法的创新性研究;重视实用性短期项目的应景性研究,缺乏对具有重要意义的理论议题的总结提升;理论研究多停留于对西方社会理论观点的介绍,不重视中国社会学自身理论体系的构建。其中,理论自觉意识的缺乏和话语体系创新不够是问题的重要症结。正如郑杭生所指出的:"现在则出现了一代对'中学'知之甚少、处在文化断层边缘的社会科学专家。他们往往养成一种根深蒂固的'边陲思维',往往习惯于用西方的概念来裁剪中

---

* 本文原载《社会学评论》2017 年第 2 期,此处略有改动。

国的社会现实,而不善于用正确的立场观点方法把西方社会科学中的精华用来分析快速转型中的中国社会的实际问题和理论问题,还自以为走在正确的路子上。要改变这种多年潜移默化养成的理论失觉和理论自卑的定势,不是很容易的。"①

特别是在当前越来越突出的全球化背景下,西方理论话语的霸权性地位更加凸显,中国社会学要实现学术"突围"或理论创新,显得似乎更为艰难。但是,郑杭生及其团队在理论自觉和理论话语创新等方面所做的很多重要研究,为中国社会学的发展开辟了新方向,探索了理论创新的道路。郑杭生鲜明地指出:"理论自觉是中国社会科学界逐步消除这样那样存在的理论失觉、理论盲目、理论自卑、理论矮化的必经之途,是逐步消除中国社会科学界主体性缺失以至主体性危机的必由之路。"②以郑杭生为代表的"社会运行学派"所提出的"五论"(社会运行论、社会转型论、学科本土论、社会互构论、实践结构论)这一理论体系,"是对巨变中的中国社会认识的一种深化,对有中国风格的社会学理论的一种推进"③。这体现了郑杭生他们重要的理论成就,是中国社会学家创建中国特色和中国风格学派的重要标志。正如有学者所评价的:"社会运行学派的诞生和发展本身就反映了中国社会学的理论自觉。在该学派的理论建设中,我们可以发现一直存在着强烈的理论自觉意识。在一定意义上,理论自觉是社会运行学派发展的持续动力,并清晰地贯穿在该学派各个层次的理论中。"④或者说:"理论自觉的提出,标志着郑杭生教授在探索中国特色社会学理论方面的一次重要升华,同时又是他对自己社会学学术历程的精辟总结。从他提出社会运行论,再到社会转型论、学科本土论和社会互构论,一个个重要社会学理论的创建,其实都离不开'理论自觉'这一源动力。"⑤

① 郑杭生:《"理论自觉"与中国风格社会科学——以中国社会学为例》,《江苏社会科学》2012年第6期,第3页。

② 同上书,第5页。

③ 郑杭生:《中国社会研究与中国社会学学派——以社会运行学派为例》,《社会学评论》2013年第1期,第10—11页。

④ 洪大用、黄家亮:《理论自觉与社会运行学派的发展》,《社会学研究》2015年第5期,第7页。

⑤ 陆益龙:《中国社会学的理论自觉——郑杭生与中国特色社会学理论》,《甘肃社会科学》2012年第3期,第1页。

郑杭生提出:"所谓中国社会学的'理论自觉',是指从事社会学教学研究的人对其所教学和研究的社会学理论有'自知之明',其含义也应该包括对自身理论和他人理论的反思,对自身的反思往往有助于理解中外不同理论之间的关系。也可以把'理论自觉'简要地规定为对社会学理论或社会理论进行'建设性的反思'。"①他说:"所谓'理论自觉'是中国社会学在世界社会学格局中改变话语权状况的必要条件,是指'理论自觉'能使我们增强学术的主体性、反思性,从而使我们觉悟到,适合西方社会概括出来的那些话语,并不都适合中国的实际情况,我们要根据中国的情况,概括、创造出适合中国实际情况的学术话语,从而打破改变学术话语权一直为西方社会学垄断的状况。"②

郑杭生的这种理论自觉观对中国社会学理论话语体系的创新具有非常重要的启示意义。

首先,此观点建立在深刻的反思性基础上,强调对中国社会学创新发展的重要性。早在2009年郑杭生提出理论自觉问题时就指出,当前社会学发展首要考虑的问题是"我们究竟需要什么样的中国社会学"?"或者说,中国社会学把什么样的社会学作为自己追求的目标:是世界眼光中国气派兼具的中国社会学,还是西方社会学某种理论的中国版? 自觉到我们的目标是世界眼光中国气派兼具的中国社会学,而不是西方社会学某种理论的中国版,是中国社会界对自己的理论的反思,也是对别人的理论的反思结果,是对自己所教学、所研究的社会学理论和社会理论的自知之明。这是'理论自觉'的主要内容,是'理论自觉'的首要自觉。"③这种理论自觉观来自他对中国社会学发展状况系统的理论反思,或者说来自"建设性反思批判精神"④。郑杭生在回顾中外学术发展经验的基础上,强调指出建设性反思批判精神对促进中国社会学健康发展的重要意义。实际上,反思性已成为当代学术界关注的重要话题。具有反思性和批判性思维,并从反思性中受益,是一个学科走向成熟和健康发展的需要。

① 郑杭生:《"理论自觉"与中国风格社会科学——以中国社会学为例》,《江苏社会科学》2012年第6期,第3页。
② 郑杭生等:《社会转型与中国社会学的理论自觉》,中国人民大学出版社2011年版,第3页。
③ 郑杭生:《促进中国社会学的"理论自觉"——我们需要什么样的中国社会学?》,《江苏社会科学》2009年第5期,第3页。
④ 郑杭生:《论建设性反思批判精神》,《华中师范大学学报》(人文社会科学版)2008年第1期。

其次，这种理论自觉观为中国社会学的发展确立明确方向。郑杭生在系统阐述理论自觉的主要内容、实现途径基础上，指出中国社会学研究的发展方向和突破重点。他说："中国社会学更有义务对整个中国经验、对不同层次的中国经验，进行调查研究，作出自己的符合实际的理论概括，以提升自己的理论品质，在这一方面完成理论自觉的使命，使自己的理论成为与中国社会发展、中华民族复兴息息相关，因而具有生命力的理论。"①理论的发展跟社会实践是密切相关的，而当前中国社会所发生的重大变迁为理论上的重新发展提供了现实基础。中国正处于快速的社会转型之中，社会经济实力在全球的影响也越来越大，这为中国社会学理论的创新发展提供了极大空间。因此，我们在学习借鉴西方社会学的重要成果、开展中国的社会学研究过程中，加强自身的理论自觉，建立自己的学术话语体系显得尤为必要。对此，郑杭生提出了"三再"说，即"要真正做到'借鉴西方，跳出西方'，对西方社会学不断进行'再评判'；做到'开发传统，超越传统'，对中国社会学不断进行'再认识'；做到'提炼现实，高于现实'，不断进行'再提炼'，我们才能真正创新我们的学术话语，创造我们学术特色，也才能形成为数众多的真正的中国学派。"②

第三，强调学术话语权的确立是中国社会学获得学术自主性，实现从世界学术格局边陲走向中心的必由之路。郑杭生指出，学术话语权是中国社会学"理论自觉"深层要求之一，这对构建中国气派的社会学理论和方法，推动中国社会学发展具有重要意义。"在理论自觉基础上达致学术话语权的制高点。这是中国社会学从世界学术格局边陲走向中心的一条必由之路。"③关于理论自觉与学术话语权的关系，他认为，理论自觉是学术话语权的前提，中国社会学只有形成了理论自觉，才能够实现学术话语权的确立。因此，郑杭生晚年非常重视"理论自觉"问题，把它看作中国社会学实现创新性发展的新概念工具和理论基础。或者说，建立在理论自觉基础上的中国社会学，完全可以通过学术话语的重建，确立

---

① 郑杭生：《促进中国社会学的"理论自觉"——我们需要什么样的中国社会学?》，《江苏社会科学》2009 年第 5 期，第 7 页。

② 杨敏：《中国社会学的理论自觉与社会学的本土化和中国化——访中国人民大学一级教授郑杭生》，《马克思主义研究》2014 年第 12 期，第 20 页。

③ 郑杭生：《学术话语权与中国社会学发展》，《中国社会科学》2011 年第 2 期，第 32 页。

起具有中国特色、基于中国经验的理论体系。

二、 社会建构论与话语建构的力量

中国特色的社会学话语体系的构建,是一个理论自觉的过程,也是一个新的理论话语建构的过程。在这一点上,社会建构论和后现代主义的基本主张为我们提供了理论基础和希望,指出了理论话语体系创新与发展的可能性。按照社会建构论观点,知识的发展是一种社会建构,而这种建构具有多种可能性,而不是只有唯一的模式或选择。一个学科或理论体系的创新发展是多元的,通过反思性研究,可以作出新的理论解释,开拓新的学术研究领域。用法国著名社会学家皮埃尔·布迪厄的场域概念来说,就是"社会科学是一种社会建构的社会建构。在其研究对象本身——作为整体的社会现实以及社会现实的科学表征被建构所处的社会微观世界,即科学场域中——存在关于对象建构的斗争,其中社会科学以两种方式参与:加入此游戏中,要么受之强迫,要么在其中有所作为(无疑受限)。"①

近年来社会建构论作为一种新的理论思潮,已在多个学术领域产生广泛影响,极大地改变了传统的学术思维和认识结构。这一理论观点提倡的是一种新的多元的方法论或认识论,它试图解构传统的解释模式,主张我们所获得的一切知识并不是对客观"实在"的直接反映,而是与社会和文化因素密切相关。主张我们人类的一切社会现实,包括目标物、知识以及行为准则等都是社会建构的产物,例如"社会问题"、"同性恋文化"、"身体与疾病问题"等等都是社会建构物。重要的是,社会建构论者试图颠覆我们传统上所认识的社会世界的根本属性、认识方式和解释方式,以确立起新的社会认识论。他们倡导知识的社会性、实践性、反思性、多元性、相对性等,并认为人们对事物的认识,不仅取决于经验有效性,更取决于社会行动过程(沟通、磋商、话语等)。因此,社会建构论特别重视社会过程、话语体系和社会建构的文化与历史因素。②

---

① Bourdieu, P. *Science of Science and Reflexivity*. Cambridge:Polity Press. 2004. p.88.

② 林聚任等:《西方社会建构论思潮研究》,社会科学文献出版社 2016 年版,第 19 页。

　　新的社会建构论实际上正在重塑我们关于社会事物及知识的认识，带来了一场所谓的"认识论革命"。建构论者所关心的核心问题，是社会实在及各类知识是如何被建构的。"对社会的'现实是自成一体的'恰切理解，要求洞察社会被构建的方式。"①按其观点，一切社会存在物都是人类建构的，是社会构造物，因而具有社会属性。从这个意义上说，社会建构是人类认识事物和解释事物的一项重要活动，是一种社会实践活动。因此，知识既不是关于外部事物与现象的简单反映或表征，也不是一成不变、普遍认可的认知之物。知识或话语作为人类活动的产物，其生产过程跟知识生产者、其社会文化环境或特定情境密切相关，它是人们社会建构的结果。如社会建构论的主要代表人物肯尼思·格根指出："对社会建构论者来说，我们的行动并不为任何习俗对真实、理智和正确的规定所约束。在我们面前，有无限的可能，邀请我们去创新。"②由此而言，从社会实践的动态角度去认识知识或理论体系的建构属性、机制与过程，是当代知识观的重大进步。

　　其中，话语建构论是社会建构论的一个主要方面。因为话语构成社会建构的重要资源性要素，话语权问题被看作当代学术权力或影响力展现的"制高点"。人们已认识到，话语不但是社会沟通的重要媒介，更是一个国家或民族整体实力或影响力的重要反映。按照法国著名思想家米歇尔·福柯的观点来说，话语是体现政治斗争的一种权力符号，话语传递着、产生着权力。福柯所关注的话语不是简单的语言表达，而是话语秩序问题，即说明各个不同历史时期话语使用的社会规则与实践。因此，他特别强调把话语与知识和权力相联系，明确提出："话语既可以是权力的工具，也可以是权力的结果，但也可以是阻碍、绊脚石、阻力点，也可以是相反的战略的出发点。话语传递着、产生着权力；它强化了权力，但也削弱了其基础并暴露了它，使它变得脆弱并有可能遭受挫折。"③

　　话语之所以受到人们的关注，在于话语具有突出的社会属性，它被看作社会

---

　　①　［美］彼得·伯格、［美］托马斯·卢克曼：《现实的社会构建》，汪涌译，北京大学出版社2009年版，第16页。

　　②　［美］肯尼斯·格根：《社会构建的邀请》，许婧译，北京大学出版社2011年版，第4页。

　　③　［法］米歇尔·福柯：《性史》，张廷琛、林莉、范千红等译，上海科学技术文献出版社1989年版，第98—99页。

现实建构的重要基础。然而,传统的社会研究持有实在论的语言观,倾向于把语言仅仅看作反映客观世界、表达思想或者沟通的工具。这在很大程度上忽视了话语的社会建构意义。但社会建构论致力于通过话语来揭示社会研究或知识生产的方式,强调了话语在这一过程中的建构作用。"语言在建构论运动中处于中心地位。"①而"话语分析最重要的贡献是:它分析语言如何建构现象,而不仅仅是说明它如何反映和揭示现象。换言之,话语分析把话语看做社会世界的构成性要素——不是通向它的路径——并假定,离开话语社会世界将难以被认识"②。即话语研究将有助于揭示社会研究及知识的社会建构属性。话语的社会建构作用主要体现在:(1)语言具有各种不同的功能,其社会功能是最基本的;(2)语言或话语既是被社会建构的,也具有社会建构性;(3)语言的使用具有社会情境性和灵活性;(4)因此话语使用具有极大的解释上的社会关联性。故从话语的社会建构性来看,同一现象可以用若干不同的方式加以描述;而在解释中会存在相当大的可变性。话语并不是一种客观、透明的信息媒介,而是具有强大的建构力。所以,通过了解和分析话语,可揭示各种社会存在物和知识得以建构的过程和机制。

总之,从话语建构论来说我们所关注的话语,并不局限于简单的语言表达,而是关系到话语秩序或权力问题。话语秩序所反映的是一种权力秩序,或者说在一定的社会文化背景下话语使用的强弱规则与实践格局。话语从来就不是中性的,而是具有突出的社会意涵或意识形态属性。不论话语的陈述对象,还是话语的陈述主体,都是由人们通过特定的话语实践,按照特定的话语构成规则建构起来的。人的各种主体性特征,诸如阶级、性别、民族等,都是在话语实践中获得并被改变和重建的。即话语以不同方式建构了各种社会现实及其关系,以服务于特定的社会政治目的。同样,社会科学的学术话语体系,也在很大程度上具有其社会文化属性,服务于一定的社会对象。也可以说:"学术话语权的实际作用是多方面的,如对社会发展的引领、社会现象的解释、社会实践的建构、判断标准的制定和学术规则的设置等。"③

①　[美]肯尼斯·格根:《社会构建的邀请》,许婧译,北京大学出版社 2011 年版,第 41 页。

②　Phillips, Nelson and Cynthia Hardy. *Discourse Analysis: Investing Processes of Social Construction*. London: Sage Publications. 2002. p.6.

③　郑杭生:《学术话语权与中国社会学发展》,《中国社会科学》2011 年第 2 期,第 32 页。

三、 中国社会学话语体系的构建

目前,构建具有中国特色的社会学话语体系问题已受到学界普遍关注,中国改革开放以来几十年的发展经验以及研究实践也为构建自己的话语体系创造了良好基础。实际上,中国本土的学术资源和社会学家的某些学术研究实践表明,突破西方话语体系,构建自己的学术话语是可行的。例如,中国社会结构以重"关系"为特征,费孝通等学者通过对"关系"和"差序格局"的研究,揭示了中国社会跟西方社会的显著差别,解释中国人社会行动的逻辑特征。这一方面的相关研究,已经引起海内外学者的广泛关注,成为具有中国色彩的社会学研究的一个重要领域。例如,边燕杰指出:"中国社会的关系主义现象,以及对这个现象的系统的理论和实证分析,也许是探索和推动中国社会学理念、中国社会学学科方向、社会学的中国学术流派形成发展的一个可能的突破口。"①

中国社会结构和"中国模式"的发展经验具有自身的特殊性,这已得到学界的充分肯定。回顾中国社会学的历史发展,我们可以看到,很多社会学家也为发展中国特色的社会学研究、构建中国社会学的话语体系做了不懈努力。从老一辈社会学家费孝通、梁漱溟,到当代社会学家陆学艺、郑杭生等著名学者,他们在发展具有中国特色和风格的社会学方面都有突出贡献。像陆学艺,他坚持了一条"植根于中国土壤之中"的学术路线。"其目标追求的是'中国社会学',是'中国化'的社会学,是直面中国问题,运用适合中国的概念,得出对中国有用的结论,提出符合中国实际的方案,促进中国富强、民主、和谐的'富民学'、'强国学'。这才是中国风格、中国气派,才是可能给世界社会学增添新内容、带来新气象的学问。"②

具体而言,学术话语体系和话语权的构建涉及多个层面的因素,既包括发掘和弘扬中国传统的文化资源,也包括充分利用当下的中国社会发展实践经验。其实,学术话语权的构建需要一定的社会文化实力为基础,并符合社会建构的基

---

① 边燕杰:《关系社会学:理论与研究》,社会科学文献出版社 2011 年版,第 2 页。
② 景天魁:《"植根于中国土壤之中"的学术路线——怀念与学习陆学艺先生》,《社会学研究》2014 年第 3 期,第 5 页。

本规律。一般而言,话语体系由弱变强,由边陲走向中心,并得到普遍认可需要一个过程,其发展也有自身的要求。即理论话语体系的建立,需要遵循一定的话语建构规律,循序渐进。为此,我们当前应该重视从如下六个方面加强社会学学术话语体系的构建与创新:

第一,注重发掘利用自身的学术话语资源。话语资源极其丰富,有的存在于历史文化中,有的存在于当下社会实践生活中。有些话语资源既可能是财富,也可能是包袱,关键在于如何发掘和利用。因此,我们应根据当前社会发展的趋势及要求,发掘可利用的传统的和当下的话语资源,努力构建符合时代需要的创新性话语体系。

第二,确立自身的学术话语优势。在话语权的竞争中,话语优势至关重要。优势性的话语体系,不但要有强大的影响力,还要有广泛的认可度。强话语具有某些共同的特征,具有坚实的存在基础,也具有持续的影响性。我们应该提高对自身话语权的认识和自信,在世界学术舞台上逐步确立中国社会学的学术地位。

第三,建立有效的学术话语影响路径。话语的影响依赖于有效的传播沟通渠道,这实际上是一个社会沟通与磋商的过程。人们接受哪种话语体系,有时并不取决于话语体系本身,而是取决于传播者与接受者之间的沟通方式。特别是在当前的信息化时代,传播方式日益多样化,人们的开放性和接受理解力空前提高,这对主导性话语的传播形成极大挑战。因此,学术话语权的确立应特别重视话语传播方式,提高自身话语的传播力和影响力。

第四,培育独立的学术话语意识。话语不是单纯的沟通工具,而是一定的社会意识或思想观念的体现。各种话语意识之间存在着差异或对立,因此,不同的话语体系具有不同的社会政治意蕴。我们要建立的理论话语体系,既要有自己的独特之处,同时也要得到人们的广泛认同。话语体系的生命力,并不在于其特异性,而在于具有自身的独到信念与价值。独立的话语意识的确立应建立在学术自主性、反思性和批判性的基础上。"根本上说,'社会学中国化'这一个要求,其意义实在于中国学者一种知识上的自觉与反省。"①

---

① 金耀基:《社会学的中国化:一个社会学知识论的问题》,《金耀基自选集》,上海世纪出版集团、上海教育出版社 2002 年版,第 218 页。

　　第五,正确对待话语体系间的对话与创新。在理论话语体系的构建与发展中,需要处理好既有的主流话语与新话语之间的关系,或者说需要处理好普遍性话语与地方性话语之间的关系。跟主流话语要有对话,更要寻求创新。我们既不可完全屈从于霸权性的主流话语,也不能忽视可借鉴的话语一味追求自己的特异性话语。中国社会学作为世界社会学体系的一部分,一方面,理应学习吸收各国社会学的优秀成果;但另一方面,我们要立足于本土社会发展中国的社会学,形成具有自己鲜明特色的理论话语体系,这是学术发展与创新所必需的。只有通过批判性借鉴,再结合本土社会文化资源,才有可能建立自己的理论学派。因此,这个过程既包括社会学研究的本土化,也包括社会学发展的世界化。用景天魁的话说就是:“当代中国社会学应该具有的理论自信包括两个层面:一是坚信从中国土壤里生长出来的社会学,一定能够自立于世界学术之林;二是坚信中国社会学不仅能够回答中国自身的问题,也能够对回答人类面临的共同性问题作出贡献,因而具有普遍的学术意义。前者是社会学中国化,后者是中国社会学普遍化,二者虽然方向相反,但既是相互补充的两个方面,也是相互融通的两个阶段。”①

　　第六,注重话语理论与实践研究的结合。有竞争力的理论话语需要得到社会实践的有力支持。中国改革开放以来,在经济、政治及国际关系多个领域取得快速发展,综合实力水平显著提升,所取得的实践经验也越来越受到国际社会的关注。中国社会学理应对此作出自己的反应,正如李培林指出的:“在当前经济社会发展的新阶段,我国经济社会发展出现了许多新情况、新问题、新趋势,中国社会学应当继续发扬自己的‘中国风格’,有自己的历史担当,深入地调查和研究关系我国中长期发展的重大现实问题,对热点、难点、焦点问题也要从学理上给予解读和回应。”②所以,我们应在中国成功的实践经验基础上,去构建具有中国特质和中国立场的有生命力的话语体系,从而逐步确立起有中国特色的话语地位。而要达到此目标,重在研究实践和自觉的理论提升。例如,费孝通早就指出:“当前社会学中国化的问题是要我们去具体实践的问题,而不是应当不应当

---

①　景天魁:《从社会学中国化到中国社会学普遍化》,《人民日报》2015 年 11 月 23 日。
②　李培林:《中国社会学的历史担当》,《社会学研究》2016 年第 5 期,第 2 页。

社会学中国化的问题。"①

　　总之,理论话语的创新是无穷的,在新的历史时期构建具有中国特色的社会学话语体系,既具有理论上的合理性,也具有现实上的可能性。我们只要立足于本土社会经验,发掘可利用的社会文化资源,就有可能实现中国社会学理论体系上的创新性发展。

（作者单位:山东大学哲学与社会发展学院）

---

① 费孝通:《贺词(代序言)》,载徐经泽主编:《社会学中国化——中国大陆学者的讨论》,山东大学出版社 1991 年版,第 1 页。

中国当代社会学理论范式研究

刘梓良

摘　要:中国当代社会转型的社会学理论范式研究,必须以发展着的马克思主义为指导,立足现实,坚持问题导向,面向未来,把握社会发展规律,勇于创新,科学构建以实践主体的整体能动结构为经,以促进人的全面发展的健全社会运行体系为纬,以培育、实现完美人格与创新成果和宇宙精神相统一为目标的经纬社会学理论。经纬社会学的使命是指引人与自我、人与社会、人与世界关系,实现动态、有序、平衡的发展,促进实践主体从小我(自然人)、走向中我(社会人)、迈向大我(文明人)的完美人格之路。

关键词:中国,社会转型,社会学,理论范式,研究

托马斯·库恩在《科学革命的结构》中指出:作为一种理论范式,"通常是指那些公认的科学成就,它们在一段时间里为实践共同体提供典型的问题和解答。"①但是,任何一种理论范式,"事实上决不可能解释它所面临的所有事实"②。作为探讨社会转型的社会学理论范式,它是为某一历史时期的社会共同体成员提供的关于社会运行的基本结构、运行法则和价值理念等特点总和的某种范例。在对社会变迁考察的基础上,提出可供分析的作为构成社会学理论范式的总体框架,然后,根据中国当代社会转型发展需要,进行社会学理论范式的具体研究,这是本论题的要旨所在。

一、 社会转型与社会学理论范式分析

历史上每一次大的社会转型,在总体路径上,无不遵循与体现着社会认知、

---

① ［美］托马斯·库恩:《科学革命的结构》,北京大学出版社 2003 年版,第 4 页。
② 同上书,第 16 页。

社会信仰、社会组织、社会生产、社会管理等社会运行的基本结构与运行法则和价值理念等总体框架。深入研究不同社会转型期的总体框架,有助于我们从不同社会形态转型过程中,发现其作为构成社会学理论范式的一般历史特点和基本规律。

(一) 中国农业社会转型与理论范式

春秋战国时期,是我国第一次社会大转型时期。这一时期,中国社会经历了战国末年由分裂走向中央集权的转型过程。由于西周时期的礼乐文明遭到破坏,为了解决社会转型中出现的新问题,针对当时社会秩序崩溃的现实,在社会认知上,孔子提出以"仁"为核心的中庸哲学观。中庸哲学的思维方式是"执其两端,用其中",即把对立的两方面用一个东西把它们调和统一起来。"不偏之谓中,不易之谓庸。"在文化上,儒家提出建构以伦理为本位的格物、致知、诚意、正心、修身、齐家、治国、平天下的价值信念。在社会组织结构上,体现的是"士人—科举—国家"的入仕之途和"氏族(部落)—战争—国家"的朝代变迁过程,即"马上打天下,马下治天下"的治理方式。在社会生产即经济发展上,主要是遵循以土地开发为主的顺天而耕、依时而种的农耕经济。正是这种生产方式,不仅是产生天道伦理观念之基础,也是形成宗法人伦和封建等级制度之根源。由此,中庸哲学、伦理文化、集权政治、农耕经济、宗法制度等,是中国几千年农业社会运行的基本结构;其理论范式的建构,遵循的是伦理法则,构筑的是孝悌与宗法秩序,体现的是"天人"关系;追求的是道德文明。

(二) 西方工业社会转型与理论范式

13 世纪后期,随着欧洲农业和手工业等方面生产力的极大发展,航海业和贸易空前活跃,城市经济日趋繁荣。在生产力提高的基础上,作为代表新兴市民利益的资产阶级,高举人文主义旗帜,反对宗教神学,推崇人的理性精神。文艺复兴的先驱者们,主张哲学研究的中心不是神或神的意志,而应是人或人的理性,积极倡导资产阶级的人生哲学和自然哲学。在文化价值观念上,鲜明地提出:"作为行动的人,人们对他说自由,作为感情的人,人们对他说博爱,然而他仍有一种官能未得到满足,就是智慧,就是认识事物的需要……这就是平等。"[①]正

---

① [法]皮埃尔·勒鲁:《论平等》,商务印书馆 1988 年版,第 13 页。

是文艺复兴对中世纪神权文化和社会制度反思的基础上,资本主义同封建制度的矛盾日益加深,于是,开启了启蒙运动,宣扬天赋人权、三权分立,奠定了资产阶级政治制度的基本原则。由此,引发了资本主义的产业革命,也相继建立了以法治为核心的近现代法治制度。为此,理性哲学、人文文化、民主政治、市场经济、法治制度等,是西方工业社会转型社会运行的基本结构;其理论范式的建构,遵循的是理性法则,构筑的是自由与法治秩序,体现的是"契约"关系;追求的是科学文明。

（三）社会改造与马克思的理论范式

马克思并没有直接进行"社会学"的理论建构,但是,在他的《资本论》理论巨著中,则完整地展现了"社会关系体系发展的客观规律性"。正如列宁指出:"马克思以前的'社会学'和历史学,至多是积累了片段收集来的未加分析的事实,描述了历史过程的个别方面。马克思主义则指出了对各种社会经济形态的产生、发展和衰落过程进行全面而周密的研究的途径,因为它考察了一切矛盾趋向的总和。"①马克思运用历史唯物主义原理,对社会进行整体分析。他指出:"物质生活的生产方式制约着整个社会生活、政治生活和精神生活的过程。"②所以,马克思既不是像黑格尔、康德那样从人之本身去阐释人的本质,也不是像斯宾塞把社会作为类似自然界生物的有机体来分析,而是从人所创造的对象世界中去把握人的本质及其社会发展。"个人怎样表现自己的生活,他们自己也就怎样。……因而,个人是什么样的,这取决于他们进行生产的物质条件。"③马克思强调指出:正是"人们在自己生活的社会生产中发生一定的、必然的、不以他们的意志为转移的关系,即同他们的物质生产力的一定发展阶段相适应的生产关系",④随着"社会的物质生产力发展到一定阶段,便同它们一直在其中活动的现存生产关系或财产关系发生矛盾。于是这些关系便由生产力的发展形式变成生产力的桎梏。"⑤因此,生产力和生产关系的矛盾,是人类社会的根本矛盾,也是社会发展和变革的根本原因。马克思通过对资本主义社会的生产力与生产关系

---

① 《马克思恩格斯选集》第1卷,人民出版社1972年版,第11页。
②④ 《马克思恩格斯选集》第2卷,人民出版社1972年版,第82页。
③ 《马克思恩格斯选集》第1卷,人民出版社1972年版,第25页。
⑤ 《马克思恩格斯选集》第2卷,人民出版社1972年版,第82—83页。

矛盾的深入剖析,不仅揭示了剩余价值的秘密和资本家对工人阶级残酷剥削的事实,而且深刻地批判了导致劳动异化、人的片面发展与资本主义社会赤裸裸"现金交易"的利害关系和资产阶级的贪婪本性。马克思对资本主义社会改造的思想,倾注在他的唯物主义哲学、共产主义信念、建立无产阶级政权、公有制经济和法律制度等社会运行的基本结构之中;其理论范式的建构,遵循的是物质法则,构筑的是生产资料公有制与社会化大生产相适应的社会生产秩序,体现的是物质资料生产与分配公正的生产关系;追求的是生产实践活动与人的全面发展的一致性的物质文明目标。

通过对不同社会转型的社会学理论范式的考察,在其功能上,社会学理论范式的基本结构与运行法则,犹如社会列车的"双轨":基本结构之轨,承载的是社会发展的整体结构样态;运行法则之轨,担负的是人的发展与社会进步的平衡器;价值理念,则是社会列车的"火车头",它的使命是对人的发展进行社会历史发展目标的价值导引。作为以人类社会整体为研究对象的社会学而言,个人与社会的关系,是社会学研究的基本问题。个人是社会的终极单元,社会是个人的发展方式。"人类生活共同体的发展就是个人与社会的互构关系的演变过程。"①在个人与社会关系的演变上,农业社会转型,运用伦理法则处理人与社会关系,构建的是个人与社会的"天人"关系,解决的是"礼崩乐坏"导致的社会关系失序问题;工业社会转型,运用理性法则处理人与社会的关系,构建的是个人与社会的"契约"关系,解决的是个人自由与社会秩序问题;马克思对资本主义社会的批判与改造,是用物质法则(生产力与生产关系)分析和处理个人与社会关系,探索建立人在自由自觉的生产劳动中,实现人的全面发展的一致性等问题。马克思关于人的全面发展和解放的理论,无疑是人类历史上最伟大的社会革命理论。随着时代的发展,马克思主义不仅要中国化,而且更要使马克思主义时代化。即依据当代中国的社会发展,努力开辟 21 世纪中国马克思主义发展新境界,推进马克思主义的不断创新和发展。

---

① 郑杭生等:《社会互构论:世界眼光下的中国特色社会学理论的新探索——当代中国个人与社会关系研究》,中国人民大学出版社 2010 年版,第 121 页。

二、 中国当代社会学理论范式研究

改革开放以来,中国经济社会发展取得重大成就。但是,我们必须清醒地看到,随着经济的快速发展,当前,面临着资源短缺,环境承载能力已到极限;企业创新乏力,经济发展动能转换表现迟缓;根深蒂固的官本位传统观念和市场经济滋生的拜金主义,与社会发展的先进理念背道而驰;加之法治意识淡漠和理想信念缺失等,不仅使社会治理成本进一步加大,也导致社会发展越发步履沉重。特别是我国正面临着三种产业形态叠加的经济发展期与正处于社会"矛盾凸显期"的交织过程中。这些矛盾如果得不到合理和有效解决,将使中国社会发展受到严重影响。上述问题,从社会整体发展关系上看,涉及"人与自我"方面的思维方式、理想信念、价值观念、创新能力和行为规范等,同时,反映在"人与社会"的哲学、文化、政治、经济、法治等各要素之中,并对"人与世界(自然)"的关系产生着不利影响。

面对我国社会发展中出现的社会整体性问题,需要站在社会历史发展的高度,用宽广的视野与战略眼光和创新思维,研究解决问题的根本之道。纵观人类社会发展进程,在经历了以土地开发为本位的农业社会转型和以技术开发为本位的工业社会转型,正在向以人的素质提升为本位的知识经济社会转型迈进。知识经济社会转型与农业社会转型和工业社会转型的根本区别在于,它是从人的全面发展角度出发,以人的素质提升和创新为主要驱动力。① 人的全面发展和素质提升,是知识经济创新发展的根本基础;社会建设,是推动人的全面发展和素质提升的有力体系支撑;人与社会的协调,则是人与世界和谐统一的必要条件。为此,遵循实践法则,科学构建以"人"的整体能动结构(经向度)为基础,以"社会"的健全运行体系(纬向度)为支撑,积极探索人的实践活动规律与社会运行规律有序统一的合理路径,在推动人与自我、人与社会协调发展基础上,促进实践主体由个体的"自然"状态(自然人)、向社会的"自觉"状态(社会人)、迈向世界的"自由"状态(文明人)不断进步和完善。在推动社会协调进步与促进人

① 刘梓良:《知识经济与人的全面发展》,《人民日报》2011年8月25日。

的全面发展的同时,实现完美人格与创新劳动成果和宇宙精神的统一。这是知识经济社会转型的发展需要,赋予中国社会学理论范式研究极其重要的时代命题。

（一）促进人的全面发展,是向知识经济社会转型的根本基础

作为知识经济的实践主体,人是具有经向度(纵)完善的心理能动结构——理性、情感、智慧、行动、意志和纬向度(横)全面的实践活动结构——活动主体、活动方式、活动客体、活动目的的高等智能动物。在认知王国,能动性表现为用思维恰当地把握世界;在情感王国,能动性表现为在认知基础上所建立的价值信念;在智慧王国,能动性表现为改造世界活动提供方法和路径指南;在行动王国,能动性表现为创造性地开展工作;在意志王国,能动性表现为实现目标百折不挠的决心与刻律自守的规范力。长期以来,人们把"理性"与"智慧"混为一谈。对这一极不严谨的规定,正如当代美国心理分析学家和哲学家弗洛姆所指出:"理性是人以思想理解世界的本能,它与智慧形成了对照;智慧是人借助于思想摆布世界的能力。理性是人获得真理的工具,而智慧则是得以更成功地操纵世界的工具。"①著名瑞士心理学家皮亚杰在他的《智慧心理学》一书中强调:认识给动作烙印一种结构,情感对动作提供必要的能量,而智慧仅提供手段(方法)。②人的全面发展,从实践意义上说,就是如何使人的完善的心理能动结构(经向度)和全面的实践活动结构(纬向度),实现全部和有序开展活动的过程。

人的实践活动规律与社会运行规律的统一

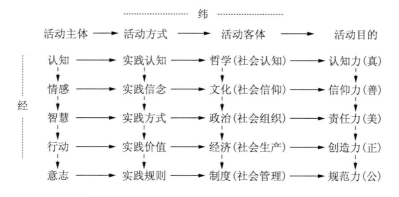

---

① ［美］E.弗洛姆:《健全的社会》,贵州人民出版社 1994 年版,第 51 页。

② ［瑞士］皮亚杰:《智慧心理学》,洪宝林译,中国社会科学出版社 1992 年版,第 3 页。

（二）完整的实践活动方式，是向知识经济社会转型的具体途径

为促进人的全面发展，从活动方式而言，就必须有序遵循由实践活动规律确立的实践认知、实践信念、实践方式、实践价值、实践规则的完整活动路径。缺少实践认知的行动，是盲目的行动；缺少实践信念的行动，是无动力的行动；缺少实践方法的行动，是鲁莽和笨拙的行动；缺少实践价值的行动，是无意义的行动；缺少实践规则的行动，是难以持久和成功的行动。从活动意义上讲，实践认知，是探索"能不能做的问题"；实践信念，是衡量"有没有信心做的问题"；实践方式，是选择"用什么方法做的问题"；实践价值，是判断"做到什么程度的问题"；实践规则，是遵循"按怎样标准做的问题"。完整的实践活动方式，是实践认知、实践信念、实践方式、实践价值和实践规则的有序统一。

（三）健全的社会运行机制，是向知识经济社会转型的有效保证

作为实践主体的活动客体——社会功能而言，依据当前社会发展中不同程度存在的求真精神不强、理想信念淡漠、政治责任弱化、经济创新乏力、法治建设相对滞后的情势下，为有利于实践主体开展交往、互动与合作，促进人的全面发展，进而推动完美人格与创新成果相统一的实践目标，必然需要为存在交往协作的群聚体，系统构筑与有效提供发展认知——哲学、建构信念——文化、树立责任——政治、培育创造——经济、遵守规范——制度和维护公平正义的社会公共服务的有效平台。

哲学要为完整把握世界（实践认知）提供时代思维坐标。在考察社会转型期出现的诸多矛盾和对现代性反思背景下，我们观察世界和思考问题方式，应从把握单一客体或只强调主体乃至突出"对立"以及线性思维等传统模式中跳出来。一个复杂事物的构成，是由经向度（纵）多层面"成因"与纬向度（横）多要素"条件"共同作用的结果。我们所面对的世界，是由时间和空间组成的广阔无边的经纬宇宙体；人类社会就是处于时空经纬线上，由社会时态和社会形态构成的社群生命共同体；在时空的交汇处，站立的是具有完善的心理能动结构和全面的实践活动结构的生命个体——人。在知识经济时代背景下，如何把握人与自我、人与社会、人与世界的整体内在联系？怎样实现由"自然人"到"社会人"走向"文明人"的根本目标？这是知识经济社会转型，需要研究和解决的重大哲学课题。从人的实践活动的整体联系考察：人的全面发展，既包含理、情、慧、行、意（经向度）

内在的心理要素,也包括人与自我、人与社会、人与世界(纬向度)外在的必然联系。在人的全面发展路径上,人是实践的主体,社会是人的发展方式,人与世界的统一,是完美人格的至境追求。中国哲学的创新,应构建以人(微观)、社会(中观)、世界(宏观)时空一体,"同天人、合内外"的实践哲学为追求。实践哲学的使命,是运用经纬思维坐标,完整、有序地把握人与自我、人与社会、人与世界的实践本质联系,指引实践主体由个体的自然状态(自然人)、走向社会的自觉状态(社会人)、迈向世界的自由状态(文明人)——求真、求善、求美、求正、求公的完美人格之路,最后至达人与宇宙精神统一的高远境界,实现"成己成物"的理想目标。实践哲学所呈现的动态、有序、平衡的宽广视野与精致思维和时代意义,不仅是全面和有序认识世界的一种新方式,也将是建构和谐世界的一幅新图景。

文化要为"有没有信心做"(实践信念)提出价值观念的引导。在社会转型中,文化影响力和凝聚力,是至关重要的因素。社会转型如果没有文化的优势,就不可能拥有未来。如果说农耕社会建构的是人伦文化、工业社会建构的是人权文化,那么,知识经济社会建构的是人格文化。人伦文化注重等级,人权文化追求平等,人格文化强调责任。什么是人格?完美人格是指实践主体在认知方式、价值信念、社会责任、创新能力和行为规范等方面,向着崇高的人性目标——真、善、美、正、公——发展的人格特质。人格文化的功能要义,在于通过对人的观念塑造:点燃人的求知热情、提升人的价值信念、培育人的社会责任、激发人的创新动力、构筑人的行为准则。

政治要为"用什么方法做"(实践方式)赋予使命担当的责任。西方近现代民主政治是从"社会契约"出发,提出建立公共权力的理论来源和主张。我们以社群实践活动规律作为逻辑起点和理论依据加以探讨:首先,实践活动的群体性。由于人的生存需要的多样性与个体能力的有限性矛盾,就必须结成群体。其次,实践方式的组织性。为解决社会群体的多方面和多样性的生产、生活需要,就必须对社会群体进行合理组织和有效分工。第三,实践对象的生产性。为满足社群的一切需求,必须在分工与协作的基础上,通过发展生产来实现。最后,实践结果的文明性。人类社会区别于其他动物的根本标志,不仅创造财富,而且在不断提高生产水平的过程中,必须通过提高人类自身的素质完成人类的文明进程。上述社群实践活动规律,体现在社群实践整体关系上:社群是主体、政府是方式、产业是对象、文明是目的。政治使命的担当是：遵循社群、政府、市场和文明的基本秩序，充分体现民众意愿、履行政府服务职能、推动产业进步和提升文明水准的统一责任。在权力构成方式上，努力把经向度垂直国家治理意志与纬向度广泛民众意愿，合理、有序地统一起来。

经济要为"做到什么程度"（实践价值）建立产业创新的标尺。我国正面临着三种产业形态叠加的发展时期，根据我国经济社会发展需要，准确把握知识经济发展规律，确立以供给侧结构性改革为主线，以促进人的全面发展为根本，以推动社会的全面进步为保障，以培育完美人格与创新成果相协调为目标的发展战略。努力实现三个转变：在发展理念上，从以物为中心向以人为中心转变；在发展方式上，从资源开发本位向以人的素质提升为本位转变；在发展目标上，从片面追求物质生产向促进人的全面发展与物质生产、精神生产相协调转变。为此，需要有效制定推进知识经济加快发展的产业政策，加大对产业创新的扶持力度，着力培育一大批引领知识经济产业发展的优秀企业，努力走出一条经济发展与环境保护相协调、知识创新与生产目标相统一、有利于人的全面发展的中国特色知识经济发展道路。

法治要为"按怎样规则做"（实践规则）制定活动规则的依据。党的十八大以来，提出了建设社会主义法治国家的总目标。特别是在社会转型期，针对当前社会中不同程度存在的探索精神不足、缺少远大理想、行政工作中的官僚主义、经济领域的贪腐行为、法律意识薄弱等，我国的法治建设，负有艰巨的历史使命和重大责任。农业社会法治精神是维护等级制，体现的是为君主专制服务；工业社会法治精神是实现自由平等，体现的是个人自由平等权利；知识经济社会的法治精神应在保障每一位公民自由平等权利基础上，积极为推动健全社会的发展和大力促进每一位公民的全面发展，制定行动规则的依据。

（四）完美人格与创新成果和宇宙精神的统一，是向知识经济社会转型的最终目的

每一次社会转型的过程，也是人与社会关系的调整过程。知识经济社会转型，就是通过推动人与自我、人与社会、人与世界的和谐统一，在实践活动中，有效提升人的科学的认知力（求真）、熔铸坚定的信仰力（求善）、树立高尚的责任力（求美）、培育卓越的创造力（求正）和形成自觉的规范力（求公）。正是这样的人格特质,不仅超越了以往单一的伦理道德观或物质利益观的局限,体现了完美人格与创新成果的相互协调,而且也是实现"人字同构",即完美人格与宇宙精神和谐统一的有效途径。因为,在人与世界(宇宙)宏观关系上,宇宙凝聚着时空的无尽内涵,它具有永不停息的探索精神(真);宇宙展现出宽广坦荡的胸怀,它具有容载万物的博大精神(善);宇宙哺育着世上万物的生长,它具有厚实诚挚的担当精神(美);宇宙孕育着生生不息的发展力量,它具有刚毅坚卓的有恒精神(正);宇宙遵循着物质运动的普遍法则,它具有崇尚秩序的规则精神(公)。如果说,人是宇宙的精华,那么,完美人格就是宇宙精神的完整体现。从物质世界运动规律讲,人、社会、世界(宇宙),共处于时空一体、相互联系的物质运动中。历史的最终指向,是促进人的全面发展与社会的健全状态和世界的和谐统一。

中国社会转型,必须走出一条与西方以资本为主导的根本不同的发展道路。资本主义制度,它从本质上扭曲了人性,在精神上撕裂了人类社会进步的理想价值,把世间的一切东西,都变成了私有财产与赤裸裸的金钱交易关系。中国当代社会转型的社会学理论范式研究,必须以发展着的马克思主义为指导,立足现实,坚持问题导向;面向未来,把握社会发展规律;勇于创新,科学构建以实践主体的整体能动结构为经,以促进人的全面发展的健全社会运行体系为纬,以培育、实现完美人格与创新成果和宇宙精神相统一为目标的经纬社会学理论。经纬社会学的使命是引导人与自我、人与社会、人与世界关系,实现动态、有序、平衡的发展,促进实践主体从小我(自然人)、走向中我(社会人)、迈向大我(文明人)的完美人格之路。作为实践终极目标的完美人格,既是实现人的彻底解放的根本标志,也是人的全面发展的卓越追求。说到底,人的全面发展,是由主体的完整心理能动结构、健全的社会运行体系和完美人格三个层次来完成的。实践主体的完整心理能动结构,是人的全面发展的根本基础;健全的社会运行体系,是人的全面发展的关键条件;人与社会的协调发展,是促进完美人格与创新成果和世界和谐统一的重要保证。这是经纬社会学在知识经济社会转型中,肩负的时代重大责任。至此,实践哲学、人格文化、民主政治、知识经济、法治制度等,建立的是知识经济社会转型中社会运行的基本结构;经纬社会学理论范式的建构,遵循的是实践法则,构筑的是人与自我、人与社会、人与世界(宇宙)的动态、有序、平衡的发展秩序,体现的是人的全面发展与"社会服务"关系;追求的是完美人格与创新成果和宇宙(世界)精神相统一的人格文明目标。

　　人类社会的进步,归根结底体现为文明的进步。中国是具有五千多年历史的文明古国,坚持以人为本,是中华民族的文化本根。推动知识经济社会转型的发展理念,承接了中华民族深厚的人文主义情怀和熔铸了科学的理性精神,契合了马克思在"三大社会形态"中论证的从人的依赖关系到物的依赖性向个人的全面发展的趋势,体现了知识经济与人的全面发展的一致性要求。我们必须紧紧抓住知识经济的历史机遇,把知识经济实践活动,作为推动人的全面发展的有力基石;用提升综合素质,铸造知识经济创新发展的坚强支柱;通过培育完美人格,建造知识经济这座辉煌大厦,开启知识经济人类文明新纪元。

(作者单位:中国传媒大学)

据之于实情：中国社会学的理论自觉与学术创新

乔兆红

摘　要："西方社会学"是一个带有文化意义的空间概念,也主要是一个类型学概念。就中国大陆而言,社会学的研究至今已有一百多年的历史。这期间工作进展的迅速与成绩的显著,已经得到海内外学者的肯定。人们不难看出,我们不是仅仅就社会学研究社会,也不仅仅是在社会史的范围内来研究社会学,而是从更广泛的经济、文化和政治角度研究社会学,特别是从中西交流的角度来研究社会学。以此为基础,超越"西方中心论",树立中国社会学的理论自觉与自信,建立中国社会学新典范,具有历史与现实的双重启示。

关键词：社会学,西方中心论,本土化,理论自觉,学术创新

在社会学百余年发展的"本土化"进程中,中国社会内部的顺应潮流趋向与适应环境机制发挥了显著作用。人们常说的中国传统文化乃至现代文化,都在一定程度上影响了在相当程度上"本土化"了的社会学研究。

一、 经验、模式与经典：西方中心论与西方社会学理论本土化

改革开放后,中国逐步与世界接轨,在与世界接轨的过程中,西方话语大量涌入,并多数被中国所采用。一种通常的模式是:西方在设置话题,我们则跟着讨论。各个学科都在努力地"与世界接轨",西方话语已经成为各学科的主流话语。在近些年的研究中,越来越多的学者对西方中心主义的历史观提出质疑。然而,多数学者的看法,在倡言"中国中心"的同时,并非要抛弃西方(主要指西欧)的经验,而是要在新的基础上,实现中国社会历史发展的双向比较与对视,"不仅从欧洲的立场出发去看中国,而且也从中国的立场出发去看欧洲",既反对西方中心主义,但又不拒绝西方的经验;既重视从西方经验中总结出来的一般规

律的指导作用,但又不将之神秘化或神圣化,更加重视中国自身经验的独特价值和特殊性,即据之于中国的"实情"。

自工业革命以来,世界历史的发展长久地是由欧洲或西方文明所支配,并由此在学术界形成一套以西方文明为中心的研究方法与范式。在 21 世纪的今天,学术界已愈来愈达成这样的共识,即以东方文明为坐标所建立起来的学术范式,对于全球性学术的发展来说同样不可或缺,至少后者应是前者的某种补充。

对于西方社会学本土化,主张"脱西返中"或"去西方化"的理论立场的人,在论证自己的主张时提出了"似是而非"的说法。一是认为西方社会学的内容主要反映或再现的是西方人的社会历史经验,本身不具有普适性,不能适用于非西方社会;二是认为西方社会学只是揭示了西方人的意义(或文化)世界,因而在运用到非西方社会的时候不具有意义(或文化)的适当性;三是认为"西方社会学"隐含着西方世界的社会学家对非西方世界社会学家的一种文化/学术话语权(或"霸权"),只有建构一种纯粹的"非西方社会学"才能使像中国一类非西方世界的社会学家获得与西方社会学家争夺学术话语权的可能。研究者指出,其问题在于过度夸大了西方社会与非西方社会各自具有的特性,而忽视乃至抹杀了两者之间存在的共性。①

"非西方社会学"对我们理解非西方社会是有价值的,但将它和西方社会学对立起来,并用它来排斥后者及其从后者演化出来的那些社会学说,则是不合适的态度和做法。前述经济领域的研究,强调西方理论即英国模式的特殊性,而关于社会学领域,则强调西方理论的共性或普适性。这里的关键是如何处理好经验(事实)、模式和经典三者的关系问题。根据历史思维逻辑,经验(事实)构成历史研究的根本出发点,是最基础、最本质的要素,也是"据之于实情"的基本理由;由对某些经验的正确解释而形成的经典理论,只能起到理论上、原则上的指导作用,而不能成为历史研究的出发点。任何一种具体的历史发展模式,不是从经典中推导出来的,而必须从具体历史经验中抽象出来。社会研究属于一种经验研究,没有经验材料的支撑就没有科学的社会研究。任何理论命题和框架都

---

① 见谢立中:《后西方社会学:是何以及为何?》,《社会学评论》2017 年第 2 期。

是从经验事实中抽象出来的,但理论范畴之间的因果关系与经验事实之间的转承关系并不是一一对应的。经验材料的获取和使用必须能够对理解"问题"和阐释"问题"提供足够的支撑。而对待经典的正确态度,则是既要借重经典,但又不能迷信经典。要活用经典,将经典与事实相结合。完全撇开西方经典理论,我们的研究往往缺乏深度和理论的延续性,陷入经验主义的泥沼;但如果执迷于西方经典,不加辨析与区分,不与中国的实情相结合,我们的研究则无法突破与创新,同样要步入歧途。

20世纪初社会学在中国的导入和产生所推动的学术走向生活、走向实践的取向,以及外辱内忧之下学者所形成的富国强国的强烈使命感,形成了中国社会学的介入生活、干预生活的传统,推动一大批学者走出书斋步入生活基层。作为一门现代学科,社会学如何从西方传入中国,以及社会学的中国化,吴文藻、费孝通、林耀华、许烺光、田汝康、晏阳初、梁漱溟、孙本文等老一辈社会学家有系统研究。在20世纪三四十年代,俨然形成一个在国际上别具特色的社会学人类学的"中国学派"或称"中国社会学派"。费老认为,联系中国实际讲社会学和以社会学的研究来服务于中国社会的改革和建设,是"社会学中国化"的主要内容,也是30年代中国社会学的共同趋向。在这时期里比较突出的有梁漱溟主持的乡村建设运动,晏阳初主持平民教育促进会的定县实验区,陈翰笙主持的中国农村经济研究会的无锡等地区农村调查。这些工作都主张联系中国社会进行调查研究并以服务于中国社会为目标。[1]当今的社会学界也充分肯定,20世纪70年代末社会学恢复重建后,费孝通、陆学艺、郑杭生等学者坚持社会学中国化的方向,扎扎实实地做了大量调查研究,深入了解中国国情和社情。在此基础上,形成了城乡发展理论和民族多元一体理论、"三农"理论和社会建设理论、社会互构和社会运行理论等重要学术成果,为社会学中国化和中国社会学发展作出了重大贡献。经过广大社会学人30多年的艰苦努力,中国社会学伴随中国发展进程,开启了从"社会学中国化"到"中国社会学普遍化"的新阶段。[2]

---

[1] 见费孝通:《略谈中国的社会学》,《社会学研究》1994年第1期。
[2] 见景天魁:《学科走向:从社会学中国化到中国社会学普遍化》,《人民日报》2015年11月23日。

二、超越"西方中心论"　建立中国社会学新典范

中国现代学术建制移植于西方。社会学最初也是外来事物。与其他学科一样,社会学专业精神之形塑和地位之提升,也在于如何"旧瓶新酒",融会贯通地从欧美引入相关理论和方法。社会学本土化就是使外来社会学的合理成分与本土社会的实际相结合。作为一种主张,社会学本土化的道路选择并非无视或否认西方社会学发展水平更高的现实,亦非拒绝与西方社会学对话或向其学习,而是强调社会学要直面中国实际和中国问题,以中国式的思维方式和文化取向研究问题、解决问题,以增进社会学对本土社会的认识和在本土社会的应用,形成具有本土特色的社会学理论、方法的学术活动和学术取向。"社会学中国化只是世界社会学本土化运动的一个重要的或最重要的组成部分。"

在创新驱动、社会转型的今天,对中国社会学的反思日趋重要。海内外学者都在思考如何在视角和方法层面有新的突破,从整体上推进社会学的研究。在中国哲学社会科学大发展的时代,所谓社会学的自主创新就是立足中国、超越"西方中心论",建立中国社会学的新典范。

当今世界,中国的存在感已无处不在,西方无可避免地需要努力理解中国,理解中国的历史和现实。"对中国而言,其实也可以主动向外界去讲述自己的历史,不用一味等待西方人来讲述。"就如何讲述中国历史,章开沅先生一直强调关于中国历史社会环境研究的必要性。他指出:"我们的认识尚未赶上本世纪(20世纪)初的进步青年学生。到目前为止,在他们刊载于《江苏》《浙江潮》等杂志上的详细的社会调查大纲中,仍有很多我们至今作不出答案的项目。"①

如今,中国综合实力已有较大提升。在国际社会现有逻辑和语境下,我们不应仅仅对西方立场作出被动回应,而要积极参与国际竞争,打造自己的"价值立场""话语系统"和"公共产品"。具体来看,有以下几方面建议:

第一,超越"西方中心论",从科学的世界历史观角度来认识和把握国际话语权的构建。

---

① 见章开沅:《关于孙中山研究的思考》,《郧阳师范高等专科学校学报》2001 年第 4 期。

积极参与各文明间的对话和交流，正确回应时代问题的挑战，建构具有民族风格、民族气派的中国话语，是发展中国国际话语权的根本路径。沿着这条路径行进，需要一系列条件，其中一个重要的必要条件就是打破"西方中心论"的束缚。

在对待西方社会科学的态度上，社会学者认为，中国既有与西方工业化相同的社会处境，也有不同于西方理论话语的独特发展道路，我们应该从中华民族整体利益的立场，从中国 9 亿农民现实处境出发，有选择的借鉴西方社会科学。在西方强势话语在中国社会被奉为真理的今天，学者应该警惕被话语绑架，应该具备相应的学术反思能力，以中国为主位进行研究。①与此相呼应，彭慕兰提出要突破"欧洲中心论"，提倡"互为主体"的比较研究方法。

第二，总结"中国理念"，概括"中国经验"，在交流中获得对称的话语能力。

今天的历史是全球化的历史，关键并不在于如何定义全球化，而是如何在全球化背景下理解对方，如果从不同的视角了解历史，了解过去就能更好的理解现在。当今世界充斥着新的变化，在中国外交政策渊源、中国与全球化互动等问题上，别国学者尚未身处中国历史语境来研究中国历史。我们必须跨越边界来理解不同的文化、意识形态以及研究方法，并展开合作。

费孝通认为，西方学术的话语系统是西方之"名"与西方之"实"的统一，若将西方话语嫁接到中国经验之上，很可能是西方之"名"与中国之"实"相悖。因之，费孝通的概念创造旨在追求中国之"名"与"实"的统一。费孝通以中国儒家思想中的"差"和"序"对中国社会结构及其衍生的道德系统予以概括和阐释，不仅激活了中国文化传统而且实现了新的创造。事实上，西方社会学抑或中国传统学术中均无一个既定的名词可以有效概括中国传统社会结构的特点。从费孝通的论述看，差序格局这一概念绝非生硬的捏造、简单的比附，而是一个经过西学系统训练、有着国学根基且经过大量实地调查的学者发挥社会学想象力所作出的学术超越。它的提出拓展了一个有别于西方社会学的话语空间。②

自 20 世纪 80 年代始郑杭生先生就以理论自觉意识确定了以"社会运行"为主导观念的社会学定义，并衍生出"社会转型论"等四论，更形成以"社会运行"

---

① 见贺雪峰：《乡村研究的国情意识》，序言，湖北人民出版社 2004 年版。

② 见陈占江：《重返费孝通：走出"概念学术"的迷思》，《中国社会科学报》2015 年 4 月 24 日。

主导观念为导向的有自己话语体系的学术群体。理论自觉的提出,标志着郑先生在探索中国特色社会学理论方面的一次重要升华,同时又是他对自己社会学学术历程的精辟总结。社会运行论社会学在当代中国社会学的发展中占据了学术高地,是中国社会科学学术创新的标杆。在当今的世界体系之中,如果中国社会学者不能自觉,那就无法真正获得属于中国人的话语权。

第三,构建独立的学术话语体系,打造当代中国话语新形态。

中国传统话语的局限性主要体现在功能和作用方面。要打破或超越传统的形式,形成以时代问题为中心的研究领域,必须首先关注人文社会科学各领域的新成果。脱离当代中国及其发展,中国话语就谈不上向世界话语转变。"十年来,学者尤其意识到,中国社会学的理论研究和应用研究应摆脱'西方化'倾向,并努力从中国的巨大社会变迁和改革开放的实践中汲取理论营养,根据中国的国情和社会需求进行理论建设,初步形成有中国气派和本土特色的社会学理论发展方向。同时,中国社会学研究加强了自身的理论反思和建构,在学科规范和学科体系建设等方面取得了突破性进展,使我国社会学逐步成为一门具有理论深度和规范体系的学科。"[1]哲学社会科学学术话语体系建立在将人类共性问题研究的普遍性与本土经验研究的特殊性相结合的基础之上。

第四,超越直觉经验,以科学范式为指导,建立中国社会学的新典范。

清末民初,社会学开始东渐中国。作为舶来品,不论其理论还是方法均植根于西方经验。如果奉行拿来主义,径直用西方的概念工具、理论框架研究中国问题,不仅可能存有南橘北枳之弊,更有可能导致张冠李戴之误。因此,在译介西方社会学的基础上实现社会学中国化,成为横亘在早期社会学家面前的一道难题。严复、孙本文、吴文藻等学者为社会学中国化破题开路,之后的学者在其基础上进一步推动和拓展。费孝通则是社会学中国化脉络中承上启下的人物。他于1947年在《乡土中国》中提出的"差序格局",经过几代学者的引述、阐释、演绎和扩展,已然成为社会学中国化的一个里程碑。进入21世纪,费孝通提出文化自觉,将研究视野从对中国社会与外部西方世界的关联性分析,进一步将中国社会放置在世界中,从"中国融入世界"、"中国对世界的影响"视角去重新认识中

---

① 李培林:《社会学 经世致用促发展》,《中国社会科学报》2012年11月9日。

国和世界。可以说，费孝通"在江村"做追访研究，着眼的则是认识与解读世界秩序与文明进程。由此而论，江村研究已经从对乡村系统的功能性解释，扩展至对世界体系的总体性把握。"费老的江村研究所呈现的，是一种与西方进行学术对话的自信和敢于超越学术范式的勇气。"①

第五，以社会学学术研究为牵引，增强我国文化竞争力，建构中国国际话语权。未来的世界将是不同文明进一步交流、碰撞，相互学习、相互提升、共同发展的过程。同时，这个过程又是一个竞争过程：道路的竞争、理论的竞争、制度的竞争，而根本是文化的竞争。

国际话语权的构建从来不是靠宣传和传播力就能得到的。国际话语权的策略应具有可操作性，"中国只有帮世界解决问题才能争夺国际话语权。"中国提出"一带一路"建设，与马歇尔计划打造了美国的国际话语霸权具有一定的相似之处。如"一带一路"建设提出至今，不仅在国际社会得到大量宣传和热议，而且一定程度上得到共识和认可。这为中国构建国际话语权提供了可操作性。中国智库和学者要在包括"一带一路"等问题上讲好中国故事、发出中国声音，寻求中美双方的利益交汇点，并建立和营造可持续发展的关注点。中国的国际外交话语权策略具有宏大的愿景，如和谐世界、中国梦、人类命运共同体等，但还需要为实现此愿景而可具操作性的子话语权系统，及其实现该愿景的短、中、长期规划和战略设计。同时，需要一个实施该话语权的有效运行机制和激励机制。第七十一届联合国大会一致通过第 284 号决议，确认创新对推动各国经济发展至关重要，呼吁各国支持"大众创业、万众创新"。这表明，中国的理念为国际社会实现经济增长和创造就业贡献了解决方案，得到国际社会普遍赞同。一定程度上讲，通过"一带一路"建设，中国将在真正地意义上帮助世界解决一些问题，循此前进，中国的国际话语权有望可塑而成。

三、 据之于实情：中国社会学的理论自觉与学术创新

通过对费孝通"文化自觉"理念的创造性转化，郑杭生先生提出了"中国社

---

① 李友梅：《作为一种研究范式的"江村学"——纪念费孝通先生"江村调查"80 周年》，《文汇报》2016 年 7 月 29 日。

会学理论自觉"的概念和命题,得到学界的广泛认同。其目标是要世界眼光、中国气派兼具的中国社会学。"据之于实情"应该就是郑先生所说的"草根精神",即深入到我国基层社会的建设实际,把握制度创新的脉络。"中国社会学理论自觉"的主要途径是对"两类挑战"作出自己的理论概括;对"传统资源"作出自己的理论开发;对"西方学说"作出自己的理论借鉴;对"中国经验"作出自己的理论提升。①以下力图对这四个方面进行具体阐释:

（一）如何对"两类挑战"作出自己的理论概括?

"'中国经验'的前景、吸引力,决定于它能否有效地应对两类挑战,从社会学视角看,就是世界性的'人类困境'与本土性的特有矛盾。"

20世纪科学技术的迅猛发展,诚然创造了灿烂辉煌的现代物质文明,并且或多或少提高了许多人的生活水平;但就精神文明与伦理道德而言,人类付出的代价也是极为惨重的。汤因比痛感西方人长期片面追求以科技为主导的现代化,酿成自我中心、物欲横流与精神堕落的恶果。人类已经处于严重的灾难之中,并且面临着更为严重的灾难,甚至可能自己毁灭自己。当务之急就是如何纠正重科技轻人文的社会缺失与道德滑坡。不要自危于东西方文化冲突之类的凶险预言之中,也不必困顿于东西文化孰优孰劣的争论。面对多极化的世界,人们首先应该加强不同文化之间的平等对话,寻求相互沟通与理解,在人类文化总宝库发掘一切健康有益的精神资源,共同纠正现今人类文明的严重缺失。

在学科建设过程中,中国社会学人始终保留"社会学危机"意识,在理论、方法、学术话语体系、学术话语权的建设、拓展和反思上用力颇多。可以说,反思性、批判性和建设性的特质是社会学学科得以绵延更新的源泉所在,但效果还是难尽如人民、社会和学界的期待。其中最典型的表现是,社会学的学术话语还高度碎片化,没有形成能够有效解释中国社会变迁的脉络、机制的整体性的学科体系、学术体系、话语体系。

费孝通的江村调查研究,没有简单地照搬西方功能主义的分析范式,而是立足本土,将西方理论与中国的社会实际相结合,针对社会现实问题,结合中国社会的迫切需求,解决了中国社会的实际问题,将人类学的田野调查融入社会学的

---

① 郑杭生:《理论自觉与中国的学术话语权》,《中国社会科学报》2010年9月10日。

社区调查,为当时知识界研究中国乡村社会提供了更为贴切的方法。还有研究指出,在实地调查中,个体的学术反思很重要,但它仅涉及个体学术品格和道德自律,是一种逻辑或伦理意义上的自我认识,很难涉及对社会科学无意识前提与社会基础的认识。①在西方学术强势话语和政治经济等非学术因素的影响下,个体的有限反思不足以突破既有结构和场域约束,知识精英编织出的学术网络通过学术规范和学术评价机制会筛选过滤掉一些有价值的本土问题,而真正的知识权力来源却在高度的弥散的相互作用下隐于无形。再者,个体调查尽管没有人类学所谓对异文化的"文化震撼"和"种族中心"问题,但也有可能因为熟悉而失去对复杂现象的甄别能力,造成对本土经验的疏离②。而强调经验本位,注重在大量实践中积累经验,并不意味着就可以消除理论与经验之间的张力。每个从事学术研究的人,其头脑中积淀的西方理论就像一副有色眼镜,他们在调查中会不自觉地戴上,用它来关照现实,总结现象,提炼概念。对此,在实地调研中应该悬置理论,将储备的学术知识暂且放在一边,尽量沿着经验的逻辑向前走,让经验本身说话。

(二) 如何对"传统资源"作出自己的理论开发?

对"传统资源"作出自己的理论开发,应是激发学人对"新议题的拓展"和"传统概念的开掘",以及建构具有中国特色的社会学理论。

自近代以来,西方世界拥有了对整个世界文化的话语霸权。在一个世界秩序重建的时代,中国需要一场全球化的文化叙述,需要重新构建全球化下中国乃至亚洲在世界文化史中的位置,以此来找回中国文化该有的地位。这也许是我们中国学者乃至全球学者重新思考的大命题,也是中国文化自信和理论自信的基础。早在20世纪30年代就有人提出,中国学界应该把更多的心力和时间用在研究中国问题和中国材料上,以锻造一种哲学社会科学的中国范式,这是一个未完成的"世纪任务"和未解决的"世纪难题"。迄今为止,被认为"做得最为出色,影响最大的,当属费孝通先生,他的众多成果,尤其是《乡土中国》堪称典范"③。而费老的《江村经济》则被认为是向中国社会实际寻求知识支援而创建

---

① 见沈湘平:《学术自觉与哲学社会科学的反思性》,《学习与探索》2009 年第 1 期。
② 见吴重庆:《农村研究与社会科学本土化》,《浙江学刊》2002 年第 3 期。
③ 王学典:《把中国"中国化"——人文社会科学的转型之路》,《中华读书报》2016 年 9 月 21 日。

中国式社会学的首倡。

　　费老对于人类学的田野调查和社会学的社区调查，以及十六字箴言和"文化自觉"理论的概括，都是以"传统资源"为基础进行理论开发的典范。费老以"江村"为个案，在考察中国乡村社会系统运行及其变化的基础上，力求探索的是中国文化传统在面对西方文明强势冲击时的主体性问题。因此江村调查作为一个小片段，从中引发的却是主体性思考，是把国家命运的认识作为研究主题。因此，"江村学"完全可以作为一种研究范式，因为"费老的江村研究并不是单纯意义上的乡村研究，而是一种'在乡村做研究'，是从'江村'着手却着眼于整个乡村社会、整体性社会、乃至世界体系等不同研究层次的研究。"①

　　如果说，《乡土中国》等著作讲清楚了传统中国的基层社会面貌，《中国官僚政治》讲清楚了传统中国的政治体制，《中国封建社会》讲清楚了传统中国的社会结构，那么，经历了20世纪的革命和动荡，特别是经历了改革开放后的转型期中国社会、政治、经济和文化诸现象，还有太多问题值得我们讲清楚。在如今哲学社会科学基本概念本土化的追求正日益成为中国思想界的一种大势之际，各个学科都应主要面对本土经验，重构基于中国经验、本土材料的系统概念，再整合为一种具有相当解释力和表达力的一套规范，从而在国际上造就一个有别于自由主义范式的人文社会科学的中国范式。

　　（三）如何对"西方学说"作出自己的理论借鉴？

　　中国现代学术的形成主要得益于对西学的借鉴。在文艺复兴、启蒙运动的滋润与近代科学技术的熏陶下发展起来的西学，有着包括学术理念、学术概念、学术方法、学术规范、学术话语等在内的一整套现代学术体系。这一体系在中国近代随"西学东渐"大潮传入中国，有力地推动了中国传统学术的转型。因此，自近代以来，中国文化群体在学术研究中，就一直注重"中西融通"的学术取向，将其作为本土学术发展的必由之路。

　　20世纪初，中国学界对欧美学科体系自觉不自觉的全盘接受，是中国学术从传统向现代的结构性转换，这一来自西方的人文社会科学体系迄今仍有巨大

_____

　　①　李友梅：《作为一种研究范式的"江村学"——纪念费孝通先生"江村调查"80周年》，《文汇报》2016年7月29日。

价值,今后很长时间仍会被沿用。问题是我们能否利用西方学术分类这一框架,使这一学术分类的研究内容和对象转向本土经验? 也就是,我们能否把政治学、经济学、法学、社会学、管理学,甚至中文、历史、哲学等学科工具化,统统变成认识转型期中国的利器,与此同时,重构或重建这些学科本身? 意即,我们现在能否把社会科学的困境变成机遇,对"西方学说"作出自己的理论借鉴。有专家指出,上述问题的解决完全可能,而出路就是本土化。[①]也就是说,当前占主流地位的这一学科体系仍有自己的巨大发展空间,关键是调整方向,这个方向就是中国经验。从较长时段来看,这些学科的生命力和出路,就是把自己的注意力和精力集中到对中国经验和中国转型问题的探讨上,合理借鉴并发挥西方理论,进而指导和诠释中国的社会转型,向全世界提供对这种转型的说明和概括。

现在的中国,用近代的话就是,"处处皆是问题,方方皆宜着手"。当代世界的政治经济结构已深置于全球范围的互动关系之中。随着全球化和全球治理的推进,不仅需要勇气和胆略,更需要智力和智慧。一个国家和地区的经济起飞,主要取决于机遇、市场、决策和机制。在这样伟大的时代新浪潮面前,社会科学理论界应当振奋精神,敢于去迎接现代化的挑战。因为社会科学研究需要在大量占有实证资料的基础上,力求贴近客观实在地陈述问题,进而在理论上寻求对问题的合理解释,提出具有操作性的对策建议,但其论述阐明必须是通过对事实的归纳和演绎形成的,不能流于凿空的形式。

如何对"西方学说"作出自己的理论借鉴,还关乎中国学术走向世界的问题。"一面把眼光放大,要看到全世界的学人,他们走到何处? 在如何的工作"[②],而且中国地大物博历史悠久,"不能只在国内'取法西学',更重要还在于奉献更多卓越的研究成果,以与世界各国学者分享。"[③]这给我们的启示就是,中国社会学的理论创新有赖于,一是要有意识地对传统进行现代转换;二是要有意识地将注意力集中于探讨学术大问题;三是要有意识地试图谋求中国学术之独立。

[①] 见王学典:《把中国"中国化"——人文社会科学的转型之路》,《中华读书报》2016 年 9 月 21 日。

[②] 董作宾:《甲骨文研究的扩大》,载欧阳哲生主编:《傅斯年全集》第 3 卷,湖南教育出版社 2003 年版,第 80 页。

[③] 胡成:《"科学史学"与现代中国史学专业精神之形塑(1917—1948)》,《史林》2014 年第 3 期。

（四）如何对"中国经验"作出自己的理论提升？

所谓理论，是指人们由实践概括出来的关于自然界和人类社会的知识的有系统的结论。毛泽东曾说，真正的理论在世界上只有一种，就是从客观实际抽出来又在客观实际中得到证明的理论，没有任何别的东西可以称得起我们所讲的理论。也就是说，真正的理论创新是指那种源于实践又回到实践最后被实践证明是正确的理论结晶。因此，江泽民一再强调，"哲学社会科学研究应努力回答实践中面临的新问题，适应变化着的时代条件，做到'去就有序，变化有时'"。

另外，学术本应回报社会、回报时代，应该关注、思考国家和民族的命运，但如今，兴起于20世纪80年代的学术独立思潮正一步步地走向学术拒绝社会、拒绝现实、拒绝时代的道路。这里的关键在于，人文社会科学各学科究竟是面向问题，支持对问题的研究，还是强化自身的存在？很久以来的做法是只关注学科自身的建设，而忘记学科的存在是为了解决问题，是养成解决问题的能力：经济学是为了解决资源如何配置以及由此带来的发展问题，政治学是为了解决社会管理中的制度安排问题，法学是为了解决社会的公平正义的实现问题，军事学是为了解决战争和国际建设问题，等等。学科的设置和建构本来是为了更好地解决问题，分门别类、分科治学是为了研究问题，现在却越来越本末倒置，乃至舍本逐末，弃本就末。如史学理论学科偏重于对历史认识过程的研究而放弃了对历史进程本身的理论研究。经济学越来越重视所谓学科建设，而忽视对外在经济现象和经济事实本身的探究，不注意对独特的中国市场经济和中国道路的探究。对于以学术对话和理论积累为研究目的的学理研究来说，因为缺乏厚重的学术经验积累，学术关注点多是从海外输入，学术成果以证明或证伪西方社会科学为宗旨，学术研究缺少相应的中国现实关怀，使得中国社会或者变为西方理论的延伸和注脚，或者变为与西方形式主义理论不同的"悖论社会"①，中国经验的独特性与完整性被西方社会科学的垄断性解释所切割。

---

① 见黄宗智：《经验与理论：中国社会、经济与法律的实践历史研究》，中国人民大学出版社2007年版，第32—90页。

　　"理论自觉"是对社会学理论或社会理论进行"建设性的反思"。理论自觉是提高中国社会学理论地位的有效途径,即它是中国社会学在世界社会学格局中由边陲走向中心的必由之路,是改变话语权状况的必要条件,是增强自主创新力的必具前提。"最关键的还是自己能把成功的经验抽象为一种内外都能接受的学术话语体系,并能写进可以传播的教科书中,从个性知识转化为共性知识。"①未来的中国哲学社会科学,应从实践上,创造一个克服自由主义缺陷或高于自由主义的以儒家价值观为基础的东方伦理型生活方式;从学术上,创造一种立足于中国传统与历史,又汲取自由主义合理内核的哲学社会科学的中国学派;从理论上,建构一个基于本土经验的中国哲学社会科学的概念范畴框架。而所有这些工作的总目标,就是把中国"中国化",即创造一种从中国经验出发、以回答中国问题为鹄的,从而最大限度地尊重中国特点、中国文化、中国传统、中国材料、中国数据、中国案例的而且有别于自由主义的哲学社会科学的崭新范式,以逐步改变一百多年来把中国"西方化"这样一种趋势与现状。

　　在当今人文社会科学的理论学说中不乏大而无当的概念充斥,逻辑思路尚付阙如。社会科学理论的发展,不在于对过去理论的批判,而在于发展新的理论替而代之。在这个意义上,需要敏锐的目光和深入的思考,不仅观点鲜明,而且逻辑清晰,是根本。

　　当今时代是一个大规模社会变迁的时代。改革开放以来,中国社会各领域经历了深刻的社会变迁,并且这些变迁仍在持续深化演变之中。变迁的时代要求相应的社会科学理论和研究方法来分析、解读这些林林总总的变化。但是,社会科学为认识社会变迁所提供的理论范式和分析工具比较苍白。如社会科学主流的研究思路和风格趋向于关注某一种机制并在研究过程中将其"孤立分化"以供解析,而没有从各种机制之间的关系中理解、认识其作用。但社会发展以及制度变迁很少只有某一机制在起作用,而常常涉及多重制度逻辑和过程。而且,在与其他机制的相互作用中,某一具体机制影响的程度和方

---

　　① 苏长和:《国际学术话语体系的中国转向如何可能——苏长和教授在上海外国语大学的讲演》,《文汇报》2011 年 8 月 22 日。

向也可能发生很大变化。社会科学追求简约的倾向限制了研究者的理论视野和想象，对于那些已有理论或模型但与实际发生过程存在的偏差和距离容易视而不见。正因为此，社会科学诸多理论对于正在发生的变迁过程没有令人满意的解释能力，也没有对变迁研究起到有益的指导作用。这些领域中的知识分子在其研究中常常不得不勉为其难，临时拼凑分析工具和理论观点来解释这些现象。

为此，知识分子对认识中国社会变迁需要提供独特的研究，要强调多重制度逻辑之间的相互作用，在此基础上提炼发展理论分析。而"突破简约"并不意味着高深莫测，学术的大众化有其必要性，因为今天的大众不仅需要了解经典，了解历史，更需要从中国社会转型的视角去阅读世界。所以，知识分子的一项重要任务是让一流的学术走进大众的视野，成为经世致用的显学。而且要加强中国话语的对外传播，通过内容和形式一定程度地转换，用外国人能够听得懂、听得进的语言，讲述中国故事，介绍中国现实，解释中国原因，展示中国形象，从而增加他们对中国的了解、理解和赞同。

强调社会变迁和制度逻辑的微观基础，注重它们在某一领域中相应群体行为方式上的体现，从而建立宏观制度逻辑与微观群体行为之间的联系。在上述基础上，我们强调制度变迁是一个内在性过程，即多重逻辑与群体间的相互作用影响和制约了随后的发展轨迹。因此，认识制度变迁必须着眼于对其具体演变过程的深入分析。这涉及学术的本土性与世界性问题。

从今天全球化的角度看，作为在地学者进入国际学术社会，为了让更多国外同行了解我们的研究，切实形成对话和共鸣，就不能只在中国发现他们不太熟悉、不太关心，或者说与之社会发展关系不大的中国历史，还需要在中国发现他们相对熟悉、比较关心，或与之社会发展关系密切的世界历史。一个蕴含真理而又经受检验的话语体系，必定是行走在鲜活的社会历史和现实中的话语体系。对社会现实中重大问题的关切和注解，正是当代中国马克思主义哲学话语体系建设的前提所在。一是跳出中国的圈子，彻底了解各个学科主流中的关键问题、核心问题；二是研究中国丰富的资料在分析过后是否对这些属于全人类的问题有新的贡献；三是如果有所贡献，一定要用世界性的学者能够看得懂的语言写出来。

最后,让我们用李培林先生在中国社会学会 2015 年学术年会的开幕辞作为结语:"如果说过去 30 年是中国社会学发展的'黄金 30 年',经济新常态下社会各界对社会建设和社会治理的空前重视及中国社会学工作者的不懈努力将开启中国社会学发展的另一段新的更高水平的'黄金时代'!"①

（作者单位:上海社会科学院）

---

① 李培林:《开启中国社会学研究的新"黄金时代"》,《社会治理》2015 年第 3 期。

建构中华民族共同体：一种新的文化政治理论

关　凯

摘　要：在中华民族共同体的建构上，中国当下具有强大的物质性基础、来自历史与文明传统的深厚文化资源以及中国共产党的组织优势，却也面临着改革开放后逐渐分化的价值观和社会情感在精神层面的挑战，特别是各种类型的民族主义观念对中华民族叙事的客观消解或主观抵制。为此，在理论上，需要从对人类命运共同体的超越性关怀出发，以国家政治为中心定义中华民族共同体概念，提升国家在文化政治方面的理论说理能力。

关键词：中华民族共同体，文化政治，民族

2014 年 9 月，习近平总书记在中央民族工作会议上指出："加强中华民族大团结，长远和根本的是增强文化认同，建设各民族共有精神家园，积极培养中华民族共同体意识。"这明确指出了新时期民族工作的战略方向。

"民族"并非一种自然现实，而是一种文化现实。建构中华民族共同体的核心是完善国家建构。辛亥革命之后，中国从传统的文明天下转向现代民族国家体制。经过逾百年的国家建设，历经各种危难、曲折与艰辛，取得了辉煌的成就。这种成就主要表现在两个具有强烈象征意义的时间节点上：一是 1949 年新中国成立，在政治上实现独立自主，恢复完整的国家主权；二是改革开放后中国经济起飞，进入 21 世纪后成为世界第二大经济体。

作为一个多民族国家，中国必须面对民族问题的耐久力——国家内部的族群和文化多样性，必然成为国家建设必须面对的社会事实。只是在不同的历史时期，民族问题表现强度有所差异而已。

在中华民族共同体的建构上，中国当下具有一些强大的优势，包括物质性基础、历史与文明传统、新中国国家建设成就以及超民族的国家化政治组织（中国共产党），却也面临着社会转型背景下出现的一些新的挑战，特别是各种类型的

民族主义观念对中华民族叙事的客观消解或主观抵制。为此,国家需要创新文化政治理论,从对人类命运共同体的超越性关怀出发,以国家政治为中心定义中华民族共同体,摆脱"食洋不化"与"食古不化"两种极端化知识取向的对立,提升理论说理能力。

一、"民族"是本质的还是建构的?

当代各种民族理论,主要来自西学东渐。在知识领域,我们当然需要不断向西方虚心学习,但同时也必须是在保持反思性的立场上批判地学习。中国并非典型的民族国家,当代中文语境中的"民族"既非 nation(国族)亦非 ethnicity(族群),任何"食洋不化"的理论认识都可能在某种程度上脱离中国语境,因而无法充分解释中国。

在西方,对于"民族"概念的讨论,自 20 世纪 60 年代之后,渐渐从本质主义转向建构主义。这种理论产生的时代背景,是亚非拉第三世界民族解放与民族独立运动在世界范围风起云涌。而正如安德森所讲的那样,作为西方殖民地的第三世界人民按照殖民者教给他们的民族主义知识逻辑反对西方殖民者,构建属于自身的民族,而这种"民族"不过是一种"想象的共同体"。[1]同样是西方人,安德森的前辈大多与他不同,不论是赫尔德还是斯大林,都倾向于把"民族"本质化。换句话说,19 世纪的欧洲是依据本质主义民族理论建设民族国家的(欧洲最典型的民族国家时代是在一战与二战之间),但二战之后,当去殖民化的第三世界努力建设自己的民族国家时,建构论的兴起使得"民族"在理论上的性质是去本质化的。于是,很多第三世界的民族国家建设就多少陷入一种"皮之不存,毛将焉附"的理论困境。

近年来,人类学对民族研究的影响越来越大,族群建构论也随之成为学界重要的认识论工具。于是,在我国官方的民族理论和学界的族群理论之间,渐渐出现了一条认识论的鸿沟。应该说,这条鸿沟对于中国的影响似乎比在西方更大,

---

① [美]本尼迪克特·安德森:《想象的共同体:民族主义的起源与散布》,吴叡人译,上海人民出版社 2011 年版。

因为绝大多数西方国家并无大片领土是民族区域自治单位,除了人口规模很小的"土著民族"之外,人口构成无论多么多样化,却不会与土地发生商业之外的关系。但我国不同,胡焕庸线以西的半壁江山,是少数民族的传统居住区,民族身份与地域的联系,恰是民族区域制度产生的社会与文化基础要素之一。

如果说,建构论在族群层面对我国的民族理论和民族政策构成了某种理论挑战,事情并非仅限于此。就中华民族共同体建构而言,建构论的理论影响同样不能忽视。

建构论理论旗手盖尔纳高呼:"正是民族主义造就了民族,而不是相反。人们公认,民族主义利用了事先业已存在的、历史上继承下来的多种文化或者文化遗产,尽管这种利用是秘密的,并且往往把这些文化大加改头换面。已经死亡的语言可以复活,传统可以创造,相当虚构化的质朴和纯洁可以恢复。"在盖尔纳的眼中,"民族主义并非民族自我认知的觉醒:它只是在不存在民族的各处发明出各民族"。①在传统的观念之中,"民族"本应是民族主义生成的土壤和前提,而盖尔纳将这个因果关系颠倒了过来。

20世纪下半叶,随着冷战格局的出现,政治意识形态的全球性对抗压制或抑制了主权国家内部的族群民族主义诉求,并在国家层面强化了国家民族主义运动的合法性。事实上,民族主义从来不能"独自生存",相反,它必须与自由主义或社会主义意识形态合流,并锁定自身直接对抗的"敌人",才能成为民族国家建设的原动力。然而,自由主义无法摆脱殖民主义的丑陋历史外衣,而社会主义恰以殖民主义的掘墓人傲然自居,这使得冷战期间第三世界建立的新的民族国家很多属于社会主义国家阵营。到了80年代,全球范围的第三世界民族解放运动浪潮渐渐平息,同时,冷战的紧张气氛也开始松弛,被霍布斯鲍姆称为"短20世纪"的以革命为主题的"极端年代"即将终结②。1991年,霍布斯鲍姆在《1780年后的民族与民族主义》一书中详细论述了民族主义建构民族意识的政治过程:民族国家在其主权疆域之内建立的行政统一体,不仅方便于行政管理,更为国民创造出统一的国家认同,强化了公民对国家的效忠和对国家政治的参与。③

---

① [英]厄内斯特·盖尔纳:《民族与民族主义》,韩红译,中央编译出版社2002年版,第72—73页。
② 见[英]霍布斯鲍姆:《极端的年代(1914—1991)》,郑明萱译,江苏人民出版社1999年版。
③ 见[英]埃里克·霍布斯鲍姆:《民族与民族主义》,李金梅译,上海人民出版社2000年版。

2001 年，被视为当代原生论代表人物的、坚持认为历史对于族群的重要性的安东尼·史密斯在著作《民族主义：理论、意识形态、历史》一书中，强调形成民族的先决条件仍然是历史。在他看来，现存或历史上的确定的祖国、自治、具有敌意的环境、争斗的记忆、宗教性的核心、语言文字、特殊的习俗、历史记录与想法等都是民族存在的基础。"现代主义坚持把现代世界的民族类型与过去的集体文化认同区分开来是正确的。同时，我们却应该注意不要在这些'前现代群体'和'现代民族'之间划出太大的断裂，也不要像霍布斯鲍姆那样预先否定前现代群体和现代民族之间的任何延续性。"①

当代族群与民族主义理论的发展主要是基于中国之外的社会发展经验，这些理论彼此之间也是一种相互竞争的关系。这些理论对于我们最大的启发，恰是其反思性本身。这不仅要求我们在应用这些理论的时候，必须根据中国的情况予以检验，做本地化的处理；而且要求我们在理论反思上也要达到至少同样的深度，并能与之进行对话，从而确立中国话语的主体性。

二、 中国国家建设的经验特殊性

今日世界仍然是西方的知识霸权在主导，各个学科的规范基本上都是沿着西方思想史的成长路径衍生出来的。这就是为什么建构中国自身的哲学社会科学话语正显示出极高的重要性。

西方的民族国家建设理论认为，国家建设工程的本质，是"（国家）引导一国内部走向一体化，并使其居民结为同一民族成员"②。所以，对于多民族国家来说，现代语境下的民族问题往往就是因为国家建设工程所导致的，是近代以来民族国家体制建设的副产品，或者这样说，这是国家政治现代化难以避免的代价。事实上，这的确也是发生在世界各地的经验事实。但如果只用这种看法解释中国，那就可能意味着中国只能在汉族地区建设一个汉族国家，这显然是荒诞的。

---

① ［英］安东尼·史密斯：《民族主义：理论，意识形态，历史》，叶江译，上海世纪出版集团 2006 年版。

② ［英］戴维·米勒、［英］韦农·波格丹诺、邓正来（中文版）主编：《布莱克维尔政治学百科全书》，中国政法大学出版社 2002 年版，第 527 页。

近代之前，中国传统政体的顶端不是国家，而是天下。国家是处于"家"和"天下"之间的那个中间环节。所以春秋战国时期的"国"很像是国家与国际体系之间的一个状态，而"天下"则不简单是个国家，它有很强的世界性文明秩序的内涵。上古时期周代的礼制就是一种具有丰富国际政治制度性内涵的大秩序。

作为以实体国家形式延续至今的古代文明，同时，作为一个多民族统一国家，现代中国的主权疆域基本保持了晚清时期的国家版图。自民国始，脱离了"君权天授"的儒教帝国统治的神圣性之后，现代中国始终以一种世俗化的理性方式，推进国家建设的现代化进程，整合文化多元的内部社会。从"五族共和"概念的提出，到新中国甫一成立即设立专门的政府机构处理民族事务①，民族政策及其实践始终在中国建设现代国家体制的进程中扮演重要角色。从辛亥革命到今天，在百年风雨沧桑的民族国家建设过程中，中国的实践始终是在文化上兼容了自身的文明传统、源自西方的现代性与内部丰富的多样性，促进公民在保持自身族群认同的同时共享对于国家的认同感，这是中国经验的与众不同之处，也是费孝通提出"中华民族多元一体格局"试图解释的现象。

现代民族国家的重要特征是主权、公民权和民族主义②。在主权问题上，自鸦片战争之后，无论对内对外，中国中央政府在主权疆域内重新建立起至高无上的直接统治的政治权威，直到1949年之后才由中国共产党人真正完成。就国家内部的边疆地区而言，此前无论是历代王朝各种"羁縻"式的间接统治制度，还是民国政府对边疆地区事实上不同程度的"失控"，都远没有做到这一点；在公民权问题上，中国人的政治身份真正从帝国时代的臣民转变为现代国家的公民，享有平等的公民权利、义务与个体地位，也是新中国成立之后才真正成为现实，特别是对少数民族地区而言，只有在经过了20世纪50年代以后的"社会主义改造"，传统社会的权威结构被打破，社会平等的程度才得以从根本上提高；在民族主义问题上，现代中国是以一种能够被少数民族接受的国家主义学说动员与感召社会，从马克思主义物质决定论的立场出发，努力促进国家内部的协调发展，让全

---

① 中华人民共和国成立后，1949年10月22日，中央人民政府即设立中央民族事务委员会。1954年改称中华人民共和国民族事务委员会。

② ［英］安东尼·吉登斯：《社会学》，赵旭东等译，北京大学出版社2003年版，第403页。

体人民共享现代性文明发展成果,从而超越大汉族主义和狭隘民族主义,并由此凝聚社会,巩固国家建设。

从这个意义上说,中国包括民族区域自治在内的民族政策体系的本质功能,就是让少数民族发展起来。国家不仅不断加强对民族地区经济发展的支持力度,提升少数民族群众的物质生活水平,更努力在大众的生活世界之内,培育现代观念,即一种由全体公民共享的现代价值观念,这当然是一个比物质生产更为复杂的文化工程。事实上,中国现代国家建设的一种独特经验,是以承认民族之"分"(如民族识别和民族区域自治)促进国家之"合"(即中华民族共同体的建构)。新中国国家建设之所以成就空前、绩效斐然,并非多元文化主义式的"政治正确"(其本质是更多聚焦于话语与符号对多样性的静态的尊重与接纳),而是从整体上通过制度安排赋予国家以"帮助少数民族和民族地区发展"的政治责任(以动态的政策结构促进社会变迁)。这种对国家责任的定义,在西方国家多元文化主义政治实践中是找不到的。

中国的民族政策并非孤立的政策体系,而是嵌入现代中国现代国家建设进程的一个政治工程。当然,我们远不能认为这些制度安排及其实践效果是完美的。改革开放之后,中国发生了剧烈的社会变迁,在经济、政治、社会、文化等各个方面,现实环境都在发生了前所未有的变化,这不仅改变了国家建设制度实践的社会语境和社会条件,甚至导致一些现行政策可能因条件变化而无法达到预期目标,而且"发展"与"稳定"也在一定程度上成为政策及其话语的一种路径依赖。①

然而,从总体上看,新中国的民族政策,经受了苏东剧变、"第三次民族主义浪潮"、宗教极端主义的兴起与扩散等具有世界意义的严峻挑战,在各种风云际会的国际变局中,尽管在局部意义上偶有波澜,但在大局上,中国社会的民族关系基本保持稳定,社会秩序没有出现大的动荡。这充分说明中国共产党在民族问题上作出的有中国特色的制度安排,符合社会需要,契合中国国情,有其深刻的历史合理性。更为重要的是,中国的民族政策是一种动态的结构,不断调整以适应变化了的社会形势,这为中华民族共同体构建提供了良好的制度资源基础。

---

① 关凯:《发展与稳定:边疆问题的话语政治》,《学术月刊》2014 年第 8 期。

三、 有中国特色的社会主义与中华民族共同体的构建

在中国之外,民族区域自治通常是为缓解族群冲突而设立的一种妥协性的政治制度装置①,但在中国不是,中国建立民族区域自治制度的核心目标是促进各民族"共同团结进步,共同繁荣发展"。历史上,中国的天下观就是"怀柔远人、教化普遍"(康熙语)的一种充满文明关怀的世界观,"扶绥众生"是处于文明中心的天子的天赋责任。在朝贡制度下,进贡的藩属在经济利益上是受益者,而朝廷本身则是这种制度必然的财政亏损方。这种善待弱者的理念、价值关怀和制度逻辑一直延续到新中国的民族政策。毛泽东、周恩来等党的第一代中央领导人对民族关系曾有"还债说"②,将历史上不平等的民族关系视为新中国政权的历史债务,从而彰显了传承与发展文明在新中国政权历史使命中的地位。当然,从这个意义上说,在民族优惠政策下,汉族需要作出必要的利益牺牲。

事实上,构建中华民族共同体、建设中华民族共有的精神家园,其本质是要实现国家根据国家建设的需要而设定的规范性政治目的。这一目的就是要在中国主权疆域内全方位实现现代化,容纳多样性,保护少数民族的合法利益,促进国家认同和社会凝聚力。这是一个含有道德规范内涵的制度性目标,即实现社会的正义、公道、尊重与和谐,这也是民族工作具有普遍意义的道德原则。

有中国特色的社会主义不仅是一种政治实践,同时具有历史的、知识的和文化的象征意义。在中国社会的现实语境中,这些象征性意义所发挥的作用也许并不低于各种制度安排本身。因此,需要将有中国特色的社会主义实践置放于历史—文化的脉络中加以考察,这并不是一种空穴来风的制度,而是在 20 世纪中国发生的从文明天下向民族国家的制度转型过程中,构造出一个"内含天下的中国"③的典型特征之一。在中国的社会文化语境下,"社会主义"并非如其极具

---

① 见 Ghai, Yash & Woodman, Sophia, 2013, *Practicing Self-government*, London: Cambridge University Press; Lapidoth, Ruth. 1997, *Autonomy: flexible solutions to ethnic conflicts*, Washington D.C.: United States Institute of Peace Press。

② 张贡新在其著作(《民族语文·民族关系》,云南民族出版社 1992 年版,第 36—51 页)中以"论社会主义民族关系中的'还债'、'赔不是'和'抵偿'问题"为题专门论述了这一点。

③ 见赵汀阳:《惠此中国》,中信出版社 2016 年版。

现代感的名称一样完全是一种西方思想的舶来品，相反，它所体现出来的在文化上与观念上的逻辑，与中国古典传统有着深厚的联系。这种联系可以简化为其与天下观的价值相通之处，反映出中华文明政治思想传统的一种延续性，如共同体优先的价值观、"大同"和"小康"的社会理想以及"远人不服，修文德以来之"（《论语·季氏》）的文化自信等。

有中国特色的社会主义实践，从一开始就是为了促进国家统一和近代以来中华民族共同体的认同建构，与中国共产党领导的反对帝国主义、反对封建主义、建设民主平等富强新中国的新民主主义革命和社会主义革命的历程密切相关，体现出中国探索社会主义国家建设道路的价值追求。在民族问题上，中国的民族政策始终是把国家建设作为首要行动目标带入所有制度安排之中，并根据社会主义原则强调民族平等和对民族关系的国家干预。因此，就研究而言，国家始终是一个不可或缺的宏观分析单位。这就是为什么要反对将民族政策视为一种孤立的制度安排，而是将其放在国家的整体制度框架内予以观察，特别是各种制度之间相互影响，无论是否直接涉及民族问题，都可能对国家政治与社会生活产生系统性的影响，并可能提高或降低中华民族共同体的认同意识。

从理论意义上说，有中国特色的社会主义实践与中华民族共同体构建在相当大的程度上是叠合的。首先，在没有世界政府的前提下，国家的主权和领土是不容挑战的。而主权国家的核心价值观，则是国家精神凝聚力的核心来源；其次，国家不仅代表着一个基于公民身份的社会整体，也代表着基于内部文化多样性的不同社群，少数民族就是这种社群之一。国家内部的不同民族有各自的历史记忆、情感与生活经验，具有不同程度的群体自主性和社会动员能力。因此，国家必须在更具整体意义的层次上强化公民对于国家的认同，否则就有被各种民族主义瓦解国家凝聚力的危险。

尽管以苏联解体、东欧剧变为代表，社会主义对于民族政治的影响曾经引发很多学者的担忧。然而，中国的有自身特色的社会主义实践的成功，为人类社会重新思考这个问题提供了新的资源。有中国特色的社会主义实践最为成功的一点，是尽管族群意识一直在社会中存在，但对于超族群意识、效忠国家的意识建构却取得了显著的进展。在这一点上，不仅民族政策产生了良好的效果，中国共产党本身作为全国性的超民族政治组织也发挥了关键的作用。这些都为中华民族共同体构建提供了支持性资源。

当然，任何成功的经验都不可能是一种完全意义上的成功。中国的客观经验是，社会主义意识形态确实对民族主义意识有强大的消解能力，但并不能彻底消除这种意识。在新时期新形势下，如何让中国特色社会主义更好地服务于民族问题的解决与中华民族共同体的构建，仍是需要不断探索创新的重要理论问题。

四、 新的挑战：城市化与社会转型

尽管中华民族共同体构建更多涉及文化政治，但不能忽视当下这种文化政治所处的现实的经济社会环境。在改革开放后短短 30 多年间，中国迅速成为世界第二大经济体。这一发展成就带来的最为显著的社会后果之一，是中国迅猛的城市化进程与全国范围内大规模的人口流动。

新中国的民族政策，是以"民族区域自治体"为单位享受国家提供的各种优惠政策。在计划经济时期，国家财政支持、社会福利等制度安排基本可以在区域单位内顺利展开。但在人口频繁流动，尤其是大量少数民族群众从西部向东部地区流动的情况下，民族工作运作体系就面临严重挑战。城市化及人口流动，给民族工作带来的最为直观的影响就是管理难度的加大。但这只是问题的表面。

真正的问题是，无论是东部城市还是西部城市，不同民族的人渐渐汇聚于同一个城市空间之中，并在这个空间中发生频繁的社会互动。在城市空间里密集发生的经济资源分配过程，同时也是一个复杂的意义分配过程。由于不同族群在地理分布、教育水平、文化特质、社会资源网络的特性甚至是居住格局上的差异，他们占有资本和市场的机会是不同的。这使得当代中国的经济社会分层可能带有一定的族群色彩，在某个特定的场域，如高新技术企业、商业媒体行业或高等教育机构，少数民族在管理岗位和专业性技术岗位上的分布密度，很可能大大低于他们在全国总人口中的比例。而在另一些特定的场域，情况则可能恰好相反，如撒拉族经营的拉面馆已经走向国际市场。

正是由于经济发展的地域性特征，人们可能对经济分工与市场竞争中的族群特征形成某种普遍性的认知观念——来自东部城市的汉族更可能是投资者和雇主，而来自西部农村的少数民族则更可能是雇员和底层劳动力。如果不同族群被公众在社会意识层面插上不同的经济标签，从品德、职业技能到擅长的行业与岗位，社会成员就会以一种非常方便而主观的方式强化族群刻板印象，并按照这种认知去操作行为实践。

这种族群刻板印象，实际上与在各地屡见不鲜的地域性歧视是高度同质化的。无论是地域歧视还是民族歧视，在意义建构上都不过是社会成员将某种不满情绪投射到特定的"他者"身上。随着城市化进程的加深，城市空间恰好成为一个发泄族群对立情绪的"适宜的"环境。我们从经验事实中可以清晰地看到这一点：2008 年拉萨"3·14"事件和 2009 年乌鲁木齐"7·5"事件，发生的空间都是城市。

在积极方面，城市化加深了民族之间的交流交往交融。但在消极方面，如果说基于区域的民族优惠政策，在本地的城市化进程中尚有明确的政策实施对象的话，那么针对少数民族群体，也即针对人的政策，则在大规模人口流动的过程中出现实施对象空洞化的困局。当少数民族打工者离开传统聚居区进入经济发达城市，他们是否可以将各种优惠政策"打包携带"，在工作地享受、利用这些政策？若是，则可能在城市环境里引起其他人群的不满，从而加剧族群冲突的可能性；若否，那么少数民族流动人口集团就将在事实上丧失享受优惠政策的合法权利。显然，城市化与人口流动对包括民族区域自治制度在内的我国民族政策体系构成很大的冲击。近年的城市民族工作正在努力解决这些问题，如促进公共服务均等化，反对就业市场上的民族歧视，帮助少数民族克服进入城市的制度与文化障碍等，但这些也许还不够。

从这个意义上说，中华民族共同体的构建并不仅仅是一个文化工程，而是一个涉及政治、经济、社会方方面面的系统性工程，无论是顶层设计还是具体的政策执行，国家都需要制定一种系统性制度方案以应对新时期新形势的挑战，并在政策的连续性和创新性之间找到一种动态的平衡。至少，需要一种过渡性政策以回应城市化进程中的少数民族的诉求。

五、 以文化政治为中心构建中华民族共同体

中华民族共同体是一个维护国家统一、民族团结的文化政治概念,不完全等同于传统意义上的"中华民族",而是在新时期新形势下有了一些新的内涵。

费孝通先生强调中华民族存在一个从自在到自觉的发展历程。中华民族之所以能够不断地向前发展,很大程度上是由于其内部一直存在一个凝聚核心,在近代以前,汉族这一族裔群体一直充当着中华民族的凝聚核心,如"滚雪球"般地将不同来源的人群吸纳到自身中来。当然,在中华民族形成的过程中,历代王朝所推行的"大一统"政策,也起到了至关重要的作用。从这个意义上说,"中华民族"在"自在"的时期就已经具有鲜明的政治共同体的特征与状态,即通过"大一统"国家的政治活动,在族裔与文化差异之上,生产出一种"有教无类"的整体文明国家秩序。

然而,从"中华民族"这一概念出现伊始,人们就一直习惯于从族裔共同体和族裔特征的意义上来理解中华民族,蒋介石等人甚至还曾一度将"中华民族"和汉族等同起来。这也是民国时期失败的国族建构努力和中国共产党以承认少数民族的政治地位为基础的民族政策大获成功的原因之一。将"中华民族"视为一种族裔群体,实际上也是对赫尔德式文化民族主义思想的"食洋不化"。实际上,"中华民族"并非一个族裔的概念,而是一个政治共同体的概念。"中华民族多元一体格局"的核心,并非汉族这样的族裔群体,而是国家;中华民族作为政治共同体的凝聚力,也正是来自近代以来中国的历史遭遇与国家建设努力。而中国共产党作为超民族的国家化政治组织,在中华民族共同体构建中扮演了至关重要的角色。

由此可见,从"中华民族"到"中华民族共同体"发生的概念转换,具有深刻的理论内涵。"中华民族共同体"在文化和族群意义上是多元的,但在政治上是一体的。如果我们把"多元一体格局"理解为"文化多元、政治一体"的话,其关键是在后者。而后者的关键又在于政治的文化性。当今世界,现代性正在面临各种危机,当美国快步走向某种程度的狭隘民族主义,当伊斯兰极端主义试图以中世纪教法重新整合穆斯林社会,世界需要修补被全球霸权、一神论宗教极端主

义和民族国家间的无序竞争伤害了的政治秩序。新的秩序必须从习近平所言人类命运共同体的价值立场出发，是一种基于"己所不欲，勿施于人"的共通性文明关怀的政治实践，必须尊重18世纪之后民族国家体制普遍化的全球政治现实，同时必须具备一种构建世界新秩序的精神力量，从而感召所有人向共同的方向努力。

历史上，在东亚这片辽阔的土地上，汉族与少数民族彼此共荣共生，共同创造了中华文明，形成了中华民族的多元一体格局。在现代社会语境下，国家建设的核心就是要巩固历史上形成的"汉族离不开少数民族、少数民族离不开汉族、各民族互相离不开"的民族关系。与前现代时期具有神圣性的"君权天授"的王朝统治不同，现代国家需要以规则代替神意，依据理性化的制度安排来树立国家权威，保障秩序，促进发展，协调社会关系。在这一点上，也需要认清当下的中华文明并非"食古不化"的儒家传统，而是融汇了传统与现代并仍然行走在更为全面深入的现代化发展道路上的中华文明。

最重要的是，以文化政治为中心定义中华民族共同体的概念，需要非常警惕欧式民族主义思想可能对之造成的伤害。无论是大汉族主义还是狭隘民族主义，这些观念的社会影响都对中华民族共同体认同构成性质相似的威胁。20世纪初以来，我们一直学习的是欧美，特别是西欧国家的国家建设道路，这已经表现出一种明显的局限性。当代世界大国都不是典型的民族国家，中国在国家建设的特点上与英国、法国截然不同，却与今日的欧盟可能有更多可相比较之处。也只有从更为宽阔的理论视野出发，我们才能做到把"民族问题"从"民族"中拯救出来，把"民族关系"从"维稳"中拯救出来，把中华民族共同体构建与国家建构联系起来，让国家建设超越于民族差异之上。

结论：创新国家建设的文化政治理论

任何现代国家都必须将自身建设成为一个基于公民身份的、得到社会广泛认同的政治共同体。然而，虽然法律意义上的公民身份是简单而明确的，但对于任何一个公民个体来说，附着在公民身份之上的并非仅仅是国家认同，也有族群的、宗教的、地域的以及家族的或职业的多重维度的各种身份认同。

　　1949 年之后，中国的国家建设道路是有中国特色的社会主义实践，这种实践融汇了中华文明传统和现代性，不仅成功地以现代方式整合了国家，使国家获得空前的发展，而且大大强化了传统帝国覆灭之后中国人拥有的一种新的共同的身份认同——即作为中华民族共同体成员的身份认同。文化多元、政治一体的中华民族共同体的核心并非族裔特性，而是国家政治。现代中国是在中华文明传统的基础之上演进出来的政治体，具有生生不息的活力。历经基督教现代性的百年冲击之后，当代中国不仅代表着中华文明统一政治体的历史延续，也标志着这个海纳百川的古老文明正在现代语境下焕发出新的生机。换言之，中华民族共同体是"政治的中国人"的统称，是超越文化与族裔的政治共同体。

（作者单位：中央民族大学）

大数据时代中国社会学学术话语权重构的机遇与挑战 [*]

罗教讲　罗　俊　郝　龙

摘　要:历经百年发展历程的中国社会学,一直以理论创新与服务中国社会发展为己任,在学习与借鉴国际先进理论与方法的同时,对社会学的本土化与中国化进行了不懈努力,取得了显著的成就。当今世界的政治、经济和国际关系格局正在发生深刻的变化,世界各种思潮交流、交融、交锋日趋激烈,社会科学话语体系建设的重要性日益凸显,中国社会学正面临学术话语体系建设的紧迫任务。社会发展的需要、学科知识的积累、信息技术的进步,使社会科学进入一个突破性发展的关键时期。大数据时代的到来,计算社会科学的产生,为我国社会学学术话语权的重构带来了重大机遇。错失以往历次技术革命机遇的中国,终于在当今新一轮信息技术革命的浪潮中,与西方同时起步,在激烈的竞争中与西方发达国家并驾齐驱。与此同时,大数据时代所催生的计算社会科学也使中国社会学获得了一次难得的与西方并肩发展乃至领先超越的机会。中国社会学界如果能充分发挥自身的优势,就能为真正提升自己的学术话语权开拓出一条新的发展路径。尽管在西方社会学已经形成话语霸权的情况下,重构中国社会学在全球学术话语体系中的地位面临诸多挑战,但中国社会学人必将对中国和世界面临的矛盾、风险和挑战作出新的理论回答。

关键词:学术话语权,大数据,计算社会学,学术自信

对于中国来说,社会学是从西方引进的舶来品。中国社会学的发展经历了从引进、学习、中断,到恢复、追赶、接轨的漫长过程,其间贯穿着本土化、中国化

* 本文系 2016 国家社科基金重大攻关课题"大数据时代计算社会科学的产生、现状与发展前景研究"(项目批准号 16ZDA086)研究成果。

的不懈努力,当前又面临着社会学学术话语体系建设的紧迫任务。大数据时代的到来所催生的计算社会学,使得我们获得了重构世界社会学话语格局的难得机遇。但是,我们必须清醒地认识到,中国社会学话语体系的建设是一项并非能够轻易完成的任务。在已经形成西方社会学话语霸权的情况下,作为后来者的中国社会学,要在全球社会学话语体系中获得自己应得的话语权力,将面临多方面的挑战。

一、 社会学的引进、发展与中国化

（一） 西学东渐:社会学的引进

自严复翻译《群学肄言》(1903)起,社会学在中国的传播、发展已历百年有余,其兴衰沉浮与中国社会的百年变迁息息相关,而百年来社会学人一以贯之的学术宗旨,即是认识中国社会,为改造中国社会服务。在引进、学习、借鉴西方社会学理论、方法的同时,如何将社会学本土化、中国化,使之更有力地推动中国社会的进步,成为社会学人的一个重大使命。

19世纪下半叶,"中体西用"的洋务运动和西方传教士的大量来华,将部分欧美社会学思想引入中国。其中,斯宾塞"优胜劣汰"的社会进化论,经严复译介后引发了当时中国知识分子对亡国灭种的担忧。20世纪20年代,中国第一代本土社会学者群体形成之时,"救亡图存"成为社会学发展的最根本驱动力。与教会大学掺杂着传教目的的社会研究不同,中国社会学人以社会学为依托,力图在深入了解当时社会现状的基础上,寻求医治中国社会弊病的良方。以陶孟和的《社会调查》(1918)一文为开端,涌现出一大批优秀的社会调查成果;晏阳初、梁漱溟等积极推进的"乡村建设"运动,力图通过对基层社会的改良,实现"民族再造"、"国家建设"之目标。①他们将社会建设的重点放在"农村"而非"城市",源于对中国历史与国情的特殊性保有清醒的认识。20世纪30年代,吴文藻更是提出了"社会学中国化"的主张。在他的"社区研究"倡议下,以费孝通的《江村经济》和林耀华的《金翼》为代表的一系列具有国际影响的社会学作品相继问世。

① 郑杭生、李迎生:《中国社会学史新编》,高等教育出版社2000年版,第104—107页。

这些著作一方面在结合西方理论的情况下,尝试对中国社会之种种现实经验作出符合本土化逻辑的理解与探索;另一方面,其方法上的开创性意义也不容忽视,例如《江村经济》一书就被马林诺夫斯基誉为"人类学实地调查和理论工作发展中的一个里程碑"。①

"人们为着要在社会上得到自由,就要用社会科学来了解社会,改造社会,进行社会革命。"②近现代的中国学人引进社会学,即是为了在国家倾危之际谋求救亡图存之策,他们以民族再造和国家建设为己任,开启了中国社会学的探索之路。

(二)奋力追赶:社会学的恢复

中国社会学在 20 世纪中叶遗憾地中断了近 30 年。1979 年在邓小平的关怀下,社会学得以重新出现在中国的学术版图之中。在中国社会学的恢复重建中,费孝通等人在南开大学创办了社会学专业班与研究生班。由于先前 30 年间,西方社会学无论是在理论还是方法上均有长足的发展,中国社会学必须"赶快补课",首要任务是系统介绍国际最新的学科理论与方法。在学习、"补课"的同时,费孝通等著名社会学者仍然不忘社会学中国化的初心,致力于创建能够服务于中国社会主义建设实践的学术体系。费孝通在《建立我国社会学的一些意见》中明确指出:"恢复社会学这门学科在中国社会科学里的地位和重新在大学里设立社会学课程和社会学系,并不等于恢复这门学科旧有的内容。就这门学科的内容来说,还有待于努力、创建,使之成为一门以马列主义、毛泽东思想为指导,密切结合中国实际,为社会主义建设服务的社会学。这是在本质上有别于中国旧时代的社会学和西方各国的社会学的。"③

在中国社会学恢复、追赶时期,一方面注重引进西方社会学,另一方面积极推进社会学的中国化。与消化吸收国际先进理论与方法相比,社会学的中国化是一项更为艰难的任务。

(三)国际接轨:社会学的发展

改革开放以来,我国加快了对西方先进科学技术学习、引进和移植的进程,

---

① 费孝通:《江村经济》,戴可景译,商务印书馆 2001 年版,第 13 页。
② 《毛泽东文集》第 2 卷,人民出版社 1993 年版,第 269 页。
③ 费孝通:《建立我国社会学的一些意见》,《人民日报》1982 年 7 月 20 日。

社会科学也经历了类似过程。社会学在学术规范和研究方法方面与世界主流社会学界紧密接轨，国际交流也更为频繁。然而，自然科学无国界之分，但社会科学则不然，类似于自然科学式的移植存在问题。就社会学而言，西方的一切社会学理论，都是根植于对西方社会的历史变迁和现实状况的观察，而西方学者对中国国情的了解毕竟有局限，他们对中国问题的见解并不一定能够契合中国的实际。但是，在与国际接轨的过程中，这一关键性的问题未得到学界足够的重视，导致中国社会学界过分关注西方理论的介绍与引进，而忽视了西方理论的中国适用性与中国本土化社会学理论的创新。从总体上看，中国社会学与国际接轨大大缩小了中西学术发展上的差距，成绩不容否定。但自20世纪90年代以来，国内外的中国研究普遍从西方理论出发，以西方理论的视角来看待和解释中国的社会实际，其结果是不仅理论难以解释实际，而且很大程度上抑制了自己理论创新的动力。正如黄宗智所指出的那样，我国学者"试图与西方理论展开对话，但一般只能说明中国实际不符合西方理论，却不能更进一步地提炼出自己的理论与之抗衡。"①

二、 新时期社会学的使命

纵观中国社会学从引进、学习、中断，再到恢复、追赶、接轨的发展历程，期间虽然取得了显著的成绩，但费孝通等社会学家的愿望——建立"有别于中国旧时代的社会学和西方各国的社会学"的中国社会学——尚未真正实现。而进入新时期后，此项任务尤显重大与迫切。

在中国近30年的高速发展过程中，社会以前所未有的广度、深度急剧转型，其变化速度之迅捷、变化过程之复杂远远超出了前人的理论想象。与此同时，世界格局也在发生深刻地转变，随着经济全球化的进程和信息技术的不断进步，外部环境对中国社会的影响逐步加大、加快、加深。内外因素的交互作用，使中国社会面临的问题与挑战不仅是中国历史上的史无前例，也是世界范围的世所未

---

① 黄宗智：《认识中国——走向从实践出发的社会科学》，《中国社会科学》2005年第1期，第83—93页。

有。在这种时代背景下,包括社会学在内的中国哲学社会科学必须承担起新时期的使命。

近三十年来,中国特色社会主义建设实践的成就举世瞩目,而这一成就是在与西方学界主流观念逆向而行中取得的。在苏联解体、东欧剧变之后,美国社会学家弗朗西斯·福山一度自信地宣称"历史已经终结"。然而事实胜于雄辩,中国的崛起使福山也不得不承认,"客观事实证明,西方自由民主可能并非人类历史进化的终点。随着中国崛起,所谓'历史终结论'有待进一步推敲和完善。人类思想宝库需为中国传统留有一席之地。"①但是,这留出的一席之地依然"虚位"。全世界的社会科学家,从不同的学科领域,站在不同的立场,运用不同的研究方法,建构出了各种各样的理论,试图对中国超出所有人预料的发展作出科学的解释,但直到现在,仍然没有一种社会科学的理论能够令人信服地解释中国发展的机制和原因。亲身经历这一社会变迁的中国学者理应系统总结以往实践的经验教训,科学客观地解释中国崛起的原因,并将其提升至理论高度。

虽然中国已经创造了发展奇迹,但必须清醒地看到,在很多方面,原有的发展模式已经难以为继。中国要实现可持续发展,实现中华民族的伟大复兴,仍有一段艰难的征程。中国在快速发展过程了产生、遗留了很多问题,其中有些问题还相当严重。对社会学领域而言,当前存在的食品安全、医患纠纷、信任危机、财富分配不公、社会心态失衡等问题亟待解决,迫切需要有人深入研究,建言献策。

中国是在短短六十余年时间里,走完西方经历二百余年完成的工业化过程。一方面,高速发展使原有的社会理论不能适应快速变化的新形势;另一方面,中国独特的历史、文化、国情,以及迥异于西方发达国家的发展道路,决定了中国社会的变迁与西方国家有着鲜明的差异,有些方面甚至截然不同。这就决定了西方学术理论的借鉴作用非常有限。

任何思想、学说、理论的产生都有其时代背景和环境条件。吴文藻和费孝通都曾强调,中国社会学应当是植根于中国土壤之中的社会学。②所有的西方社会学理论都是以西方社会现实为生长的土壤,西方学者对中国社会问题的研究,不

---

① 张维为:《西方的制度反思与中国的道路自信》,《求是》2014年第9期,第47—50页。
② 吴文藻:《论社会学的中国化》,商务印书馆2010年版,第4页。

可避免会存在不同程度的先天不足。因此,要正确认识中国社会的当前状况,有效服务于当前的建设实践,准确预见未来可能出现的问题,中国学者必须准确、全面、深刻地认识中国社会的历史与现实,在此基础上,科学解释中国的经济社会发展现状,立足于中国实际提炼出自己的理论,进而提出解决具体问题的可行性对策。

新一轮的信息技术革命的浪潮,极大地推动了通信、交通等领域进步,正把不同地域、国家、民族的生产、生活联结为一个整体,人类的命运也因此紧密联系在一起。随着全球化的进程,中国越来越融入世界体系,并发挥越来越重要的作用,中国的发展也与世界环境的关系越来越密切。当今世界也处在深刻复杂的变化之中,人类面临的很多矛盾和危机业已成为全球性问题。西方学界已经意识到,包括人口结构的变迁,金融和经济的不稳定性、社会,经济和政治分歧,健康威胁,多极世界中的力量不平衡,有组织的犯罪,制度设计中的不确定性,通信与信息系统的不道德使用等在内的一系列重大社会和政治问题,正在成为人类共同的挑战。①

世界的急剧变化使新的社会问题层出不穷且亟待解决,包括社会学在内的西方传统社会科学理论、方法已经越来越力不从心,在应对金融危机、环境污染、国家冲突、恐怖主义等全球性挑战时颓势渐显。因此,中国学术界不仅要聚焦当前中国的突出问题,服务中国的建设实践,还应聚焦那些世界共同关注的问题,展开中国化的理论思考与探索,向世界贡献中国智慧。

三、 国家软实力与学术话语权

当今世界的政治、经济和国际关系格局正在发生深刻的变化,各种思潮交流、交融、交锋日趋激烈。中国的崛起尽管是和平崛起,但仍然是某些西方势力所不乐见的。2008 年爆发国际金融危机之后,他们在凭借经济、军事等硬实力展开博弈的同时,也越来越注重软实力的运用,其意图在于迟滞甚至阻断中国和平

---

① Conte R., Gilbert N., Bonelli G., et al. 2012. Manifesto of computational social science, *European Physical Journal-Special Topics*, 214(1):325—346.

崛起的步伐,破坏中国的国际形象,阻碍中国在国际社会发挥作用。

现在有一类声音值得警惕,那就是某些在西方的话语框架下对中国社会现象的描述与对社会问题的解释、归因。例如他们对历史和现实进行选择性描述,有意虚无中国的历史,对中国社会现状(人权等)做歪曲解读等。而中国社会出现的很多时代性、阶段性、共通性的问题都会被他们归因于政治体制、社会制度、文化传统。在这种解释框架下,根治问题的方法自然而然地是改变社会制度、政治体制,实行所谓的西式民主,彻底抛弃中华传统文化,全盘接受西方的价值观。

尤其值得注意的是,这些言论之所以能够在中国和平崛起的事实面前广为流传,原因是它们背后都有所谓的理论依据。虽然一般来说只有流行文化才能成为软实力,学术话语似乎只属于小众,而并非大众流行文化,但我们必须看清两者之间的关系。学术理论、话语对流行文化具有引导和支撑作用,成为主流学术话语的理论,极易衍生出大量的符合其框架的流行"文化产品"。而这些衍生产品通过各种载体(尤其是传播力强大的互联网)对公众产生广泛影响。因此,从某种意义上说,学术话语权位于国家软实力的顶端,它隐藏于流行文化的背后。学术话语越强势,其衍生能力越强;没有话语权的学术理论,其衍生能力也弱。

近二十余年世界风云的变幻,为我们展现了一个又一个生动鲜活的例证。从苏联解体、东欧剧变,到"颜色革命"导致的中东大乱局,已经让世人见证了服下西式民主、美式价值观的"灵丹妙药"之后,是否能够治愈疾病,而这些国家学术界(如前苏联学术界)盲目跟随西方学术话语的教训尤其值得中国社会科学界引以为戒。

当前,我国学术界也存在对西方学术话语盲目跟随的倾向,其突出表现是,是否接受和使用西方学术的新话语成为评价学者学术能力的尺度,甚至成为对其学术观点是否正确、合理,对其研究结论是否具有科学性、权威性的重要鉴定标准。有些学者把西方的学术话语奉为圭臬,认为其更为先进、更具普适性;有些学者囿于西方理论范式和话语框架,缺乏原创性的思想观点、价值理念,因而难以把握新形势,难以找到解决新问题和处理新矛盾的正确方法和途径。在社会学领域,有些学者仍在简单套用西方的学术理论和方法来分析、解释中国社会问题,预测中国的未来发展;而中国事实与中国经验,实际上沦为国际社会学中的地方性知识,中国社会学因此在很大程度上丧失了学术话语权,这大大弱化了社会学对社会实践的服务功能。

需要指出的是,在从西方学术界传来的声音中,既有客观公正的描述,也有一直以来的固有偏见,还有局限于自身学术藩篱的理论缺陷;而有些则是出于政治经济等目的,把隐秘的用心以精致的学术外衣包装起来的,精心策划的学术输出,企图对中国各界产生符合他们意图的效果。这些理论、观点对中国公众尤其是青年一代形成的影响绝对不能忽视,它正在瓦解而不是增强国家的凝聚力,颓丧而不是振奋民众的意志,激化而不是解决社会的矛盾。

在日益看清社会科学背后意识形态与权力话语因素的当下,社会科学话语体系建设的重要性日益凸显。习近平总书记指出:"一个国家的发展水平,既取决于自然科学发展水平,也取决于哲学社会科学发展水平。一个没有发达的自然科学的国家不可能走在世界前列,一个没有繁荣的哲学社会科学的国家也不可能走在世界前列。"①中国社会学正面临学术话语体系建设的紧迫任务,不仅不能再用西方概念来裁剪中国社会现实,用西方的理论框架来分析快速转型中的中国社会;而且也与以往的本土化不同,社会学在新时期的目标定位是世界眼光、中国气派兼具的中国社会学,而不是西方理论的中国版。②必须以中国化的理论思考与探索,建立能够有效服务于中国与世界发展实践的新理论体系,并且要争夺国际学术话语权,这是社会学人在中华民族伟大复兴的进程中的一项义不容辞的重大责任。

四、 大数据时代学术话语体系重构的机遇

习近平总书记指出:"社会大变革的时代,一定是哲学社会科学大发展的时代。"对有志于建立中国学术话语权的学者来说,当前正迎来一个社会科学的黄金时代。社会发展的需要、学科知识的积累、信息技术的进步,使社会科学走到了一个突破性发展的临界点。大数据时代的到来,计算社会科学的产生,为学术

---

① 习近平:《在哲学社会科学工作座谈会上的讲话》,《人民日报》2016 年 5 月 19 日。
② 郑杭生:《学术话语权与中国社会学发展》,《中国社会科学》2011 年第 2 期,第 27—34 页。

话语体系的重构带来了重大机遇。

（一）社会发展的需要:推动社会科学的前进

社会急剧转型时期,正是社会科学繁荣、跃进的时期。在这种历史阶段,已有理论无法适应社会发展的需要,新的问题层出不穷,迫切要求对现实进行认识、解释,并提出可行动的对策。由此各种思想学说见仁见智,或借鉴交融、或碰撞斗争,催生全新的理论体系。当今的中国与世界正处在这样一个风云激荡的时期,面对层出不穷的各种挑战,包括社会学在内的传统社会科学理论、方法已经越来越力不从心,难以适应现实的需要。恩格斯指出:"社会上一旦有技术上的需要,则这种需要就会比十所大学更能把科学推向前进。"[①]现实对社会科学提出的更高要求,预示着包括社会学在内的多个社会科学领域将会有一次重大的突破。

（二）学科知识的积累:社会科学跃进的临界点

社会科学家们对传统社会科学的局限性早有深刻的认识。社会科学家从未探索,随着知识的不断积累,他们对社会科学性质有了深刻的再认识。

社会科学研究的困难根源在于其研究对象——人类社会——所固有的复杂性特征。兴起于20世纪80年代的复杂性科学把为经典科学的简化理性所排除的多样性、无序性、个体性因素重新带回科学的视野。人类社会作为一个复杂自适应系统,具有能动性、不确定性、非线性和自组织特性,面对这样的研究对象,经典科学方法显得太过简化和粗糙。社会系统具有多层次性和多维性,系统的各个要素相互影响、相互依赖;系统演化过程既有从微观层面向宏观层面的伸展,也有从宏观层面到微观层面的互动,系统各层次的要素之间具有复杂的相互作用。[②]这些原因导致社会系统总体水平上新特征的涌现,例如诱发全球金融危机和政权崩塌等社会、经济、政治领域重大事件的突发产生。

复杂性科学的提出标志着社会科学家对研究对象的本质有了更为深刻的认识,这对社会学而言意义尤其重大,所以学界普遍认为对复杂自适应系统的研究将实现对人类社会的认知飞跃,社会学已经逼近了跃进的临界点。

---

① 《马克思恩格斯选集》第4卷,人民出版社1972年版。

② ［英］米勒、佩奇:《复杂适应系统:社会生活计算模型导论》,隆云滔译,上海人民出版社2012年版,第12页。

（三）信息技术的进步：方法体系突破的契机

社会科学理论的创新离不开方法的进步，而技术的发展能够有力推动研究方法的演进。从某种意义上说，社会科学的发展史是一部研究方法的探索史。200 年来，尽管取得了很多辉煌的成就，但仍然面对方法体系的缺陷。当前，制约复杂自适应系统的研究取得人们所期待的革命性成就的最重要原因，就是技术手段的不足导致研究方法不能适应理论的需要。而大数据时代的到来为实现方法体系的突破性进展提供了契机。

随着新一轮的信息技术革命，以及互联网/移动互联网、物联网在全球范围内的普及，使人类的生产生活与三大网络深度融合，生成了海量的、多种类的人类行为互动数据。这些数据都含有时间、空间变量，在持续积累之下，不仅规模庞大，而且其时空一体特征是传统数据所不具备的。这种新型数据无疑具有巨大的社会科学价值，是实证研究的宝贵资源。同时，在云计算、人工智能等为代表的新一代信息技术的支撑下，使对海量、异构、动态的数据进行高时效分析处理得以实现。大数据时代给予社会科学家的馈赠——空前丰富的数据资料和高效强大的数据处理技术，为社会科学在研究方法上的突破提供了条件。计算社会科学的概念正式提出者大卫·拉泽尔指出，这"为拓展、深化甚至革新对个体行为、群体交往、组织结构乃至整个社会运行规律的认识开辟了一条新路径。"[1]

（四）计算社会科学的产生：同一起跑线上的竞赛

在社会发展的需要、学科知识的积累以及信息技术进步的推动下，计算社会科学应运而生。从 2009 年计算社会科学的概念正式提出至今，在不到十年的时间内，它已经成为一种基于计算手段理解社会复杂性的社会研究新范式，它将社会科学与现代信息技术、计算机科学深度融合，以大规模、复杂性数据处理为基础，致力于运用编程建模、社会计算、社会模拟、网络分析、互联网实验、人工智能等数字化工具与方法，对从人类行为、群体互动到社会复杂系统展开研究，力图在诸多重大问题上取得突破。[2]

---

[1]　Lazer, D., Pentland, A., et al. 2009. Social science. Computational social science, *Science*, 323 (5915):721—723.

[2]　Cioffi-Revilla, C. 2014. *Introduction to computational social science: principles and applications*, Springer Science & Business Media, pp.12—17.

当前,计算社会科学已经形成突破传统的三大方法体系,即不同于传统的社会调查统计分析的社会科学大数据计算,不同于简单社会模拟的基于大规模数据和新的数据处理技术的新一代社会模拟,不同于传统社会实验的基于互联网平台的社会实验。新的社会分析的科学方法的产生标志着社会科学研究方法正在进入一个新的阶段,复杂自适应系统分析的方法和技术实现正在成为可能。

在以往的机械化革命、电气化革命、计算机革命等历次技术革命中,中国或茫然无知或力有所不逮,均未能与西方发达国家站在同一起跑线上,导致一次次落后,一次次追赶。与此相关的中国学术研究也总是以跟进西方学术为主,遑论对学术话语权的掌控。但在世纪之交的新一轮信息技术革命的浪潮中,我们第一次改变了输在起跑线上的劣势,面对诞生于互联网、大数据时代的计算社会科学,中国终于几近与西方同时起步。

作为计算社会科学重要分支的计算社会学,面临一次难得的与西方并驾齐驱甚至领先超越的机会。中国拥有世界上规模最大的网民群体和应用规模,丰富的大数据资源和先进的信息处理技术,为中国计算社会学的发展提供了强有力的资源与技术支撑。一方面,世界范围大数据的开发与运用,很可能会打破先前西方社会学界所具有的"本土经验"优势,撼动奠基于其上的国际学术话语权;另一方面,大数据时代计算社会学的兴起也为中国学界摆脱西方学术的仿效者和追赶者身份创造了机会。中国社会学界如果既能充分发挥自身的资源优势,亦能利用全球数据资源积极开展比较研究和学术对话,那么就能为真正提升中国的国际学术话语权开拓出一条切实可行的发展路径。

五、 社会学学术话语体系重构面临的挑战

大数据时代的到来所催生的计算社会科学,使得我们获得重构世界社会科学话语格局的难得机遇。但是,必须清醒地认识到,中国社会科学话语体系的建设是一项并非能够轻易完成的任务。在已经形成西方社会科学话语霸权的情况下,中国社会科学要在全球社会科学话语体系中获得自己应有的话语权力,将面临多方面的挑战,主要包括以下几个方面:

1. 中国社会学人学术自信心的建立

当前的学术话语权重构,不同于以往的社会学本土化,而是一项更为宏伟的系统工程。我国社会学界在学习模仿西方社会学理论与方法的过程中,形成过分崇拜西方的理论倾向,习惯于运用中国的社会实际来证明他人理论的正确性,或乐于运用西方的理论来解释中国的社会实际;完全以他人的标准来评价和衡量自己研究成果的价值;等等。长期在西方学界背后亦步亦趋,使我们慢慢失去了在社会学研究中自主创新、获取学术话语权的动力和自信心。如何从西方社会科学学术霸权的心理阴影中走出来,重建我们进行学术自主创新的自信心,是当前进行学术话语体系建设所面临的最大挑战。

2. 学术评价制度的改进与完善

学术的自主创新与学术话语体系建设需要进行学术评价制度的创新。在我国社会学发展过程中,已经建立起一整套学术评价制度体系,为推动我国社会学的发展发挥了作用。但站在社会学话语体系建设的立场和高度来看,当前的学术评价制度难以适应学术话语权重构的要求,仍然需要改进和完善。例如,社会科学自主创新的制度保障问题,社会学研究成果价值评价的正确取向与公平公正问题,以及社会学研究规范与学术腐败惩处的制度设计等问题。学术评价制度的改进和完善,涉及诸多方面对问题,包括各方面利益关系的调整等,因此制度创新是一个挑战。如何改革学术制度,有效激发中国学者的创新潜力,如何建构与当前任务相适应的学术评价体系,如何在体制、机制、制度各层面与时俱进,使具有中国特色的理论、思想得以脱颖而出,是重构学术话语权的重要保障,也是我们必须深入思考的问题,更是要在长期实践中不断改进、完善的重大课题。

3. 学术共同体内部学术动力机制的重建

社会学话语体系建设目标的实现,需要中国社会社会科学学术共同体成员的合作与共同努力。学术的自主创新与发展,要求在学术共同体中形成一种能够激发大家共同探索学术、追求真理意愿与兴趣的动力机制。从我国社会科学学术共同体的现实情况来看,我们还没有形成这种机制,或者说过去曾经形成过的机制遭到了破坏现在需要重建。学术共同体内部动力机制的形成,主要通过两种形式表现出来:其一,学术研究中的交流与合作;其二,真诚、热烈而不带其他杂念与色彩的学术批评。然而,世俗利益的获取动力超过追求真理理想主义境界所产生的力量,是当前客观存在的、并非个案的现象。在大数据时代,学术的交流与合作越来越重要,尤其是对于从传统学科为中心转向以数据为基础、以现实问题为中心的计算社会科学,跨学科合作已经成了研究的必备条件。但是,学术研究中的跨学科交流与合作、理性真诚的学术批评,实际上不是一件容易做到的事情。

4. 跨学科人才培养的推动与普及

中国的社会学学者要承担起建构中国特色的话语体系的重任,首先是需要胸怀对国家前途和民族命运的诚挚关切。社会学学者的使命是认识社会,探求真理,并在此基础上提出解决社会问题、推动社会进步的可行性对策和措施。要履行这一使命,必须以扎实的学术功底为基础,对社会理论和方法有充分的掌握。对于计算社会学而言,其典型的跨学科学术研究特性决定了原有的社会学人才培养机制已经无法满足需要,例如社会学人才必须加强数学、统计学、计算机科学方面的系统训练,这意味着对传统方式的一次大的突破。如何改革现有机制,培养出大批立志为中华民族伟大复兴而奋斗,既具备丰富全面的领域知识和深厚理论功底,又兼通先进技术、能够娴熟驾驭最新研究工具的人才,是必须通过积极探索来克服的难题。

挑战虽然严峻,但只要中国社会学人具备高度的社会责任感,不自囿于与西方学术概念体系的狭隘格局,从人类思想文化遗产宝库中全面汲取营养;立足于中国与世界的现实,聚焦于当前中国的突出问题和世界共同关注的问题;凭借长期研究的积累和不断创新,一定能够形成认识中国和世界的中国眼光,能够把中国现代化实践的成功经验上升为规律性认识,转化为系统化的科学理论;能够对中国和世界面临的矛盾、风险和挑战作出新的理论回答,为破解人类共同关心的难题贡献中国智慧,重构世界社会学话语格局。

(作者单位:武汉大学)

图书在版编目(CIP)数据

浦东论坛.2017.社会学/论坛组委会编.—上海：
上海人民出版社,2019
ISBN 978-7-208-15870-2

Ⅰ.①浦…　Ⅱ.①论…　Ⅲ.①社会学-中国-文集
Ⅳ.①C91-53

中国版本图书馆CIP数据核字(2019)第095713号

责任编辑　罗　俊
装帧设计　零创意文化

浦东论坛(2017)·社会学
论坛组委会　编

出　　版　上海人民出版社
　　　　　 (200001　上海福建中路193号)
发　　行　上海人民出版社发行中心
印　　刷　江苏凤凰数码印务有限公司
开　　本　720×1000　1/16
印　　张　23.75
插　　页　2
字　　数　363,000
版　　次　2019年12月第1版
印　　次　2019年12月第1次印刷
ISBN 978-7-208-15870-2/C·589
定　　价　88.00元